Das Sommer-Lesebuch

Geschichten für die langen Sonnentage

Herausgegeben und ausgewählt
von
Manfred Kluge

WILHELM HEYNE VERLAG

MÜNCHEN

HEYNE ALLGEMEINE REIHE
Nr. 01/8424

7. Auflage
1. Auflage dieser Ausgabe

Copyright © 1989 by Wilhelm Heyne Verlag GmbH & Co. KG,
München
Einzelrechte siehe Quellenverzeichnis
Printed in Germany 1995
Umschlagillustration: Archiv für Kunst und Geschichte, Berlin
unter Verwendung eines Motivs des Malers Max Liebermann
»Gartenlokal am Wasser«
© Dr. Marianne Feilchenfeldt, Zürich
Umschlaggestaltung: Atelier Ingrid Schütz, München,
Satz: IBV Satz- und Datentechnik GmbH, Berlin
Druck und Bindung: Elsnerdruck, Berlin

ISBN: 3-453-05640-X

Inhalt

WILLIAM SAROYAN

Der erste Sommertag

Der erste Tag des Sommers war kalt, neblig, feucht und dunkel. Es hätte genausogut Winter sein können. Er hatte mit keinem Gedanken daran gedacht, daß es der erste Sommertag sein könnte, bis es ihm ein Junge aus der Nachbarschaft, der dreizehnjährige Jimmy Barcos, erzählte. Der Junge spielte auf der Straße, wie immer. Diesmal hatte er einen alten Tennisball dabei, den er auf die Treppe seines Hauses warf und dann wieder fing. Manchmal hatte der Junge auch einen Baseballschläger dabei, manchmal ein Wildwest-Heftchen, manchmal einen Rollschuh, den er nicht anziehen konnte, manchmal ein geliehenes Fahrrad. Er schien immer auf der Straße zu sein, wenn der junge Mann aus dem Haus ging, um im Laden eine Schachtel Zigaretten zu kaufen, um einen Brief aufzugeben oder einen Spaziergang zu machen. Der Junge sagte jedesmal guten Tag.

»Hallo«, sagte er. »Jetzt ist wieder Sommer.«

Sommer? dachte er. Wo?

»Sommer?« sagte er zu dem Jungen. »Wo?«

»Hier«, sagte der Junge. »Und sonst wahrscheinlich auch überall. Heute ist der erste Tag des Sommers. Der einundzwanzigste Juni.«

»Dafür, daß heute der Sommer anfängt, ist das aber ein ziemlich trostloser Tag«, sagte der junge Mann.

»Jedenfalls haben wir Schulferien«, sagte der Junge.

»Auf diese Weise merkt man natürlich, daß der Sommer anfängt«, sagte der junge Mann. »Gehst du gern in die Schule?«

»Nein«, sagte der Junge und machte ein unanständiges Geräusch. »Scheiß auf die Schule.«

Der Junge warf dem jungen Mann den Ball hin, und der fing ihn auf. Jetzt warfen sie den Ball abwechselnd auf die Treppe und fingen ihn wieder.

9

»Joe«, fragte der Junge, »sind Sie damals wirklich nach Europa gefahren? Erinnern Sie sich? Ich hab' Sie doch damals gefragt.«

»Sicher«, sagte der junge Mann. »Sicher bin ich nach Europa gefahren.«

»Haben Sie irgendwelche interessanten Leute getroffen?« fragte der Junge.

»Es gibt keine langweiligen Leute«, sagte der junge Mann.

»Das meine ich nicht«, sagte der Junge. »Ich meine wichtige Leute. Haben Sie jemand Großes getroffen?«

»Ich habe ein paar Leute getroffen«, sagte der junge Mann, »die angeblich groß waren, aber sie waren nicht groß. Sie waren recht klein.«

»Haben Sie irgendwelche Schriftsteller getroffen?« fragte der Junge.

Der Junge hatte gehört, daß der junge Mann Schriftsteller war, und er hatte auch ein paar Fotos von ihm in der örtlichen Zeitung und in der überregionalen Presse gesehen, aber deshalb glaubte er noch lange nicht wirklich, daß der junge Mann Schriftsteller war. Der junge Mann wohnte schließlich im Haus nebenan.

»Sicher«, sagte der junge Mann. »Ich habe auch einige Schriftsteller getroffen.«

»Wen?« fragte der Junge. »Zane Grey?«

»Nein«, sagte der junge Mann. »Zane Grey habe ich verpaßt. Er war gerade nicht in Europa. Ich habe einen Schriftsteller getroffen, der Edmund Wilson heißt.«

»Wer ist das?« fragte der Junge.

»Das ist ein kleiner Bursche, der als sehr guter Schriftsteller gilt«, sagte der junge Mann. »Er ist ein kleiner Bursche, der bei allem, was er schreibt, sehr athletisch erscheint. Er kann hervorragend bluffen.«

»Müssen Schriftsteller so sein?« fragte der Junge.

»Der jedenfalls war so«, sagte der junge Mann. »Das habe ich in Moskau gemerkt. Da dachte er, ein russischer Arbeiter in einer Fabrik, der ein bißchen Englisch konnte, weil er zehn Jahre in Detroit gelebt hatte, sei ein Spitzel. Er hat darüber geschrieben in einem seiner kleinen Bücher. Er dachte, es sei gefährlich für mich, mit dem russischen Arbeiter zu reden. Ich glaube, er hält alles für gefährlich. Selbst wenn der Arbeiter ein Spitzel gewesen wäre, hätte ich genauso mit ihm geredet und ihm gesagt, daß ich eine Menge Dinge in der Sowjetunion lausig finde, denn genau das habe ich damals gedacht.«

»War er ein Spitzel?« fragte der Junge.

»Wer?« fragte der junge Mann.

»Der russische Arbeiter«, sagte der Junge.

»Nein«, sagte der junge Mann. »Er war genausowenig ein Spitzel wie du. Dieser amerikanische Schriftsteller fand es nur so schön dramatisch, sich vorzustellen, daß er mich vor einem Geheimpolizisten bewahrt habe. Dieser Russe war ein Mann, der mal in Detroit gelebt hatte und mit einem Amerikaner reden wollte. Er war ein Mann, der in Rußland Heimweh nach Amerika hatte.«

»Vielleicht ist er doch ein Spitzel gewesen«, meinte der Junge.

»Na schön«, sagte der junge Mann, »vielleicht war er einer. Aber deshalb war er trotzdem ein Mann, der Heimweh nach Detroit hatte. Selbst wenn er ein Spitzel gewesen wäre, hätte mich das nicht gestört. Vielleicht bin ich selbst ein Agent. Vielleicht sammle ich ständig geheime Informationen. Teil meiner Geheiminformationen ist es zum Beispiel, daß Schriftsteller Volltrottel sind.«

»Haben Sie auch Spaß gehabt, drüben in Rußland?« fragte der Junge.

»Ich habe *nur* Spaß gehabt«, sagte der junge Mann. »Ich habe eine Menge unbekannter Leute getroffen, die es wert wären, berühmt zu sein. Ich habe eine Menge geheime Dinge erlebt, geheimes Singen, geheime Gespräche, geheimes Gelächter und Unfug.«

»Was für Unfug?« fragte der Junge.

»Konterrevolutionärer Unfug«, sagte der junge Mann. »Im Zug nach Tiflis habe ich einen jungen Georgier getroffen, der völlig mit mir darin übereinstimmte, daß die Hälfte von allem überall, auch in der Sowjetunion, Hochstapelei ist. Wir haben den ganzen Weg nach Tiflis heimlich zusammen gelacht.«

Der junge Mann und der Junge warfen den Ball gegen die Treppe und fingen ihn wieder, aber dann fing der Junge den Ball und behielt ihn.

»Schreiben Sie immer noch Geschichten?« fragte er.

Der junge Mann zündete sich eine Zigarette an.

»Ja«, sagte er. »Ich schreibe immer eine. Heute nachmittag schreibe ich eine neue.«

»Und worüber?« fragte der Junge.

»Nun«, sagte der junge Mann, »oberflächlich betrachtet wird sie von dir und mir handeln, aber im Grunde handelt sie von allem.«

»Schreiben Sie nie eine Wildwest-Geschichte?« fragte der Junge.

Der Junge fragte das immer, wenn sie mal einen Augenblick länger redeten. Das war darauf zurückzuführen, daß er Zane Grey, Harold Bell Wright und die anderen las, die sogenannte Western schrieben.

»Alle meine Geschichten sind aus dem Westen«, sagte der junge Mann. »Und auch aus dem Osten, dem Süden und dem Norden.«

Der Schriftsteller machte das unanständige Geräusch.

»Mein Gott«, sagte er. »Der Süden. Der Norden. Der Osten. Der Westen. Die Proletarier. Die Intellektuellen. Der ganze lausige Haufen.«

Der Junge warf den Ball auf die Treppe, er prallte ab und schoß hoch in die Luft, bis er fast außer Reichweite war; der Junge sprang hoch und fing ihn.

»Scheiße«, sagte der Junge.

»Richtig«, sagte der junge Mann. »Alles Scheiße!«

Er ging die Straße hinunter.

»Bis dann«, sagte der Junge.

»Bis dann«, sagte der junge Mann.

Als der junge Mann schon fast an der Ecke war, lachte der Junge sehr laut und rief: »Jedenfalls ist es der erste Tag des Sommers.«

»Das ist ja immerhin etwas«, sagte der junge Mann.

HEIMITO VON DODERER

Ein Sommermorgen

Das Gartenhaus lag ganz unten im Tal am schmalen Bache, die Villa oben am Ende des steilen Hanges mit den Obstbäumen. Das Weglein hinauf hatte stellenweise Treppenstufen. Frau Lea, Witwe, fünfundvierzig, schlief oben, Herr von W., achtundfünfzig, unten. Die beiden galten als verlobt. Man sieht schon, daß dies eine halbe Sache war. Wichtiger als Leas Witwenschaft erscheint hier der Umstand, daß Herr v. W. vor zwei Jahren seine Mutter verloren und somit niemand mehr hatte, bei dem er sich über alle Wechselfälle des Lebens beschweren und dem er sie vortragen konnte, wenn sie ihn beleidigt hatten. Zu letzterem war nicht gar viel Gelegenheit, denn er dirigierte ein großes industrielles Unternehmen, befand sich also in außerordentlich gehobener Stellung. Da wird man nicht mehr viel beleidigt. Aber er neigte dazu, es zu sein. So auch heute, an einem Sommermorgen, um sechs Uhr früh am Sonntag: er war schon auf. Das Gartenhaus hatte zwar ein bequemes Bett, aber die Wände waren rundum ab etwa einem Meter Höhe nicht mehr von Holz sondern von Glas. Das gab eine außerordentliche Helligkeit im Raum. Lea war abends noch herunten gewesen, um nachzusehen, ob der Leuchter genug Kerze habe. Sie hatte auch eine Karaffe mit frischem Wasser und ein Glas gebracht und geprüft, ob die Krüge am Waschtische gefüllt seien. Dann ging sie. Eine große, schöne, üppige Frau. Sie ärgerte sich in einer sich selbst gegenüber geringschätzigen Weise über ihre Unschlüssigkeit, und daß sie hier etwas hinschleppte, dessen Realisierung in Form einer Heirat ihr wenig Freude vorauswarf, ja, im Grunde unmöglich, mindestens unvorstellbar erschien. So stieg sie in der kompakten, vom Aushauch der Gewächse dicken Sommernacht die Treppchen durch den steilen Obstgarten hinauf. Auch er drehte sich sozusagen an Ort und Stelle, und nichts war genug schwach und nichts war stark genug dazu, um ihn aus dieser Drehung zu bringen, in eine Tangente des Befangenheitskreises hinein und damit aus diesem hinaus: vielmehr saß er jedes Wochenende jetzt darin und im Glashause am Talgrund. Dies alles – nämlich sein ganzes eigenes Verhalten – beleidigte ihn: daß er an jedem Samstag doch zuletzt in den Wagen stieg, um hier heraus zu fahren, und letzten Endes dann doch nichts anderes tat, als sich nicht wirklich ›einzulassen‹ (so lautete seine Vokabel!), damit alles immer wieder offen bleibe. Er war sehr bedrückt deshalb, hatte aber eben niemanden mehr, bei dem er sich hätte beschweren und beklagen können. Am Morgen um sechs, wie schon gesagt, war er auf und machte sehr ernsthaft Toilette, das heißt, es lag ihm vollends fern, sich im Bache zu wälzen und sich von der Morgensonne trocknen zu lassen. Der einsame Talgrund hier lag längst in würziger Wärme. Das Wasser murmelte rasch und unverhältnismäßig laut, sonst bei Tag hörte man's nicht so. Ein kleiner Hauch von wildem Knoblauch kam aus der bereits beginnenden Hitze. Das Laub der Wälder, die über nahe und ferne Hügelkämme wanderten, schien wie Schaum in den Himmel zu dunsten. Vielleicht hing es mit dem Geruch des wilden Knoblauchs zusammen, vielleicht mit dem leeren Magen – vor halb neun konnte er nicht gut oben zum Frühstück erscheinen – daß ein überaus beleidigender Umstand eintrat: ihm wurde übel. Er verließ sein Glashaus und trat an den untern Rand der Wiese und dann an den raschen Bach. Aber die Schritte im Freien schienen, sehr gegen jede Erwartung, die Übelkeit noch zu steigern. So kehrte er rasch in das Gartenhaus zurück, setzte sich an ein Tischchen, und sah hageren und strengen Gesichtes durch die Glaswand hinaus, wachsam, als sollte sich von dort draußen etwa plötzlich noch ein weiterer beleidigender Umstand nahen. Jedoch dieser kam von innen. Herr v. W. erbrach rasch und ohne Beschwerde vor sich auf die Tischplatte. Er hätte keine Zeit mehr gehabt, sich zu erheben und hinauszugehen. Im geringen und dünnen Auswurf, der da nun auseinanderlief – er hatte abends nur eine Suppe essen wollen – zeigte sich ganz unzweifelhaft ein Wurm, er lag am Rande des Erbrochenen, war blaß, of-

fenbar tot, und kaum eine Spanne lang: Ascaris lumbrico-
ides, wie ihn vornehmlich Kinder manchmal haben, doch
geht er selten per os ab, meistens per rectum. Alles das wußte
auch Herr v. W. Aber es genügte solches unzweifelhafte Wissen nicht, das Kränkende der Lage für ihn gegenstandslos zu
machen und ihn zu veranlassen, mit Hilfe der hier liegenden
Sonntagsnummer einer Zeitung den Tisch zu reinigen und
die auf diesem liegende, nunmehr erkannte Ursache seines
bereits verschwundenen Übelbefindens in den Bach zu werfen. Damit wäre der Fall für ein Wesen männlichen Ge-
schlechtes erledigt gewesen. Aber nein! Er mußte diese
ganze Sache bei Lea sozusagen anhängig machen, wenn er
schon sonst niemanden hatte, dem er's hätte klagen können.
So reinigte er zwar strengen Gesichts mit Zeitungspapier und
Wasser den Tisch, so gut es gehen mochte, und nicht sehr geschickt; etwas von dem Zeitungspapier aber verwendete er
dazu, um seinen Beleidiger darin einzuwickeln und oben in
der Villa zur Anzeige zu bringen. Es war inzwischen halb
neun geworden, er konnte zum Frühstücken hinaufgehen.
Frau Lea tröstete Herrn von W. so gut sie's vermochte und
ließ ihn gleich einmal das Corpus delicti in den Wasseraus-
guß werfen. Gegraust hat ihr eigentlich erst hintennach, aber
das Wesen ihres Partners erkannte sie doch gleich jetzt an Ort
und Stelle und sozusagen von vornherein: und wir meinen
damit: nicht erst, wie's meistens geht, nach einigen Jahren
der Ehe. Zu dieser ist es freilich nicht mehr gekommen.

PETER BAMM

Glück im Sommer

Die größten Schwierigkeiten auf der Welt bereiten uns, seit wir aus dem Paradies vertrieben wurden, gerade die einfachsten Dinge. Die Löwen, die durch die Steppe traben, haben in vielen Tausenden von Jahren keinen Kierkegaard hervorgebracht. Für sie gibt es keine Probleme der Existentialphilosophie. Die Löwen haben Hunger. Darum denken sie darüber nach, wie sie satt werden können. Selbst wenn sie einen Missionar gefressen haben, kommen sie nicht darauf, über das Problem des Hungers nachzudenken. Sie liegen still im Sand und wedeln mit dem Schweif. Während die Missionarsseele zum Himmel steigt, fühlt der Löwe sich auf Erden wohl. Freilich, ich habe noch niemanden getroffen, der sich löwenwohl gefühlt hätte. Man sage nicht, das liege daran, daß wir keine Missionare mehr fressen. Es gibt sehr wohl Leute, die sich kannibalisch wohl fühlen. Das Gedächtnis der Menschheit ist durchaus nicht kurz. Aber der Ehrgeiz ist klein, und so bringen es denn die meisten nicht weiter, als sich sauwohl zu fühlen.

Sich wohl fühlen ist in unser aller Gefühl mit Nichtstun gekoppelt. Auch das ist eine sehr alte Erinnerung. Sie geht auf das Paradies zurück, als Löwe, Sau und Mensch, des Missionars noch nicht bedürfend, sich in gleicher Weise göttlich wohl fühlten. In der Tat, die große Aufgabe, Ferien zu machen, ist gleichbedeutend mit der Aufgabe, nichts zu tun. Es ist eine Aufgabe von höchster Schwierigkeit. Die Anstrengungen, welche die Menschheit alljährlich unternimmt, der Schwierigkeit Herr zu werden, sind heroisch und der Bewunderung jedes wahren Menschenfreundes wert.

Die Sehnsucht nach dem Nichtstun entsteht aus der uns allen auferlegten Notwendigkeit, arbeiten zu müssen. Es wäre also wohl das einfachste, daß man sich, wenn die Ferien da sind, einfach hinlegte und liegen bliebe. Die Zimmerdecke ist wie die Welt vor ihrer Erschaffung. Man kann sich die ganze Schöpfung hinmalen und hat noch dazu die schöne Freiheit, sie nach eigenen Plänen zu gestalten; wobei man ohne Zweifel eine bessere Rolle spielen würde als in der nicht von einem selbst erschaffenen Welt. Man hört zuweilen von solchen Künstlern des Lebens. In jedem Jahr treten sie in den Gazetten auf und beschreiben ihre Zimmerdecke, freilich ohne die Spinnengewebe, von denen man niemals etwas hört. Wahrscheinlich sind es Philosophen wie Schopenhauer, der, als man ihm vorwarf, daß er selbst nicht nach seiner Philosophie lebe, die Antwort gab: »Der Wegweiser geht nicht mit.« Wenige nur sind Michelangelos ähnlich genug, sich den eigenen Kosmos an den Plafond hinzaubern zu können.

Die Notwendigkeit zu arbeiten, hindert die meisten Menschen, das Leben zu führen, das sie führen möchten. In den Ferien dann haben sie die Freiheit zu tun, was sie wollen. Freilich, der weiseste Gebrauch, den man von der Freiheit machen kann, ist, keinen Gebrauch von ihr zu machen. Von allen Philosophen ist der größte auch heute noch Diogenes. Selbst der mächtigste Mann der Erde konnte ihn nur durch seinen Schatten ärgern. Das Ziel aller Ferien ist seit jeher, nichts zu tun. Aber der Weg zu diesem Ziel ist weit. Je weiter das Nichtstun entfernt ist, um so höher steht es im Kurs. Nichtstun in Ägypten wird für weit erhabener angesehen als Nichtstun in Schwiebus. Es kann sich niemand von uns so recht vorstellen, daß das Paradies in Treptow gelegen habe. Um sich das Paradies in Treptow vorstellen zu können, müßte man ein Neger aus der Kalahari sein. Dann vielleicht würde einem der laue Wind eines Juniabends und die Militärmusik über den sanften Wellen der Spree als die Erfüllung aller Träume erscheinen.

Man muß sich also, ehe man Ferien anfängt, eine feste Vorstellung davon machen, wo das Paradies gelegen ist. Man halte das nicht für ein phantastisches Unterfangen. Ein so ernster Mann, wie es General Gordon war, hat sich sein Leben lang mit dieser Frage befaßt. Es ist sicher, daß in dem Augenblick, als die Speere der Soldaten des Mahdi ihn durchbohrten, er weit glücklicher war über seine Kenntnisse vom

Paradies als über seine Erfolge in der Bekämpfung des Sklavenhandels im Oberen Sudan.

Wenige Leute nur gehen dem Dasein so tief auf den Grund, daß sie sich eine Vorstellung vom Paradies verschaffen. Da sie sich kaum Gedanken darüber machen, wo sie einmal hinkommen werden, neigen sie erst recht nicht dazu, sich Gedanken darüber zu machen, wo sie einmal hergekommen sind.

Aber die menschliche Seele ist, wie wir zu unserer Überraschung immer wieder feststellen dürfen, weit besser eingerichtet, als der Mensch es verdient. Wenn wir uns nicht die große Sehnsucht erfüllen können, das Paradies zu erreichen, sind wir immer gerne bereit, uns eine Minute der Ruhe zu gönnen, wenn uns eine kleine Sehnsucht erfüllt wird. Betrachten wir die kleinen Erfüllungen!

Manche unterziehen sich der Mühe, mehrere tausend Meter hohe Erderhebungen zu ersteigen, um nach neun Stunden nächtlichen Anstieges eine Minute nichts zu tun, während die Sonne über den Gipfeln aufgeht. Ohne Zweifel, diese Leute sind verrückt. Aber jedenfalls wissen sie, was ihnen das Nichtstun wert ist.

Manche fahren vierundzwanzig Stunden mit der Eisenbahn, um eine Minute nichts zu tun, während die Venus vom Kapitol vor ihren Augen steht. Ohne Zweifel, auch diese Leute sind verrückt. Aber ihre Verrücktheit gewährt uns den Trost, daß die Antike nicht umsonst gewesen ist.

Lachse kann man zu Tausenden im Netz fangen. Aber es gibt eine Sorte von Leuten, die fahren drei Tage mit dem Schiff und klettern dann noch drei Tage ein Flußtal hinauf, um einen einzigen Lachs mit der Angel zu fangen. Wenn man bedenkt, daß der Lachs, der an diese Angel geht, drei Jahre aus dem Golf von Mexico bis in diesen Fluß geschwommen ist, kann man sagen, daß der Mensch der Natur an Mannigfaltigkeit der Einfälle ebenbürtig ist.

Hemingway berichtet uns von einem alten Engländer, der drei Wochen ohne Badewanne in einem Pyrenäendorfe lebte, nur weil es dort in einem Bach Forellen gab, die statt roter grüne Punkte am Bauch hatten. Der Augenblick, währenddessen er die grünen Punkte am Bauch der frischgefangenen Forelle betrachtete, entschädigte ihn für die Tragödie eines langen Lebens. Selbst für einen Mann, der ihm gelegentlich das Leben rettete, konnte er sich kein kostbareres Geschenk denken als eine selbstgemachte Fliege von der Art, auf die allein Forellen mit grünen Punkten am Bauche anbeißen.

Man hat also, wenn man erfolgreich Ferien machen will, nur zwei Möglichkeiten. Entweder man muß die Lage des Paradieses kennen, oder man muß verrückt sein. Wahrhaftig, ein Mensch, der noch nie auf die Idee gekommen ist, auf irgendwelche Forellen mit grünen Punkten am Bauche Jagd zu machen, ist nicht wert, verrückt zu sein. Und wer nicht wert ist, verrückt zu sein, ist natürlich auch nicht wert, Ferien zu haben.

Stürzen wir uns mutig auch in diesem Jahr in die große Sommerjagd nach den kleinen Sehnsüchten unseres Lebens!

CESARE PAVESE

Der Sommer

Von dem ganzen Sommer, den ich in der halbleeren Stadt verbrachte, weiß ich kaum etwas zu sagen. Ich brauche nur die Augen zu schließen, da hat der Schatten wieder seine Funktion angenommen, Frische zu verbreiten, und die Straßen sind ebendies: Schatten und Licht, die einander abwechseln, so daß es einen überfällt und verschlingt. Wir liebten den Abend, die heißen Wolken, die auf den Häusern lasten, die stille Zeit. Die Nacht wirkte dann auf uns etwa, wie wenn das kurze Halbdunkel den einschluckt, der aus der grellen Sonne wieder ins Haus tritt. Wir trafen uns, wenn der Abend hereinbrach – und schon war es Morgen, war ein weiterer ruhiger Tag. Ich erinnere mich, daß die Stadt ganz uns gehörte – Häuser, Bäume, Cafétische, Läden. In den Läden, auf den Auslagetischen sehe ich Berge von Früchten vor mir. Ich erinnere mich an den warmen Duft und die Stimmen in den Straßen. Ich weiß, wohin in einer bestimmten Stunde das Sonnenviereck auf den Backsteinboden fällt.

Von uns hingegen und von unseren Worten finde ich so gut wie nichts wieder. Ich weiß, daß ich eine Menge Obst aß; daß ich viele Male umarmt und umarmend einschlief; daß ich am Abend unterwegs trödelte, mich an den Vorübergehenden, den Farben, an jedem Augenblick freute, weil ich wußte, ich wurde erwartet. Ich weiß, daß meine Hände und mein Körper etwas Zärtliches, Lebendiges geworden waren, genauso wie damals an den Sommerabenden die Wolken, die Luft und die Hügel. All das war mir vertraut, ich möchte fast sagen alltäglich, wenn mir die Folge jener Tage nicht noch jetzt wie eine Täuschung erschiene, so sehr, daß mir manchmal, wenn ich darüber nachdenke, die ganze Jahreszeit wie ein einziger gemeinsam verlebter Tag vorkommt. Dieser Tag war in mir, und die Gemeinsamkeit, die mit dem Sommer endete, gab ihm einen Sinn und eine Stimme. Wenn wir einander verließen, schien es uns nicht, als trennten wir uns, sondern als warteten wir anderswo aufeinander – so, wie hinten in den Straßen, wenn man sich trifft, der Hügel entschwindet und wiedererscheint. Wir sahen jeden Abend mit an, wie er sich in Schatten hüllte, und er war uns so lieb in seiner Stille, daß er sozusagen zum Zimmer gehörte, er wurde ein Teil des Fensters und der Straße. In der kurzen Nacht entschwand er nicht – so nahe war er. Der Tag begann und endete mit ihm. Wir aßen Früchte und betrachteten ihn. Jetzt bleibt mir nichts als der Hügel und die Früchte.

Die halbleere Stadt erschien mir verlassen. Das Spiel des Schattens und der Sonne belebte sie sehr; es war schön, an einem Fenster zu stehen und auf den Himmel, auf ein Stück Pflaster zu schauen. Das Bewußtsein, daß es außer Licht und kühlem Schatten etwas gab, was mir am Herzen lag und mit der Sonne wieder aufging und die Nacht schneller herbeiführte, gab jeder Begegnung, die auf diesen Straßen geschah, einen Sinn. Da waren die Bäume, die die Sonne tranken, da waren die Rufe der Frauen, da war eine große Stille. Wenn ich mein Zimmer verließ, fühlte ich andere Empfindungen und die Kühle des Abends voraus. Ich konnte schauen und jedes Ding lieben.

Manchmal war da, in einem ganz anderen Stadtteil, eine Piazza, die mich mit ihren Wolken und ihrer stillen Wärme erwartete. Keiner überquerte sie, kein Fenster tat sich auf, aber es taten sich die Tiefen der verlassenen Straßen auf, die auf eine Stimme oder auf einen Schritt warteten. Es war heller Tag. Später, am Abend, dachte ich an sie zurück und fand sie unverändert wieder.

An jenen Abenden verlor der Sommer nicht an Kraft, denn wir wußten, daß jeder von uns an den anderen dachte. Jede gewohnte Bewegung berührte in meinem Herzen diese Gewißheit, bewegte sie ein wenig und brachte sie zum Überfließen. Dann kräuselte sich das Licht – ich sah es wie eine ganz frische Erinnerung –, als träte ich plötzlich in einen anderen Sommer ein, jenseits der Körper und Stimmen, als hätte mir das Zimmer, das ich verlassen hatte, als ein Schatten gedient, der mich verschwiegen aufnahm. Alles wurde im gleichen

Augenblick, da es geschah, zur Erinnerung, denn es geschah früher in mir als außerhalb. Es war, als würde der lange Tag von mir selbst geschaffen, und darum war mir nichts an dem Zimmer und dem Abend fremd; nicht einmal der Körper, der den meinen aufnahm, und die leise Stimme.

Eines Abends wurden die Wolken dichter, es regnete die ganze Nacht. Ich wartete an einem Fenster – nicht dem unseren –, und die Spritzer und Tropfen kamen mir ins Gesicht. Ich wußte, am nächsten Tag würde das Licht lebhafter und der Schatten kühler sein, und ich hatte keine Eile, dort einzutreten, wo ich erwartet wurde. Es war der letzte Sommerregen, er veränderte die Farbe der Stadt. Ich hätte an dem geschützten Fenster warten können, aber ich ging hinunter in den Regen und lief durch andere Straßen. Ich dachte intensiv an unser Fenster, dachte daran und entfernte mich davon. Hinten in den Straßen war der Hügel, finster geworden, von dem zunehmenden Dunkel näher gerückt. Ich sah im Regen Fensterbretter und Haustore, die ich immer in der Sonne gesehen hatte. Alles war frisch und nah, und diesmal war meine Stadt wirklich verlassen. Als ich zurückkam, verliebt und mit den Gedanken bei den Straßen des nächsten Tages, fand ich das Zimmer leer, und das blieb es bis zur Nacht. Da stellte ich mich ans Fenster.

Wir waren noch viele Tage zusammen, solange die Jahreszeit dauerte; aber wir wußten beide, alles würde im Herbst zu Ende sein. So war es wirklich.

STEFAN ZWEIG

Sommernovellette

Den Augustmonat des vergangenen Sommers verbrachte ich
in Cadenabbia, einem jener kleinen Orte am Comer See, die
dort zwischen weißen Villen und dunklem Wald so reizvoll
sich bergen. Still und friedsam wohl auch in den lebendige-
ren Tagen des Frühlings, wenn die Reisenden von Bellagio
und Menaggio den schmalen Strand beschwärmen, war das
Städtchen in diesen warmen Wochen eine duftende, sonnen-
beglänzte Einsamkeit. Das Hotel war fast ganz verlassen: ein
paar versprengte Gäste, jeder dem andern durch die Tatsache merkwürdig, sich so verlorene Stelle zum Sommeraufenthalt erwählt zu haben, wunderten sich jeden Morgen,
den andern noch standhaft zu finden. Am erstaunlichsten
war dies mir bei einem älteren, sehr vornehmen und kulti-
vierten Herrn, der – dem Aussehen nach ein Mitteltypus zwischen korrektem englischen Staatsmann und einem Pariser
Coureur –, ohne zu irgendwelchem Seesport Zuflucht zu
nehmen, den Tag damit verbrachte, den Rauch von Zigaretten sinnend vor sich in der Luft zergehen zu sehen oder ab
und zu in einem Buche zu blättern. Die drückende Einsamkeit zweier Regentage und sein offenes Entgegenkommen
gaben unserer Bekanntschaft rasch eine Herzlichkeit, die der
Jahre Ungleichheit fast ganz überbrückte. Livländer von Geburt, in Frankreich und später in England erzogen, berufslos
seit je, ohne ständigen Aufenthalt seit Jahren, war er heimatlos in dem edlen Sinne derer, die, Wikinger und Piraten der
Schönheit, aller Städte Kostbarkeiten im räuberischen Flug in
sich versammelt haben. Dilettantisch war er allen Künsten
nahe, aber stärker als die Liebe war seine vornehme Verachtung, ihnen zu dienen: er dankte ihnen tausend schöne Stunden, ohne ihnen eine einzige schöpferischer Not gewidmet
zu haben. Er lebte eines jener Leben, die überflüssig scheinen, weil sie sich keiner Gemeinsamkeit einketten, weil all

23

der Reichtum, den tausend einzelne kostbare Erlebnisse in ihnen aufgespeichert haben, mit ihrem letzten Atemzug unvererbt zerrinnt.

Davon sprach ich eines Abends zu ihm, als wir nach dem Diner vor dem Hotel saßen und sahen, wie sich der helle See langsam vor unserem Blick verdunkelte. Er lächelte: »Vielleicht haben Sie nicht unrecht. Ich glaube zwar nicht an Erinnerungen: das Erlebte ist erlebt in der Sekunde, da es uns verläßt. Und Dichtung: geht das nicht ebenso zugrunde zwanzig, fünfzig, hundert Jahre später? Aber ich will Ihnen heute etwas erzählen, wovon ich glaube, daß es eine hübsche Novelle wäre. Kommen Sie! Solche Dinge sprechen sich besser im Gehen.«

So gingen wir den wunderbaren Strandweg entlang, überschattet von den ewigen Zypressen und verworrenen Kastanienbäumen, zwischen deren Gezweige der See unruhig spiegelte. Drüben lag die weiße Wolke Bellagio, sanft getönt von den hinrinnenden Farben der schon gesunkenen Sonne, und hoch, hoch oben über dem dunklen Hügel glänzte, von den Strahlen diamanten umfaßt, die funkelnde Mauerkrone der Villa Serbelloni. Die Wärme war leicht schwülend und doch nicht lastend; wie ein sanfter Frauenarm lehnte sie sich zärtlich an die Schatten und füllte den Atem mit dem Dufte unsichtbarer Blüten.

Er begann: »Ein Geständnis soll den Anfang machen. Ich habe Ihnen bislang verschwiegen, daß ich schon im vergangenen Jahr hier war, hier in Cadenabbia, zur gleichen Jahreszeit und im gleichen Hotel. Das mag Sie wundern, um so mehr als ich Ihnen ja erzählte, daß ich es von je vermied, etwas in meinem Leben zu wiederholen. Aber hören Sie! Es war natürlich ebenso einsam wie diesmal. Der gleiche Herr aus Mailand war hier, der den ganzen Tag Fische fängt, um sie abends wieder loszulassen und am nächsten Morgen wieder einzufangen; es waren zwei alten Engländerinnen da, deren leise vegetative Existenz man kaum bemerkte, ferner ein hübscher junger Bursch mit einem lieben, blassen Mädel, von der ich bis heute noch nicht glaube, daß sie seine Frau war, weil sie sich viel zu herzlich gern zu haben schienen.

Schließlich eine deutsche Familie, Norddeutsche vom schärfsten Typus. Eine ältere, semmelblonde, hartknochige Dame mit eckigen, häßlichen Bewegungen, stechenden Stahlaugen und einem wie mit dem Messer geschnittenen scharfen, zänkischen Mund. Mit ihr eine Schwester, unverkennbar, denn es waren die gleichen Züge, nur zergangen, zerfaltet, irgendwie weich geworden, beide stets zusammen und nie doch im Gespräch und immer über die Stickerei gebeugt, in die sie ihre ganze Gedankenlosigkeit zu spinnen schienen, unerbittliche Parzen einer Welt der Langeweile und Beschränktheit. Und zwischen ihnen ein junges, etwa sechzehnjähriges Mädchen, die Tochter einer der beiden, ich weiß nicht, welcher, denn die harte Unfertigkeit ihrer Züge mischte sich schon mit leichter frauenhafter Rundung. Sie war eigentlich unhübsch, zu schlank, unreif, überdies natürlich ungeschickt gekleidet, aber es war etwas Rührendes in ihrer hilflosen Sehnsucht. Ihre Augen waren groß und wohl auch voll dunklen Lichtes, aber sie flüchteten immer verlegen weg, den Glanz in zwinkernde Lichter verflatternd. Auch sie kam immer mit einer Arbeit, aber ihre Hände wurden oft langsam, die Finger schliefen ein, und dann saß sie still, mit einem träumerischen, unbewegten Blick über den See hin. Ich weiß nicht, was mich so merkwürdig an diesem Anblick ergriff. War es der banale und doch so unvermeidliche Gedanke, der einen befällt, wenn man die verblühte Mutter mit der blühenden Tochter sieht, den Schatten hinter der Gestalt, der Gedanke, daß in jeder Wange die Falte, in jedem Lachen die Müdigkeit, in jedem Traume schon die Enttäuschung versteckt wartet? Oder war es diese wilde, eben ausbrechende, ziellose Sehnsucht, die sich überall in ihr verriet, jene einzige, wunderbare Minute im Leben der Mädchen, wo sie den Blick begehrend ins All richten, weil sie das Eine noch nicht haben, an das sie sich dann klammern und an dem sie dann faulend hängen wie Algen am schwimmenden Holz? Es war für mich unendlich packend, sie zu beobachten, den träumerischen, feuchten Blick, die wilde, überschwengliche Art, mit der sie jeden Hund und jede Katze liebkoste, die Unruhe, die sie vielerlei beginnen ließ und nichts zu Ende tun. Und dann die glühende Hast, mit der sie abends die paar elenden Bände der Hotelbibliothek durchjagte oder in den zwei zerlesenen Gedichtbänden blätterte, die sie mitgebracht hatte, in ihrem Goethe und Baumbach... Doch warum lächeln Sie?«

Ich mußte mich entschuldigen: »Es ist nur die Zusammenstellung, Goethe und Baumbach.«

»Ach so! Natürlich, es ist ja komisch. Und doch wieder nicht. Glauben Sie mir, daß es jungen Mädchen in diesem Alter ganz gleichgültig ist, ob sie gute oder schlechte, echte oder verlogene Gedichte lesen. Ihnen sind Verse nur Becher für den Durst, und sie achten nicht auf den Wein, denn der Rausch ist ja schon in ihnen, noch ehe sie getrunken. Und so war dieses Mädchen, so kelchvoll von Sehnsucht, daß sie ihr bis in die Augen glänzte, die Spitzen der Finger über den Tisch zittern ließ und ihrem Gang eine eigene ungelenke und doch wieder beschwingte Art zwischen Flug und Furcht gab. Man sah, daß sie hungerte, mit jemandem zu sprechen, etwas von ihrer Fülle wegzugeben, aber da war niemand, nur Einsamkeit, nur das Klappern der Nadeln rechts und links, die kalten, bedächtigen Blicke der beiden Damen. Ein unendliches Mitleid kam mich an. Und doch, ich konnte mich ihr nicht nähern, denn ernstlich, was ist ein bejahrter Mann einem Mädchen in diesem Augenblick, und dann, mein Abscheu vor Familienbekanntschaften und besonders Bekanntschaft ältlicher Bürgerdamen erdrosselte jede Möglichkeit. Da versuchte ich eine merkwürdige Sache. Ich dachte: dies ist ein junges Mädchen, unflügge, unerfahren, das erstemal wohl in Italien, das ja in Deutschland, dank dem Engländer Shakespeare, der nie dort gewesen ist, als das Land der romantischen Liebe gilt, der Romeos, der heimlichen Abenteuer, der fallenden Fächer, blitzenden Dolche, der Masken, Duennas und der zärtlichen Briefe. Sicherlich träumt sie von Abenteuern, und wer kennt Mädchenträume, diese weißen, wehenden Wolken, die ziellos im Blau schweben und so wie die Wolken immer am Abend in heißeren Farben, in Rosa und dann in brennendem Rot erglühen? Nichts wird ihr hier Unwahrscheinlichkeit, Unmöglichkeit dünken. So entschloß ich mich, ihr einen geheimnisvollen Liebhaber zu erfinden.

Und noch am selben Abend schrieb ich einen langen Brief demütiger und respektvoller Zärtlichkeit, voll fremdartiger Andeutungen und ohne Unterschrift. Einen Brief, der nichts verlangte, nichts verhieß, überschwenglich und zurückhaltend zugleich, kurz, einen romantischen Liebesbrief wie aus einem Versstück. Und da ich wußte, daß sie täglich, von ihrer Unrast gejagt, als erste beim Frühstück erschien, faltete ich ihn in die Serviette ein. Der Morgen kam. Ich beobachtete sie vom Garten aus, sah ihre ungläubige Überraschung, ihr jähes Erschrecken, sah die rote Flamme, die über die blassen Wangen schoß und hastig bis tief in die Kehle lief. Sah ihr hilfloses Umblicken, das Zucken, die diebische Bewegung, mit der sie den Brief verbarg, und dann, wie sie unruhig, nervös saß, das Frühstück kaum berührend und schon wegschießend, hinaus, irgendwohin in die schattigen, unbelebten Gänge, das geheimnisvolle Schreiben zu entziffern... Sie wollten etwas sagen?«

Ich hatte unwillkürlich eine Bewegung gemacht, die ich jetzt erklären mußte. »Ich finde das sehr verwegen. Haben Sie nicht daran gedacht, sie könnte nachforschen, oder das einfachste, den Kellner fragen, wie der Brief in die Serviette kam? Oder ihn ihrer Mutter zeigen?«

»Natürlich dachte ich daran. Aber hätten Sie das Mädchen gesehen, dieses furchtsame, verschreckte liebe Geschöpf, das sich immer ängstlich umsah, wenn sie einmal etwas lauter gesprochen hatte, dann wäre Ihnen jedes Bedenken verflogen. Es gibt Mädchen, deren Schamhaftigkeit so groß ist, daß Sie mit ihnen das Äußerste wagen können, weil sie so hilflos sind und lieber das Ärgste erdulden, ehe sich mit einem Worte andern anzuvertrauen. Lächelnd sah ich ihr nach und freute mich, wie sehr mein Spiel gelungen war. Da kam sie schon zurück, und ich fühlte mein Blut plötzlich an der Schläfe: das war ein anderes Mädchen, ein anderer Schritt. Sie ging unruhig und verworren heran, eine glühende Welle hatte ihr Gesicht übergossen, und eine süße Verlegenheit machte sie ungelenk. Und so den ganzen Tag. Zu jedem Fenster flog ihr Blick auf, als könnte er dort das Geheimnis fassen, jeden Vorüberschreitenden umkreiste er, und einmal fiel er auch auf mich, der ihm vorsichtig auswich, um sich nicht durch ein Blinken zu verraten; aber in dieser blitzschnellen Sekunde hatte ich ein Feuer der Frage gefühlt, vor dem ich fast erschrak, und wieder nach Jahren empfunden, daß keine Wollust gefährlicher, verlockender und verderbter ist, als jenen ersten Funken in das Auge eines Mädchens zu sprengen. Ich sah sie dann zwischen den beiden sitzen mit schläfrigen Fingern und sah, wie sie manchmal hastig an eine Stelle ihres Kleides griff, von der ich sicher war, daß sie den Brief verbarg. Nun lockte mich das Spiel. Und noch am Abend schrieb ich ihr einen zweiten Brief und so die nächsten folgenden Tage: es wurde mir ein eigener erregender Reiz, die Empfindungen eines verliebten, jungen Menschen in meinen Briefen zu verkörpern, Steigerungen einer Leidenschaft zu erfinden, die nur ersonnen war, es wurde mir ein fesselnder Sport, wie Jäger ihn wohl haben mögen, wenn sie Schlingen legen oder Wild vor ihre Läufe locken. Und so unbeschreiblich, fast schreckhaft war für mich mein eigener Erfolg, daß ich schon dachte abzubrechen, hätte die Versuchung mich nicht so glühend an das begonnene Spiel gefesselt. Eine Leichtigkeit, eine wilde Wirrnis wie von Tanz kam in ihren Gang, eine eigene fiebrige Schönheit brach aus ihren Zügen; ihr Schlaf mußte ein Warten und Wachen auf den Brief des Morgens sein, denn ihr Auge war dunkel in der Frühe verschattet und unstet in seinem Feuer. Sie begann auf sich zu achten, trug Blumen in ihrem Haar, eine wunderbare Zärtlichkeit gegen alle Dinge beschwichtigte ihre Hände, eine stete Frage lag in ihrem Blick, denn sie fühlte aus tausend Kleinigkeiten, die ich in den Briefen verriet, daß der Schreiber ihr nahe sein mußte, ein Ariel, der mit Musik die Lüfte füllt, nahe schwebend, das geheimste Tun belauschend und doch durch seinen Willen unsichtbar. So heiter wurde sie, daß selbst den beiden stumpfen Damen die Wandlung nicht entging, denn manchmal ließen sie gütigneugierig ihren Blick an der eilenden Gestalt und an den aufknospenden Wangen haften, um sich dann mit verstohlenem Lächeln anzusehen. Ihre Stimme bekam Klang, wurde lauter, heller, verwegener, und an ihrer Kehle zitterte oft ein

Zucken und Schwellen, als wollte plötzlich Gesang in jubelnden Trillern aufsteigen, als wäre... Aber Sie lächeln schon wieder!«

»Nein, nein, bitte erzählen Sie nur weiter. Ich meine nur, Sie erzählen sehr gut. Sie haben – verzeihen Sie – Talent und würden sicher das so gut erzählen wie einer unserer Novellisten.«

»Damit wollen Sie mir wohl höflich und vorsichtig andeuten, daß ich erzähle wie Ihre deutschen Novellisten, also lyrisch verstiegen, breit, sentimentalisch, langweilig. Ja, ich will kürzer sein! Die Marionette tanzte, und ich zog die Fäden mit überlegter Hand. Um von mir jeden Verdacht abzulenken – denn manchmal fühlte ich, wie sich ihr Blick prüfend an dem meinen anhalten wollte –, hatte ich ihr die Möglichkeit nahe gestellt, daß der Schreiber nicht hier, sondern in einem der nahen Kurplätze wohne und täglich im Boot oder mit dem Dampfer herüberkäme. Und nun sah ich sie immer, wenn die Glocke des nahenden Schiffes klang, unter einem Vorwand der mütterlichen Wacht entgleiten, wegstürmen und von einem Winkel des Piers die Ankommenden mit angehaltenem Atem mustern.

Und da geschah es einmal – es war ein trüber Nachmittag, und ich wußte nichts Besseres, als sie zu beobachten –, daß etwas sehr Merkwürdiges sich ereignete. Unter den Passagieren war ein hübscher junger Mann, mit jener extravaganten Eleganz der italienischen jungen Leute gekleidet, und wie er suchend den Ort überflog, fiel ihm voll der verzweifelt suchende, fragende, saugende Blick des jungen Mädchens ins Auge. Und sofort überstürzte, das leise Lächeln wild überflutend, die rote Welle der Scham ihr Gesicht. Der junge Mann stutzte, wurde aufmerksam – wie ja leicht verständlich ist, wenn man einen so heißen Blick voll tausend ungesagter Dinge zugeworfen empfängt –, lächelte und suchte ihr zu folgen. Sie flüchtete, stockte in der Sicherheit, daß es der lang Gesuchte war, eilte wieder weiter und sah sich doch wieder um, es war jenes ewige Spiel zwischen Wollen und Fürchten, Sehnsucht und Scham, in dem doch immer die süße Schwäche die Stärkere ist. Er, sichtlich ermutigt, wenn auch über-

rascht, eilte nach und war ihr schon nahe, und ich fühlte mit
Erschrecken, wie sich alles zu einem beängstigenden Chaos
verwirren müsse – da kamen die beiden Damen den Weg entlang. Das Mädchen flog ihnen wie ein scheuer Vogel entgegen, der junge Mann zog sich vorsichtig zurück, aber noch
trafen sich im Rückwenden einmal ihre Blicke, um sich fieberhaft ineinanderzusaugen. Dieses Ereignis mahnte mich
zuerst, dem Spiel ein Ende zu machen, aber doch die Verlok-
kung war zu stark, und ich entschloß mich, diesen Zufall als
willigen Gehilfen zu wählen, und schrieb ihr am Abend einen ungewöhnlich langen Brief, der ihre Vermutung bestäti-
gen mußte. Es reizte mich, nun mit zwei Personen zu agie-
ren.

Am nächsten Morgen erschreckte mich die zitternde Verwirrung in ihren Zügen. Die schöne Unrast war einer mir un-
verständlichen Nervosität gewichen, ihre Augen waren
feucht und gerötet wie von Tränen, ein Schmerz schien sie im
Tiefsten zu durchdringen. All ihr Schweigen schien nach einem wilden Schrei zu drängen, Dunkel lag um ihre Stirne,
eine düstere herbe Verzweiflung in ihren Blicken, während
ich gerade diesmal klare Freude erwartet hatte. Mir wurde
bange. Zum erstenmal drängte sich etwas Fremdes ein, die
Marionette gehorchte nicht und tanzte anders, als ich wollte.
Ich grübelte nach allen Möglichkeiten und fand keine. Mir
begann angst zu werden vor meinem Spiel, und ich kehrte
nicht vor abends heim, um der Anklage in ihren Blicken zu
entweichen. Als ich heimkam, verstand ich alles. Der Tisch
war nicht mehr gedeckt, die Familie war abgereist. Sie hatte
fort müssen, ohne ihm ein Wort sagen zu können, und
konnte den Ihrigen nicht verraten, wie sehr ihr Herz noch an
einem einzigen Tage, an einer Stunde hing, sie war fortge-
schleppt worden aus einem süßen Traum in irgendeine kläg-
liche Kleinstadt. Daran hatte ich vergessen. Und ich fühlte
jetzt noch wie eine Anklage diesen letzten Blick, diese furchtbare Gewalt von Zorn, Qual, Verzweiflung und bitterstem
Weh, das ich, wer weiß wie weit, in ihr Leben hineinge-
schleudert habe.«

Er schwieg. Mit uns war die Nacht gegangen, und von dem

durch Gewölk verhangenen Mond ging ein eigentümlich klirrendes Licht aus. Zwischen den Bäumen schienen Funken und Sterne zu hängen und die bleiche Fläche des Sees. Wir gingen wortlos weiter. Endlich brach mein Begleiter das Schweigen. »Das war die Geschichte. Wäre es nicht eine Novelle?«

»Ich weiß nicht. Es ist jedenfalls eine Geschichte, die ich mit den anderen mir bewahren will, für die ich Ihnen schon dankbar sein muß. Aber eine Novelle? Ein schöner Einsatz, der mich verlocken könnte, vielleicht. Denn diese Menschen, sie streifen sich nur, sie beherrschen sich nicht ganz, es sind Ansätze zu Schicksalen, aber kein Schicksal. Man müßte sie zu Ende dichten.«

»Ich verstehe, was Sie meinen. Das Leben des jungen Mädchens, die Heimkehr in die Kleinstadt, die furchtbare Tragik der Alltäglichkeit...«

»Nein, nicht das so sehr. Das junge Mädchen interessiert mich weiter nicht. Junge Mädchen sind immer uninteressant, so merkwürdig sie sich auch selbst dünken, weil ihre ganzen Erlebnisse nur negative und darum zu ähnliche sind. Das Mädchen in diesem Falle heiratet, wenn ihre Zeit gekommen ist, den braven Bürgersmann daheim, und diese Affäre bleibt das blühende Blatt ihrer Erinnerungen. Das Mädchen interessiert mich nicht weiter.«

»Das ist merkwürdig. Ich wieder weiß nicht, was Sie an dem jungen Mann finden können. Solche Blicke, dieses Feuer im Vorübersprühen, fängt jeder in seiner Jugend, die meisten bemerken es gar nicht, die anderen vergessen rasch daran. Man muß alt werden, um zu wissen, daß gerade dies vielleicht das Edelste und Tiefste ist, das man empfängt, das heiligste Vorrecht der Jugend.«

»Es ist auch gar nicht der junge Mann, der mich interessiert...«

»Sondern?«

»Ich würde den älteren Herrn, den Briefschreiber, umformen, ihn zu Ende dichten. Ich glaube, in keinem Alter schreibt man ungestraft feurige Briefe und träumt sich in die Gefühle einer Liebe hinein. Ich würde darzustellen versuchen, wie aus dem Spiele Ernst wird, wie er das Spiel zu beherrschen glaubt, da das Spiel schon ihn beherrscht. Die erwachende Schönheit des Mädchens, die er als Beobachter nur zu sehen vermeint, reizt und faßt ihn tiefer. Und der Augenblick, da ihm plötzlich alles entgleitet, gibt ihm eine wilde Sehnsucht nach dem Spiel und – dem Spielzeug. Mich würde jene Umkehr in der Liebe reizen, die die Leidenschaft eines alten Mannes der eines Knaben sehr ähnlich machen muß, weil beide sich nicht ganz vollwertig fühlen, ich würde ihm das Bangen und die Erwartung geben. Ich ließe ihn unstet werden, ihr nachreisen, um sie zu sehen, und doch im letzten Augenblick sich nicht in ihre Nähe wagen, ich ließe ihn an denselben Ort wieder zurückkommen in der Hoffnung, sie wiederzusehen, den Zufall zu beschwören, der dann immer grausam ist. In dieser Linie würde ich mir die Novelle denken, und sie wäre dann...«

»Verlogen, falsch, unmöglich!«

Ich schrak auf. Die Stimme fuhr hart, heiser zitternd und fast drohend in meine Worte. Nie hatte ich bei meinem Begleiter eine solche Erregung gesehen. Blitzschnell ahnte ich, woran ich unbedachtsam getastet hatte. Und wie er so hastig stehen blieb, sah ich, peinlich berührt, sein weißes Haar schimmern.

Ich wollte rasch ablenken, umbiegen. Aber da sprach er schon wieder, und jetzt ganz herzlich und dunkelweich mit seiner ruhenden tiefen Stimme, die von leiser Melancholie schön getönt war. »Oder Sie mögen recht haben. Es ist ja viel interessanter, ›L'amour coûte cher aux vieillards‹, so hat, glaube ich, Balzac eine seiner rührendsten Geschichten genannt, und es ließen sich noch viele zu dem Titel schreiben. Aber die alten Leute, die davon das Heimlichste wissen, erzählen nur gern von ihren Erfolgen und nicht von ihren Schwächen. Sie fürchten lächerlich zu sein in Dingen, die doch nur irgendwie der Pendelschlag des Ewigen sind. Glauben Sie wirklich, daß es ein Zufall war, daß gerade jene Kapitel der Memoiren des Casanova ›verlorengegangen‹ sind, wo er altert, wo aus dem Hahn ein Hahnrei, aus dem Betrüger der Betrogene wird? Vielleicht wurde ihm nur die Hand zu schwer und das Herz zu eng.«

Er bot mir die Hand. Nun war seine Stimme wieder ganz kühl, ruhig und unbewegt. »Gute Nacht! Ich sehe, es ist gefährlich, jungen Leuten in Sommernächten Geschichten zu erzählen. Das gibt leicht törichte Gedanken und allerhand unnötige Träume. Gute Nacht!«

Und er ging mit seinen elastischen, aber doch von den Jahren schon verlangsamten Schritten ins Dunkel zurück. Es war schon spät. Aber die Müdigkeit, die sonst von der Wärme der weichen Nächte mich früh befing, war heute zerstreut durch die Erregung, die im Blute aufklingt, wenn einem Seltsames widerfährt oder wenn man Fremdes für einen Augenblick wie Eigenes erlebt. So ging ich den stilldunklen Weg entlang bis zur Villa Carlotta, die mit marmorner Treppe in den See niedersteigt, und setzte mich auf die kühlen Stufen. Wunderbar war die Nacht. Die Lichter von Bellagio, die früher nahe wie Leuchtkäfer zwischen den Bäumen funkelten, schienen nun unendlich ferne über dem Wasser, und langsam fielen sie, eins nach dem anderen, in das schwere Dunkel zurück. Schweigsam lag der See, blank wie ein schwarzer Edelstein und doch von wirrem Feuer an den Kanten. Und wie weiße Hände zu hellen Tasten, so griffen die plätschernden Wellen mit leisem Schwall die Stufen auf und nieder. Endlos hoch schien die bleiche Himmelsferne, auf der Tausender Sterne Funkeln war. Ruhevoll, in blitzendem Schweigen standen sie: nur manchmal löste sich einer aus dem demantenen Reigen jäh los und stürzte in die Sommernacht hinein; hinein in das Dunkel, in Täler, Schluchten, Berge oder ferne Wasser, ahnungslos und von blinder Kraft geschleudert wie ein Leben in die jähe Tiefe unbekannter Geschicke.

Vorbei

Die beiden Freunde hatten eben gegessen und blickten durch das Fenster des Cafés auf die Menschenmenge, die den Boulevard belebte. Durch die Straßen wehte der laue Wind der weichen Pariser Sommernächte. Man hebt den Kopf und bekommt Lust zu reisen, nach dem Süden, gleichviel wohin, unter irgendein Laubdach. Man träumt von mondhellen Flüssen, Leuchtkäfern und Nachtigallen.

Henri Simon seufzte tief auf und sagte: »Ja, ja, ich werde alt. Das ist sehr traurig. Früher war es mir an solchen Abenden, als ob ich den Teufel im Leibe hätte, und jetzt erfüllen sie mich mit tiefer Wehmut. Das Leben geht so schnell vorbei.«

Er mochte vielleicht fünfundvierzig Jahre zählen, sein Haar war schon stark gelichtet, und er war mit den Jahren etwas korpulent geworden.

Pierre Carnier, sein Freund, war etwas älter, aber mager und beweglicher.

»Ich, mein Lieber«, erwiderte er, »ich bin alt geworden, ohne es recht zu merken. Ich war stets guter Laune, gesund und ein ziemlicher Windhund. Ja, wenn man sich so alle Tage im Spiegel sieht, merkt man kaum das Werk der Jahre. Die Zeit tut ihr Zerstörungswerk so langsam und gesetzmäßig, daß wir kaum gewahr werden, wie sich nach und nach unsere Züge verändern. Aber wenn's anders wäre, würden wir wahrscheinlich schon nach zwei oder drei tollen Jahren vor Verzweiflung über unser Aussehen sterben. Um sich recht zu beurteilen, müßte man sich nur einmal alle halb Jahr im Spiegel sehen. Gott im Himmel, was würde man da für einen Schreck bekommen!«

»Und die Frauen, glaube mir, mein Lieber, ich fühle das tiefste Mitleid mit diesen armen Wesen. Ihr ganzes Glück, ihre Macht, überhaupt ihr ganzes Leben ist nur von ihrer Schönheit abhängig, die vielleicht zehn Jahre anhält.

Wirklich, ich habe das Altern kaum gespürt. Hielt mich eigentlich noch für einen Jüngling, als ich schon fast fünfzig zählte, und da ich keinerlei körperliche Beschwerden fühlte, war ich recht zufrieden und glücklich.

Aber dann kam mir plötzlich die Offenbarung meines Niederganges – durch ein ganz alltägliches Erlebnis, aber es war so furchtbar, daß ich fast ein halbes Jahr völlig niedergeschmettert war – nachher habe ich mich auch damit abgefunden.

Wie alle Männer, war ich oft in meinem Leben verliebt – aber einmal war es sehr ernst.

Ich lernte sie in Etretat kennen, vor ungefähr zwölf Jahren, kurz nach dem Kriege. Es gibt nichts Entzückenderes als diesen Strand am Morgen während der Badezeit. Er ist nicht sonderlich lang, sondern hufeisenförmig und von hohen weißen Felsgestaden begrenzt, die von seltsamen Höhlungen, den sogenannten ›Toren von Etretat‹, durchbrochen sind. Das eine reckt seinen Riesenfuß weit ins Meer hinaus, das andere hockt ihm gegenüber zwerghaft verkrümmt am Boden. Zwischen den Felsen sammeln sich die Frauen auf der schmalen steinigen Strandspitze, der dann einem leuchtenden Blumengarten von duftigen Toiletten gleicht. Die volle Sonne brennt auf das grüne Meer und die bunten Sonnenschirme. Es ist ein reizendes, heiteres, einschmeichelndes Bild. Man setzt sich an den Strand und sieht den Badenden zu. In Flanellmänteln steigen sie herab, werfen vor den ersten Schaumwellen ihre Hülle graziös von sich und trippeln mit zierlichen kleinen Schritten in die Flut. Manchmal halten sie inne, wenn das kalte Wasser ihnen seinen wonnigen kleinen Schauer durch die Glieder jagt und ihnen den Atem raubt.

Nur wenige halten die Prüfung solchen Badeganges aus. Man kann dabei den ganzen Körper einer Frau beurteilen von der Wade bis zur Brust. Besonders wenn sie wieder aus dem Wasser steigt, offenbart sich ihre schwache Seite. Wenn auch das Meerwasser die Glieder geschmeidiger erscheinen läßt.

Als ich jene junge Frau zum erstenmal so sah, war ich ganz

bezaubert. Sie hielt stand. Es gibt gewisse Gesichter, deren Reiz uns beim ersten Anblick hinreißt. Es ist, als ob einem plötzlich klar würde, daß man vom Schicksal bestimmt sei, diese Frau zu lieben. Solch Gefühl hatte auch ich.

Ich ließ mich ihr vorstellen und war bald so verliebt, wie ich es noch nie gewesen. Ich war ganz krank vor Liebe. Es ist etwas Furchtbares und zugleich unendlich Süßes, der Macht, die eine Frau auf uns ausübt, so zu unterliegen. Es ist, als ob man zum Tode verurteilt wäre und dabei ein unsagbares Glück empfände. Ihr Blick, ihr Lächeln, ihr im Winde flatterndes Haar, der kleinste Zug ihres Gesichts, sein wechselnder Ausdruck –, alles entzückte mich, raubte mir fast den Verstand. Sie nahm mich völlig gefangen durch ihre Erscheinung, durch jede ihrer Bewegungen. Selbst die geringste Kleinigkeit ihres Anzugs wirkte wie ein Zauber auf mich. Mir wurde ganz weich ums Herz, wenn ich ihren Schleier oder ihre Handschuhe liegen sah, die sie flüchtig auf irgendeinen Stuhl geworfen hatte. Ihre Toiletten kamen mir unnachahmlich schön vor. Niemand wußte solche Hüte zu tragen wie sie.

Sie war verheiratet, aber ihr Mann kam nur jeden Sonnabend, um bis zum Montag zu bleiben. Er ließ mich übrigens ganz kalt. Ich war durchaus nicht eifersüchtig. Gott weiß, wie das kam. Es gab keinen Menschen, der mir unbedeutender vorkam und so gleichgültig war, wie dieser Mann.

Gott, wie ich sie liebte! und wie war sie schön und graziös und jung. Sie war die verkörperte Jugend, Eleganz und Frische. Noch nie hatte ich so empfunden, was für ein zartes, vornehmes und schönes Wesen eine Frau sein kann, ein Wesen, das aus lauter Anmut und Grazie besteht. Ich hatte nie gewußt, wieviel verführerische Schönheit in der Rundung einer Wange, den Linien eines Mundes, den Bogen eines kleinen Ohres, ja in der Form des dummen Organs, das sich Nase nennt, liegen kann.

Das alles dauerte drei Monate, dann reiste ich nach Amerika, Verzweiflung im Herzen. Der Gedanke an sie verließ mich nicht, er beherrschte mich völlig und triumphierte über alles andere in mir, ob sie selbst mir nun nah oder fern war.

Jahre vergingen, aber ich konnte sie nie vergessen. Ihr reizendes Bild stand mir immer vor Augen und wich nicht aus meinem Herzen. Und ich bewahrte ihr eine treue Liebe, eine tiefe, ruhige Zuneigung. Sie lebte in meiner Erinnerung als das Schönste und Verführerischste, was mir je im Leben begegnet war.

Ein Zeitraum von zwölf Jahren bedeutet wenig im Vergleich zum ganzen Leben eines Menschen. Sie gehen vorbei, man weiß nicht wie, eins nach dem andern, unmerklich geschwind, langsam und doch voller Hast. Ein ganzes Jahr scheint lang und ist doch schnell herum. Und so kommt eins zum andern, und wenn es vergangen ist, verweht seine Spur; und wenn man einmal Halt macht, um auf die verflossene Zeit zurückzublicken, ist nichts mehr da, und man wundert sich, daß man so schnell alt geworden ist.

Mir war damals zumut, als ob kaum ein paar Monate seit jener herrlichen Zeit am Strande von Etretat vergangen wären.

Im vorigen Frühjahr wollte ich nun eines Tages nach Maison-Lafitte fahren, um dort bei Bekannten zu essen.

Als der Zug sich grade in Bewegung setzen wollte, stieg eine etwas korpulente Dame mit vier kleinen Mädchen in mein Coupé. Ich sah sie kaum an, diese dicke, rundliche Hühnermutter mit ihren Küchlein. Ich sah nur ihr rundes Vollmondgesicht mit dem bändergeschmückten Hut.

Sie war ganz außer Atem vom schnellen Gehen.

Ich nahm meine Zeitung und las, während die Kinder munter zu schwatzen begannen.

Als wir gerade Asnières passiert hatten, fragte meine Nachbarin plötzlich: ›Pardon, sind Sie nicht Monsieur Carnier?‹

›Ja, Madame!‹

Da fing sie an zu lachen – wie eine gute, zufriedene Frau, und doch lag etwas Trauriges darin.

›Kennen Sie mich nicht mehr?‹

Ich zögerte, aber ich wußte, daß ich dies Gesicht schon irgendwo einmal gesehen hatte. Aber wo und wann?

›Ja und nein‹, antwortete ich. ›Ich kenne Sie ganz bestimmt, aber ich kann nicht auf Ihren Namen kommen.‹

Sie war leise errötet: ›Madame Julie Lefèvre.‹

Das gab mir einen Stich ins Herz, wie ich ihn noch nie empfunden hatte. Einen Augenblick war mir's, als ob nun alles für mich vorbei sei. Man hatte mir den Schleier von den Augen genommen, und es war furchtbar und erschütternd, was ich sehen mußte.

Das also war sie! Sie – diese dicke, gewöhnliche Frau. Und seit ich sie nicht mehr gesehen, hatte sie diese vier Küchlein ausgebrütet. Ich wunderte mich fast noch mehr über diese kleinen Wesen, als über ihre Mutter. Es war ihr Fleisch und Blut, und sie waren schon ziemlich groß, nahmen schon einen Platz in der Welt ein. Und sie, sie zählte nicht mehr mit, sie, das einstige Wunder an Grazie und koketter Anmut. Mir war, als ob ich erst gestern Abschied von ihr genommen hätte, und nun mußte ich sie so wiederfinden. Wie war das möglich? Heftiger Schmerz zerriß mir die Brust, und ich fühlte eine Empörung gegen die Natur, eine sinnlose Wut über dieses Werk ihrer brutalen infamen Zerstörungswut.

Bestürzt sah ich sie an. Dann nahm ich ihre Hand, und meine Augen füllten sich mit Tränen. Ich beweinte ihren Tod. Denn diese dicke Dame war eine Fremde für mich.

Sie schien auch ganz bewegt. ›Nicht wahr, ich habe mich sehr verändert. Aber was wollen Sie, alles ist vergänglich. Sie sehen, ich bin Mutter geworden, und bin nur noch Mutter, eine gute, brave Mutter. Das andere ist dahin, alles vorbei. Ach, ich habe mir wohl gedacht, daß Sie mich nicht erkennen würden, wenn wir uns je wieder träfen. Aber Sie haben sich auch sehr verändert, ich war zuerst nicht ganz sicher, ob ich mich auch nicht täuschte. Ganz weiß sind Sie geworden. Vergessen Sie nicht, es sind zwölf Jahre verflossen seitdem. Zwölf volle Jahre! Meine älteste Tochter ist schon zehn.‹

Ich sah das Kind an und fand in ihm etwas von dem wieder, was mich einst an der Mutter so entzückt hatte, aber es lag noch im Keim, war noch nicht ganz erschlossen. Und das Leben kam mir vor wie ein Schnellzug, der blitzartig vorübersaust.

Wir hielten in Maison-Lafitte. Ich küßte meiner alten Freundin die Hand. Ich hatte ihr nichts anderes zu sagen vermocht als die banalsten Redensarten, denn ich war zu sehr erschüttert, um wirklich sprechen zu können.

Als ich abends ganz allein zu Hause war, sah ich mich lange im Spiegel. Und ich sah mein Bild, wie ich einst gewesen war mit braunem Schnurrbart, schwarzen Haaren und jugendlichen Zügen. Ja, ich war alt geworden. Vorbei!«

Im Heu

Es ist Juli, und in dem weiten Kessel liegt die Sommerglut so heiß, so drückend schwül und heiß, daß die bewaldeten Ränder dieses Kessels in der milchigen Bläue des Himmels schier verschwinden, so zittert und bebt die Luft vor ihnen auf und nieder. Und in dem Kessel steht weder Baum noch Haus, es ist eine glatte, wie auf einer Töpferscheibe gedrehte Mulde, von deren Rand sich Ackerstück an Ackerstück, Vierecke an Vierecke in nicht ganz konzentrischen Kreisen, in nicht ganz radialen Streifen in die Tiefe ziehen – gleißend gelbe Roggenfelder, bräunliche Kartoffel-, buntscheckige Buchweizen-, hellgrüne Haferfelder, in der Mitte aber, in dem Tiefpunkt der Mulde, liegen die Wiesen, so fette grüne Wiesen, daß auf ihnen sogar die Sumpfdotterblumen und schwarzpurpurnen Sumpfblutaugen wachsen mögen; aber grau wie ein ungeheurer Flechtenbelag sind die Wiesen heute anzusehen, und ein betäubender Geruch, ein süßer Geruch von welkem Ruchgras steigt von ihnen zu den Rändern des Kessels hoch. Die Dichter würden sagen, blutige Sennen haben Milliarden Kinder Floras hingemordet, aber es ist nur Heu, gutes, saftiges Heu, das da unten in der Mulde zum Trocknen liegt, und ein berauschender Duft. Und mitten in diesen betörenden Klee- und Thymiangerüchen, mitten in dem ungeheuren Kessel von Schweigen und Glut bewegen sich zwei Menschen hin und her, und blicktest du von der Höhe und dem schattigen Waldsaum herab, so würde es dich anmuten, als ob dort unten zwei winzige Magnete sich anziehn und fliehen, anziehn und fliehn.

Es ist der Bauer Buchenkamp, der da oben hinter dem Walde im Osten seinen Hof hat, und seine Tochter Marie. Er – fünfundvierzigjährig, groß, hager, in seinen Augen, die nicht gemacht sind, in eine idealistisch verbrämte Weite *alias* Tiefe zu sehen, liegt eine herbe Grausamkeit, und in seinen

Armen, die sich niemals jubelnd verzückt ausgebreitet haben, ist eine arme Eckigkeit; aber sein Haar ist stark und sein kurzer Bart dicht und kraus. Er ist Witwer, denn seine Frau ist im Kindbett gestorben, und seitdem liefen fünfundzwanzig Jahre ins Land, fünfundzwanzig Jahre ohne Liebe und ohne Genuß – wenn es überhaupt einen anderen Genuß als die Liebe gibt und wenn man das satte Ruhen nach schwerer Arbeit und das Bewußtsein des Erfolges schwerer Arbeit nicht als Genuß gelten lassen will –, denn von den Hanswurstgenüssen der Ästhetik und Philosophie konnte bei Buchenkamp nicht die Rede sein. Im übrigen ist er geachtet im Lande, und seine Knechte und Mägde nennen ihn einen guten Herrn. Und sie – fünfundzwanzigjährig, fünfundzwanzig Jahre ohne Liebe und nur mit dem einen Genuß des Ruhens und verträumten Sehnens, wenn man ein solches verträumtes und sich selbst befriedigendes Sehnen nicht als den feinsten Genuß bezeichnen will. Und beide lebten in Arbeit und einer flachen Wunschlosigkeit, die ihnen aber als solche nicht zum Bewußtsein kam. Mariens Liebesleben übrigens den sie zahlreich umwerbenden Burschen gegenüber bestand in einem lässigen Dulden einiger bäurischer Handgreiflichkeiten, die sich so regelmäßig wiederholten, wie die Feste und Wallfahrten kamen; von etwas anderem oder gar einer bestimmten Neigung war nicht die Rede, aber ihr Haar ist schwer und feuerrot, und ihre Brüste sind üppig und breit.

Und die ruhelose Arbeit geht fort, denn der glühende Tag muß ausgenutzt werden, und die Wiese ist groß und sie nur zu zweit, um mit langen Rechen die duftende Überfülle hin und her zu wenden, sie in langen, flachen Reihen aufzuhäufen und diese immer wieder umzuschichten, damit die Sonne auch den letzten Tropfen Lebens aus den Halmen zieht; es ist eine lustige Arbeit, die Augen blinken, und die Röcke fliegen. Und wenn sich Vater und Tochter begegnen, lachen sie sich an. »Es ist heiß, Marie.« – »Ja, Vater, es ist heiß.«

Aber es ist eine Lustigkeit eigener Art, eine Lustigkeit, die tiefer sitzt, und die Blicke, durch die sie spricht, haften seltsam aneinander, denn es ist stickend heiß, die Luft ist schwer von Duft, und die Körper, die da wie im glühen Raume hin und wider kreisen, brennen vor Glut und Schweiß, und darum ist ihre Lustigkeit eigener Art, denn die Augen leuchten nun nicht mehr, sondern glänzen starr und stumpf vor sich hin, ins Weite, einer am andern vorbei – sie fiebern, und das Blut hämmert in den Schläfen.

Es ist stickend heiß, und die Milliarden aufgewirbelter Staubpartikel der toten Gräser machen die Kehle trocken und lassen die Augen schmerzen, und der Schweiß fließt. Er fällt in dicken Tropfen von der Stirn und rinnt kühlend die Brust herab; er bricht aus allen Poren aus, so daß die ganze Kleidung, Hemd und Rock, am Leibe klebt. »Es ist heiß, Vater.« – »Es ist heiß, Marie«, und sein Blick klebt an ihrer Gestalt.

Da lassen sie die Rechen fallen und entledigen sich der Kleidung, so weit sie sich ihrer entledigen können, und arbeiten fort und wenden und harken und wenden, nähern sich, entfernen sich – alles bis auf Hemd und Rock hat sie fortgeworfen, und wirbelt sie nun einen Ball der glühenden Halme gegen ihr pralles, oft bis über die Knie entblößtes Bein, so steigt ein wildes Prickeln fiebernd an ihrem Leibe hoch. Und sie fühlt, wie er – denn sie sagt in Gedanken ›er‹ –, wie er ihr folgt, wie sein Blick auf ihrer halben Nacktheit liegt, deren strotzende Fülle das eng am Leibe liegende Hemd kaum umfassen kann; sie fühlt es, aber sie hat nur das eine Gefühl: es ist mir gleich. Und es ist ihr gleichgültig, daß er mit einem Ruck sein Hemd vom Körper streift und sich auf den Rechen stützt und sie mit langem Blick betrachtet, während sie die Hand unter ihr Hemd führt, um das feuchte Tuch von ihrer Haut zu lockern, und es ist ihr gleichgültig, daß sie beim Zurückziehen ihrer Hand die Brust entblößt; sie verhüllt sie nicht, sie fährt streichelnd über die pralle Fülle und enthüllt sie ganz und atmet tief, wie sie sich unter einem leichten Lufthauch kühlt und strafft. Aber ihren weitausladenden Armbewegungen und den ruckhaften Bewegungen der rechten Schulter unter dem feuchten Hemd dürfte die Neugierde zugrunde liegen, ob es ihr nicht gelingen möge – und es gelingt ihr, denn nun quillen ihre beiden Brüste nackt aus dem

Hemd hervor. Ihr Blick aber fängt an, den seinen zu suchen und zu meiden, wie sie ihn aber zum zweitenmal gefunden hat, läßt sie den ihren langsam an ihm niedergleiten; bis er plötzlich vor ihr steht und neben sie tritt, scheu, mit gesenktem Blick.

Dann aber legt er seinen Arm um ihre Hüfte – »Marie!« – und ging mit ihr fort, geradeaus, ins Blaue hinein; und seine schwielige Hand tastete wie verstört, wie verzückt über die Fülle ihrer Brust. Sie finden kein Wort, aber es genügte ihnen, daß sie ihre Hüfte an die seine schmiegte. An einer kleinen Bodenwelle legten sie sich nieder; ihr Hemd ist tief geöffnet, und ihre Nüstern sind gebläht, und brandrot leuchtet ihr Haar, ihr Blick aber flackerte lechzend in den Himmel, in die Sonne, irgendwohin; und da ihre Bekleidung nur aus einem Hemd und einem knielangen Rock bestand und da sie sich so niedergelassen hatten, daß er am Grunde der kleinen Bodenwelle lag, auf deren Höhe sie mit hochgezogenen Knien ihm gegenübersaß, bot sie ihm freigebig den unbehinderten Anblick ihres letzten Reizes dar. Er aber vermochte dieser Lockung nicht zu widerstehn, sondern warf sich vor ihr nieder und streifte ihr, während sie sich hintenüber fallen ließ, mit einer Zartheit der Bewegung, die man dieser verarbeiteten Hand nicht zugetraut hätte, Rock und Hemd bis über den Leib hoch und preßte seinen Kopf in ihren Schoß.

Als sie aufwachten – denn die Sonnenglut hatte sie bald in einen tiefen Schlaf gedrückt –, war die Luft klar geworden, klar hob sich die bläuliche Linie des Waldes an der Höhe gegen den nun schon wieder dunkelblauen Himmel ab, und ein ferner turmgekrönter Berg drohte mit seinem Finger in die Luft, während im Osten ein Wolkengebirge aufgetürmt war, das, wie von seiner eigenen Schönheit berauscht; unverändert, unbeweglich stillestand. Denn als die Sonne im Westen hinter den Horizont gefallen war, verschwand die dunklere Nachmittagsbläue des Himmels und ward zart rosenrot, welche Färbung aber im Osten einer violetten wich, der im Westen eine leise meergrüne gegenüberglummte; in jenen violetten Dunst hinein aber hatte sich das Gebirge aufgebaut. Da waren zuvorderst drei Türme, als hätte eine Hand von oben drei Riesensäulen eingepreßt, aber elastisch bäumten sie sich in üppigen Windungen gegen den Druck hoch, gleißend weiß, die Schatten der Windungen bläulich rot und ihre stolzen Ränder rot wie die Blätter der Hagebuttenrosen; hinter ihnen jedoch starrten zerrissene Klippen, zahllos, rot wie Korallen und zerklüftet und steil wie die Riffe eines Dolomitenstockes empor, schieferblau und wuchtig fielen die Schatten der drei Säulen hinein in dieses tiefe Felsengewirr; aber hinter allen und alle überragend lag weit fern, so fern, daß die Schatten der Säulen und Dolomiten nur auf dem krausgewellten Fuße dieses Berges lagen, eine Bergkuppe, majestätisch geformt wie die Gipfel des Kilimandscharo; die war flamingorot und stach mit ihrer unsäglichen Reinheit blendend ab von dem violetten Dunst des himmlischen Hintergrundes. Und unbeweglich stand dieses Gebirge, so vollkommen, so vollkommen wie das Glück selbst.

Aber sie sahen es nicht, sie sahen auch nicht den Glanz, den die Röte des Abendhimmels über ihre Glieder gebreitet hatte; sie sahen nur ihre derbe Nacktheit, fühlten ihre wollüstige Müdigkeit und sagten sich, während ihnen ein wenig die Sinne schwindelten, daß alles dieses Nackte ihnen zugehörte; im übrigen aber sahen sie nur, daß eigentlich für heute die Arbeit nicht getan war: Für solche Menschen ist eben ein Wolkengebirge nicht da, sie sind eben zu dumm. Aber sie müssen es doch in sich aufgenommen haben, so daß es in ihnen weiterwirkte, denn sie ließen die Arbeit liegen, kleideten sich an und gingen Hand in Hand, schweigend wie Verliebte, heim.

Da entbrannte über ihnen der Himmel in einem roten Leuchten, und das Gebirge im Osten blähte sich stolz, und düsterrotstill ward die Welt, denn es gab keinen Klang für sie, keinen Ton, in dem sie ihre Schönheit zusammenreißen und in einer Fanfare in das Nichts hätte austönen lassen können. Aber die beiden Menschen trieb die Heiligkeit dieses Schweigens wie mit roten Ruten heim, so daß sie hasteten und eilten und atemlos in ihren Hof sich retteten.

Vom nächsten Tage an, denn in dieser Nacht lagen sie irgendwo, bezogen sie ein gemeinsames Schlafgemach und lebten zusammen wie Mann und Weib. Als aber der Herbst kam, der die Folgen ihres Verkehrs sichtbar machte, und es ihrer Sinnlichkeit nicht einfiel, dieses zu verbergen, denn sie ließ vielmehr ihre veränderte Gestalt als immer heftigeren Reiz und neue Lockung wirken, gelang es irgendwann, den Arm der Justiz auf ihn zu lenken, und nur in letzter Stunde vermochte er diesem durch einen raschen Selbstmord in den Weg zu fallen. Sie aber duldete es nicht, daß die Verzweiflung sie übermannte, sondern ließ ihre Frucht reifen und brachte zu ihrer Zeit einen Knaben an das Licht der Welt. Und da der Vormund dieses Kindes ein Rechtsanwalt war, der folglich anderes zu tun hatte als uneheliche Kinder zu erziehen, überließ er ihr die Erziehung ihres Knaben, den sie nach dem Vorbild ihres Vaters zu einem Bauern und in geeigneter Stunde zu einem zweiten Ödipus erzog; aber sie gebar kein Kind von ihm, ihr Anwesen wuchs, und sie starb nach langen Jahren geachtet und geliebt und verrufen als die blutschänderische Schlußfigur dieser absichtlichen Geschichten.

ANTON TSCHECHOW

Rendezvous in der Sommerfrische

›Ich liebe Sie, Sie sind mein Leben, mein Glück – alles! Verzeihen Sie mir dieses Geständnis, aber es geht über meine Kraft, zu leiden und zu schweigen. Ich bitte Sie nicht, mein Gefühl zu erwidern, sondern ich bitte Sie um Ihr Mitgefühl. Seien Sie heute um acht Uhr abends in der alten Laube... Ich halte es für überflüssig, mit meinem Namen zu unterschreiben, aber Sie brauchen keine Angst vor der anonymen Absenderin zu haben. Ich bin jung und sehe gut aus... was brauchen Sie mehr?‹

Nachdem der Sommerfrischler Pavel Ivanyč Vychodcev, ein solider Familienvater, diesen Brief gelesen hatte, zuckte er mit den Achseln und kratzte sich verwundert die Stirn.

Was ist denn das wieder für eine Teufelei? dachte er. Ich bin ein verheirateter Mann, und plötzlich so ein sonderbarer... dummer Brief! Wer mag das nur geschrieben haben?

Pavel Ivanyč drehte den Brief vor seinen Augen hin und her, las ihn noch einmal und spuckte aus.

»Ich liebe Sie...«, äffte er nach. »Da hat sie den richtigen Burschen erwischt! Ich werde gleich zu dir in die Laube laufen! Diese Romanzen und Liebeleien habe ich mir, meine Verehrteste, schon längst abgewöhnt... Hm! Wahrscheinlich ist das irgend so ein zügelloses Frauenzimmer, so ein lockerer Vogel... Nun, die Frauen sind mir schon ein Volk! Was muß man für ein leichtsinniges Weibsstück sein, Gott verzeih mir, um solch einen Brief an einen unbekannten und dazu noch verheirateten Mann zu schreiben? Eine wahre Demoralisierung!«

In den ganzen acht Jahren seines Ehelebens hatte sich Pavel Ivanyč der zarten Gefühle entwöhnt, er erhielt außer Gratulationen keine Briefe, und sosehr er sich auch bemühte, vor sich selbst großzutun, der oben zitierte Brief verblüffte und erregte ihn sehr.

Eine Stunde nachdem er den Brief erhalten hatte, lag er auf dem Sofa und überlegte: ich bin natürlich kein junger Bursche, der zu diesem dummen Rendezvous rennt, aber interessant wäre es doch, zu erfahren, wer das geschrieben hat. Hm... Die Handschrift ist zweifellos von einer Frau. Der Brief ist aufrichtig geschrieben, mit Herz, daher kann es kaum ein Scherz sein... Vermutlich ist das irgendeine Psychopathin oder eine Witwe... Witwen sind überhaupt leichtsinnig und exzentrisch. Hm... Wer könnte das sein?

Diese Frage war um so schwieriger zu lösen, als Pavel Ivanyč in der ganzen Villenkolonie außer seiner Gattin keine einzige Frau kannte.

Sonderbar... Er staunte. Ich liebe Sie... Wann hat sie denn Gelegenheit gehabt, sich in mich zu verlieben? Eine merkwürdige Frau! Hat sich so holterdiepolter verliebt, ohne mich kennengelernt zu haben und ohne zu wissen, was ich für ein Mensch bin... Wahrscheinlich ist sie noch sehr jung und romantisch, wenn sie fähig ist, sich nach zwei, drei Blicken zu verlieben... Aber... wer mag sie sein?

Plötzlich fiel Pavel Ivanyč ein, daß ihm gestern und vorgestern, als er auf der Ringpromenade spazierenging, einige Male eine junge stupsnäsige Blondine in einem hellblauen Kleid begegnet war. Die Blondine hatte ihn immer wieder angesehen und, als er sich auf die Bank setzte, neben ihm Platz genommen...

Ob sie das ist? dachte Vychodcev. Das kann nicht sein! Kann sich denn ein so zartes, ephemerisches Geschöpf in einen alten heruntergekommenen Kerl wie mich verlieben? Nein, das ist unmöglich!

Während des Mittagessens blickte Pavel Ivanyč stumpf seine Frau an und überlegte: Sie schreibt, sie sei jung und sehe gut aus... Also ist sie keine Alte... Hm... Offen gesagt, um ehrlich zu sein, ich bin noch nicht so alt und so übel, daß man sich nicht in mich verlieben könnte... Meine Frau liebt mich doch auch. Zudem macht bekanntlich Liebe blind.

»Worüber denkst du nach?« fragte ihn seine Frau.

»Nur so... Ich habe ein wenig Kopfschmerzen...«, log Pavel Ivanyč.

Er kam zu dem Schluß, daß es dumm sei, solch einer Bagatelle wie diesem Liebesbrief Aufmerksamkeit zu schenken, er lachte über ihn und seine Verfasserin, aber – o weh! – des Menschen Feind ist mächtig. Nach dem Mittagessen lag Pavel Ivanyč auf seinem Bett, und anstatt zu schlafen, überlegte er: Aber sie hofft doch wohl, daß ich komme! So eine Dumme! Ich kann mir sehr gut vorstellen, wie nervös sie ist und wie sie mit ihrer Turnüre wackelt, wenn sie mich in der Laube nicht vorfindet...! Und ich gehe nicht hin... Hol sie der Kuckuck!

Aber, ich wiederhole, des Menschen Feind ist mächtig.

Übrigens könnte man vielleicht mal so aus Neugier hingehen..., dachte der Sommerfrischler eine halbe Stunde später. Hingehen und von weitem sehen, was das für eine ist... Interessant wäre es! Nur um zu lachen! Wirklich, warum soll man nicht mal lachen, wenn sich eine passende Gelegenheit bietet?

Pavel Ivanyč stand vom Bett auf und kleidete sich an.

»Wozu putzt du dich denn so heraus?« fragte ihn seine Frau, als sie bemerkte, daß er ein sauberes Hemd anzog und eine modische Krawatte umband.

»Nur so... ich will einen Spaziergang machen... Ich habe ein wenig Kopfschmerzen... Hm...«

Pavel Ivanyč machte sich fein, wartete, bis es auf acht ging, und verließ das Haus. Als vor seinen Augen auf dem hellgrünen, vom Licht der untergehenden Sonne überfluteten Hintergrund die aufgeputzten Gestalten der Sommerfrischler beiderlei Geschlechts leuchteten, klopfte ihm das Herz.

Welche ist es? dachte er und schielte schüchtern auf die Gesichter der Sommerfrischlerinnen. Aber eine Blondine sehe ich nicht... Hm... Wenn sie das geschrieben hat, sitzt sie sicher schon in der Laube...

Vychodcev betrat die Allee, an deren Ende hinter dem jungen Laub der hohen Linden die ›alte Laube‹ hervorlugte. Leise schlich er zu ihr hin...

Ich werde nur von weitem gucken..., dachte er, während er unschlüssig vorwärts schritt. Nun, warum bin ich so zaghaft? Ich gehe doch nicht zu dem Rendezvous! So ein...

Dummkopf! Nur Mut, vorwärts! Aber was wäre, wenn ich doch in die Laube ginge? Nun, nun... das hat keinen Sinn!

Pavel Ivanyč klopfte das Herz noch stärker... Unwillkürlich, ohne es selbst zu wollen stellte er sich auf einmal das Halbdunkel der Laube vor... In seiner Fantasie erschien die schlanke, stupsnäsige Blondine im hellblauen Kleid... Er stellte sich vor, wie sie, sich ihrer Liebe schämend und am ganzen Körper zitternd, zaghaft an ihn herantreten, heiß atmen und... ihn plötzlich fest in ihre Arme schließen würde.

Wenn ich nicht verheiratet wäre, würde keiner was dabei finden..., dachte er und verjagte die sündigen Gedanken aus seinem Kopf. Im übrigen wäre es gut, einmal im Leben so was zu versuchen, sonst stirbt man, ohne zu erfahren, was dran ist... Und meine Frau... nun, was geschieht mit ihr? Gott sei Dank, acht Jahre lang bin ich keinen Schritt von ihrer Seite gewichen... Acht Jahre makelloser Dienst! Reicht für sie... Ist sogar bedauerlich... Da werde ich eben ihr zum Trotz untreu werden!

Am ganzen Körper zitternd und mit angehaltenem Atem näherte sich Pavel Ivanyč der Laube, die von Efeu und wildem Wein umrankt war, und schaute hinein... Ein Geruch von Feuchtigkeit und Schimmel schlug ihm entgegen...

Scheint niemand dazusein..., dachte er, als er die Laube betrat, aber da erblickte er in der Ecke eine menschliche Silhouette.

Die Silhouette war ein Mann... Als er ihn genauer betrachtete, erkannte Pavel Ivanyč in ihm den Bruder seiner Frau, den Studenten Mitja, der bei ihm im Landhaus wohnte.

»Ach, du bist das?« murmelte er mit unzufriedener Stimme, während er den Hut abnahm und sich setzte.

»Ja, ich...«, antwortete Mitja.

Etwa zwei Minuten vergingen in Schweigen...

»Entschuldigen Sie, Pavel Ivanyč«, begann Mitja, »aber ich möchte Sie bitten, mich allein zu lassen... Ich denke über meine Kandidatenarbeit nach, und... es stört mich, wenn jemand dabei ist...«

»Aber so geh doch irgendwohin in eine dunkle Allee...«, bemerkte Pavel Ivanyč sanft. »An der frischen Luft denkt es sich leichter, und ich... möchte... nämlich... auf der Bank hier etwas schlafen... Hier ist es nicht so heiß...«

»Sie wollen schlafen, und ich muß meine Arbeit überdenken. Die Arbeit ist wichtiger...«

Wieder trat Schweigen ein... Pavel Ivanyč, der seiner Fantasie schon freien Lauf ließ und immer wieder Schritte hörte, sprang plötzlich auf und sprach mit weinerlicher Stimme: »Nun, ich bitte dich, Mitja! Du bist jünger als ich und mußt auf mich Rücksicht nehmen... Ich bin krank und... möchte schlafen... Geh jetzt!«

»Das ist Egoismus... Warum wollen Sie unbedingt hierbleiben, und ich soll gehen? Aus Prinzip gehe ich nicht...«

»Nun, ich bitte dich! Mag ich ein Egoist, ein Despot, ein Dummkopf sein... aber ich bitte dich! Einmal im Leben bitte ich dich! Nimm Rücksicht!«

Mitja drehte den Kopf hin und her...

Was für ein Rindvieh..., dachte Pavel Tvanyč. Das Rendezvous wird doch nicht in seinem Beisein stattfinden! Wenn er dabei ist, geht es nicht!

»Hör mal, Mitja«, sagte er, »ich bitte dich zum letztenmal... Beweise, daß du ein kluger, humaner und gebildeter Mensch bist!«

»Ich verstehe nicht, warum Sie so aufdringlich sind...?« sagte Mitja achselzuckend. »Ich habe gesagt: ich gehe nicht, nun, da gehe ich nicht. Aus Prinzip bleibe ich hier...«

Gerade in diesem Augenblick schaute ein Frauengesicht mit einem Stupsnäschen in die Laube. Als es Mitja und Pavel Ivanyč erblickte, verfinsterte es sich und verschwand...

Weg ist sie! dachte Pavel Ivanyč und schaute Mitja böse an. Sie hat diesen Schuft gesehen und ist weggegangen! Alles ist aus!

Nachdem Vychodcev noch etwas gewartet hatte, stand er auf, setzte den Hut auf und sagte: »Ein Rindvieh bist du, ein Schuft, ein Schurke! Ja, ein Rindvieh! Das ist gemein und... und dumm! Wir sind geschiedene Leute!«

»Freut mich sehr!« brummte Mitja, der ebenfalls aufstand und seinen Hut aufsetzte. »Sie müssen wissen, daß

Sie mir eben durch Ihre Anwesenheit eine Gemeinheit angetan haben, die ich Ihnen bis zum Tode nicht verzeihen werde!«

Pavel Ivanyč verließ die Laube und schritt, außer sich vor Wut, eilig zu seinem Landhaus... Auch der Anblick des Tisches, der schon für das Abendessen gedeckt war, konnte ihn nicht besänftigen.

Einmal im Leben hat sich eine Gelegenheit geboten, sagte er sich erregt, und da wird man gestört! Jetzt ist sie gekränkt... verzweifelt!

Während des Abendessens schauten Pavel Ivanyč und Mitja auf ihre Teller und schwiegen mürrisch... Beide haßten einander aus tiefstem Herzen.

»Warum lächelst du?« fuhr Pavel Ivanyč seine Frau an. »Nur Dummköpfe lachen ohne Grund!«

Die Gattin schaute in das böse Gesicht ihres Mannes und platzte heraus:

»Was für einen Brief hast du heute früh bekommen?«

»Ich...? Gar keinen...«, antwortete Pavel Ivanyč verwirrt. »Das bildest du dir nur ein... alles Einbildung...«

»Ja, ja, erzähle nur! Gib zu, du hast einen bekommen! Diesen Brief habe ich dir selbst geschickt! Ehrenwort, ich! Haha!«

Pavel Ivanyč wurde flammendrot und beugte sich über seinen Teller.

»Dumme Späße!« brummte er.

»Aber was soll man machen! Urteile selbst... Wir mußten heute die Fußböden scheuern, und wie soll man euch aus dem Haus vertreiben? Nur auf diese Weise kann man euch hinausbekommen... Aber sei nicht böse, mein Dummer... Damit es dir in der Laube nicht langweilig werden sollte, habe ich doch auch an Mitja solch einen Brief geschickt! Mitja, warst du in der Laube?«

Mitja grinste und hörte auf, seinen Nebenbuhler haßerfüllt anzuschauen.

Eine Mittsommermaskerade

»Satan«, sagte Jeff Peters, »ist ein strenger Herr. Wenn andere Leute Ferien haben, hält er einen mehr denn je in Atem. Wie schon der alte Dr. Watts oder der heilige Paulus oder einer der anderen Diagnostiker sagt: ›Er findet für müßige Hände immer jemanden zum Fertigmachen.‹

Ich erinnere mich noch an einen Sommer, als wir beide, ich und mein Partner Andy Tucker versuchten, uns unseren beruflichen und geschäftlichen Pflichten einmal zu entziehen; aber es schien, daß unsere Arbeit uns, wohin wir auch gingen, auf dem Fuß folgte.

Nun ist es mit einem Prediger etwas anderes. Er kann seine Verantwortung abwerfen und sich amüsieren. Am 31. Mai umwickelt er seine Kanzel mit einem Moskitonetz und Aluminiumfolie, nimmt sich seinen Golfschläger, sein Brevier und die Angelrute und macht sich nach dem Comersee auf oder nach Atlantic-City, je nachdem, wie laut seine Gemeinde nach ihm schreit. Und drei Monate lang braucht er sich nicht ums Geschäft zu kümmern, außer daß er im Deuteronomium oder im Buch der Sprüche oder im Timotheus auf Stellen Jagd macht, die auf seine kleinen Mittsommersünden zutreffen und sie entschuldigen; kleine Sünden wie die, daß man ein paar Lui Dor auf Rouge setzt oder einer presbyterianischen Witwe das Schwimmen beibringt.

Aber ich wollte euch von meinem und Andys Sommerurlaub erzählen, der keiner war.

Wir hatten die Finanzen und alle anderen Zweige unheiliger Erfindungskunst satt. Sogar Andy, dessen Hirn nie zu arbeiten aufhört, begann Töne von sich zu geben wie Politiker, die lieber Tennis spielen gingen, in einer Sitzung.

›Hör mal‹, sagt Andy. ›Ich bin es müde. Ich hätte Lust, die Segel zu hissen und auf! zur Riviera! Ich möchte faulenzen und meine Seele laben, wie Walt Whittier sagt. Ich möchte mit Merry del Val Pinochle spielen oder die Pächter meiner Landgüter die Knute fühlen lassen oder sonst was Sommerliches unternehmen, etwas abseits von Routine und Sandsackschleppen.‹

›Geduld‹, sage ich, ›du wirst noch höher in unserem Beruf aufsteigen müssen, bevor du die Lorbeeren zu schmecken bekommst, die die Fußstapfen der großen Industriekapitäne krönen. Also, was ich mir wünsche, Andy‹, sage ich, ›wäre ein Sommeraufenthalt in einem Bergdorf, fern vom Schauplatz von Diebstählen, Arbeit und Überkapitalisierung. Auch ich bin müde, und ein sündenloser Monat würde uns guttun und uns instand setzen, im Herbst dem weißen Mann seine Bürde wieder zu erleichtern.‹

Andy war von dieser Idee eines Erholungsurlaubes gleich begeistert, und wir sammelten sofort von allen Reiseagenten Literatur über Ferienorte und nahmen uns eine ganze Woche Zeit mit Pläneschmieden. Mir scheint, der erste Reiseagent auf der Erde war jener Mann namens Genesis. Aber zu seiner Zeit gab es auch noch keine Konkurrenz, und als er sagte: Gott machte die Erde in sechs Tagen und alles war gut, da hatte er noch keine Vorstellung davon, wie die Reklamefachleute der Ferienhotels später von ihm abschreiben würden.

Als wir die Prospekte alle durchgelesen hatten, war uns klar, daß die Vereinigten Staaten, angefangen von Passadumkeg in Maine bis nach El Paso, und von Skagway nach Key West ein einziges Paradies von herrlichen Berggipfeln, kristallenen Seen, frischen Eiern, Golf, Mädchen, Garagen, kühlen Brisen, Heuwagenfahrten, Freilufttoiletten und Tennis sind, und das alles ist in einer zweistündigen Reise zu erreichen.

Andy und ich warfen also die Prospekte aus dem Hoffenster, packten die Koffer und nahmen das Sechsuhrflugzeug der Schildkrötenlinie nach Krähberg, einem sogenannten Luftkurort in den Bergen zwischen Tennessee und North Carolina.

Man wies uns den Weg zu einer Art Privatpension, die den Namen ›Gasthaus zum Murmeltier‹ trug, und dorthin eilten wir beide, Andy und ich, und brachen uns beinahe die Beine an Felsen und Baumstümpfen. Das Gasthaus lag ein wenig abseits der Straße im Schatten großer Bäume und sah prächtig aus mit seinen breiten Veranden, auf denen ein ganzer Schwarm von Frauen in Weiß sich im Schatten in Schaukelstühlen wiegten. Der Rest von Krähberg bestand aus einem Postamt und einer Landschaft, die in einem Winkel von fünfundvierzig Grad abfiel, und aus viel Himmel. Also – wir kamen ans Gartentor, und wer glauben Sie, kam den Weg vom Haus her auf uns zu, um uns zu begrüßen? Der alte Rausdamit Smithers, vormals der beste Freiluft-Zahnarzt und Vertreiber von elektrischen Heizkissen im Südwesten.

Der alte Rausdamit war halb ländlich, halb klerikal gekleidet und machte halb den Eindruck eines Wirts, halb den eines Goldgräbers. Diesen Eindruck bestätigte er, indem er sich als Wirt und Leiter des ›Gasthauses zum Murmeltier‹ vorstellte. Ich stellte Andy vor, und wir unterhalten uns über einige Themen für Eingeweihte, so wie man es bei Treffen von Aufsichtsräten und alten Kumpels, wie wir drei es sind, tut. Der alte Rausdamit führte uns in eine Art Laube, die im Hof neben dem Tor stand, holte sich die Harfe des Lebens und griff mit seiner mächtigen Rechten voll in die Saiten.

›Jungens‹, sagt er, ›ich freue mich, euch zu sehen. Vielleicht könnt ihr mir aus einer Patsche helfen. Ich werde für die Arbeit auf den Straßen ein bißchen alt, darum habe ich diesen Hundstagsladen gepachtet, damit ich nicht zu den guten Dingen gehen muß, sondern diese zu mir kommen. Zwei Wochen vor Eröffnung der Saison bekomme ich einen Brief, der mit Leutnant Peary unterzeichnet ist, und einen vom Herzog von Marlborough. Beide wollten sich für einen Teil des Sommers hier einmieten.

Nun, ihr Jungens könnt euch vorstellen, was es für ein obskures Gasthaus bedeuten könnte, zwei Herren zu haben, deren Namen berühmt sind, weil man sie seit langem mit Eisbergen und dem Haus Coburg in Verbindung bringt. Ich lasse also einen ganzen Stoß Handzettel drucken, auf denen angekündigt wird, daß das Gasthaus zum Murmeltier während des Sommers diese erlauchten Gäste beherbergen wird außer in den Zimmern, wo es durchregnet, und ich lasse sie in den umliegenden Städten verteilen, bis nach Knoxville und Charlotte und Fishdam und Bowling Green.

Und nun werft mal 'nen Blick zur Veranda, Leute, auf die untröstlichen Vertreterinnen des schönen Geschlechts, die auf die Ankunft des Herzogs und des Leutnants warten. Das Haus ist vom Keller bis zum Dachboden mit Heldenverehrerinnen vollgestopft.

Es sind vier elementare Lehrerinnen da und zwei unelementare, drei Hochschulabsolventinnen zwischen 17 und 42; zwei literarische alte Jungfern und eine, die nicht schreiben kann; es sind ein paar Damen der Gesellschaft da und eine Dame aus Haw River. Zwei Rhetoriklehrerinnen übernachten in der Futterkrippe, und ich habe auf dem Heuboden Betten für die Redakteurinnen der Koch- und der Gesellschaftsspalte der Zeitschrift *Opernglas* aus Chattanooga aufgestellt. Sie sehen, meine Herren, wie Namen ziehen.‹

›Aber‹, sage ich, ›du scheinst dir nicht gerade vor Freude über dein Glück die Daumen zu beißen. Früher warst du anders.‹

›Ich bin noch nicht durch‹, sagte Rausdamit. ›Gestern sollten die hohen Herrschaften eigentlich ankommen. ich bin zur Station runtergegangen, um sie willkommen zu heißen. Zwei scheinbar beseelte Materien steigen aus dem Zug. Beide tragen Beutel mit Kroquetschlägern und diese Lampions, bei denen man nur auf den Knopf drückt.

Ich vergleiche die Namen dieser Unschuldslämmer mit den originalen Briefunterschriften – und, na, Leute, ich glaube, der Irrtum ist entstanden, weil ich so schlecht sehe. Dieser Gänseblümchen- und Löwenzahnforscher war nicht der Leutnant Peary, sondern schlicht und einfach Levi T. Peevy, ein Mineralwasservertreter aus Asheville. Und der Herzog von Marlborough stellte sich als D. Herzog aus Murfreesborough heraus, ein Buchhalter in einer Lebensmittelfirma. Und was hab' ich gemacht? Sie wieder in ihren Zug geschoben und sie in die Niederungen abdampfen sehen, die Niedrigen.

Jetzt könnt ihr also verstehen, in was für einer Klemme ich bin, Leute‹, fährt Rausdamit Smithers fort. ›Ich hab' den Damen gesagt, daß die berühmten Gäste auf ihrem Weg durch unausweichliche Umstände aufgehalten worden sind, so was wie eine Katastrophe, die durch Eisschollen hervorgerufen wurde, und eine Erbin, die man nicht warten lassen kann; aber sie würden in ein oder zwei Tagen kommen. Wenn sie rauskriegen, daß sie hintergangen worden sind, sagte Rausdamit, dann wird jeder Meter quergestreifter Musselin und jedes Naturlöckchen im Haus packen und abreisen. Das wäre ein harter Schlag‹, sagt der alte Rausdamit.

›Freund‹, sagt Andy und berührt den alten Mann am Aesophagus, ›warum diese Jeremiade, wenn die Pappelwälder und die Portale von Blenheim sich zusammentun, um dir auf einem gestempelten Silbertablett ein Vermögen zu überreichen? Wir sind doch gekommen.‹

Rausdamits Gesicht hellt sich auf.

›Würdet ihr's tun, Leute?‹ fragte er. ›Könntet ihr's? Könntet ihr für die lieben Damen den Polarforscher und den kleinen Herzog spielen? Wollt ihr's tun?‹

Ich sehe schon, wie Andy von der Lust auf seine alten Wort- und Sprachschwindeleien überwältigt wird. Dieser Mensch hatte ein Vokabular von zehntausend Wörtern und Synonymen, die sich, wenn sie rauskamen, zu schwindelerregenden Sophistereien und Gleichnissen verwickelten.

›Hör mal‹, sagt Andy zum alten Rausdamit, ›ob wir das können? Mr. Smithers, Sie sehen hier vor sich zwei Männer mit den denkbar besten Voraussetzungen, um das Proletariat zu umgarnen, sei es durch Wort oder Mund, durch Geschicklichkeit der Hand oder Schnelligkeit des Fußes. Herzöge kommen und gehen, Forscher gehen und verirren sich, aber ich und Jeff Peters‹, sagt Andy, ›legen die Narren immer wieder rein. Wenn du es willst, sind wir die beiden illustren Gäste, die du erwartet hast. Und du wirst sehen‹, sagt Andy, ›daß wir die wahre Lokalfarbe wiedergeben, angefangen von den Titelrollen der aurora borealis bis zum herzoglichen Unterherold.‹

Der alte Rausdamit ist entzückt. Er nimmt uns beide am Arm und führt uns auf das Gasthaus zu und versichert uns unterwegs, daß die besten Dosenfrüchte und die Delikatessen, die per Expreß kommen, umsonst zu unserer Verfügung stehen, solange wir Lust haben zu bleiben.‹

Auf der Veranda angekommen, sagt Rausdamit: ›Meine Damen, ich habe die Ehre, Ihnen Seine Gnaden, den Herzog von Marlborough, und den berühmten Erfinder des Nordpols, Leutnant Peary, vorzustellen.‹

Die Röcke rascheln und die Schaukelstühle quietschen, während wir beide, Andy und ich, uns verbeugen und dann mit dem alten Rausdamit hineingehen, um registriert zu werden. Und dann wuschen wir uns und drehten unsere Manschetten um, und der Wirt brachte uns in die Zimmer, die er für uns reserviert hatte, und holte eine große Korbflasche mit echtem North Carolina-Bergtropfen.

Mir war nicht wohl zumute, als Andy anfing zu trinken. Er hat die Künstlermetempsychosis, das heißt, er ist halb betrunken, wenn er nüchtern ist, und wenn er einen intus hat, schwebt er noch über den Zeppelinen. Nachdem wir uns eine Weile mit der Korbflasche beschäftigt haben, gehen wir beide auf die Veranda hinaus, wo die Damen jetzt etwas für unseren Unterhalt tun sollen. Wir werden in zwei besonders bequeme Stühle gesetzt, und die Schullehrerinnen und Literaturessen rückten ihre Schaukelstühle näher.

Eine der Damen sagt zu mir: ›Und wie ist Ihr letztes Unternehmen ausgegangen, Sir?‹

Nun hatte ich ganz vergessen, mich mit Andy darüber zu einigen, wer ich sein sollte, der Herzog oder der Leutnant. Und aus ihrer Frage konnte ich nicht entnehmen, ob sie das arktische oder ein amouröses Abenteuer meinte. Daher gab ich eine Antwort, die auf beide Fälle zutreffen konnte.

›Nun, gnädige Frau‹, sagte ich, ›ich habe kalte Füße bekommen, ganz einfach kalte Füße.‹

Dann öffneten sich die Schleusen von Andys Beredsamkeit, und ich wußte, welcher von beiden erlauchten Gästen ich sein sollte: nämlich keiner. Andy stellte beide dar. Und obendrein war er, so schien es, das Sprachrohr des gesamten britischen Adels und der gesamten arktischen Forschung, angefangen mit Sir John Franklin. Es war das Zusammentreffen von Maisschnaps und bewußter literarischer Form, die Mr. W. D. Howletts so bewundert.

›Meine Damen‹, sagt Andy und blickt lächelnd im Halbkreis herum, ›ich bin wirklich dankbar, daß ich Amerika besuchen kann. Mir scheint weder die Magna Charta, noch scheinen mir Gasballons oder Schneeschuhe die Schönheit und den Charme der amerikanischen Damen im geringsten zu beeinträchtigen, auch nicht Ihre Wolkenkratzer und auch die Architektur Ihrer Eisberge nicht. Wenn ich das nächste Mal zum Nordpol reise, werden mich alle Vanderbilts von Grönland nicht in die Kälte hinausjagen – ich wollte sagen, es fertigbringen, daß mir der Boden unter den Füßen zu heiß wird.‹

›Erzählen Sie uns von einer Ihrer Expeditionen‹, sagt eine von den Elementaren.

›Aber gewiß‹, sagt Andy und rülpst, um Zeit für eine Entscheidung zu finden. ›Es war im Frühling vergangenen Jahres, da segelte ich von Schloß Benheim bis zum Breitengrad Fahrenheit 87 und schlug damit den Rekord. Meine Damen‹, sagt Andy, ›es war ein trauriger Anblick, einen Herzog durch zivile und liturgische Bande bei Verpfändung von Hab und Gut an eine Ihrer ersten Familien gebunden zu sehen, die sich in einer Region von halbjährlichen Tagen verirrt hatte.‹ Und dann fährt er fort: ›Um vier Glasen kam Westminster Abbey in Sicht, aber es gab keinen Tropfen zu essen. Gegen Mittag warfen wir vier Sandsäcke ab, und das Schiff hob sich um fünfzehn Knoten. Um Mitternacht‹, fährt Andy fort, ›schlossen die Restaurants. Auf einer Eisscholle sitzend, aßen wir sieben heiße Würstchen. Um uns herum nur Schnee und Eis. Sechsmal in der Nacht stand der Bootsmann auf und riß ein Kalenderblatt ab, so daß wir mit dem Barometer Schritt halten konnten. Um 12‹, sagt Andy mit angstverzerrtem Gesicht, ›kamen drei riesige Eisbären durch die Luke in die Kabine gestürzt. Und dann –‹

›Was geschah dann, Leutnant?‹ fragte eine Lehrerin aufgeregt.

Andy schluchzt auf.

›Die Herzogin schüttelte mich‹, ruft er aus, rutscht vom Stuhl herunter und weint auf den Fußbodenbrettern der Veranda.

Damit war die Sache natürlich aus. Die weiblichen Gäste reisten alle am nächsten Morgen ab. Der Wirt redete zwei Tage lang kein Wort mit uns, aber als er merkte, daß wir unseren Aufenthalt bezahlen konnten, beruhigte er sich.

So verlebten Andy und ich doch noch einen stillen und friedlichen Sommer, und als wir von Crow Knob Abschied nahmen, hatten wir 1100 Dollar in der Tasche, die hatten wir dem alten Rausdamit im 17 + 4 abgenommen.«

Sommerliebe

Es wurde nun stille. Es lag völlig süße Verzückung im Raum. Die Musik sang, die Trompete sang, die Menschen sangen. Sie machten Bewegungen, gleitende, waren aneinandergepreßt, und die Musik ging mit ihnen, die Knie bogen sich, der Fuß setzte sich vor, zurück, der Leib kam nach. Die Klarinette blies, oben stand der Kapellmeister mit dem Saxophon, sah herunter in die Rundung, die drehende. Lautloses Drehen, lautloses Gleiten der Schatten. Jetzt Schatten, vorwärts, rückwärts, süße Kinder, ihr Kinn über seiner Schulter. Und jetzt schmetternder Jazz. Schwarzes Wuschelhaar an dem Tisch, sie steht auf, Puderdose, Blick in den Spiegel, die Kaffeetasse steht allein, die Handtasche liegt auf dem Stuhl. Sie ist in das Flackerlicht eingetaucht, von der Rundung eingesogen, das Klavier rasselt, Arm über seiner Schulter, gezogen, gewogen, die Musik singt, die Trompete singt. Schluß, auseinander, schon, schon, eine kleine Sehnsucht, ein bißchen Sonnenschein.

Und schon sitzen sie wieder um den Tisch herum, Puderquaste auf der Nase, über die Stirn. Ein älteres Fräulein hat Überschuhe im Ausverkauf gekauft, sie packt aus, sie debattieren, drehen die Schuhe. Ein gemütlicher Herr liest die Mittagszeitung, Garderobenständer mit Hüten und Mänteln stehen herum, es gibt keine Musik, ist alles aufgelöst, rinnt auseinander. Die Kaffeekannen sind Silberersatz. Licht und Zigarettenrauch in der Luft.

Ein langer junger Herr mit Hornbrille, er geht an den Tisch, er senkt den Kopf ein bißchen vor dem schwarzen Wuschelhaar, sie ändert den Ausdruck nicht, steht auf, er geht hinter ihr, bedenkt sein Geschick, dann fragt er nicht mehr, sie sind im Kreis des Geschehens, des Drehens und Scharrens und Gehens. Gleiten der Schatten, lautloses Drehen. Die Musik dumpft, wühlt, befiehlt, das Tamtam schmettert, die Töne steigen und fallen, die langen schmachtenden Töne, Hand in Hand, warme Hand, du folgst, du fühlst die Schenkel, du bist gut aufgehoben, es tut dir keiner was, und alle tun ebenso wie du. Ein Raum mit trinkenden Menschen ist da, und sie blicken auf dich, und du kannst die Augen schließen, Äuglein schließen, Äuglein schließen, Schritt vor, Schritt zur Seite, was summt und summt das Saxophon.

Und dunkel singt ein Mann: »Eine kleine Sehnsucht, ein bißchen Sonnenschein, eine Sehnsucht, die sich niemals erfüllt.« Das Klavier dumpft, das Tamtam klirrt, und jetzt ist bloß noch das Klavier da, und ist aus. Die Hände lassen los, warme Hände, schwere Hände, allein, die Gesichter sind ganz sachlich. Sie geht an den Tisch, sie senken einmal kurz die Köpfe, sie ist so jung, dann spricht sie mit dem älteren Fräulein wieder über die Schuhe. Die Kavaliere zahlen schon. Der Kapellmeister trinkt Bier. Sie geht.

Sie hat ein schwarzes Käppchen auf, ihr dünnes Gesichtchen lächelt an der Tür zurück, sie sehen ihre hellen Strümpfe, ihre Rundungen, sie trägt ein viereckiges Köfferchen. Wo geht sie hin, denken die am Tisch vor der Speisekarte.

Es gibt merkwürdige Zufälle. Da ist mir das Bild in Erinnerung geblieben von dem Raum, in dem sie tanzten, die Musik sang, die Trompete sang, sie machten gleitende Bewegungen, und dann war da ein Wuschelhaar, sie hatte ein schwarzes Käppchen auf, ihr dünnes Gesichtchen lächelte manchmal zu meinem Tisch herüber, sie tanzte und puderte sich, zuletzt ging sie mit ihrem viereckigen Köfferchen. Ich sah sie heute im Amt. Sie war Zeugin. Ich erkannte sie gleich. Sie mich auch. Ein kleiner Zivilprozeß, Streitigkeiten wegen Möbelbeschädigung beim Umzug. Sie sagte aus, daß die Kommode nicht verschrammt war und noch nicht aus dem Leim. Wie ich um drei aus dem Gericht kam, steht sie unten an der großen Treppe und wartet, Gott weiß worauf. Sie hat mich wieder angelächelt, ich wußte nicht, ob ich lächeln durfte, aber wahrscheinlich habe ich es doch getan. Da ist sie zu mir gekommen und sagte mir, daß sie mich schon gestern gesehen habe, da oben beim Tanz. Kommen Sie öfter da rauf? Ja, was soll man tun, wenn man allein und in solche kleine Provinzstadt versetzt ist, viele Lokale wird's hier ja nicht geben. Dann auf Wiedersehen.

Es regnet in Strömen. Alles ist grau, umgossen. Ich komme mir selbst wie ein Regen vor. So umgießt ein Gefühl alle Dinge und Menschen. Heut morgen war es noch ein leerer Ort, und ich hatte schauerliches Heimweh. Ich dachte, hier verkomm' ich. Jetzt – das ist ein merkwürdiger Zustand für einen ernsthaften Mann. Ich kann nicht leugnen, ich bin erregt. Es ist eine unglaubliche Spannung in meinen Gliedern. Ich gehe mit einemmal elastischer als sonst. Meine Wirtin sagt es auch. Sie freut sich über mich, ich bin jetzt allen Menschen wirklich mehr zugetan. Und warum? Ich bin allen Menschen dankbar, denn ich denke immerfort an sie und denke mir, sie geht unter ihnen allen. Ich habe dieses ganze graue Heimweh verloren und bin wie ersoffen in meinem einzigen Meer von Spannung und Freude und Freudigkeit. Was tue ich? Meinen Dienst wie sonst, aber in der Pause vergesse ich zu essen, sitze an meinem Tisch im Beratungszimmer und träume. Das ist durchaus kein natürlicher Zustand, aber er hat seine Annehmlichkeiten, ich werde schon sehen, daß er mir nicht über den Kopf wächst.

Ich bin schon Mitte dreißig und habe mir geschworen, nicht zu heiraten, meine Mutter hat es mir selbst geraten, obwohl ich der einzige Sohn bin, aber es ist zu viel Unglück und Krankheit in der Familie. Das hat mich allmählich, ich sehe es jetzt, in eine Feindschaft gegen das Weibliche überhaupt getrieben, ich bin ihnen aus dem Wege gegangen. Nun kommt das Feuer mir nachgelaufen. Aber es ist ein angenehmer Zustand. Ich war erst ein einziges Mal in meinem Leben verliebt, ich habe ein einziges Mal in meinem Leben geliebt. Das war damals sie, die Rosa. Rosa hieß sie, beim Anblick jeder Rose habe ich noch heute Schmerz. Es ist mir eine schreckliche Erinnerung, ich brachte sie zu meiner Mutter, und die sagte nein. Es war ein wochenlanger Kampf, aber meine Mutter hatte schon recht, und ich weiß, daß man Pflichten hat und daß man seinem Gefühl nicht blind folgen darf. Es war ein schreckliches Ende, ein schreckliches langes Jahr. Ich bin aus dieser Sache nicht herausgekommen, wie ich hinein-gegangen war. Man muß verzichten. Und jetzt. Es ist ein an-genehmes Gefühl. Man soll es nicht ablehnen. Man soll nicht gar zu streng mit sich sein.

Ich habe verschiedene Zeiten. Manchmal komme ich aus dem Lachen nicht heraus und sage, was ist mit mir, manch-mal grübele ich, manchmal werde ich sehnsüchtig, ich tau-che sehnsüchtig in jedes Gesicht, jeder Mund bringt meine Lippen in Bewegung zum Kuß, manchmal muß ich mich ab-wenden, so überwältigt bin ich, ich weiß nicht wovon. Ob das nicht ähnlich ist wie damals mit jener?

Ich war erst wie von einer Wand umstellt, viele Plätze und Straßen mußte ich vermeiden. Jetzt ist es ganz anders. Ich grüße alle Mädchen und Frauen in ihrem Namen. Sie sind Er-innerung an sie. Ich blicke auf ihre Schuh, ja sie haben auch Schuh, sie gehn in Strümpfen wie sie. Wenn sie in meinem Zimmer ist oder ich in ihrem, so ist alles voll Gespanntheit. Ich bringe nicht das Richtige heraus, ich habe schon zu lange auf sie gewartet, sie wundert sich über meine kalten Finger und daß ich so stumm bin. Dann sage ich, ich habe bei Ge-richt so viel zu sprechen gehabt. Und wenn sie weg ist, atme ich auf, erhebe mich, wandere herum, denke nach, was ge-wesen ist, und schon fängt das Träumen wieder an, das Sin-nen um sie, und im Inneren fange ich an mit ihr zu flüstern, und jetzt kommen die guten Worte mir über die Lippen, ich kann sie aussprechen, wo sie nicht da ist, nur wenn sie nicht da ist. Ich denke manchmal, das ist eine Passion, eine Leiden-schaft, die mich in Ketten schlägt. Soll ich mich nun hinwer-fen vor sie und mich ganz von dieser Leidenschaft mitneh-men lassen? Ich will nicht, ich will nicht. Aber wie gerne schwimme ich mit dieser Gewalt! Wo ist denn Wahrheit als hier. Wo ist Leben, was ist Leben, wenn nicht hier. Und ob ich Unrecht tue, es ist wahr. Ich brenne, aber sie ist es, die das Feuer angezündet hat. Was hat sie aus mir gemacht. Was hat sie veranlaßt, auf mich zuzugehen und das Feuer auf mich zu werfen. Nun denke ich und glaube schon lange gewußt zu haben, wer ich bin, und da kommt sie und wirft das Feuer, und siehe da, jetzt erst zeigt sich, wer ich bin. Sie ist irgendeine kleine Person, aber meine große Lehrerin, die beste Lehrerin. So lehren keine Worte, und so viel erfahre ich nicht aus der Philosophie.

Erkenne dich selbst, sagt der Philosoph. Ich weiß nicht, wie ich das machen soll. Und wenn ich mich erkenne, was ist mir geholfen, sie aber hat dort oben an dem Tisch gesessen, es war schon gleich solche Verzückung in dem Raum, die Musik klang, die Trompete sang, die Menschen machten gleitende Bewegungen, und dann war das Wuschelhaar da, das schwarze Käppchen, sie lachte zu meinem Tisch herüber, tanzte mit dem jungen Menschen mit der Hornbrille. Sie hat mich einmal angesehen, sie hat mich kaum gesehen, und ich habe sie ansehen dürfen, und das war die Belehrung, nicht meines Gehirns, sondern meiner Natur. Ach, so abgemüdet und ausgenutzt ist mein Gehirn, es ist schon bald nichts mehr daran zu zerbrechen, es hat getan, was es konnte, und siehe da, es war alles eitel, nichts und leer. Nachdem viele Philosophen in den Hörsälen und die größten Denker aus Büchern zu mir gesprochen haben, da ist die große kleine Lehrerin an mir vorbeigegangen und hat auf ihre Art gesprochen, eine knappe Viertelstunde. Oh, welche eindringliche Predigt, meine Knie zittern noch, wenn ich an diese Viertelsekunde denke. Ich brauche Stunden, um mich davon zu erholen, und immer wieder muß ich darüber nachdenken, was ich gelernt habe, und kann es nicht fassen.

Weil ich dich gesehen habe, soll sich alles in mir wenden. Ich bin schon viel ruhiger. Ich denke während der Verhandlungen ruhig an dich und du hältst es aus, daß ich ruhig an dich denke. Ich habe erst gefürchtet, das ginge nicht, du würdest dich dann als eine lächerliche Fratze enthüllen, die mich nichts angeht. Jetzt kann ich auch an die Rosa denken. Ich habe hier vor mir einen Strauß Rosen, den habe ich mir heute morgen gekauft, jetzt liegt er vor mir auf dem Tisch, noch in dem Seidenpapier, und ich kann die Blumen ruhig und sogar herzlich betrachten. Es ist lange her, Rosa war gut, aber vorbei, vorbei, wer weiß, was aus ihr geworden ist, es hat nicht sollen sein. Jetzt erntet eine andere, was sie gesät hat. Ich bin froh, daß das Oberste in mir zuunterst gestülpt ist und das Unterste zuoberst. Ich habe meine Fassung wieder. Ich war fassungslos über mich. Ich hatte gedacht und bin manchmal nachts mit dem Schreck aufgewacht: ich habe schon so lange gelebt, es war schon alles gut, warum mußte das noch über mich kommen, warum konnte ich nicht in Ruhe sterben?

Ich war heute bei ihr, ihre Mutter war nicht zu Hause, sie hatte sie weggeschickt. Ich habe sie vor zwei Stunden in meinen Armen gehalten. Es war ein Glück, das noch jetzt in meinen Armen, in meiner Brust nachklingt. Wie sie am Fenster, rosig, jung, ihren Mund an meinen legte, ich hielt sie um ihre Hüften – ich kann nicht davon sprechen. Himmlisch, der Himmel. Und die Begierde und der Körper. Es war ein Dienen und eine Demut. Was ist ein Kuß, was ist er anders als ein Untertauchen. Keine Aneignung, nein, eine Bitte um Zulaß, eine Danksagung und zugleich ein Sichhinwerfen und -aufgeben. Aber ihr ist davon, glaube ich, nichts bewußt, vielleicht tue ich ihr auch Unrecht. Es sieht bei ihr nur aus wie Staunen und Spiel.

Das ist das Eigentümliche der Liebe: diese Geste des Körpers, diese große und besondere Rolle, die der Körper spielt. Nirgends sonst steht er so sehr, so völlig, so hundertprozentig im Dienst der Seele. Wie da das Körperliche durchsichtig wird. Da war man sonst ein starres, isoliertes und gefrorenes Tier, man war wie in Stücke gehauen. Man hatte da seine Gedanken, anderswo seine Neigungen, anderswo bewegte man sich. Jeden Teil ließ man einzeln laufen.

Ich habe dich wieder in den Armen gehabt. Du hast dich von mir umarmen lassen. Umarmen: das heißt, daß meine Arme, wie ich in dein Zimmer trat, sich um dich legen durften. Ich haben deinen schlanken, leichten, schwebenden Körper gefühlt. Und während ich dich hielt, habe ich innerlich gezittert und gefragt: wer bist du? Wer ist das hier, wer will hier etwas von mir? Wem bin ich hier gut? Ich kann nicht an deine Familie denken, für mich bist du nur das schlankgliedrige Mädchen, das Wuschelhaar mit den großen Augen.

Du bist für mich der Mensch, der mir fehlt, das Stück von mir, das ich nicht habe, das junge, zarte Weibchen, die Natur, die mir viel näher ist, viel mehr als die Gesellschaft. Und jetzt sehe ich: ich, der Jurist, der Paragraphenmensch, ich bin im Begriff, die Gesellschaft zu durchbrechen und die Natur zu finden. Das hat einen leicht kriminellen Geschmack, aber wahrer werden mir die Dinge.

Ja, wahrer, transparenter. Ich bin vorhin, wie ich ihr Haus verließ, langsam durch die Straßen gegangen, und da konnte ich wie ein gehörnter Siegfried nicht die Sprache der Vögel, aber die Sprache aller Menschen verstehen, aller Menschen, die da gingen, der Männer, der Frauen und der Kinder. Ihre Kleider machten mir nichts vor. Sie liefen als Naturwesen herum. Das war eine glückliche und erfreuliche Art, zu blicken. Das habe ich erreicht durch die Begegnung mit ihr. Es liegen überall Schlüssel zur Natur herum. Man braucht nur die Hand auszustrecken. Aber es gehört wohl auch Bereitsein dazu. Nun sitze ich zu Hause und denke an sie. Geliebt zu werden, empfinden viele als ein Glück; mag sein. Lieben ist ein viel größeres Glück, glaube ich. Freilich, das Schönste muß sein, das Größte und am meisten Stärkende, Lebenspendende: lieben und glauben dürfen, geliebt zu werden.

Sie hat mir ihr Bildchen geschenkt, ich trage es in der Tasche. Ich bin von dieser Tasche her elektrisiert. Ich muß das Bild wechseln in eine andere Tasche; mir kommt vor, mein Arm wird schlaff an dieser Seite. Es ist nicht ausgeschlossen, daß ich das Bild ganz aus meinem Anzug nehmen muß. Denn ich bin von dem, was das Bild ausströmt, wie umnebelt. Es ist so, wie wenn man in Sumpfluft, in die tropisch heiße und feuchte Luft eines anderen Klimas tritt. So umnebelt mich das. Aber doch bin ich froh, daß ich sie jetzt immer bei mir trage. Die Fotografie taugt nichts; ihr Gesicht sieht so auf dem Bild weder klug noch beseelt aus. Der Fotograf kann nicht die Spannungen, die Strahlen fotografieren, die von ihr ausgehen und die nur ich empfinde, eben weil ich so empfindlich für sie bin. Ja, sie ist ein Naturwesen von ungeheurem Liebreiz für mich.

Ich komme eben von einer Begegnung mit ihr. Sie hat mir wieder vor dem Gericht aufgelauert und mich gegenüber in ein kleines Café geführt. Das Lokal war eben erst eröffnet, wir hatten nicht recht freien Platz, überall saßen Menschen, die Tür war gerade vor uns, und immer guckte uns einer ins Gesicht. Ich habe meine Stimme diese Stunde über nicht gefunden. Das Wuschelhaar saß blühend da mit ihren kirschroten sehr vollen Lippen, den Hut mit einem Schleier auf dem Kopf, die Handschuhe behielt sie an, ab und zu trank sie von ihrer Schokolade. Sie hat nicht bemerkt, daß ich so dasaß und meine Stimme nicht fand. Ich dachte, während ich dasaß, über sie nach. Was mochte sie von mir wollen? Sie war recht zärtlich und wunderbar innig zu mir. Auf welche Weise? Im Lokal, mitten unter den Menschen, dicht an der Tür, wo einem jeden Augenblick einer ins Gesicht sah? Ja, ich hätte das auch früher nicht beantworten können. Sie war innig und herzlich einfach dadurch, daß sie so blühend dasaß, kirschrote Lippen hatte, ihren Arm manchmal rückwärts um meinen Stuhl legte und mir einmal erlaubte, ihren linken Handschuh auszuziehen. Ich brauchte die ganze Stunde nicht zu sprechen, ich hatte genug damit zu tun, sie zu betrachten, den Tisch zu betrachten, auf dem die Schokolade stand und ihr einer Handschuh lag, ihren kleinen Stirnschleier anzusehen und zu wissen, daß sie hier saß für mich. Darin bestand das ganze Wunderbare, Herzliche und Innige. Sonst erzählte sie noch, daß sie jetzt ohne Arbeit sei, und von ihren früheren Stellungen.

Wieviel habe ich dir schon verziehen und muß ich dir noch verzeihen. Stundenlange Erregung, Warten, Warten, und immer wieder laufe ich zum Fenster, zur Tür, mache auf, horche die Treppe hinunter, falle auf, denn warum öffne ich, die Wirtin ist ja zu Hause, du kommst nicht. Was du machst, was du gemacht hast, ich weiß es nicht. Wenn du dann nach ein paar Tagen kommst, kriege ich es auch nicht heraus. Es war gar nichts los, du hattest das zu tun und das zu tun, und du hast auch den kennengelernt und bist auch wieder allein tanzen gegangen. Manchmal schwindelst du. Ich bin durcheinander glücklich, wenn du da bist, und gar nicht vorhanden.

Ich brauche manchmal Stunden, ehe ich über die Ichqual hinwegkomme, und dann dauert es nicht lange, und du mußt gehen. Ich gönne dir ja jeden, aber gehe doch recht mit mir um. Siehst du mich gar nicht? Ach, wie bin ich geknechtet.

Was ich gesehen habe, ist dieses.

Ich sah ihre dunklen Haare, ihr schmales Gesicht, ihre glänzenden Augen. Ich sah, wie ihre Hände auf den Knien eines Mannes lagen. Ich hörte sie kichern, sprechen, den Kopf drehen. Und der Mann war nicht ich. Er saß mit dem Rücken gegen mich. Ich saß ganz dicht bei ihr, sie sah mich nicht.

Es war ein munteres Hinundhergespräch. Sie siezten sich. Wenn ich die Worte aufschriebe, es wäre nichts dran. Ihre Stimme war klein, mädchenhaft erregt. Es war aber um die beiden, um ihren Tisch, eine Wolke. So saßen die beiden da. Und ab und zu senkte sie ihre Stimme und sah auf den Tisch, und er hatte auch den Kopf gesenkt und hielt ihre Finger, und wenn sie aufsah, waren ihre Augen, die in meine Richtung blickten, aber mich nicht sahen, strahlend innig.

Wer das neben ihr war? Ein junger, frischer Mann. Ich könnte sagen: irgendein gewöhnlicher junger Mann. Aber es ist schon jetzt für mich eine große und feierliche Wahrheit, die ich vorher nicht kannte: es kommt auf die Worte und auf die Klugheit nicht an. Es gibt eine stärkere Gewalt. Es gibt eine innigere, herrlichere Gewalt. Und solche Gewalt bin ich oder war ich auch ein bißchen in ihr. Aber ich bin auch ein Bettler, ein Außenstehender, ein bloßer Bewunderer, ein Anbeter, Gläubiger, das auch. Und jetzt ist die Frage, wessen Gewalt und Kraft größer ist, meine oder die des einfachen jungen Mannes da.

Ich habe keine Spur Eifersucht gehabt, keinen Neid. Es war nur ein Schlag. Und dann überschwemmte mich ein anderes Gefühl: ich sah sie sitzen, sie liebt, das ist Liebe, da sitzt die Liebe, und ich bin mit darin. Ich fühlte mich mit diesem jungen Mann, ja manchmal als dieser junge Mann. Ich erlebte seine Begegnung mit ihr.

Auch sein Lächeln, seine spürenden Hände, die nicht ruhig auf dem Tisch bleiben können, die nach ihr wie nach einer Flamme züngeln, und sie läßt ihm ihre Finger, und ich spüre sie mit und schnappe noch ein paar Worte auf, wie er sagt: also wir verstehen uns; darauf lacht sie. Sie sagt, ach nein, es geht heute doch nicht, wirklich nicht. Oh, sie gehen.

»Es tut mir ja wahnsinnig leid, aber es führt zu nichts, Rosa, es hat ja keinen Zweck.« Das sagte ich ihr damals. Es fällt mir gerade ein. Es hat ja doch keinen Zweck, es führt zu nichts.

Ich hatte zwei üble Tage. Ich kam zu ihr. Sie war erst nicht im Zimmer. Ich blickte mich um, ob hier schon ein anderer herrschte. Ich bemerkte nichts. Ich weiß, sie ist sehr naiv und ganz rührend. Sie läßt Bilder und Ansichtskarten ihrer früheren Freunde ruhig an der Wand hängen. Nur wenn sie einen gar nicht mehr mag, dann nimmt sie ihn von der Wand. Da hängt die Ahnengalerie ihrer Freunde. Ein Bild von mir hat sie nicht, aber Ansichtskarten, die hingen noch da. Dann kam sie herein, ich hatte sie drei Tage nicht gesehen, es war ein ewiges Telefonieren, ich hatte mich angemeldet, dann war ich dienstlich behindert, dann konnte sie wieder nicht, es war ein trauriges Warten und Warten, zuletzt ein Leiden, eine völlige Verkrampfung. Und jetzt sollte ich sie sehen. Sie trat also ein, nickte und drehte mir sofort den Rücken zu, suchte in einem Buch; ich nannte sie beim Namen, sie gab gleichgültig Antwort, drehte sich nicht um, dann hatte sie eine Handvoll kleiner Fotografien und suchte weiter in dem Buch, ob was drin lag, denn das Buch gehörte mir. Sie suchte vielleicht den Brief von einem anderen, das sah ich ihr an.

Und dann habe ich sie zwar in den Armen gehalten, aber es war alles ganz anders. Ich habe sie zwar geküßt, aber ich wußte schon, ich fühlte schon: ich war wieder allein. Es war in mir weg und es war in ihr weg. Ach, und dann der Tag, nachdem sie weg war. Das kleine Bildchen von ihr trug ich in meinem Portemonnaie. Ich steckte die Hand in die Tasche und drückte das Portemonnaie, so war sie da, und ich hatte sie doch nicht verloren. Ja, manchmal strömte das kleine Bild in der Tasche etwas aus, es war die rechte Seite, meine Hand und mein Arm wurden davon heiß und schwach, manchmal flammte auch mein Gesicht rechts auf, ich sah es im Spiegel, ich mußte die Tasche wechseln. So ging es in manchen Stunden, manchmal war es ganz wie früher und ich staunte, ich staunte. Ich war wie überschwemmt vom Gefühl. Ich war wie ein Hund mit der Schnauze in eine Pfütze von Sehnsucht gestoßen, und dagegen konnte ich gar nichts machen. Nein, es ist nicht weg, sie ist mir nicht genommen, ich habe sie in meinem Blut.

Warum soll man, wenn abends alle Farben verschwinden, die tags da sind, aller Schmuck der Buntheit, alles, was unsere Bewegungen anleitet, warum soll man dann etwas von ›Fehlen‹ sprechen? Es war Tag, der positive Tag, und jetzt kommt die positive Nacht. Vorhin strahlte die Sonne, jetzt strahlt die Dunkelheit. Beide sind Lichter, Lichter verschiedener Art. Jetzt in der Nacht hört die krampfhafte Spannung auf. Es gibt hier nicht die Lockungen und Anreize, mit denen sich der Tag aufgemacht hat und die so schrecklich bunt und verschwenderisch überall liegen und unter denen wir uns aufbäumen.

Und du mußt nicht glauben: Schlaf sei bloß Schlaf, nämlich Nichtwachen. Wie kommst du darauf, daß wir die Hälfte des Lebens nicht da sind? Wir begeben uns nur in ein anderes Dasein. Die Muskelspannung, die für den Tag nötig ist, hat aufgehört, das fürchterlich erregte Bewußtsein ist hingeschwunden, die wilde Fesselung, die krankhaft zuspringende Begierde, diese böse, feurige, sonnenmäßige Begierde, hört auf. Der Nachthimmel ist da, endlich strahlt ein anderes Gestirn, und wir werden aus elenden Tagelöhnern, aus Lohnarbeitern des Tags – für einige Stunden wir selbst, mehr Menschen als vorher, mehr Ich als unter der Sonne.

Ein junges Mädchen. Diese Gesichter, sehe ich, sind alle geschaffen, gebildet und geformt von der Liebe der Männer. Daß ich sie empfinde, diese Gesichter, daß ich auch so lieben kann, zeigt mir: wir Männer sind eine einzige große Bruderschaft. Und alle Frauen sind eine einzige Geliebte.

Sie ist weg. Sie ist weg.

Nein, sie ist nicht weg, sie kann nicht mehr weg sein. Sie wird mich nie verlassen. Nun gehe ich wie sonst aufs Amt und spreche Recht in kleinen Zivilsachen. So habe ich sie ja auch einmal getroffen. Es ist kaum zu glauben, was den Leuten alles begegnet und worüber sie sich ärgern, worin sie sich beleidigt und geschädigt fühlen. Es sind kleine Werte von drei Mark oder fünf Mark. Aber da habe ich auch etwas Juristisches von meiner Geliebten gelernt. Ich verstehe mehr, was die Leute ärgert. Die Welt ist mir durchsichtiger geworden. Ich bin dichter an ihr Blut herangeführt. Das hat mir meine Sommerliebe gegeben.

Ich will mich einmal nach dem Schicksal der Rosa erkundigen. Die Rosa. Ich habe, seit ich das Wuschelhaar hatte, an meine Mutter nur ein paar Postkarten geschrieben. Es hat ganz aufgehört mit dem Briefschreiben. Sie hatte sonst jede Woche von mir zwei bis drei Briefe. Warum schreibe ich nicht mehr an meine Mutter? Ich bin bitter auf sie. Warum hat sie mir das damals gesagt von dem Unglück und den Krankheiten? Sie hat mich verhindert. Solch Gerede von Krankheit. Schließlich heilen ja auch Krankheiten.

Die Rosa habe ich nicht haben können. Das Wuschelhaar ist weg. Ich bin froh, daß ich sie gefunden habe. Ich werde mich viel, viel besser in der Welt zurechtfinden.

BERNARD MALAMUD

Die Lektüre eines Sommers

George Stoyonovich hatte mit sechzehn die höhere Schule verlassen, ganz plötzlich, er hatte einfach die Lust verloren. Und obwohl er sich jedesmal schämte, wenn ihn die Leute bei der Stellensuche fragten, ob er ein Abgangszeugnis habe, und er nein sagen mußte, so nahm er den Schulbesuch doch nicht wieder auf. In diesem Sommer war es um Arbeit schlecht bestellt und er hatte keine. Da er zuviel freie Zeit hatte, dachte er daran, einen Sommerkursus zu besuchen, aber die Jungen in seiner Klasse würden zu jung für ihn sein. Er dachte auch daran, eine höhere Abendschule zu besuchen, aber dann fiel ihm ein, daß die Lehrer einem immer sagten, was man zu tun habe. Er hatte das Gefühl, daß sie ihn nicht genug geachtet hatten. Schließlich blieb er von der Straße weg und verbrachte den größten Teil des Tages in seinem Zimmer. Er war fast zwanzig und wäre gern mit den Mädels im Viertel gegangen, aber er hatte kein Geld, er konnte nur gelegentlich an ein paar Cents kommen, denn sein Vater war arm, und seine Schwester Sophie, die ihm glich, ein großes, knochiges Mädchen von dreiundzwanzig, verdiente nur wenig, und dieses wenige behielt sie für sich. Die Mutter war tot, und Sophie mußte den Haushalt versorgen.

Schon am frühen Morgen stand Georges Vater auf und ging zu seiner Arbeit auf dem Fischmarkt. Sophie ging gegen acht aus dem Haus. Sie hatte eine lange Fahrt mit der Untergrundbahn zu ihrem Café in Bronx. George trank seinen Kaffee allein, dann hing er in der Wohnung herum. Wenn die Wohnung, eine fünfräumige Etage über einem Metzgerladen, dicht an der Bahnlinie, anfing ihm auf die Nerven zu gehen, räumte er auf. Er wischte die Böden mit einem feuchten Tuch und stellte alle Dinge an ihren Platz. Aber die meiste Zeit saß er in seinem Zimmer. Nachmittags hörte er im Radio die Fußballberichte. Dann hatte er noch ein paar alte Nummern des ›World Almanach‹, die er vor langer Zeit einmal gekauft hatte; er las gern darin und auch in den Zeitschriften und Zeitungen, die Sophie nach Hause brachte – es waren solche, die auf den Kaffeehaustischen liegengeblieben waren. Gewöhnlich waren es Illustrierte mit Berichten über Filmstars und Sportkanonen, gewöhnlich auch die ›News‹ und der ›Mirror‹. Sophie las, was immer ihr in die Hände fiel, aber manchmal las sie auch gute Bücher.

Einmal fragte sie George, was er den ganzen Tag in seinem Zimmer mache, und er sagte, er läse viel.

»Was liest du denn, außer dem, was ich nach Hause bringe. Liest du jemals auch ein wertvolles Buch?«

»Doch, manchmal«, antwortete George, obwohl es wirklich nicht stimmte. Er hatte versucht, einige von Sophies Büchern zu lesen, aber er war nicht in der Stimmung gewesen. Er konnte im Augenblick keine erfundenen Geschichten ertragen, sie gingen ihm auf die Nerven. Er wünschte, er hätte ein Hobby, das ihm etwas zu tun gab – als Schuljunge war er ganz gut in Schreinerarbeiten gewesen, aber wo hätte er solche Arbeit tun können. Manchmal ging er tagsüber auch spazieren, aber meist ging er, wenn die Sonne untergegangen war und es in den Straßen kühler wurde.

Abends nach dem Essen ging George aus dem Haus und trieb sich im Viertel herum. Während der schwülen Zeit saßen dann die Ladenbesitzer mit ihren Frauen auf den hohen geborstenen Bürgersteigen vor ihren Läden und fächelten sich, und George ging an ihnen vorüber und auch an den Burschen, die vor dem Süßwarenladen an der Ecke herumlungerten. Ein paar von ihnen hatte er sein ganzes Leben lang gekannt, aber niemand gab ein Zeichen des Erkennens. Er hatte kein bestimmtes Ziel, aber gewöhnlich verließ er dann das Viertel, ging viele Häuserblocks weit, bis er zu einem kleinen schwacherleuchteten Park mit Bänken, Bäumen und einem Eisengitter kam, das ihm den Eindruck eines Privatgartens verlieh. Er saß dort auf einer Bank, betrachtete das Laub der Bäume und die Blumen, die innerhalb des Gitters blühten, und dachte an ein besseres Leben. Er dachte an die Stellen, die er gehabt hatte, nachdem er die Schule verließ –

Botenjunge, Lagerist, Laufjunge, zuletzt hatte er in einer Fabrik gearbeitet –, und keine dieser Arbeiten hatte ihn befriedigt. Er würde gern einmal eine gute Stelle haben, in einem Einzelhaus mit überdachtem Eingang wohnen, in einer mit Bäumen gesäumten Straße. Er wollte Geld in der Tasche haben, um sich etwas kaufen zu können, ein Mädchen, um mit ihr zu gehen, damit er, besonders an den Samstagabenden, nicht so einsam war. Die Leute sollten ihn gern haben und ihn achten. An all das dachte er oft, aber besonders an diesen Abenden, wo er allein war. Um Mitternacht stand er dann auf und schlenderte zurück zu seinem heißen, steinigen Viertel.

Eines Abends traf George auf seinem Spaziergang Mr. Cattanzara, der sehr spät von der Arbeit kam. Er fragte sich, ob Cattanzara wohl betrunken sei, aber dann konnte er sehen, daß es nicht so war. Mr. Cattanzara war ein untersetzter, kahlköpfiger Mann, der am Wechselschalter einer U-Bahn-Station arbeitete. Er wohnte in Georges Nachbarblock über einem Schuhmacherladen. Während der Hitze saß er nachts im Unterhemd auf der Schwelle der Haustür und las im Licht, das aus dem Schuhmacherladen kam, die ›New York Times‹. Er las sie von der ersten Seite bis zur letzten, dann ging er nach oben schlafen. Und die ganze Zeit, während er die Zeitung las, lehnte seine Frau, eine dicke Frau mit blassem Gesicht, im Fenster. Sie starrte auf die Straße hinunter, ihre dicken weißen Arme lagen übereinandergeschlagen unter ihren losen Brüsten auf der Fensterbank.

Ab und zu kam Mr. Cattanzara betrunken nach Hause. Es war eine stille Trunkenheit. Er machte niemals Scherereien, er ging nur steif die Straße hinunter und kletterte langsam die Stufen vor der Haustür hinauf. Obwohl er betrunken war, sah er aus wie immer, nur daß er so steif ging, so still war und daß seine Augen feucht glänzten. George hatte Mr. Cattanzara gern, denn er erinnerte sich noch, wie er ihm früher, als er noch ein Knirps gewesen war, manchmal einen Groschen für Zitroneneis gegeben hatte. Mr. Cattanzara war anders als die meisten Leute im Viertel. Wenn er einen traf, so stellte er andere Fragen als die andern, und er schien zu wissen, was in allen Zeitungen stand. Er las sie, während seine dicke kränkliche Frau ihm vom Fenster aus zusah.

»Was machst du denn diesen Sommer, George?« fragte Mr. Cattanzara. »Ich sehe dich des Nachts herumlaufen.«

George war verlegen. »Ich gehe gern spazieren.«

»Was tust du denn den Tag über?«

»Im Augenblick nichts Besonderes. Ich warte auf Arbeit.«

Da er sich schämte, einzugestehen, daß er nicht arbeitete, sagte George: »Ich bleibe zu Hause – ich lese eine Menge, um meine Bildung zu vervollständigen.«

Mr. Cattanzara sah ihn interessiert an. Er wischte sich sein heißes Gesicht mit einem roten Taschentuch.

»Was liest du denn?«

George zögerte. Dann sagte er: »Ich habe in der Bibliothek einmal eine Liste von Büchern bekommen, und die werde ich jetzt alle während des Sommers lesen.« Es war ihm seltsam und ein wenig unbehaglich zumute, als er das sagte, aber er wollte, daß Mr. Cattanzara ihn achtete.

»Wie viele Bücher sind denn auf der Liste?«

»Ich habe sie nicht gezählt. Ungefähr hundert.«

Mr. Cattanzara pfiff durch die Zähne.

»Ich glaube, wenn ich das alles lese«, fuhr George ernsthaft fort, »so werde ich viel für meine Bildung tun, ich meine nicht die Bildung, die sie einem auf der höheren Schule geben. Es ist etwas anderes, als was sie dort lernen; Sie wissen sicher, was ich meine.«

Der Geldwechsler nickte. »Aber schließlich sind hundert Bücher eine ganz nette Ladung für einen einzigen Sommer.«

»Vielleicht brauche ich auch länger.«

»Wenn du ein paar durch hast, könnten wir zwei vielleicht mal drüber klönen, du und ich«, sagte Mr. Cattanzara.

»Wenn ich durch bin«, sagte George.

Mr. Cattanzara ging nach Hause, und George setzte seinen Spaziergang fort. Obwohl George den Drang dazu verspürte, tat er nach dieser Begegnung doch nichts anderes als sonst. Er machte nachts immer noch seine Spaziergänge, die in dem kleinen Park endeten. Aber eines Abends sprach der Schuhmacher im nächsten Block George an und sagte, er sei ein guter Junge. Mr. Cattanzara hatte ihm wahrscheinlich von all den Büchern erzählt, die George läse. Vom Schuhmacher aus mußte das Gerücht die Straße hinuntergewandert sein, ein paar Leute lächelten George freundlich an, obwohl ihn niemand direkt ansprach. Er fühlte sich jetzt ein wenig wohler in dem Viertel, es gefiel ihm besser, wenn auch nicht so gut, daß er sein ganzes Leben dort hätte verbringen mögen. Er hatte gegen die Leute dort eigentlich nie etwas gehabt, aber er hatte sie auch nicht besonders gemocht. Das Viertel war schuld daran gewesen. Zu seiner Überraschung fand George eines Tages, daß auch sein Vater und Sophie von seiner Lektüre wußten. Sein Vater war zu scheu, um etwas zu sagen – er hatte nie viel gesprochen –, aber Sophie war viel freundlicher und zeigte ihm auch auf andere Weise, daß sie stolz auf ihn war.

Während dieses Sommers war George in Hochstimmung. Er machte die Wohnung jeden Tag Sophie zuliebe sauber, und die Fußballberichte machten ihm mehr Freude. Sophie gab ihm jede Woche einen Dollar Taschengeld, und obwohl es immer noch nicht genug war und er sehr sparsam damit umgehen mußte, so war es doch verdammt viel besser, als nur hin und wieder einen Nickel zu haben. Was auch immer er von dem Geld kaufte – meist waren es Zigaretten, gelegentlich ein Glas Bier oder ein Kinobillett –, es machte ihm einen Heidenspaß. Das Leben war doch nicht so übel, wenn man es zu nehmen verstand. Gelegentlich kaufte er sich ein Taschenbuch am Zeitungsstand, aber er kam nie dazu, es zu lesen, er war nur froh, ein paar Bücher in seinem Zimmer zu haben. Immer noch las er Sophies Illustrierten und Zeitungen gründlich. Aber die schönste Tageszeit war der Abend, denn wenn er an den Ladenbesitzern vorbeiging, die vor ihren Türen saßen, so konnte er merken, wie sie ihn mit Achtung betrachteten. Er ging hocherhobenen Hauptes, und obgleich er nicht viel zu ihnen sagte und sie nicht viel zu ihm, so spürte er doch von allen Seiten das Wohlwollen. An manchen Abenden war er so froh gestimmt, daß er nicht einmal zu dem Park ging. Er wanderte nur im Viertel herum, wo die Leute ihn schon gekannt hatten, als er noch ein Junge war, der Punchball spielte, wo immer es ein Spiel zu spielen gab. Er wanderte herum, ging dann nach Hause und zog sich aus, um schlafen zu gehen. Er fühlte sich glücklich und zufrieden.

Während der letzten Wochen hatte er nur einmal mit Mr. Cattanzara gesprochen, und obgleich der Geldwechsler nichts mehr von den Büchern gesagt, keine Fragen gestellt hatte, machte sein Schweigen George doch ein wenig unsicher. Eine Zeitlang ging George nicht mehr an Mr. Cattanzaras Haus vorüber, aber eines Abends kam er aus einer anderen Richtung und sah sich plötzlich dem Haus gegenüber. Es war schon nach Mitternacht. Bis auf einen oder zwei Menschen lag die Straße verlassen da, und George war überrascht, als er Mr. Cattanzara erblickte, der immer noch beim Schein der Straßenlaterne die Zeitung las. Er spürte plötzlich den Wunsch, bei ihm stehenzubleiben und mit ihm zu sprechen. Er wußte noch nicht, was er sagen wollte, aber er spürte, daß die Worte schon kommen würden, wenn er erst einmal anfing. Je länger er darüber nachdachte, desto mehr erschreckte ihn diese Vorstellung, und er entschloß sich, lieber nicht zu reden. Er dachte sogar daran, sich heimlich aus dem Staub zu machen, aber er war schon zu nahe an den Geldwechsler herangekommen, dieser würde ihn sehen, wenn er davonlief, und sich ärgern. George überquerte also möglichst unauffällig die Straße, versuchte so zu tun, als wolle er sich auf der anderen Straßenseite ein Schaufenster ansehen, er tat es auch, und ging dann mit einem sehr unbehaglichen Gefühl weiter. Er hatte Angst, Mr. Cattanzara werde von seiner Zeitung aufblicken und ihm zurufen, er sei ein Feigling, weil er auf der anderen Straßenseite ging. Aber Mr. Cattanzara saß nur da, schwitzend in seinem Unterhemd, sein kahler Kopf glänzte im matten Licht, während er seine ›Times‹ las, und oben lehnte seine dicke Frau im Fenster, und es sah aus, als ob sie die Zeitung mit ihm zusammen läse. George fürchtete, sie werde ihn sehen und Mr. Cattanzara aufmerksam machen, aber sie ließ ihre Augen nicht von ihrem Mann.

George entschloß sich, dem Wechsler aus dem Wege zu gehen, bis er einige von den Taschenbüchern gelesen hatte, aber als er anfing und merkte, daß die meisten Geschichten enthielten, verlor er das Interesse und legte sie wieder weg. Er verlor auch das Interesse an seiner anderen Lektüre. Sophies Zeitungen und Zeitschriften blieben ungelesen. Sie sah, wie der Stoß auf dem Stuhl in seinem Zimmer immer höher wurde, und fragte, warum er sie nicht mehr ansähe, und er sagte, er habe jetzt andere Dinge zu lesen. Sophie sagte, daß sie sich das schon gedacht hätte. George ließ jetzt fast den ganzen Tag das Radio laufen und stellte Musik an, wenn er der menschlichen Stimme überdrüssig war. Er hielt die Wohnung einigermaßen in Ordnung, und an den Tagen, wo er sie vernachlässigte, sagte Sophie nichts. Sie war immer noch freundlich und gab ihm immer noch seinen Extradollar. Doch er fühlte sich nicht mehr so wohl.

Aber alles in allem war es immer noch ganz erträglich. Die abendlichen Spaziergänge belebten ihn immer wieder, wie schlecht auch der Tag gewesen sein mochte. Dann sah George eines Abends Mr. Cattanzara auf sich zukommen. Er wollte schon umdrehen und davonlaufen, als er an Mr. Cattanzaras Gang merkte, daß dieser betrunken war, und wenn es so wäre, würde er ihn wahrscheinlich gar nicht bemerken. George ging also geradeaus, bis er Mr. Cattanzara gegenüberstand. Er war so gespannt, daß er das Gefühl hatte, er müsse in die Luft gehen, trotzdem war er nicht erstaunt, als Mr. Cattanzara ohne ein Wort langsam an ihm vorbeiging, Gesicht und Gang waren ganz starr. George atmete schon auf, so billig davongekommen zu sein, als er seinen Namen rufen hörte, und da stand Mr. Cattanzara neben ihm und roch wie das Innere eines Bierfasses. Er starrte George traurig an, und George war so schrecklich unbehaglich zumute, daß er den Betrunkenen am liebsten beiseite geschoben hätte und weitergegangen wäre.

Aber so konnte er ihn natürlich nicht behandeln, und außerdem zog Mr. Cattanzara jetzt ein Vierteldollarstück aus der Hosentasche und reichte es ihm.

»Geh und kauf dir ein Zitroneneis, Georgie.«

»Das ist vorbei, Mr. Cattanzara«, sagte George, »dazu bin ich jetzt zu groß.«

»Nein, das bist du nicht«, sagte Mr. Cattanzara, und George wußte darauf nichts zu antworten.

»Wie kommst du denn mit all deinen Büchern weiter?« fragte Mr. Cattanzara. Obwohl er versuchte, still zu stehen, schwankte er ein wenig.

»Ich glaube, ganz gut«, sagte George. Er fühlte, wie ihm das Blut ins Gesicht stieg.

»Du weißt es nicht bestimmt?« Der Wechsler lächelte listig, George hatte ihn noch nie so lächeln sehen.

»Doch, ich weiß es bestimmt. Die Bücher sind prima.«

Obwohl Mr. Cattanzaras Kopf hin und her schwankte, waren seine Augen ruhig. Er hatte kleine blaue Augen, die einem weh taten, wenn man zu lange hineinblickte.

»George«, sagte er, »nenn mir ein einziges Buch von der Liste, die du diesen Sommer gelesen hast, und ich will auf deine Gesundheit trinken.«

»Ich will gar nicht, daß jemand auf meine Gesundheit trinkt.«

»Nenn mir ein Buch, damit ich dich darüber fragen kann. Wenn es ein gutes Buch ist, lese ich es vielleicht auch selbst.«

George wußte, daß er äußerlich ganz ruhig wirkte, aber innerlich war ihm alles andere als wohl zumute.

Er wußte nicht, was er antworten sollte, und schloß die Augen, und als er sie – es schien Jahre später – wieder aufmachte, sah er, daß Mr. Cattanzara aus Mitleid weggegangen war, aber er hatte die Worte, die er gesprochen hatte als er ging, immer noch in den Ohren: »George, mach's nicht so, wie ich's gemacht habe.«

Am nächsten Abend hatte er Angst, sein Zimmer zu verlassen, und obwohl Sophie ihm zuredete, wollte er die Tür nicht aufmachen.

»Was machst du denn da drin?« fragte sie.

»Nichts.«

»Liest du nicht?«

»Nein.«

Sie schwieg einen Augenblick, dann fragte sie: »Wo sind denn die Bücher, die du liest? Ich sehe nie welche in deinem Zimmer außer diesem biligen Mist.«

Er sagte nichts.

»Dann bist du auch nicht einen Dollar von meinem schwerverdienten Geld wert. Warum soll ich mir deinetwegen den Rücken krumm schuften. Geh, und such dir Arbeit, du Lump!«

Er blieb fast eine Woche lang in seinem Zimmer. Nur wenn niemand zu Hause war, stahl er sich in die Küche. Sophie beschimpfte ihn, dann bettelte sie, er solle herauskommen, sein alter Vater weinte, aber George rührte sich nicht, obwohl das Wetter schrecklich war und er in dem kleinen Raum fast erstickte. Er konnte kaum atmen, mit jedem Atemzug schien er eine Flamme in die Lungen zu ziehen.

Eines Nachts konnte er die Hitze nicht länger ertragen, um ein Uhr rannte er auf die Straße, nur noch ein Schatten seiner selbst. Er hoffte, in den Park zu gelangen, ohne gesehen zu werden, aber überall standen die Leute vor den Haustüren, matt und lustlos, und warteten auf einen Windhauch. George schlug die Augen nieder und ging wie ein Aussätziger an ihnen vorüber, aber bald merkte er, daß die Stimmung gegen ihn immer noch gut war. Es schien, daß Mr. Cattanzara nichts verraten hatte. Vielleicht hatte er, als er am anderen Morgen aus seinem Rausch erwachte, ganz vergessen, daß er George getroffen hatte. George fühlte, wie sein Selbstvertrauen langsam wieder stieg.

Am selben Abend fragte ihn ein Mann an der Straßenecke, ob es wahr sei, daß er die vielen Bücher ausgelesen habe, und George sagte ja. Der Mann sagte, es sei bewunderungswürdig, daß ein Junge in seinem Alter so viel gelesen habe.

»Na«, sagte George, aber er fühlte sich erleichtert. Er hoffte, niemand werde die Bücher wieder erwähnen, und als er ein paar Tage später Mr. Cattanzara wieder traf, sagte dieser wirklich nichts, obwohl George ahnte, daß er es gewesen war, der das Gerücht verbreitet hatte, George sei mit seiner Lektüre zu Ende.

An einem Abend im Herbst lief George in die Bibliothek, in der er seit Jahren nicht gewesen war. Wohin er blickte, standen Bücher, und obwohl er innerlich zitterte, zählte er hundert ab, dann setzte er sich an einen Tisch, um zu lesen.

INGEBORG BACHMANN

Die Fähre

Im hohen Sommer ist der Fluß ein tausendstimmiger Gesang, der, vom Gefälle getragen, das Land ringsum mit Rauschen füllt. Nahe am Ufer aber ist er stiller, murmelnder und wie in sich selbst versunken. Er ist breit, und seine Kraft, die sich zwischen das Land legt, bedeutet Trennung. Gegen Norden ist das Tal dunkel und dicht, nahe liegt Hügel an Hügel, aufwärtsgewölbt hängen Wälder nieder, und in der Ferne heben sich die steileren Höhen, die an hellen, freundlichen Tagen einen milden Bogen in das Land hinein bilden. Über den Fluß liegt im ersten Dunkel der waldigen Enge das Herrenhaus. Der Fährmann Josip Poje sieht es, wenn er Menschen und Last hinüberführt. Er hat es immer vor sich. Es ist von brennender weißer Farbe und scheint plötzlich vor seinen Augen auf.

Josips Augen sind jung und scharf. Er sieht, wenn sich ferne im Gesträuch die Zweige biegen, er wittert die Gäste der Fähre, gleich, ob es die Korbflechterinnen sind, die um Ruten an das andere Ufer fahren, oder Handwerksleute. Manchmal kommt auch ein Fremder oder ganze Gesellschaften mit lachenden Männern und buntgekleideten, heiteren Frauen.

Der Nachmittag ist heiß. Josip ist ganz mit sich allein. Er steht auf der kleinen Brücke, die vom Ufer über die lange Strecke weichen Sandes führt. Die Anlegestelle ist mitten in die Einsamkeit des Buschlandes gebaut, eine Fläche, die sich sandig und versteint bis zum allmählichen Übergang in Wiese und Feld ausdehnt. Man kann das Ufer nicht überschauen, jeder Blick ertrinkt im Gesträuch, und kleine, wenig verhärtete Wege sind dazwischen wie frische Narben. Allein das Wechselspiel der Wolken an diesem unsteten Tag ist Veränderlichkeit. Sonst ist die Ruhe ermüdend, und die schweigende Hitze drückt allen Dingen ihr Mal auf.

Einmal wendet sich Josip. Er blickt zum Herrenhaus hinüber. Das Wasser liegt dazwischen, aber er sieht doch an einem der Fenster den ›Herren‹ stehen. Er, Josip, kann viele Stunden ruhig stehen oder liegen, er kann Tag für Tag das gleiche Wasser hören, aber der Herr im weißen Haus, das sie manchmal das ›Schloß‹ nennen, muß Ruhelosigkeit in sich tragen. Er steht bald an diesem, bald an jenem Fenster, manchmal kommt er den Wald herunter, daß Josip meint, er wolle den Fluß überqueren, aber dann verneint er, so gut dies über das Brausen geht. Er streift zwecklos am Ufer entlang und kehrt wieder um. Josip sieht das oft. Der Herr ist sehr mächtig, er verbreitet Scheu und Ratlosigkeit um sich, aber er ist gut. Alle sagen es.

Josip mag nicht mehr daran denken. Er sieht forschend nach den Wegen. Es kommt niemand. Er lacht. Er hat jetzt seine kleinen Freuden. Er ist schon ein Mann, aber es macht ihm noch immer Vergnügen, die platten Steine aus dem Sand zu suchen. Er geht bedächtig im feuchten, nachgebenden Sand. Er wiegt den Stein prüfend in den Händen; dann schwingt er, sich beugend, den Arm, und in schwirrendem Flug saust das übermütige Stück über die Wellen, springt auf und weiter und springt wieder auf. Dreimal. Wenn er es öfter macht, springen die Steine aber achtmal auf. Sie dürfen nur nicht plump sein.

Stunde auf Stunde stiehlt sich fort. Der Fährmann ist lange schon ein stummer, verschlossener Träumer. Die Wolkenwand über den entfernten Bergen wird höher. Vielleicht geht der Schein der Sonne bald weg und schlingt goldene Säume in die weißnebeligen Paläste. Vielleicht kommt dann auch Maria. Sie wird wieder spät kommen und Beeren im Korb tragen oder Honig und Brot für den Herrn. Er wird sie über den Fluß fahren müssen und ihr nachsehen, wenn sie gegen das weiße Haus geht. Er versteht nicht, warum Maria dem Herrn alle Dinge in das Haus tragen muß. Er soll seine Leute schikken.

Die späten Nachmittage bringen Verwirrung. Die Bedenken verfliegen mit dem Ermüden. Die Gedanken sind auf heimlichen Wegen. Der Herr ist nicht mehr jung. Er wird kein Verlangen tragen, das so schmerzt wie das des jungen Josip Poje. Warum muß Maria an ihn denken, wo er nie nach ihr sieht, sondern an große Dinge denkt, die unverständlich und dunkel für sie sind! Sie kann viele Male zu ihm kommen, er wird sie nicht sehen, wenn sie kein Wort sagt. Er wird ihre Augen nicht verstehen und die Schweigende fortschicken. Er wird nichts von ihrer Traurigkeit und ihrer Liebe wissen. Und der Sommer wird vergehen, und im Winter wird Maria mit ihm tanzen müssen.

Die kleinen Mücken und die Fliegen, die nach Sonnenuntergang so lebendig werden, schwärmen schon. Sie suchen immer durch die Luft, fliegen geruhsame Kreise, bis sie mit einemmal zusammenstoßen. Dann lösen sie sich und schweben weiter, bis sich das wiederholt. Irgendwo singen noch Vögel, aber man hört sie kaum. Das Rauschen des Flusses ist Erwartung, die alles andere in sich erstickt. Es ist ein lautes Lärmen, das mit Bangen und Erregung gefüllt ist. Kühle weht auf und ein trüber Gedanke in ihr. Man müßte blind sein und sähe doch den weißen Fleck der Mauer vom anderen Ufer durch den Wald scheinen.

Der Abend ist da. Josip denkt daran, nach Hause zu gehen, doch er wartet noch ab. Es ist schwer, einen Entschluß zu fassen. Aber nun hört er, daß Maria kommt. Er sieht nicht hin, er will gar nicht hinsehen, aber die Schritte sagen genug. Ihr Gruß ist zag und hilflos. Er blickt sie an.

»Es ist spät.« Seine Stimme ist voll Vorwurf.

»Du fährst nicht mehr?«

»Ich weiß nicht«, erwidert er. »Wo willst du noch hin?« Er ist von fremder Unerbittlichkeit beherrscht.

Sie wagt nicht zu antworten. Sie ist stumm geworden. Sein Blick ist ein Urteil. Er bemerkt, daß sie nichts bei sich trägt. Sie hat keinen Korb, keine Tasche, auch kein Tuch, das sich zum Bündel wölbt. Sie bringt nur sich.

Sie ist ein törichtes Mädchen. Er ist voll Verwunderung und versteht sie nicht und verachtet sie ein wenig. Aber die Wolken haben nun ihren glühenden Saum. Die Wellen im Strom sind bedächtiger und breiter als am Tage, die Strudel inmitten dunkler und gefährlicher. Niemand wird wagen, jetzt mit einem Boot über das Wasser zu fahren. Nur die Fähre bietet Sicherheit.

Der Wind streicht über Josips Stirn, aber sie bleibt trotzdem heiß. Eine Regung, die ihn erzürnt, stürzt ihn in Verwirrung. Das Seil der Fähre stellt eine Verbindung her, löst die Grundlosigkeit und weist gerade und unfehlbar an das andere Ufer, auf das weiße Herrenhaus.

»Ich fahre nicht«, weist er Maria ab.

»Du willst nicht?« Ahnung steigt in dem Mädchen auf. Es hebt einen kleinen Beutel und frohlockt: »Ich werde dir doppelt so viel zahlen!«

Er lacht erlöst. »Du wirst nicht genug Geld haben. Ich fahre nicht mehr.«

Warum steht sie noch immer hier? Das Aufeinanderschlagen des Geldes verklingt. Zutraulichkeit ist in ihrem Gesicht und Bitte. Er verstärkt seine Abweisung und seinen Vorwurf.

»Der Herr wird dich nicht ansehen. Dein Kleid ist nicht fein, und deine Schuhe sind schwer. Er wird dich fortjagen. Er hat anderes zu denken. Ich weiß es, denn ich sehe ihn alle Tage.« Er ängstigt das Mädchen. Nach einer von Nachdenklichkeit erfüllten Minute stehen Tränen in ihren Augen.

»Im Winter wird der Herr nicht mehr hier sein. Er wird dich schnell vergessen.« Josip ist ein schlechter Tröster. Er ist bekümmert. Er wird sie nun doch über den Strom bringen. Die Ratlosigkeit in seinem Gesicht breitet sich mehr und mehr aus. Er sieht zu Boden. Hier ist aber nichts als die Fülle des Sandes. Ein schöner Plan verschwimmt in der Öde starrender Unentschlossenheit.

Als Maria sich langsam wendet, um zu gehen, versteht er sie zum zweitemal an diesem Sommerabend nicht.

»Du gehst?« fragt er.

Sie bleibt stehen. Er freut sich nun. »Ich werde auch bald gehen.«

»Ja?«

Er macht sich an der Fähre zu schaffen. »Ich denke an den Winter. Wirst du mit mir tanzen?«

Sie blickt auf ihre Schuhspitzen. »Vielleicht ... Ich will jetzt heimgehen.«

Ein wenig später ist sie fort. Der Fährmann Josip Poje denkt, daß sie vielleicht trotzdem traurig ist. Aber es wird einen lustigen Winter geben. Josip sucht einen Stein und schleudert ihn über das Wasser. Der Fluß ist merkwürdig trüb, und in der Mattheit des Abends hat keine Welle den schäumenden Silberkranz. Es ist nicht mehr als ein graues Wogen, das sich mit breiter Kraft zwischen das Land drängt und Trennung bedeutet.

OLIVER HASSENCAMP

Bilderbuchsommer

Unsere alte Clique füllte sich auf. Aus Kriegsgefangenschaft, aus Verstecken in den Bergen, aus Nazigefängnissen, aus Dörfern, wohin sie mit ihren Angehörigen nach Bombenschaden evakuiert worden waren, kehrten die Freunde nach München zurück. Ich hatte den Krieg am Bodensee gewonnen. Hier, wo ich mich seit Schülertagen in Salem auskannte, war es mir gelungen, dem Abtransport in französische Kriegsgefangenschaft durch zeitweiliges Verschwinden zu entgehen.

Die Strecke vom Bodensee nach München, an sich eine Halbtagstour, führt durch das landschaftlich reizvolle und abwechslungsreiche Allgäu. Aus damaliger Sicht bedeutete Abwechslung unter anderem viele Brücken und von denen lag manche gesprengt im Bach. Einen Zugfahrplan gab es noch nicht wieder, Reisen bedeutete Abenteuer, wie zu Zeiten der Postkutsche. Eine weitere Schwierigkeit bildete die Grenze zwischen der französischen und der amerikanischen Besatzungszone, Gerüchten zufolge, eine Kontrollhürde von schikanöser Höhe.

Um überhaupt zu dürfen, was man vorhatte, benötigte man Bescheinigungen vom Bürgermeisteramt bis zur Militärregierung, Sonder- und Dringlichkeitsausweise, die man bei Schwierigkeiten unterwegs wie Trumpfkarten auf den Tisch blättern konnte.

An alles hatte ich gedacht und war vor Überraschungen dennoch nicht sicher. Kurz vor dem beabsichtigten Aufbruch fanden französische Soldaten bei einer Razzia im Gasthof Schwanen, unter dessen Dach ich nistete, im Schrank meiner Magdkammer achtzig Kilodosen *Meat and beans* aus amerikanischen Armeebeständen und wollten mich schon, trotz ramponiertem Chassis, schwerer körperlicher Arbeit in Frankreich zuführen. Glücklicherweise fiel mir ein Wort ein, das sie innehalten ließ und mir Zeit verschaffte, mich zu erklären: Seit den dreißiger Jahren dem Jazz verfallen, hatte ich mich unmittelbar nach dem Umbruch von den Folgen der Befreiung befreit und zusammen mit meinem Freund Friedrich Meyer getingelt. In der schauerlichen Besetzung Klavier und Akkordeon hatten wir monatelang in beschlagnahmten Gaststätten den Feierabend der Sieger verschönt. Mit Gesang in drei Sprachen. Zum Lohn dafür gab man uns das, was von der neuen Herren Tisch abfiel – Armeekonserven.

Für sich selbst bevorzugten sie Frisches von deutschen Feldern, aus deutschen Ställen und Gewässern. Nicht nur dies. Auch Älteres aus deutschen Kellern und Altes aus unzerstörten Bürgerhäusern.

Das eine Wort, das ich gesagt hatte, das Zauberwort zur Daseinserleichterung lautete – nicht nur im Bilderbuchsommer 1945 – in Ost wie West: *Artist*. Auf englisch, französisch und russisch besagt es Künstler. Hierzulande denkt man dabei eher an Varieté und Zirkus – eine deutsche Eigenart.

1945 wurde die deutsche Eigenart noch einmal ganz groß geschrieben. Diejenigen, die sich für das *bessere Deutschland* hielten – fahneneidtreue Akademiker in der Mehrzahl – pflegten auch nach dem letzten Schuß das Freund-Feind-Verhältnis der Nazis munter weiter. Wenn sie von uns Meat & beans-Dosen käuflich zu erwerben suchten, blickten sie hochmütig-geschmerzt an uns vorbei und schnauften dramatisch, zum Zeichen, wie geschmacklos sie es von uns fanden, daß wir für die Besatzer musizierten. Mit dem ehemaligen Gegner zu sprechen, den Mitmenschen in ihm zu sehen, der auch nicht dort ist, wo er sein möchte, verbot ihnen etwas, das sie für inneren Antrieb hielten und das ihnen derart selbstverständlich erschien, daß sie es gar nicht beim Namen nannten. Vermutlich war es Takt, deutscher Takt, und der gebot ihnen: Noch nicht! Später vielleicht. Jetzt ist es noch zu früh.

Glücklicherweise lebten nicht nur *bessere* Deutsche am Bodenseeufer. Wir hatten auch Freunde. Unter ihnen viele nord- und ostdeutsche Flüchtlinge. Die Gegend war gefragt. Prominente Künstler hatten sich rechtzeitig an den Alpenrand verschlagen lassen. Ab 1944 wurden in Berlin vor allem Gebirgsfilme produziert. Überall an der natürlichen Südgrenze des Reiches drehten Regisseure oder warfen unbelichtete Filme in Gletscherspalten, um neues Material anfordern und darauf warten zu können. Bis zum Endsieg.

Friedrich blickte mit Familie aus einer Villa hoch über Meersburg auf den See, auf dem niemand fuhr, es sei denn er selbst, von Besatzern betreut, auf einer requirierten Jacht. Artist. Vor Überlingen kräftigte Irene von Meyendorff ihr schönes Filmprofil mit meat & beans aus meinem, per Fahrrad plus Fahrgenehmigung betriebenen Kalorienservice. Hinter Unteruhldingen saß ein Regierungsrat aus dem Reichspropagandaministerium, der allzu vielen Künstlern bei der Beschaffung arischer Großmütter behilflich gewesen war, um länger in der Reichshauptstadt zu verbleiben. Aus Berlin hatte sich auch Staatsmime Eugen Klöpfer ins Konstanzer Inselhotel abgesetzt, wo er Steckdosen und Lichtschalter abmontierte, wie mir die Besitzerin erzählte. Bei Bohnenkaffee übrigens, sie war Schweizerin. Klöpfer mußte bald weiter, in die Festung Vorarlberg, seiner braunen Weste wegen.

Das war vor dem Einzug der Armee *Rhin et Danube* des Generals De Lattre de Tassigny, der nach dem Staatsmimen dort residierte. Während der letzten hundert Stunden des Krieges hatten wir nächtelang bei ansässigen Freunden unter gar nicht fernem Geschützdonner Silber vergraben und Weinkeller geleert, so gut wir konnten.

Nicht immer reichte die Zeit. Freunde in Bayern, wo man ähnlich vorsorgte, besaßen einen nicht auszutrinkenden Bestand an edelsten Tropfen: Wein, Champagner, Cognac, Whisky, erlesene Obstwässer. Da sie auf dem Land lebten, machte es keine Mühe, ein geeignetes Versteck zu finden. Keine Vorsichtsmaßnahme durften sie außer acht lassen. Denn wer grabenderweise im Wald oder auf freiem Feld beobachtet wurde, mußte damit rechnen, daß andere das im Schweiße des eigenen Angesichts ausgehobene Versteck plündern würden, noch ehe die Front die Gegend überrollte. Auch lassen sich größere Grabstellen selbst bei gärtnerischem Talent nicht spurenlos verwischen. Da muß es erst einmal regnen. Dann aber besteht die Gefahr, daß der gelockerte Boden sich senkt.

Um diese Schwierigkeiten wissend, hatten meine Freunde einen genialen Einfall: Sie vergruben ihren Weinkeller nicht, sie steckten die Flaschen während der Dämmerung vom Boot aus in den Uferschlick eines kleinen Sees. Alles ging gut. Auch die Befreiung richtete keine unnötigen Schäden an. Vom Liebreiz der Landschaft in Ferienlaune versetzt, gebärdeten sich die Besatzer nach Gutsherrenart. Sie widmeten sich der Jagd und dem Fischfang. Auf dem kleinen See warfen sie ihre Angeln aus. Doch was trieb da an der Oberfläche? Gab es in Deutschland rechteckige Seerosen? Gezielte Weitwürfe brachten eine Überraschung nach der anderen: Flaschenetiketten am Angelhaken.

Zuerst schöpften die Petrijünger Verdacht, dann fischten sie mit dem Arm bis zur Schulter im See. Sie fanden alles. Noch vor Ort entkorkten sie die ersten Flaschen, beanstandeten den Rotwein als zu kalt, dafür war der Weiße genau richtig. Nur, was sie da tranken, wußten die erfahrensten Feinschmecker der Einheit selbst nach Durchsicht der aufgefischten Etiketten nicht zu bestimmen. Im Krieg geht eben viel Kultur verloren.

Als weiter südlich, am Bodensee, die beiden bangen Fragen: Was wird die abziehende SS uns noch antun? – Was werden die Franzosen uns bei ihrem Einzug antun? Vergangenheit waren, hätte man die Schätze, soweit vorhanden, am liebsten gleich wieder ausgegraben. Der Wunsch nach unbeschwerter Geselligkeit kannte keine Grenzen mehr.

Am Sonntag den 6. Mai 1945 saßen wir im Freundeskreis zusammen mit einem amerikanischen Offizier. Supervisor war er, ausgeschickt, um zu überprüfen, ob die französischen Waffenbrüder, die voll von Uncle Sam ausgerüstet waren, auch kein US-Material vergeudeten. Zum Beispiel meat & beans. Mit dem rührigen Captain feierten wir in einem Haus am See Victory-Party. In der US-Zone wäre das zu diesem Zeitpunkt unmöglich gewesen. Erst ab Ende Juli durften Armeeangehörige mit Deutschen sprechen.

Bei amerikanischen Zigaretten und Süßigkeiten, bei Swingplatten, Whisky und randvollen Tellern, holten wir in Stunden ganze Monate nach. Die Maulwurfsjahre lagen hinter uns. Ohne Verdunklungsrollos konnten wir nach dem Essen bei vollem Licht vor das Haus treten und zum stampfenden Jazzrhythmus in den nächtlichen See hinausschwimmen. Da bekamen wir Gänsehaut. Vor Glück. Zum erstenmal fühlten wir, was das ist – Freiheit. Diesem Gefühl jagten wir fortan nach.

HERMANN HARRY SCHMITZ

Wie es kompliziert war, bis ich in die Sommerfrische kam

Ich hatte alles, was auf der ersten Seite meines Fahrplanes stand und vor dem Gebrauch des Buches zu lesen war, genau gelesen und kam nicht zurecht, ich kam, weiß Gott, nicht zurecht.

Qualvolle Tage, durchgrübelte Nächte, völliges Zerfallensein mit mir selbst, hitzige, erbitterte Dispute mit lieben Bekannten waren vorausgegangen, bis ich endlich zu einem Entschluß gekommen war, wohin überhaupt ich in die Sommerfrische gehen sollte.

Von dreiundachtzig Bekannten waren mir dreiundachtzig verschiedene Sommerfrischen empfohlen worden. Ein jeder behauptete von seinem Favoritplatz, daß er das entzückendste Fleckchen auf der Erde sei. Man grollte mir, man haßte mich fast, man wandte sich wütend·ab und brummte: »Warum fragen Sie mich denn, gehen Sie von mir aus, wohin Sie wollen« – wenn ich mich nicht im gleichen Augenblick enthusiasmiert für den gepriesenen Ort entschied.

»Nach Norderney müssen Sie gehen«, sagte mir Frau Geheimrat Doddersucht, die von ihren sechs Töchtern bereits vier auf Norderney losgeworden war – alles gute Partien, wirklich ausgezeichnet waren die Mädchen angekommen: »Man trifft durchweg nur gute Gesellschaft dort. Exzellenzens Mostert lernten wir vergangenes Jahr kennen, reizende Leute, ganz reizende Leute. Ach, und die Reunions sind so entzückend, wirklich nur nette, charmante Herren mit Lebensstellungen. Ich habe für Tilly und Erna noch neue Ballkleider nachkommen lassen.«

Behüte mich Gott! Ich dankte, ich wurde vorläufig als Junggeselle mit meinen Renten allein fertig. Außerdem gehe ich nicht in die Sommerfrische, um in Marionettenbetrieben mitzuwirken.

Borkum – »Ich bin jedes Jahr sechs Wochen mit meinen Kleinen dort. So nett ist das mit dem Kinderbataillon, so herzig, und den Kleinen macht es gar so viel Spaß, so lieb können die Kinderchen mit ihren Eimerchen am Strand spielen«, pries mir Frau Knüsterpüster, Mutter von acht unerwachsenen Kindern, dieses Nordseebad.

Ich spiele nicht gern Soldat oder mit Eimerchen im Sand, außerdem machen mich Kinder nervös.

»Nach Knocke«, riet mir Herr Selmenkuhl, »man trifft dort immer Leute aus unserer Stadt, das ist zu nett.«

Ich fand das gar nicht so arg nett und dankte.

»Ostende, das ist was für Sie«, suchte mich Herr Huschebold zu begeistern. Ernste Männer nannten ihn einen Windbeutel, einen Schürzenjäger. Am Stammtisch sagte man, er sei ein verdammt toller Kerl, man kniff dabei ein Auge zu und schlug sich auf die Beine. »Famose Weiber in Ostende, feiner Betrieb, tipp, topp.« Er kiekste mich in die Seite: »Familienbad!«

Ich will meine Ruhe haben, außerdem habe ich X-Beine, ich sehe im Bad gar nicht martialisch aus.

»Zoppot! Idyllisch – poetisch«, schwärmte Goliath Bumke, »ha, die Unendlichkeit des Meeres, die Sinfonie der Wasser!« Dabei flog mir ein verkautes Blättchen von seiner Zigarre, das ihm von ungefähr in den Mund geraten war, an die Backe; es war eine Angewohnheit von ihm, er tat das immer. »Reisen wir zusammen, ich reise morgen«, schlug er vor.

Auch Bumke gab ich einen Korb.

An die See mag ich überhaupt nicht, da soll man sich verloben, oder aber es sind zuviel Kinder da, oder ... oder ... und die X-Beine verleiden mir überhaupt, öffentlich zu baden. –

Nach Thüringen – da sind mir zuviel Berliner. In den Harz – da sind mir auch zuviel Berliner. An den Rhein – da ist es im Sommer zu heiß. Scheveningen – da ist es mir zu fein. Zandvoort – da sind nur Holländer. Nach Rügen – das ist mir zu weit, und an den Kreidefelsen macht man sich den schwarzen Anzug weiß. In die Eifel – die ist in den Ferien so überlaufen. In den Hunsrück – da weiß ich überhaupt nicht, wo das ist. In die Schweiz – da geht jetzt jeder hin, außerdem hat man die Schererei mit dem fremden Geld und der Verzollung. In die bayerischen Alpen – da verstehe ich den Dialekt nicht. In den Spessart – da bin ich zu bange wegen der Räuber. Nach Triberg – da wäre ich nett verrückt.

Ich wußte nicht mehr ein noch aus. Es war entsetzlich. Die wenigen Leute auf der Straße, die Häuser, selbst die Droschkenpferde schauten mich höhnisch an und feixten. Heißer und heißer wurde es in der Stadt. Ich mußte weg, ich mußte jetzt unbedingt weg. Aber um Himmels willen, wohin?

Da kam mein Freund Edeward. Edeward hatte eine Schnauze, gegen die niemand ankam.

»Du fährst in den württembergischen Schwarzwald, wohlverstanden in den württembergischen«, legte er los, »ich war in diesem Frühjahr dort, in einem famosen kleinen Nest, hoch auf einem Bergrücken, inmitten wunderbarer Tannenwaldungen. Das ist etwas für dich. Verpflegung tadellos. Dann soll es im Sommer, wenn wir hier am Rhein bald umkommen vor Hitze, gar nicht zu heiß sein, immer wehe ein erfrischendes Lüftchen da oben. Und dann vor allen Dingen billig: drei Mark volle Pension. Denke dir, mit Nachmittagskaffee, ist das nicht erstaunlich?«

Mit Nachmittagskaffee, das war ja ganz außerordentlich, verwunderte ich mich, im übrigen schien mir die Sache zu passen. Ich war des weiteren Suchens aber auch völlig überdrüssig und klammerte mich an Edewards Vorschlag, nur um aus dem furchtbaren Dilemma herauszukommen.

»Du mußt über Karlsruhe fahren, dann Karlsruhe–Pforzheim, du findest es leicht in jedem Kursbuch«, hatte Edeward noch gesagt und war dann gegangen.

Du findest es leicht – so eine Gemeinheit. Ich saß jetzt in der zweiten Nacht vergraben in einem Stoß von Kursbüchern und kam nicht zurecht und kam absolut nicht zurecht. Ganz blöde war es mir im Kopf; die Zahlen tanzten mir vor den Augen.

Bis Köln – ja, das fand ich, dann fing es schon an; links- und rechtsrheinische Strecken, daraus soll jemand klug werden! Dann war am Kopf der Zahlenrubrik ein *W* oder *L* oder ein *D* oder Gabel und Messer oder ein Fahrrad oder ein Stern, oder die Zahlen hörten mitten in der Kolonne ganz auf. Dann paßten die Stationsnamen nicht zu den Zahlenreihen, weil die eine Seite zu hoch oder zu niedrig geheftet war. Mainz hatte ich dann endlich gefunden, und ich freute mich schon riesig; da merkte ich, daß ich den Dampferfahrplan aufgeschlagen hatte.

Leicht zu finden – ich lachte gellend und verfluchte alle Eisenbahnen, alle Kursbücher, alle Sommerfrischen, mich selbst, Edeward und wer mir noch gerade einfiel.

Dann hatte ich Mainz nun wirklich, fand auch Karlsruhe irgendwo ganz hinten, verblätterte dann die Seite mit Mainz wieder, wußte nicht mehr, ob ich links- oder rechtsrheinisch nachgesehen hatte, verlor dann auch noch Karlsruhe wieder und fand zum Schluß überhaupt gar nichts mehr. Die dicken Tränen standen mir in den Augen. Dann raffte ich mich auf und griff zu einem Kursbuch, speziell für Süddeutschland. Da war wieder Köln und Mainz nicht zu finden. Ich ging vorsichtig von Karlsruhe aus, alles klappte, bis ein Pfeil in eine Nebenrubrik zeigte, und alles war wieder verloren. Ich schrieb ganze Zahlenkolonnen ab, ich blätterte wie im Wahnwitz, griff immer zu neuen Kursbüchern, steckte meine sämtlichen zehn Finger als Lesezeichen in die Bücher, stierte mit weit aus dem Kopf stielförmig hervortretenden Augen in das Zahlenchaos und murmelte mechanisch: »Köln, Bonn, Remagen, Bingerbrück, Mainz, Mainz, Mainz...«

Ich dachte ernstlich an Selbstmord.

Am dritten Tag fand ich den Anschlußzug von Mainz nach Karlsruhe. Von Karlsruhe weiter nach Pforzheim, das bekümmerte mich vorläufig nicht, wenn ich nur schon mal in Karlsruhe war. Wie ein Besessener sprang ich auf, kletterte vor Übermut und Freude auf den Kleiderschrank, stellte mir eine brennende Kerze auf den Kopf und sang patriotische Lieder, bis ich völlig außer Atem war.

7.20 am nächsten Morgen würde ich fahren. 7.20, eine traute Zahl. Das war meine Zahl, ich war ganz stolz; 7.20, wie das klang, welche Phonetik!

Den ganzen Tag über war ich in einer fieberhaften Tätigkeit. Ich kaufte mir schon ein Billett bis Karlsruhe, um am anderen Morgen freie Hand zu haben, stampfte meinen Kram in den großen Koffer und eine herzige Handtasche, sang Reiselieder, gebärdete mich überhaupt wie ein junges Füllen.

Punkt sechs Uhr am anderen Morgen ließ ich mich wecken.

Fünf Minuten nach sieben war ich am Bahnhof.

Meinen großen Koffer gab ich bis Karlsruhe auf. Die gelbe Leinenhaut meines Rohrplattenkoffers schauderte, als ein herkulischer, bärtiger, wildfremder Mann mit übelriechendem Leim eine Nummer aufklebte. Ich mußte an einem kleinen Fensterchen drei Mark achtzig bezahlen und bekam dafür ein dünnes Papier; dieses so wichtige Dokument nicht zu verlieren, war jetzt meine einzige Sorge.

Ich hatte noch eine dick angeschwollene Handtasche zu tragen, einen Regenkragen, einen Paletot, einen Schirm und einen Stock, mit einer Kordel zusammengebunden; der Stock rutschte immer heraus oder stellte sich quer. Dann hatte ich noch bei mir eine fotografische Kamera, eine Tüte mit Schinkenbroten und drei weichgekochten Eiern für unterwegs; meinen Fahrplan für Süddeutschland und einen Packen Reiselektüre hielt ich krampfhaft gegen mich gepreßt.

Ich kam an die Sperre. Wo habe ich mein Billett? Billetts habe ich immer in der linken Westentasche. Da ist es nicht. Oder rechts – auch nicht. Ich erbleichte – oder in der Innentasche des Rockes – oder in einer der Seitentaschen oder im Paletot. »Durchgehen, durchgehen, nicht die Passage versperren«, schrien hinter mir Ungeduldige. Der Mann mit der Zange hielt die Hand gezückt. Ich fand das Billett nicht. Ich stellte meinen ganzen Kram ab und ließ die Hände blitzschnell in allen Taschen herumsausen – zog andere Papiere mit heraus, die zu Boden fielen, bückte mich danach, mein Hut fiel ab, meine Brieftasche rutschte mir aus der Tasche. Der Angstschweiß trat mir auf die Stirn: mein Billett war weg. »Sehen Sie doch einmal ganz ruhig nach, Sie werden es schon finden«, meinte der Bahnsteigschaffner gütig. Das nützte auch nichts. Das Billett war und blieb verschwunden. Ich mußte 7.20 weg, ich mußte unbedingt weg, dann schon lieber ein neues Billett.

Ich stürzte zum Schalter. Am Schalter stand ein Mann, der

nach Stallupönen wollte und sich auseinandersetzen ließ, auf welcher der vielen Routen er am besten dahin käme. Er war schwerhörig und verstand den Beamten nicht. Ich tanzte von einem Bein auf das andere. Ich stieß und drängte den Mann mit den Ellenbogen und rief in das Fensterchen: »Karlsruhe, schnell, schnell!« »Nach der Reihe, einer nach dem anderen, nicht vordrängen, Sie kommen auch noch daran«, verwies mich der Beamte milde. Der Mann, der nach Stallupönen wollte, schimpfte, legte sich dann extra breit vor das Fensterchen und ließ sich seinen Reiseweg weiter explizieren. 7.17 zeigte die Uhr. Noch drei Minuten. Ich zitterte vor Aufregung. Daran sollte also die Reise scheitern! Endlich, endlich war der Mann erledigt. Ich schrie in das Fensterchen: »Karlsruhe, schnell, schnell!« Der Beamte war weggegangen. 7.18 Uhr, noch zwei Minuten. »Karlsruhe, zweiter, geben Sie mir doch ein Billett nach Karlsruhe!« brüllte ich jetzt in das Fensterchen. Der Beamte kam langsam in den Kartenraum zurück, guckte mich wütend an und begann in seinem Fahrkartenschrank zu suchen. Dann legte er das Billett auf das Drehbrett: »Geld, Geld!« fuhr er mich an. Ich hatte noch kein Geld ausgepackt. Ich kramte in den Taschen herum, versuchte mit dem Gold und Silber, welches ich bei mir führte, zu bezahlen. Es reichte nicht, ich mußte einen Hundertmarkschein wechseln lassen. Das hielt wieder auf.

Auf 7.20 schnappte der Zeiger, als ich mit meinem Billett zur Sperre stürzte. Schnell die Handtasche und die übrigen Sachen, die friedlich verstreut auf dem Boden meiner harrten. Ich raste durch den Bahnhofsgang, rannte eine alte Frau um, hinter mir her wurde geschimpft, eilte die Treppe hinauf und erreichte den Bahnsteig, als gerade der Zug langsam die Halle verließ. In einigen gewaltigen Sätzen hatte ich den letzten Wagen erreicht – ein Wagen vierter Klasse. – »Zurückbleiben, wollen Sie wohl zurückbleiben«, schallte es hinter mir energisch. Ich lief noch ein Stückchen neben dem Zug her, dann gelang es mir, den Handgriff zu packen, ich schwang mich auf die Plattform. Mein Stock und Schirm kamen mir zwischen die Beine. Ich kam zu Fall und stieß mir furchtbar das Schienbein an der Plattform. Mein pralles Köfferchen flog in hohem Bogen durch die Luft und platzte auf dem Steinboden des Perrons. Meine treuen Socken, meine Zahnbürste, mein Kamm, meine Seife, meine Pantoffel, mein Nachthemd und mancherlei diskrete Bekleidungsstücke verstreuten sich auf dem Boden und waren den profanen Blikken hämischer Menschen preisgegeben. Mein schöner gelber Paletot war an einem Haken des Waggons hängen geblieben und schleppte über die fettigen Gleise. Meinen Regenkragen hatte ich schon auf der Treppe verloren, gleichzeitig mit dem Fahrplan und den Zeitungen. Die Kamera war mir bei dem Zusammenstoß mit der alten Frau aus der Hand geflogen. Mein Schirm und Stock hingen zerbrochen am Trittbrett. Ich lag auf dem Bauch auf der Plattform mit zerschundenem Schienbein, zerrissener Hose, ohne Hut, nur die Tüte mit den Schinkenbroten hielt ich noch krampfhaft in der Hand. Mit den Eiern schien etwas vor sich gegangen zu sein, es lief mir ein gelbes, nasses Etwas über die Finger. Egal, egal, ging auch alles zum Teufel, ich hatte meinen Zug erreicht.

Ich erhob mich ächzend aus meiner unwürdigen Lage. – Was war das? Der Zug fuhr langsamer, immer langsamer, stand dann ganz still und fuhr wieder zu meinem größten Entsetzen in den Bahnhof zurück: er hatte nur rangiert.

Viele energische Hände nahmen mich in Empfang. Man zog mich von der Plattform und schleppte mich in das Büro des Stationsvorstehers. Mein Bein tat mir scheußlich weh, ich konnte kaum gehen. Meine neue Hose hing in Fetzen herunter. Sehr mitgenommen sah ich aus. Alle Leute lachten, stießen meine schönen Sachen, die auf dem Perron herumlagen, mit Füßen und machten häßliche Witze.

»Nein, so was! Nein, so was ist mir nun doch noch nicht vorgekommen«, keuchte wütend neben mir ein Mann mit einer roten Mütze, »das muß exemplarisch bestraft werden, exxxx...x...exemplarisch!!«

Mir war ganz unklar, warum dieser Mann so wütend war; ich hatte doch das kaputte Schienbein, mein Köfferchen war geplatzt, meine Socken, meine Zahnbürste, meine Seife und so weiter lagen auf dem Boden herum, mein Paletot war verdorben...

Ganz willenlos, völlig gebrochen ließ ich mich in ein unfreundliches Zimmer mit hohen, langweiligen Pulten schieben.

Ganz apathisch antwortete ich auf die seltsamsten Fragen. Dann mußte ich ein Formular unterschreiben und zum Schluß vierzig Mark bezahlen.

Ein Mann, auch in Uniform, hatte Mitleid mit mir. »Wohin wollen Sie denn eigentlich?« erkundigte er sich teilnehmend.

»Nach Karlsruhe mit dem Zug 7.20 Uhr«, schluchzte ich verzweifelt.

»7.20... 7.20... da fährt aber kein Zug nach Karlsruhe. Da müssen Sie sich irren.«

»In meinem Fahrplan steht dieser Zug«, jammerte ich weiter.

»7.20 – warten Sie mal«, der freundliche Mann nahm ein Kursbuch zur Hand, »richtig, 7.20 fährt ein Zug, das ist aber abends. Sie haben den Strich übersehen.«

Ich suchte unter dem Feixen der Menge meine Sachen zusammen, schlich in den Wartesaal und begab mich daran, mich in schweren Dingen furchtbar zu betrinken. Vorher hatte ich den Portier mit heiligen Eiden und fünf Mark verpflichtet, mich, könne kommen, was da wolle, in den Zug 7.20 Uhr abends nach Karlsruhe zu schaffen.

Viele Rotweinflaschen, leere Kognakflaschen, das war meine letzte Vision, dann weiß ich nicht mehr, was mit mir geschehen ist.

Die Sonne schien mir ins Gesicht, als ich wach wurde mit einem furchtbaren Brummschädel, einem entsetzlichen Sodbrennen, eingehüllt in eine dicke Kognakatmosphäre. Ich befand mich in einem fahrenden Zug.

»Billjät, vorwiese, bittäh«, hörte ich jemand sagen. Ein Schaffner in einer fremden Uniform stand vor mir.

Verstört zog ich aus der linken Westentasche meine Fahrkarte.

»Sie hätten in Karlsruhe aussteigen müssen, wir sind bereits in Basel«, sagte mir der Mann kopfschüttelnd.

Schon fuhr auch der Zug in den Hauptbahnhof Basel ein.

Wieder längere, kostspielige Erörterungen auf dem Stationsbüro.

Dann folgte eine schreckliche Zeit. Ein gräßlicher Fluch heftete sich an meine Fersen: unstet und flüchtig. Nie, aber auch nie saß ich im rechten Zug. Immer schlief ich ein und versäumte, wo es nötig war, aus- oder umzusteigen.

Ich war während dieser irren Fahrt in Genua, Zürich, München, Leipzig, Breslau, Kattowitz, Wien, Berlin, Hamburg, Königsberg gewesen, hatte vier Tage im Polizeigewahrsam, einen Tag auf dem schwedischen Konsulat, zwei Nächte im Gasthaus zur Heimat, eine Nacht in einer Wanderer-Arbeitsstelle, drei Tage in einem Trinkerasyl, zwei volle Tage in einer Irrenanstalt, zwei Nächte im Obdach der Inneren Mission und die übrige Zeit auf der Eisenbahn und in Wartesälen und Bahnhofstoiletten zugebracht.

Vier Wochen dauerte diese entsetzliche Kreuz- und Querhatz. Ich war der völligen Verblödung nahe.

Nur dem Umstand, daß ich aus Versehen endlich in den richtigen Zug stieg und durch festes Einschlafen verhindert war, doch irgendwo wieder in einen falschen Zug umzusteigen, hatte ich es zu verdanken, daß ich endlich eines Tages doch die von Edeward gepriesene Sommerfrische erreichte.

DETLEV VON LILIENCRON

Sommermittagsspuk

Es ereignete sich, so wurde mir erzählt, in einem fremden, fernen Lande, in einer Hauptstadt. Ich war dort unsrer Botschaft als Sekretär beigegeben. Wie es meine amtliche Stellung mit sich brachte, verkehrte ich fast ausschließlich in der Gesellschaft. Die ›Gesellschaft‹ ist in allen Ländern sich gleich. Sie besteht, selbstverständlich mit vielen Ausnahmen, aus herzensrohen, kühldenkenden Menschen, deren Gesprächsstoffe, deren Leben zu bekannt sind, als daß ich es weiter zu erörtern brauche. Doch auch brauche ich anderseits nicht hinzuzufügen, daß ich in der ›Gesellschaft‹, wie in jedem Stande auf Erden, kluge und dumme, vornehm und niedrig denkende Leute gefunden habe. Wie dem sei: immer fast habe ich bei diesen in ihrer Lebensstellung bevorzugten, vielfach reichen oder wohlhabenden Menschen, wie ich schon erwähnte, Herzensroheit bemerkt: jenes sich, wenn auch oft klug verdeckte, stark erhaben Dünken über ihre nicht auf gleicher Rangstufe oder in gleichen Vermögensumständen stehenden Mitbrüder und Mitschwestern.

Es war an einem glühend heißen Sommertage. Bedauerlicherweise kann ich nur den Vergleich aufstellen: als wenn wir ihn auf Lichtbildern tropischer Städte sehen, mit jenem grellsten Sonnenlichte, mit den zahlreichen, alle Fenster beschattenden Markisen. Trotz der ungemeinen Hitze zeigte sich das lebhafteste Leben in den Straßen. Irgendeiner, irgend etwas wurde erwartet: eine Prozession, ein Schnelläufer, siegreich zurückkehrende Truppen, ein deutscher Professor mit seinen Werken unterm Arm, ein gefangner Aschanti-Häuptling, ein Verbrecher auf seinem letzten Gange, ein ausländischer König, eine deutsche Schützengilde mit ihren Fahnen und Saufhörnern und Bierkantaten. Was weiß ich. Genug, alles war Erwartung.

Ich stand im Fenster einer, wenn ich es in unsre Sprache

übersetzen will, Konditorei. Zuckerbäckerei klänge viel besser; aber der Ausdruck paßt hier nicht. Die Konditorei war um die Mittagszeit der unbeabsichtigte Sammelplatz der ›Gesellschaft‹. Die Damen aßen Eis, die Herren Pasteten. Ich unterhielt mich mit einer sehr lustigen, bildhübschen spanischen Herzogin. Sie erzählte mir unter klingendem Gelächter, daß sie einmal mit Verwandten von Hamburg nach Kiel in einem Wagen gereist wäre, um die Buchenwälder Ostholsteins, von denen sie viel Rühmens gehört, zu sehen. Unterwegs wäre, genau wie das in Romanen beliebt wird, ein Rad gebrochen. Ein Gutsbesitzer habe sie gastfreundlich aufgenommen. Als sie mit diesem im Laufe des Gespräches auch die spanische Literatur berührt, ihm von Calderon gesprochen habe, hätte sie von dem Gutsbesitzer nur die Worte Wauwau vernommen, überhaupt immer nur Wauwau, selbst dann, als sie auf die deutsche Schönwissenschaft gekommen sei und ihm besonders seinen großen Landsmann Theodor Storm erwähnt habe. Vollkommen sei ihr schließlich dieser Gutsbesitzer wie der dumme Galomir in Grillparzers ›Weh dem, der lügt‹ vorgekommen. Neulich habe sie sich dieses Gutsbesitzers erinnern müssen, als sie in der Zeitung gelesen: ›Berlin. Auf der Mastvieh-Ausstellung hat die Provinz Schleswig-Holstein einen großen Erfolg erzielt. Es fielen ihr in den Abteilungen für Rindvieh und Schweine zwei Ehrenpreise, fünf erste Preise und sechs zweite Preise zu.‹ Ja, Wauwauwau…

Auf der Straße stand alles dichtgedrängt wie eine Mauer. Einige versuchten nach vorne zu drängen, vergebens. Auf dem freigelassenen Hauptwege ging's seinen Gang wie immer. Die Schloßwache mit einem allerliebsten, dunkelgebräunten Leutnant, der, zu uns heraufblickend, den Degen senkte, stampfte mit schallendem Spiele vorüber. Voran der sich bei allen Weibern der Welt für unüberwindlich haltende Tambour-Major. Die linke Hand fest in die Seite stemmend, warf er mit der rechten den blitzenden Stock wie ein Gaukler in die Luft. Schusterjungen, wie überall, begleiteten im Taktschritt die Musik.

Droschken fuhren langsam durch. Die Kutscher wandten

sich oft zu den darin sitzenden Fremden, die unfehlbar ein rotes Buch in Händen und ein Opernglas umgehangen hatten. Sie machten da und dort mit der Peitsche auf ein Denkmal, auf einen hervorragenden Bau aufmerksam.

Einmal kam ein schöngezeichneter, schlanker Hühnerhund, der seinen Herrn verloren hatte, angelaufen. Er blieb vor uns stehen, bog den Kopf in den Nacken und heulte. Es tat mir sehr wohl, daß unten das ›Volk‹ nicht darüber lachte. Ich konnte es herausfühlen, daß es Mitleid hatte mit dem bedauernswerten Tiere.

Am Ende der breiten, durch Plätze unterbrochenen Zeile sah ich, gleichsam wie einen flüssigen Bogen, den gewaltigen Strahl der Pflasterbesprengung einen Abschluß machen.

Plötzlich hatte ich durch einen Umstand einen merkwürdigen Gedankengang. Dieser Gedankengang währte nur eine Sekunde:

Unten zog ein etwa sechzehnjähriges Mädchen einen Karren vorüber. Sie hatte den Quergriff der Deichsel mit den Händen gefaßt. Sie bog sich nach vorne. Die Arme strafften sich. Durch die zurückgedrängten Schultern kam die herbe Fülle ihrer Frühlingsbrust zum Ausdruck. Um den gelbbraunen Hals lag lose ein feuerrotes Tuch. Unter dem schwarzen Haar, das ihr etwas zerzaust in die Stirn fiel, sahen feurige, wilde, dunkle Augen begehrlich zu uns herauf. Und da kam mir jener Gedankengang, der blitzschnell wieder verflog:

Wir alle, die wir jetzt im Laden hier sind, was sind wir doch gegen jenes kräftige junge Ding da unten. Welches dumme, alberne Gewäsch ist unser Gespräch. Wie herzlos sind unsre Ansichten über alle die, von denen wir der sichersten Überzeugung sind, daß sie tief unter uns stehen. Was kennen wir denn von der Schönheit! Was haben wir denn für Freude an der Schönheit!

Ich rief, mich vergessend, wo ich mich befand – nein, ich will's sagen: mit vollstem, köstlichem Bewußtsein – der Karenzieherin in ihrer Landessprache zu: »Halt, Mädchen.«

Sofort ließ sie das Gefährt stehen. Ich merkte an ihrem Gesicht, daß sie sehr erschrocken gewesen sein mußte. Sie mochte wähnen, daß sie eine polizeiliche Vorschrift nicht innegehalten habe. »Komm herauf«, rief ich ihr dann zu. Und sie kam; willig ließ die Menschenmauer, so gut es ging, sie durch. Nun stand sie unter uns. Sie hatte den kleinen Finger der Rechten in den Mund geschoben wie ein Kind. Alles um sie schwieg, alle sahen sie an; die Herren klemmten ihre Scherben ein, die Damen nahmen ihre langgestielten Gläser vor die Augen. Ich half dem Mädel sofort aus der Verlegenheit, indem ich freundlich mit ihr sprach. Ich sagte ihr, sie solle sich unter den Kuchen auswählen, was sie wolle. Und da ihr das schwer zu werden schien, sagte ich, den Ton unerhörten Hochmutes annehmend, zu einer der Bedienenden, die spöttisch und erstaunt die Kleine und mich beobachtete: »Packen Sie das und das und das ein.« Ein teuflischer Hochmut faßte mich, ich hatte in dem Augenblick eine unsägliche, jubelnde Freude: Ich nahm das Geschöpfchen bei der Hand und führte sie einem Platze zu, wo ein mir widerwärtiger, geckenhafter alter Freiherr saß. »Sie erlauben, Baron!« Und das Einglas fallen lassend, erhob sich dieser Herr, wie um einer Königin zu weichen. Und das Mädchen setzte sich. Ich brachte ihr dann Gebäck und einen kühlen Trunk. Sie aß und trank, uns ab und zu scheu musternd. Noch immer schwieg alles. Nur die leise Stimme einer uralten, aufgedonnerten Gräfin hörte ich: »C'est une extravagance; c'est intolérable, indigne, incroyable.« Ich wandte mich ihr eisig zu. Sie erblich.

»So, Marianina, nun geh wieder zu deinem Wägelchen«, sagte ich liebevoll zu ihr. Dann wieder mich herrisch zu einer Kellnerin wendend: »Tragen Sie die Tüten dem Mädchen in ihren Karren.« Sie gehorchte augenblicklich.

Nun waren wir wieder ›unter uns‹. Ich tat, als wenn nichts geschehen sei; und die übrigen waren klug genug, mit keinem Worte, mit keiner Miene mich an meine ›Extravagance‹ zu erinnern.

Da ertönte ein unermeßliches Gelächter von weitem her: Ah, nun kommt das Erwartete... Und immer mehr näherte sich dies Gelächter; immer lauter, brausender setzte es sich zu uns fort. Nun hörte ich Rufe: Evviva, evviva! Il poeta prussiano! Und da kam er an, der Unglückselige, der ›teuflische

Dichter‹. Alle Köpfe beugten sich vor, alle Hälse streckten sich. Das Pflaster der Straße war nun ganz leer. Und da kam er langsam an, der deutsche Dichter! Sein Vaterland hatte ihn, als den gänzlich Überflüssigen (›voll und ganz‹, wie das *infamste* deutsche Zeitungsgeschmierwort meiner Zeit heißt), mit Fußtritten und unter Spott und wüstem Hohngelächter über die Alpen gesandt. »Wie bin ich satt von meinem Vaterlande«, hat Platen einst gesagt in ähnlicher Lage.

Ja, da kam er nun, und ging langsam, gesenkten Hauptes bei uns vorüber. Und in das stürmische Gelächter fiel auch ich ein.

Ein langer, dürrer Mensch war's. Seine zähe Natur hatte, unglaublich, die ihm von seinem Volke streng befohlne Hungerkur ausgehalten. Auf seinem Barett saß eine Gänsefeder. An seinem verschossenen Samtwams hing, am Gürtel, wie ein Dolch, eine Tintenkugel. Seine Haare ›wallten‹ (ohne dies Wort gibt es kein deutsches Gedicht) ihm strähnenartig um das magere Gesicht in den Nacken. Sein Volk hatte ihm beim Stoßen über die Alpen die Hände vorne gefesselt. Auf seinen Rücken hatte es ein Spottbild aufgeklebt: Auf einem grellgemalten Vollmond saß ein Vögelchen, das wahrscheinlich die berühmte deutsche Dichternachtigall vorstellen sollte.

Und alles lachte, lachte, lachte; und ich lachte mit, unbändig roh, aber es war zu erschütternd komisch. Und dann entschwand unsern Augen der langsam gehende, finster vor sich hinblickende ›deutsche Dichter‹. Er war heimatlos geworden.

LUDWIG THOMA

In den Ferien

Es ist die große Vakanz gewesen, und sie hat schon vier Wochen gedauert. Meine Mutter hat oft geseufzt, daß wir so lange frei haben, weil alle Tage etwas passiert, und meine Schwester hat gesagt, daß ich die Familie in einen schlechten Ruf bringe.

Da ist einmal der Lehrer Wagner zu uns auf Besuch gekommen. Er kommt öfter, weil meine Mutter so viel vom Obst versteht, und er kann sich mit ihr unterhalten.

Er hat erzählt, daß seine Pfirsiche schön werden und daß es ihm Freude macht.

Und dann hat er auch gesagt, daß die Volksschule in zwei Tagen schon wieder angeht und seine Vakanz vorbei ist.

Meine Mutter hat gesagt, sie möchte froh sein, wenn das Gymnasium auch schon angeht, aber sie muß es noch drei Wochen aushalten.

Der Lehrer sagte: »Ja, ja, es ist nicht gut, wenn die Burschen so lange frei haben. Sie kommen auf alles mögliche.«

Und dann ist er gegangen. Zufällig habe ich an diesem Tage eine Forelle gestohlen gehabt, und der Fischer ist zornig zu uns gelaufen und hat geschrien, er zeigt es an, wenn er nicht drei Mark dafür kriegt.

Da bin ich furchtbar geschimpft worden, aber meine Schwester hat gesagt: »Was hilft es? Morgen fängt er etwas anderes an, und kein Mensch mag mehr mit uns verkehren. Gestern hat mich der Amtsrichter so kalt gegrüßt, wie er vorbeigegangen ist. Sonst bleibt er immer stehen und fragt, wie es uns geht.«

Meine Mutter hat gesagt, daß etwas geschehen muß, sie weiß noch nicht, was.

Auf einmal ist ihnen eingefallen, ob ich vielleicht in der Vakanz in die Volksschule gehen kann, der Herr Lehrer tut ihnen gewiß den Gefallen.

Ich habe gesagt, das geht nicht, weil ich schon in die zweite Klasse von der Lateinschule komme, und wenn es die anderen erfahren, ist es eine furchtbare Schande vor meinen Kommilitonen. Lieber will ich nichts mehr anfangen und sehr fleißig sein.

Meine liebe Mutter sagte zu meiner Schwester:

»Du hörst es, daß er jetzt anders werden will, und wenn es für ihn doch so peinlich ist wegen der Kolimitonen, wollen wir noch einmal warten.«

Sie kann sich keine lateinischen Worte merken.

Ich war froh, daß es so vorbeigegangen ist, und ich habe mich recht zusammengenommen.

Einen Tag ist es gut gegangen, aber am Mittwoch habe ich es nicht mehr ausgehalten.

Neben uns wohnt der Geheimrat Bischof in der Sommerfrische. Seine Frau kann mich nicht leiden, und wenn ich bloß an den Zaun hinkomme, schreit sie zu ihrer Magd: »Elis, geben Sie acht, der Lausbube ist da.«

Sie haben eine Angorakatze; die darf immer dabeisitzen, wenn sie Kaffee trinken im Freien, und die Frau Geheimrat fragt: »Mag Miezchen ein bißchen Milch? Mag Miezchen vielleicht auch ein bißchen Honig?«

Als wenn sie ja sagen könnte oder ein kleines Kind wäre.

Am Mittwoch ist die Katze bei uns herüben gewesen, und unsere Magd hat sie gefüttert. Da habe ich sie genommen, wie es niemand gesehen hat, und habe sie eingesperrt im Stall, wo ich früher zwei Königshasen hatte.

Dann habe ich aufgepaßt, wie sie Kaffee getrunken haben. Die Frau Geheimrat war schon da und hat gerufen: »Miezi! Miezi! Elis, haben Sie Miezchen nicht gesehen?«

Aber die Magd hat es nicht gewußt, und sie haben sich hingesetzt, und ich habe hinter dem Vorhang hinübergeschaut.

Dann hat die Frau Geheimrat zu ihrem Mann gesagt: »Eugen, hast du Miezchen nicht gesehen?«

Und er hat gesagt: »Vüloicht, ich woiß es nücht.« Und dann hat er wieder in der Zeitung gelesen.

Aber die Frau Geheimrat war ganz nachdenklich, und wie sie ein Butterbrot geschmiert hat, hat sie gesagt: »Ich kann mir nicht denken, wo Miezchen bleibt. Sie fängt doch keine Mäuse nicht?«

Indes bin ich geschwind in den Stall und habe die Katze genommen. Ich habe ihr an den Schweif einen Pulverfrosch gebunden und bin hinten an das Haus vom Geheimrat am Zaun und habe den Frosch angezündet. Dann habe ich die Katze freigelassen. Sie ist gleich durch den Zaun geschloffen und furchtbar gelaufen.

Die Magd hat geschrien: »Frau Geheimrat, Mieze kommt schon.« Und dann habe ich die Stimme von ihr gehört, wie sie gesagt hat: »Wo ist nur mein Kätzchen? Da bist du ja! Aber was hat das Tierchen am Schweif?« Dann hat es furchtbar gekracht und gezischt, und sie haben geschrien und die Tassen am Boden hingeschmissen, und wie es still war, hat der Geheimrat gesagt: »Das üst wüder düser ruchlose Lauspube gewösen.«

Ich habe mich im Zimmer von meiner Schwester versteckt; da kann man in unseren Garten hinunterschauen. Meine Mutter und Anna haben auch Kaffee getrunken, und meine liebe Mutter sagte gerade: »Siehst du, Ännchen, Ludwig ist nicht so schlimm; man muß ihn nur zu behandeln verstehen. Gestern hat er den ganzen Tag gelernt, und es ist gut, daß wir ihn nicht vor seinen Kolimitonen blamiert haben.«

Und Anna sagte: »Ich möchte bloß wissen, warum der Herr Amtsrichter nicht stehengeblieben ist.«

Jetzt ist auf einmal am Eingang von unserem Garten der Geheimrat und die Frau Geheimrat gewesen, und meine Mutter sagte: »Ännchen, sitzt meine Haube nicht schief? Ich glaube gar, Geheimrats machen uns Besuch.«

Und sie ist aufgestanden und ihnen entgegengegangen, und ich hörte, daß sie gesagt hat: »Nein, das ist lieb von Ihnen, daß Sie kommen.« Aber der Geheimrat hat ein Gesicht gemacht, als wenn er mit einer Leiche geht, und sie ist ganz rot gewesen und hat den abgebrannten Frosch in der Hand gehabt und hat erzählt, daß die Katze jetzt wahnsinnig ist und drei Tassen kaputt sind. Und daß es niemand anderer getan hat wie ich.

Da sind meiner Mutter die Tränen heruntergelaufen, und

der Geheimrat hat gesagt: »Woinen Sü nur, gute Frau! Woinen Sü über Üren mißratenen Sohn!« Und dann haben sie verlangt, daß meine Mutter die Tassen bezahlt, und eine kostet zwei Mark, weil es so gutes Porzellan war.

Ich bin furchtbar zornig geworden, wie ich gesehen habe, daß meine alte Mutter den kleinen, alten Geldbeutel herausgetan hat, und ihre Hände waren ganz zittrig, wie sie das Geld aufgezählt hat.

Die Frau Geheimrat hat es geschwind eingesteckt und hat gesagt, das Schrecklichste ist, daß die arme Katze wahnsinnig geworden ist, aber sie wollen es nicht anzeigen aus Rücksicht für meine Mutter. Dann sind sie gegangen, und er hat noch gesagt: »Der Hümmel prüft Sü hart mit Ürem Künde.«

Ich habe noch länger in den Garten hinuntergeschaut. Da ist meine Mutter am Tisch gesessen und hat sich mit ihrem Sacktuch die Tränen abgewischt, aber es sind immer neue gekommen, und bei Ännchen auch. Das Butterbrot ist auf dem Teller gewesen, und sie haben es nicht mehr essen mögen. Ich bin ganz traurig geworden, und ich bin fort, daß sie mich nicht gesehen haben.

Ich habe gedacht, wie es gemein ist von dem Geheimrat, daß er das Geld genommen hat, und wie ich ihm dafür etwas antun muß. Ich möchte die Katze kaputt machen, daß es niemand merkt, und ihr den Schweif abschneiden. Wenn sie dann ruft: ›Wo ist denn nur unser Miezchen?‹ schmeiße ich den Schweif über den Zaun hinüber. Aber ich muß mich noch besinnen, wie ich es mache, daß es niemand merkt. Da bin ich wieder lustig geworden, weil ich gedacht habe, was sie für ein Gesicht machen wird, wenn sie bloß mehr den Schweif sieht. Dann bin ich heim zum Essen gegangen. Anna ist schon an der Tür gestanden und hat gesagt, daß ich allein essen muß in meinem Zimmer, und daß ich morgen in die Schule gehen muß. Der Herr Lehrer Wagner hat es angenommen und hat versprochen, daß er mit mir streng ist.

Ich habe schimpfen gewollt, weil es doch eine Schande ist, wenn ein Lateinschüler mit den dummen Schulkindern zusammensitzt, aber ich habe gedacht, daß meine Mutter so geweint hat.

Und da habe ich mir alles gefallen lassen.

Ich bin am andern Tag in die Schule gegangen. Es war bloß ein Zimmer, und da waren alle Klassen darin, und auf der einen Seite waren die Buben und auf der anderen die Mädchen.

Wie ich angekommen bin, hat mich der Lehrer in die erste Bank gesetzt. Dann hat er gesagt, daß sich die Kinder Mühe geben sollen, weil heute ein großer Gelehrter unter ihnen sitzt, der Lateinisch kann.

Das hat mich verdrossen, weil die Kinder gelacht haben. Aber ich habe es mir nicht merken lassen. Einer hat ein Lesestück vorlesen müssen. Es hat geheißen ›Der Abend‹ und ist so angegangen: ›Die Sonne geht zur Ruhe, und am Himmel kommt der Abendstern. Die Vöglein verstummen mit ihrem lieblichen Gesange; nur die Grillen zirpen im Felde. Da geht der fleißige Bauersmann heim. Sein Hund bellt freudig, und die Kinder springen ihm entgegen.‹ So ist es weiter gegangen. Es war furchtbar dumm, und ich habe gedacht, was es für eine Schande ist für einen Lateinschüler, daß er dabeisitzen muß.

Der Lehrer sagte, die Kinder von der siebenten Klasse müssen es nun aus dem Kopfe schreiben, und er ladet den Herrn Lateinschüler auch ein.

Er hat mir eine Tafel und einen Griffel gegeben, und dann sagte er, daß er eine halbe Stunde in die Kirche fort muß und daß die Furtner Marie die Aufsicht hat. Sie war auch von der siebenten Klasse und die Tochter von einem Bauern, der nicht weit von uns ein Haus hat. Da bin ich noch zorniger geworden, daß ich einem Mädel folgen soll.

Wie der Lehrer draußen war, habe ich den Leitner, der neben mir gesessen ist, ganz ruhig gefragt, ob er heute nachmittags zum Fischen mitgehen will.

Da hat die Furtner Marie gerufen: »Ruhig! Wenn du noch einmal schwätzest, wirst du aufgeschrieben.«

»Entschuldigen Sie, Fräulein Lehrerin«, habe ich gesagt, »ich will es nicht mehr tun.«

Dann habe ich einen Schlüssel aus der Tasche gezogen und habe probiert, ob er noch pfeift.

Da ist die Furtner Marie zur Tafel hinaus und hat geschrieben: ›Thomas hat gepfiffen.‹

Ich bin aufgestanden und habe gesagt: »Entschuldigen Sie, Fräulein Lehrerin, was muß ich denn machen, daß Sie mich nicht aufschreiben?«

Sie sagte, daß ich den Aufsatz ›Der Abend‹ schreiben muß.

Da habe ich geschwind etwas geschrieben, und dann bin ich wieder aufgestanden und habe gesagt: »Entschuldigen Sie, Fräulein Lehrerin, darf ich es nicht vorlesen, daß Sie mir sagen, ob es recht ist?«

Da ist die dumme Gans stolz gewesen, daß sie einem Lateinschüler etwas sagen muß, und sie hat gesagt: »Ja, du darfst es vorlesen.«

Da habe ich recht laut gelesen:

»Die Sonne geht zur Ruhe. Der Abendstern ist auf dem Himmel. Vor dem Wirtshause ist es still. Auf einmal geht die Tür auf, und der Hausknecht wirft einen Bauersmann hinaus. Er ist betrunken. Es ist der Furtner Marie ihr Vater.«

Da haben alle Kinder gelacht, und die Furtner hat zu heulen angefangen. Sie ist wieder an die Tafel hin und hat geschrieben: ›Thoma war ungezogen.‹ Das hat sie dreimal unterstrichen. Ich bin aus meiner Bank gegangen und habe den Schwamm genommen und habe ihre Schrift ausgewischt.

Und dann habe ich die Furtner Marie bei ihrem Zopf gepackt und habe sie gebeutelt, und zuletzt habe ich ihr eine Ohrfeige hineingehauen, damit sie weiß, daß man einen Lateinschüler nicht aufschreibt.

Jetzt ist der Lehrer gekommen, und er war zornig, wie er alles erfahren hat. Er sagte, daß er nur wegen meiner Mutter mich nicht gleich hinauswirft, aber daß er mich zwei Stunden nach der Schule einsperrt. Das hat er auch getan. Wie die Kinder fort waren, habe ich dableiben müssen, und der Lehrer hat die Tür mit dem Schlüssel zugesperrt. Es war schon elf Uhr, und ich habe furchtbar Hunger gehabt, und ich habe auch gedacht, was es für eine Schande ist, daß ich in einer Volksschule eingesperrt bin.

Da habe ich geschaut, ob ich nicht durchbrennen kann und vielleicht beim Fenster hinunterspringen. Aber es war im ersten Stock und zu hoch, und es waren Steine unten. Da schaute ich auf der andern Seite, wo der Garten war. Wenn man auf die Erde springt, tut es vielleicht nicht weh. Ich machte das Fenster auf und dachte, ob ich es probiere. Da habe ich auf einmal gesehen, daß an der Mauer die Latten für das Spalierobst sind, und ich habe gedacht, daß sie mich schon tragen.

Ich bin langsam hinausgestiegen und habe die Füße ganz vorsichtig auf die Latten gestellt. Sie haben mich gut getragen, und wie ich gesehen habe, daß es nicht gefährlich ist, da ist mir eingefallen, daß ich die Pfirsiche mitnehmen kann. Ich habe alle Taschen vollgesteckt und den Hut auch.

Dann bin ich erst heim und legte die Pfirsiche in meinen Kasten. Am Nachmittag ist ein Brief vom Herrn Lehrer gekommen, daß ich die Schule nicht mehr betreten darf.

Da war ich froh.

Sommerwonne

Ein winzig kleiner Roman

Die Pension war vollauf mit Gästen besetzt: Herren und Damen; sogar aus dem Nachbarlande waren ein paar vorhanden. Den meisten fehlte irgend etwas Unbedeutendes; Männer wie Frauen waren überanstrengt und waren hergekommen, um sich in dem kleinen Fischerdorf am Meer für ein paar Wochen auszuruhen. Die Verheirateten waren in der Mehrzahl; und um rechten Frieden zu genießen, hatten sie oft ihre Ehehälfte daheimgelassen und konnten so auf eigne Faust auftreten. Es wurde nicht wenig geflirtet zwischen diesen isolierten Männlein und Weiblein, und unter der Lampe im Salon sah man alternde Leute zu neuen, jungen Menschen werden. Alle aber sagten sie: Das ist die gesunde Luft, das ist das Meer!

Es waren alles gebildete und vornehme Leute, große Kaufleute, ein paar Professorenfrauen, Direktoren. Und da waren eine Frau Generalkonsul und eine Frau Etatsrat, beide mit ihren Männern. Ein schwerreicher Herr aus der Hauptstadt, auf dessen Karte bloß: Otto Mengel, Grossist, zu lesen war, wurde Herr Direktor genannt. Die Wirtin besaß ein großes Talent, während des Vorstellens einen jeden in passender Weise um eine Stufe zu erhöhen. Von Direktor Mengel ist übrigens nur Gutes zu sagen; er war sicherlich ein einflußreicher Mann und trug die Freimaurerembleme an der Uhrkette. Immerhin erweckte es ein gewisses Erstaunen, als der junge Oxentand, der ein reicher Löwe war und sich bisher vor niemand gebeugt hatte, den Direktor Mengel auffallend tief grüßte, als der in der Pension auftauchte. Erst später kam es an den Tag, daß Herr Mengel in der Hauptstadt eine ausgedehnte Leihtätigkeit betrieb.

Die Klatschereien, die unter den Gästen im Schwange waren, konnten als bloße Klatschereien unter Freunden ohne unnatürliche Boshaftigkeit angesehen werden. Der Versicherungsagent aus dem Nachbarland aber, der hatte sich von allen Seiten echten Unwillen zugezogen, und zwar durch seine Versuche, mitten in der Pension Kunden für seine Versicherungsgesellschaften zu werben. Es war, als rechne er damit, daß jemand sterben solle, und es war doch im Gegenteil niemand da, der daran gedacht hätte. Ihn nannte man denn auch Herr Direktor, um seine Selbstachtung zu wecken; aber das war verlorene Liebesmüh. Er selbst nannte sich Agent Anderson, und damit basta, und er korrigierte alle, die ihm den Direktortitel gaben.

Das Hornvieh; er war Geschäftsmann und weiter nichts. Er war nicht im mindesten krank, und die nackte Wahrheit war, daß er gut aß, gut schlief und Kräfte im Überfluß hatte. Eines Tages sagte die Frau Generalkonsul: Hinaus mit diesem Herrn Anderson!

Aber Frau Milde wußte wohl, warum die Frau Generalkonsul jetzt verlangte, daß man Anderson hinauswerfen solle: er hatte ihre närrische Sanftmut gegen ihn nicht zu würdigen gewußt. Eines Abends hatte die Frau Generalkonsul allein im Garten im Dunkeln gesessen und geschwärmt, und da war Herr Anderson vorbei gekommen. Sie rief ihn an und nannte ihn Direktor, ja sie deutete sogar an, daß er so gesund und stark sei und daß es ihre Nerven beruhige, wenn sie ihn nur sehe.

So, so, sagte Anderson.

Und denken Sie, ich glaube, Ihre Arme sind behaart, hahaha, sagte die Frau Generalkonsul. Kommen Sie doch und leisten Sie mir ein wenig Gesellschaft.

Es ist zu dunkel, erwiderte er.

Ja, aber lassen Sie uns nur nicht in all die Helligkeit gehen.

Doch; sehen Sie, ich weiß aus Erfahrung, daß ich im Hellen besser sehe als im Dunkeln, sagte Anderson.

Ein Starrkopf war er, und es war die allgemeine Ansicht, daß er auch die Natur nicht liebe; man hatte ihn dastehen und das Meer mit trockenen, ganz trockenen Augen betrachten sehen. Der Löwe Oxentand versuchte eines Tages, ihn zum

besten zu haben, aber das gelang ihm nicht. Es war im allgemeinen recht erheiternd, die Antworten des Agenten anzu-
hören. Die junge Frau Trampe, die Schönheit, fragte ihn einmal quer über den Tisch:

Sie sind also nicht verheiratet?

Nein, war seine Antwort. Aber ganz ohne Mißgeschick
ist's ja doch auch bei mir nicht abgelaufen...

Da sollte nun die neue Dame kommen.

Es lief ein Telegramm aus dem Nachbarland ein, ob die
Pension wohl Platz für eine Dame habe. Es stand darin, es
dürfe ruhig ein kleines Zimmer sein, aber jedenfalls müsse es
im Erdgeschoß liegen. Die Wirtin antwortete, ja, es sei Platz
vorhanden.

Die ganze Pension erwartete nun also diese Dame. Warum
wollte sie im Erdgeschoß wohnen? War sie lahm? Die jungen
Frauen im dritten oder vierten Jahr ihrer Ehe wollten nichts
dagegen haben, wenn sie durchaus keine Schönheit wäre.
Der Löwe Oxentand sagte: Doch, lassen Sie sie ruhig hübsch
sein; mit Ihnen, Frau Trampe, kann sie sich ja doch nicht
messen.

Zwei Tage darauf kam sie. Ihr Kutscher fuhr in scharfem
Trabe bis vor den Eingang der Pension und hielt dann im Nu
an. Die Dame stieg aus. Das Spiel auf dem Tennisplatz
stockte plötzlich, und alle blickten auf die Dame. Sie trug einen großen Hut und war sehr vornehm gekleidet, und als sie
ausstieg, konnte jeder sehen, wie jung sie war.

Frau Anderson ist mein Name, sagte sie zur Wirtin.

Wie heißt sie? fragte die Frau Generalkonsul.

Anderson! erwiderte Frau Trampe, die Schönheit.

So, so, ein Menschenkind mehr, das Anderson heißt! es
wird unausstehlich hier.

Die Frau Generalkonsul bekam recht, Frau Anderson
wurde wirklich unausstehlich – für alle mit Ausnahme der
Herren. In die brachte sie aber ein erstaunliches Leben. So
auf den ersten Blick war das gar nicht leicht zu verstehen.
Hübsch von Angesicht war sie keineswegs, und sie hatte
auch nicht Frau Trampes blanke Augen, an einen Vergleich
war nicht zu denken. Aber sie hatte dunkle, gefährliche Au-

gen, ja, die hatte sie; dazu kam, daß ihre Augenbrauen zwei dunklen Blutegeln glichen, die mit den Schnauzen gegen einander lagen und etwas Mystisches hatten. Und jung und halbblond war sie, und ihr Mund war wie eine Blüte.

Schön...

Frau Anderson stand des Morgens zu spät auf, und die Wirtin mußte sie an die festen Zeiten in der Pension erinnern: erstes Frühstück präzis um neun Uhr.

Frau Anderson antwortete:

Ich will präzis um neun Uhr erscheinen – nur nicht des Vormittags.

Da mußte selbst der Generalkonsul sie ansehen. Er begegnete ihrem Blick. Und niemand brauchte den Generalkonsul zu lehren, in einem Blicke zu lesen. Er entstammte einer bekannten Dichterfamilie und machte selbst vortreffliche Gedichte über die Natur und die Menschen.

Welch offenkundiger Feuerbrand loderte doch in diesen Weiberaugen am hellichten Tage! Der Generalkonsul sah es: das waren Augen, die zu wollen begannen...

Als die Zeit verging und Frau Anderson ihre Rechnung erhielt, bat sie ohne Umstände um Aufschub mit der Bezahlung. Sie besäße kein Geld, sagte sie, doch es werde sich wohl ein Ausweg finden an einem der nächsten Tage.

Am Abend geriet sie ins Gespräch mit Etatsrat Adami. Er stand mitten in seiner zweiten Jugend, diesem letzten Aufflammen, darin das Alter wieder so unnatürlich jung wird. Frau Andersons Fragen und Antworten gereichten dem kahlköpfigen, vornehmen Herrn zu großem Ergötzen.

Als seine Frau ihn herausrief, nahm der Generalkonsul sofort seinen Platz ein. Und er hatte lange auf diesen Moment gelauert.

Er sagte:

Ich habe den Etatsrat um dieses lange Gespräch mit Ihnen beneidet.

Auf Sie habe ich gewartet, Herr Generalkonsul, erwiderte die junge Frau. Unter anderm, um Sie etwas zu fragen und um Ihnen zu danken.

Was ist es denn?

Haben *Sie* mir Blumen in mein Zimmer stellen lassen?

Blumen? Ich muß gestehen... Hat man Ihnen Blumen –

Verzeihen Sie! sagte Frau Anderson. Ich habe mir auch wirklich zu viel eingebildet.

Die Poesie stieg dem Generalkonsul zu Kopfe infolge dieser geheimnisvollen Blumen, und er brach in die Worte aus:

Gott, ich hätte es tun *sollen*. Wir alle sollten es tun. Tag für Tag.

Ich liebe Blumen, sagte sie. Aber ich bin zu arm, um mir welche kaufen zu können.

Es traf sich so, daß sie Verschiedenes aus ihrem Leben zu erzählen begann und daß der Generalkonsul ein Gleiches tat. Nie zuvor war er einem Fremden gegenüber so mitteilsam gewesen. Es endete damit, daß er sich ganz und gar zum Narren machte.

Frau Anderson sagte:

Aber Sie sind ja verheiratet, Herr Generalkonsul!

In der Liebe bringt es mehr Glück, vorwärts als rückwärts zu schauen, erwiderte er und seufzte.

Und am folgenden Tage saß beim Mittagessen der Generalkonsul da und war verlegen und fieberhaft gestimmt; ein kleines Gedicht trug die Schuld, das er in Frau Andersons Serviette hineingeschmuggelt hatte. Als sie es fand und es durchzulesen begann, wandte er sich an seinen Nebenmann mit den Worten:

Puh, heute ist es hier wärmer als je!

Man flüsterte sich zu, daß zweifellos der Etatsrat, der alte Kahlkopf, es sei, der die Rosen in Frau Andersons Zimmer hätte setzen lassen. Aber der jungen Dame selbst gegenüber leugnete er es ab.

Nein, nein, ich bin's nicht gewesen, sagte er. Und ich habe nichts zu gestehen.

Die junge Frau sah ihn plötzlich erstaunt an. Sie zog die Augenbrauen ein wenig in die Höhe, diese zwei feinen Blutegel, die sich mit den Schnauzen berührten, und sagte:

Nein, wie hübsch Sie das sagen! Ihre Stimme war wie ein Harfenbaß. Singen Sie, Herr Etatsrat?

Na ... das nun nicht gerade, das heißt, ein bißchen hat man ja auch mitgemacht.

Wie ein junger Mann war er. Gewiß hatten ihn die gesunde Luft und das Meer so kernig und feurig gemacht.

Die Frau Etatsrat schickte nach ihm, aber er wich nicht vom Platze.

Ich gehe nicht, sagte er. Man lasse mir doch mein bißchen Frieden. Ach, was will man denn von mir?

Und Frau Anderson nickte und nahm seine Partei: Gewiß, er könne doch sitzen bleiben.

Wir können ja von Geschäften sprechen, sagte sie. Dann dürfen Sie gewiß bleiben.

Ja, mit Ihnen machte ich gern ein Geschäft, gnädige Frau. Lassen Sie hören! Ja, lassen Sie's bloß zu einem kleinen Geschäft zwischen uns kommen!

Nicht zu einem großen Geschäft?

Doch, auch zu einem großen Geschäft. Je größer, desto besser – ha-ha-ha. Gott segne Sie!

Aber Frau Anderson meinte ganz im Ernste: sie wollte sein Leben versichern, ihn assekurieren.

Ach so, sagte der Etatsrat verblüfft. Die gnädige Frau ist Agentin?

Sehen Sie, das war vor ein paar Jahren. Ich mußte meinem Manne verdienen helfen. Was sollte ich anfangen?... Und sie erklärte weiter, daß sie ihn nicht hochnehmen wolle; die Versicherungssumme brauche nicht groß zu sein.

Ja, sagte der Etatsrat, wenn schon, dann auch für eine große Summe. Und vielleicht ist's überhaupt nicht unklug, sich versichern zu lassen.

Ich werde die Papiere meinem Manne nach Hause zur Unterschrift schicken, sagte Frau Anderson. Der Form wegen muß der Arzt Sie untersuchen, wenn Sie auch gesund wie ein Jüngling sind. Der Arzt der Gesellschaft wird unverzüglich kommen.

Als der Etatsrat seiner Frau begegnete, sagte er kurz und bündig:

Ich hatte Geschäfte abzuwickeln und konnte nicht abkommen. Was willst du von mir?

Du hattest Geschäfte abzuwickeln? Mit ihr?

Ich habe mein Leben versichern lassen. Es hat seine ungemeine Bedeutung, versichert zu sein. Sie vertritt die beste Gesellschaft.

Die schlechteste Gesellschaft, war die zweideutige Antwort der Etatsrätin, die schlechteste Gesellschaft vertritt sie.

Der Etatsrat freute sich, daß er sich der Frau Anderson hatte gefällig erweisen können. Er selbst hielt darauf, daß die Angelegenheit so schnell wie möglich erledigt werde, und als der Arzt aus dem Nachbarland erschien, ging der Etatsrat in bester Laune zur Untersuchung.

Natürlich fehlte ihm nichts, nicht das geringste.

Frau Anderson gab ihm die Hand und bedankte sich bei ihm.

Habe ich Ihnen denn wirklich einen Gefallen damit erwiesen? fragte er.

Einen großen Gefallen. Eine Hilfe. Ich möchte nicht gern mehr sagen.

Da ließ der Etatsrat das Aller-, Allerbeste in seiner Natur siegen, und er sagte:

Ich glaube eigentlich, daß ich auch den Generalkonsul dazu veranlassen könnte, dasselbe Geschäft mit Ihnen zu machen, wenn Ihnen daran gelegen ist.

Da nannte Frau Anderson ihn Wohltäter und Freund. Sie sah sich in demselben Augenblick rings um und errötete wundersam auf beiden Wangen.

Ich meine, wir könnten das jetzt gleich erledigen, solange der Arzt der Gesellschaft hier ist, sagte der Etatsrat zum Generalkonsul. Wir tun gewiß ein sehr gutes Werk damit. Nicht etwa, daß sie es direkt gesagt hätte; aber...

Mir hat sie geradezu gesagt, daß sie arm ist, entgegnete der Generalkonsul. Sie tut mir herzlich leid. Ein wunderschönes Kind, gefährliche Augen.

Der Dichter ging mit ihm durch, er wollte nicht zurückstehen, sondern sich für eine ebenso hohe Summe wie der Etatsrat versichern lassen. Er hatte außerdem noch einen kleinen privaten Grund, der Frau Anderson diesen Gefallen zu erweisen: sie hatte ihm kürzlich für sein Gedicht mit so überquellendem Gefühl gedankt, daß man es nicht gut anders als eine Entladung hatte nennen können. Der Dichter rumorte weiter in ihm, und er sagte:

Wie, wenn wir auch unsere Frauen versichern ließen?

Was, unsere Frauen? fragte der Etatsrat. Nein, das geht nicht, ich bringe meine nicht dazu. Sie wissen: die Untersuchung. Nie und nimmermehr.

Ich meinerseits bin der Ansicht, daß wir beinahe dazu verpflichtet sind.

Es entstand eine Pause. Der Etatsrat dachte stark nach.

Sie *muß* es tun! rief er dann plötzlich. Ich gehe sofort zu ihr.

Selten hatte die Etatsrätin ihren Mann so bestimmt auftreten sehen, er duldete keinen Einwand.

Wir sind dazu verpflichtet! sagte er schließlich mit den Worten des Generalkonsuls.

Dazu verpflichtet?

Da spielte der Etatsrat den Geistesgegenwärtigen und Verschmitzten, er verrannte sich ganz und gar nicht, nickte vielmehr ein feierliches Nicken und sagte:

Ja, wir müssen es tun. Wir haben eine Tochter, von der wir einmal fortmüssen.

Und obgleich die Tochter bereits mit zwei Millionen verheiratet war, ließ sich kein, gar kein Einwand erheben gegen diese Feierlichkeit...

Der fremde Arzt hatte alle Hände voll zu tun, um die vielen vornehmen Herrschaften inwendig und auswendig zu untersuchen und ihnen Atteste auszustellen, ihrem Zustande gemäß. Er war ein junger, dunkeläugiger Mann in hellgrauem Anzug. Der Löwe Oxentand konnte sich neben ihm nicht behaupten, sondern wurde zu einem Nichts in den Tagen, als der fremde Arzt sich in dieser Pension aufhielt. Anfangs machte er den Versuch, gleichgültig zu bleiben; als aber auch Frau Trampe, die Schönheit, stärkeren Glanz in die Augen bekam, wenn sie den Arzt sah, da verlor der gute Löwe den Kopf.

Gespielt haben Sie mit mir, sagte er zu Frau Trampe. Er sagte es täglich und wiederholte seine Vorwürfe.

Eines Tages antwortete sie ihm ohne Umschweife – denn sie war seiner überdrüssig:

Ich habe nicht mit Ihnen gespielt. Aber ich liebe Sie nicht so, wie Sie es gern hätten. Und was sollte denn auch daraus werden? Ich bin verheiratet, bedenken Sie das.

Sie hätten damit *anfangen* sollen, mir das zu sagen, erwiderte er. Aber damit haben Sie ganz im Gegenteil nicht angefangen.

Aber recht, recht gute Freunde wollen wir sein, nicht wahr? fuhr sie fort.

Da lachte der Löwe.

Und Sie wollen mir wie eine Schwester sein, heißt's nicht so?...

Sie war an den Arzt verloren und sprach des Abends im Garten mit ihm.

Ich kenne jemand, der glücklicher sein könnte, sagte sie und wurde sprühend rot.

Aber nicht Sie sind das?

Doch, ich bin es. Sie sind Arzt und verstehen es. Es ist so gefährlich, auf dem Lande zu sein und kerngesund zu werden von der Luft und dem Meer. Und hier ist keiner, mit dem man reden könnte. Hier war keiner, bevor Sie kamen.

Der Löwe Oxentand ging vorüber. Er schien nach jemand zu suchen, um ihn zu erschlagen.

Diese Frau Anderson kann mit Ihnen zusammen sein, wann sie will, sagte Frau Trampe.

Der Doktor lachte:

Nur in geschäftlichen Angelegenheiten. Wir versichern die Leute. Sie verdient Geld wie Heu... Lassen Sie mich mal Ihren Ring sehen. Geben Sie mir doch Ihre Hand. Nicht? Bloß einen Augenblick?

Nein, das wage ich nicht. Tut Frau Anderson es?... Gut, nun lege ich meine Hand in die Ihre, als ob ich in etwas einwilligte. Aber lieber Gott, ich tu' es nicht, ich willige in nichts ein, verstehen Sie mich recht. Aber, mein Bester, was tun Sie da?

Sie zog ihre Hand zurück.

Aber er hatte sie vorher geküßt.

Wie fein und warm Ihre Hand ist! sagte er.

Und Frau Anderson ging vorüber. Wurde die Eifersucht in ihr wach? Ihre Augen schimmerten so seltsam herüber, als sie die beiden sah. Frau Anderson setzte stolz ihren Weg fort; doch als der Löwe Oxentand auf der Veranda saß und sie anzureden begann, da kam sie ihm mit ungewöhnlichem Eifer entgegen. Und sie blieben sitzen in langem, fieberhaftem Gespräch, als hätten sie beide Grund, den zweien im Garten zu zeigen, daß sie einander gefunden hätten.

Frau Anderson hatte keine Furcht mehr vor den Rechnungen. Sie bezahlte in der Pension, als wäre diese kleine Schuld ein Nichts gewesen, ein Trinkgeld, das von den großen Versicherungsprämien abfiele. Und der Etatsrat warf an dunklen Abenden große Blumensträuße in ihr Fenster. Sicherlich stand sie hier bei allen Frauen in höchster Ungnade; aber daraus machte sie sich nichts. Sie schien ein Herz von Stein zu haben gegenüber allen, mit Ausnahme derer, für die sie Interesse gefaßt hatte. So verfügte sie über kein Mitgefühl mit ihrem unglücklichen Konkurrenten, dem Versicherungsagenten Anderson. Er war ein Hornvieh, er hielt sich nicht an die Herzen. Aus den wenigen Worten, die sie mit ihm gewechselt hatte, konnten die Umstehenden hören, was die beiden einander gönnten: nichts. Tod und Vernichtung.

Agent Anderson sah aus wie eine einzige gefährliche Verschwörung.

In einer warmen Nacht hatte der Etatsrat sich einmal zum Fenster hinausgelehnt, um sich abzukühlen. Es war finster, und er hörte nur das leise Rauschen der Bäume im Garten. Er hatte den Einfall, ein Auge auf Frau Andersons Fenster im Erdgeschoß zu haben: daß sie geschlossen seien, daß die Lampe gelöscht sei und daß sie selber schlafe. Da hörte er im Dunkeln ein Fenster sich öffnen, es ist eins von Frau Andersons Fenstern, und ein Mann springt auf die Erde hinunter. Der Etatsrat verspürte ein bösartiges Stechen, und er konnte in dieser Nacht nicht schlafen.

Am Morgen trug er sein fürchterliches Geheimnis wie ein Mann, später am Tage aber ließ er ab von dem Kampf in der Stille. Er begab sich zu Frau Milde und erzählte ihr die Sache.

Es stellte sich heraus, daß diese beiden Pensionsgäste, die sich erst hier kennengelernt hatten, schon weit vorgeschritten waren im gegenseitigen Verstehen. Es war wohl die gesunde Luft, die so Großes vollbracht hatte.

Was geht Frau Anderson dich an, du Lieber! sagte Frau Milde.

Ich ertrag' es nicht! erwiderte der Etatsrat. Man muß in der Nacht seinen Frieden haben!

Frau Milde warf sich ihm um den Hals und weinte und beschwor ihn, nur an sie und wieder an sie zu denken. An niemand sonst. Etwas anderes ertrüge sie nicht.

So-so-so! sagte der Etatsrat. Jawohl, nur an dich. Aber... Gewiß, ich sag' es ja, nur an dich.

Aber Frau Milde weinte weiter und machte ihm Vorwürfe, er lasse Tag auf Tag vergehen, und sie treffe ihn nicht. Und sie sagte: Diese fremde Frau hat es dir angetan, und du willst nichts wissen von mir.

Kannst du mir übrigens Auskunft geben, wer der Schlingel ist, den sie des Nachts empfängt? sagte der Etatsrat mitten aus seinen Gedanken heraus.

Da brach Frau Milde los:

Siehst du, nun hast du schon wieder an sie gedacht! Nein, ich halt's nicht aus!

Eine gute halbe Stunde mußte der Etatsrat bei ihr bleiben und sie hätscheln und alles mögliche tun, um ihre gute Laune wiederherzustellen. Bevor er ging, sagte er indessen ganz würdevoll:

Ich glaube, es muß noch dazu kommen, daß wir zwei mehr wie Bruder und Schwester zueinander werden.

Und es war merkwürdig genug, Frau Milde hatte sich dermaßen besänftigt, daß sie die Worte des Etatsrats ohne Tränen anhören konnte. Sie lehnte sich ins Sofa zurück und fiel kurz darauf in ein regelrechtes Schläfchen.

Aber der Etatsrat ging mit seinem Geheimnis weiter zum Generalkonsul. Es war nun auch eine Dummheit von ihm gewesen, sich in solch einer Angelegenheit an Weiber zu wenden.

Nicht Sie hab' ich im Verdacht, daß Sie der Mann heute

nacht gewesen seien, sagte er zum Generalkonsul. Und Sie werden's von mir nicht annehmen.

Nein, in alle Ewigkeit nicht, sagte der Generalkonsul in poetischem Überschwang.

Und beider Augen wurden blank vor gegenseitigem Vertrauen.

Sie verhandelten die Sache und rieten auf den Löwen Oxentand als den Täter. Der Etatsrat wurde dazu bestellt, auf die Fenster der verlockenden Frau auch weiterhin ein wachsames Auge zu haben.

Es ist und bleibt verdrießlich, sagte der Etatsrat, daß dieser Oxentand Zutritt zu ihr finden soll. Und dabei sind wir es doch, Sie und ich, die ihre wahren Freunde gewesen sind.

Wenn es Oxentand ist, werde ich mit der Wirtin sprechen, sagte der Generalkonsul. Er soll aus dem Hause. Ich dulde das nicht.

Der Etatsrat antwortete:

Ich ebensowenig. Ich habe kein Auge zugetan heute nacht...

Besagter, der Löwe Oxentand, gab auch wirklich Grund zu starkem Verdacht. Frau Anderson tat es ihm mehr und mehr an, und er bedachte sie in aller Gegenwart mit süßen Redensarten. Und seine vorige Liebe, die Schönheit, glitt mehr und mehr in den Schatten für ihn.

Er zog Otto Mengel, den Grossisten, außer Hörweite und begann mit ihm von Geld zu sprechen, von mehr Geld, einem neuen Darlehen.

Nein, sagte der Wucherer, es läuft zu hoch auf. Sie haben gewiß Schwierigkeiten genug mit dem, was ich Ihnen schon gegeben habe.

Nicht im geringsten. Da irren Sie sich. Außerdem stirbt mein Onkel bald. Ich habe eben einen Brief bekommen: er stirbt in allernächster Zeit.

Ja, wir wollen's hoffen! sagte Otto Mengel.

Aber er wollte dem Löwen nicht mehr helfen.

Und es kamen peinliche Tage für den Löwen. Er hatte angekündigt, er wolle sich bei Frau Anderson versichern lassen, und konnte nun nicht Wort halten. Schließlich bekam er eines Tages ein Telegramm, daß der Onkel tot wäre, und der Grossist Otto Mengel war nun gleich mit dem Gelde bei der Hand. Aber so etwas an märchenhaften Zinsen hatte der Löwe noch nicht bezahlt. Und doch schwieg er zu allem, denn er selbst hatte das Telegramm geschrieben.

Dann geschieht es in einer dunklen Nacht, daß sich wieder eins von Frau Andersons Fenstern öffnet und ein Mann herausspringt. Der unglückselige Etatsrat Adami liegt da oben auf der Lauer und kann das Ganze sehen, aber nichts, gar nichts anderes anfangen. Am Morgen aber nahm er den Generalkonsul mit und untersuchte die Spuren unter Frau Andersons Fenster.

Aparte Spuren sind's, sagte der Generalkonsul.

Sie stammen von Stiefeln mit Eisenbeschlägen unter den Absätzen, so wie die Bauern sie haben, sagte der Etatsrat.

In der nächsten Nacht leuchteten sie auf alle die Schuhe, die zum Putzen in die Korridore hinausgesetzt waren, und sie fanden ein Paar mit Absatzeisen: es waren die Schuhe des Versicherungsagenten Anderson.

Noch nie hatte die zwei alten Herren so ein Erstaunen gepackt. Aber beide waren empört und wollten es nicht länger dulden. Im Laufe des Morgens gaben sie dem Agenten ein paar kleine Winke, und auch der leichtsinnigen Frau wollten sie ein bißchen Quälerei nicht ersparen.

Es waren Leute vor Ihrem Fenster heute nacht, sagte der Etatsrat.

Ja, sagte auch der Generalkonsul, gerade vor Ihrem Fenster. In der tiefen, dunkeln Nacht.

Was sagen Sie! erwiderte Frau Anderson. Waren es Diebe?

Ein Mann von gedrungener Gestalt. Dreißigjährig. In dunklem Anzug. Mit Absatzeisen unter den Stiefeln, wie die Bauern sie tragen.

Ich getrau' mich nicht mehr, in dem Zimmer zu schlafen.

Und sie sollte auch keine Gelegenheit mehr haben, in dem Zimmer zu schlafen.

Im Lauf des Tages war Frau Anderson nirgends zu finden, ihr Platz am Mittagstisch stand leer: Daneben stand noch ein leerer Stuhl: der des Versicherungsarztes. Wo sind sie geblieben, wo können sie nur geblieben sein? fragten alle und jeder. Aber Versicherungsagent Anderson aus dem Nachbarland biß in seinen Schnurrbart und war firm und fest anzusehen wie eine große Verschwörung.

Seine Mienen wurden keineswegs milder, als die Wirtin ihn auf ihr Kontor berief und ihm mitteilte, daß man ihn in der Nacht das Zimmer der Frau Anderson durchs Fenster habe verlassen sehen.

Und was weiter? sagte Anderson.

Der Herr Direktor sollen abreisen, sagte die Wirtin. So etwas wird in meinem Hause nicht geduldet.

Anderson murmelte:

Wenn das nur das Ärgste wäre, daß ich in ihrem Zimmer war und jetzt abreisen soll.

Ich habe nach einem Wagen für Sie geschickt.

Aber das Ärgste ist, daß *sie* jetzt abgereist sind, fuhr Anderson fort. Und können Sie mir vielleicht sagen, wohin sie gereist sind?

Darin kann ich Ihnen nicht dienen, erwiderte die Wirtin.

Anderson sprach mit sich selber:

Mißtraut hatte ich ihnen schon lange. Aber ich hoffte, daß sie sich bezähmen würde hier an dem fremden Ort.

Es kommt mir so vor, als wären Sie es, der sich nicht hat bezähmen können.

Anderson begann erregt zu werden und erwiderte:

Ich mußte zu ihr hinein, um die Papiere fertig zu machen, ich mußte die Policen unterschreiben. Begreifen Sie nun?

Was haben Sie mit den Policen der Frau Anderson zu tun? Sie ist doch eine fremde Dame für Sie.

Die? Eine fremde Dame? Meine Frau ist sie, und weiter nichts.

Ihre Frau? fragte die Wirtin mißtrauisch.

Sie war meine Frau! schrie Agent Anderson. Hier hab' ich mich abgeplagt und bekam kein Geschäft zustande, da schrieb ich ihr, sie solle kommen. Und nun ist sie mit dem Doktor auf und davon. Hintergangen haben mich die zwei; sie haben alles Geld mitgenommen.

Da schwieg die Wirtin eine volle Minute lang und dachte über die Sache nach. Sie hatte noch einen kleinen Verdacht.

Seine eigene Frau kann man ja am Tage besuchen, sagte sie und nahm einen kleinen Anlauf.

Kann man seine eigene Frau nicht auch in der Nacht besuchen? fragte Anderson verbittert...

Nun durchfuhr die ganze Pension ein Schock, alle Herren merkten, daß die listige Frau sie hinters Licht geführt hatte. Agent Anderson legte ein Papier nach dem andern vor und bewies, daß die Dame seine Ehefrau war. Das mußte als unzweifelhaft gelten, und sie hatten beim Versichern der halben Pension ja gemeinschaftlich gehandelt. Der Löwe Oxentand hätte seine Lebensversicherung am liebsten annullieren mögen, aber er mußte den Mund halten, des unseligen Telegramms wegen. Etatsrat Adami und der Generalkonsul drohten Anderson mit einer Anzeige.

Bitte, tun Sie's! erwiderte der Agent. Sie haben sich bei mir versichert, die Policen sind in Kraft, mein Name hat sie gültig gemacht.

Und Agent Anderson brauchte die Pension nun nicht einmal Hals über Kopf zu verlassen, wie ursprünglich verlangt worden war. Alle Herren verurteilten den Geschäftskniff, die eigene Frau als Zwischenhändler zu verwenden; aber die Damen nahmen für den Agenten Partei und begannen, ihm das Leben durch weitgehendes Mitgefühl erträglicher zu machen. In der Freude darüber, daß die gefährliche Frau verschwunden war, gingen sie sogar so weit, daß sie dem Agenten in seinem Mißgeschick direkt Trost zusprachen.

Sie wird schon wieder kommen! sagte Frau Milde. Sie wird einsehen lernen, daß Sie und kein anderer in der ganzen Welt der Rechte sind. So geht mir's wenigstens mit meinem Manne.

Und auch Frau Trampe, die Schönheit, die der dunkeläugige Versicherungsarzt elendiglich hinters Licht geführt hatte, erklärte, daß es auch ihr nicht anders mit ihrem Manne gehe, ja, daß er der einzige auf Gottes Erdboden sei...

Aber Agent Anderson trauerte auf seine eigene Art.

Natürlich kommt sie wieder, sagte er. Ich erwarte sie, denn

sie ist so tüchtig im Versicherungswesen. Aber brennt sie noch einmal mit den Prämien durch, so kommt sie mir zu teuer zu stehen, sagte er.

Drei Wochen darauf traf denn auch ein Brief von der durchgebrannten Frau ein, daß sie sich ihm jetzt zu Füßen werfe und auf ihres Mannes Schwelle kniefällig Vergebung erbitte. Und ihre Augen seien voll Tränen, so stand da. Und nach dem Doktor frage mich nicht, stand weiter da, denn der ist davongereist auf Nimmerwiedersehen.

Agent Anderson mußte unwillkürlich nicken:

Was habe ich gesagt! Ist sie vielleicht nicht wiedergekommen! Aber tut sie's noch einmal und nimmt sie die Kasse mit, so laß ich einen Steckbrief hinter ihr los.

Und Agent Anderson reiste nach Hause.

Am gleichen Abend ging Frau Trampe, die Schönheit, umher und rang die Hände vor lauter Gesundheit. Sie hatte Zeit gehabt, den Doktor zu vergessen und ihre Gefühle für den Löwen Oxentand wiederaufleben zu lassen. Und da der Löwe Oxentand gleichfalls wieder vollständig genesen war dank der Landluft und dem Meere, so erfreuten die beiden sich aneinander wie nie zuvor.

Er schlang die Arme um sie und sagte:

Nun *können* Sie meiner ewigen Liebe nicht länger entgehen.

Sie hatte keine abweisende Antwort zur Hand, sie lächelte und flüsterte: In wonniger Sommerzeit... Und kein Nein entschlüpfte ihrem Munde.

Etatsrat Adami sah keinen Ausweg, als ausschließlich zu Frau Milde zurückzuflüchten. Doch die nahm Rache an ihm, und das gehörig, weil er einmal in seiner Raserei bloß ihr Bruder hatte sein wollen: zwei Abende lang sah und hörte sie keinen andern als den poetischen Generalkonsul. Erst am dritten Abend sagte sie: Zur Probe! und ließ alles wieder gut sein zwischen sich und dem Etatsrat.

Lieschens Sieg

Die Eltern wollten diesmal in der Sommerfrische völlige
Ruhe haben, darum nahmen sie die Oma mit. Oma, Landpa-
storenwitwe aus dem Hannoverschen, bei ihrem letzten Besuch vor drei Jahren war sie von den begeisterten Kindern
›Brummelchen‹ getauft worden. Oma konnte den Eltern gut
und gerne einmal die neunjährige Helga und den sechsjähri-
gen Dieter abnehmen.

Leider erwies Oma sich als Niete, mehr noch, als Bela-
stung. Der Vater geriet schon innerlich ins Kochen, wenn er
die Ohrfeigengesichter seiner Sprößlinge betrachtete, die
den Märchen und Sagen aus Omas Mund lauschen sollten.
Und dann hatten die Kinder eine verfluchte Manier, mit den
engelhaftesten Gesichtern des Himmels Omas hannoversche
Aussprache nachzuahmen. Mit liebevollster Besorgtheit er-
kundigten sie sich nach ›Ömäs Umschlägetuch‹, nein, verbesserte Helga, nach ihrem ›Schööl‹.

Am nächsten Tage brach Oma zusammen und löste sich ob
der Herzlosigkeit dieser modernen Kinder in Tränen auf; als
dann am achten Tage ein versulztes Quallennest in ihren
Zugschuhen gefunden wurde, reiste sie ab.

Frei stand es den Eltern, zu überlegen, wie in den letzten
drei Wochen der Erholungszeit das noch unter den Berliner
Standard gesunkene Nervenniveau des Vaters zu heben sei.
Nach dem Satz ›Kinder werden am besten von Kindern erzogen‹ wurde am zehnten Tage ein vierzehnjähriges Fischer-
mädchen aus dem nahen Dorf als Spielgefährte und Aufsicht
für Helga und Dieter eingestellt. In dieser Nacht kamen die
Kinder schlecht zum Einschlafen. Erstens war ihnen eine
richtige Fischerstochter versprochen, mit Namen Lieschen
Ahlf, zweitens war sie auch noch ein Stiefkind, denn ihr Vater hieß Albert Bienenweg. Es war das erste Stiefkind im Leben der Kinder, nach so vielen Stiefkindern der Märchen,

und ein Fischer, der Bienenweg hieß, eröffnete neue Horizonte.

Lieschen Ahlf stellte sich ein und war eine grenzenlose Enttäuschung. Mit ihren derben, wollenen Strümpfen, einem schwarzweiß karierten Sonntagsrock, einem Rattenzopf im Nacken (strohgelb), stand sie ziemlich verlegen vor ihren Schützlingen. Wenn nicht ihre grellen, scharfen Augen gewesen wären, hätten die Eltern gleich wieder den Kampf aufgegeben. So aber erklärte der Vater: »Am besten überlassen wir die drei sich selbst.« Und die Eltern machten endlich einmal einen langen Fußmarsch ganz für sich allein.

»Kratzt dich denn die Wolle nicht?« hatte Helga gefragt und auf die braunen Storchenbeine gezeigt.

»Nää«, hatte Lieschen schön pommerisch breit geantwortet.

»Warum trägst du denn keine Florstrümpfe?« war die zweite Frage gewesen.

»Dat is Wull von uns Schoap!«

»Von uns Schoap!« hatten die Kinder gejauchzt und unter gellendem Kriegsgebrüll einen rasch erfundenen Schafstanz um Lieschen ausgeführt.

Dann waren sie, unbekümmert um ihre Behüterin, an den Strand gestürzt und hatten sich um Verschärfung des Kriegszustandes mit einer Reihe ›einfach gräßlicher Kinder‹ bemüht. Sie hatten, stets gefolgt von dem schweigenden Lieschen, in einer verhaßten Burg mit ihren schwachen Kräften einen Strandkorb umgestürzt, sie hatten die schön aus schwarzen und weißen Muscheln gelegte Inschrift ›Nymphenburg‹ einer bayrischen Feste zerstört, und Lieschen wäre beinahe dafür von einem zornroten Elternpaar in Stücke gerissen worden. Sie rettete sich durch Dooftun und Plattsprechen.

Hätten die Eltern bei ihrer abendlichen Rückkehr nur einen kleinen Teil all dieser und mancher andern Schandtaten erfahren, wäre es wohl rasch mit Lieschens Hüterrolle und Geldverdienst zu Ende gewesen. Da aber Lieschen und die Kinder schwiegen, ging es weiter. Immer das gleiche Lied: zwei unbändige Rangen und ein schweigend folgendes Lieschen.

Bis sie eines Tages sagte: »Morgen kumm ick nich.«

»Neese!« hatte der hoffnungsvolle Dieter geantwortet.

»Wat?« hatte Lieschen gefragt.

Und mitleidig hatte Helga erklärt: »Du hast wohl die Neese voll von uns?«

»Ick möt tu Hus blieven, uns Kauh ward melk. Schall en Kalv kriegen.«

Stillewerden, Stummheit, Schweigen. Gedankenvolle Ruhe von Helga und Dieter.

Und am nächsten Nachmittag wurden die Eltern mit rührender Besorgnis zum Schlaf geleitet, die Kinder würden auf dem Grasplatz Ball spielen, bis Lieschen käme.

Den dreiviertelstündigen Weg zum Fischerdorf legten Helga und Dieter in einem fast nicht unterbrochenen Trab zurück. Dann erkundeten sie kühn, sich Hand an Hand haltend, beim Krüger des menschenleeren Ortes das Haus vom Fischer Albert Bienenweg, besahen sich es fünf Minuten von der andern Straßenseite.

Aber nichts rührte sich. Sie klinkten an der Tür. Aber sie war verschlossen. Sie trauten sich auf den Hof. Aber dort waren nur die Hühner.

»Wie findst du das?« fragte Helga empört.

»Hat uns veräppelt«, antwortete Dieter. »Ist doch ausgerissen.«

Dann hörten sie das Muhen einer Kuh, wagten sich an die Stalltür – und standen vor Lieschen.

Aber es war ein sehr verändertes Lieschen, Lieschen nur in einem Hemd, in einem grüngestrickten Unterrock und in Tüffeln. Lieschen war Stallwache, denn Vater Bienenweg war zum Aalstechen auf dem Boden, und Mutter Bienenweg mußte unbedingt Kartoffeln hacken. Mit Lina würde es wohl erst in der Nacht soweit sein.

»Doar sünd ji joa!« hatte das veränderte Lieschen nur gesagt. »Dat hev ick mi all lang dacht. Sett juck doar rein still up den Stallemmer!«

Und siehe da, Helga und Dieter, die sonst so Überlegenen,

setzten sich wirklich fein still auf die umgekehrten Stalleimer und sahen sich nur mit großen Augen im Stall um, der schön sommerlich von Fliegen durchburrt war. Direkt vor ihnen stand die große schwarzbunte Kuh, schlug mit dem Schweif nach ihren Flanken, warf dann und wann den Kopf leise muhend hin und her und trat ständig von einem Fuß auf den andern.

Nach einer Weile schien es Helga an der Zeit, Erkundigungen einzuziehen. »Wo hat sie denn das Kalb?« fragte sie.

»Du Schoapsmichel!« sagte Lieschen. »In'n Buk!«

Von keinem Menschen hätte sich Helga widerspruchslos Schafsmichel titulieren lassen, jetzt nahm sie es wie selbstverständlich hin. »Wie kann es denn da raus? Schneidest du sie mit dem Messer auf?«

»Dösbartel!« sagte Lieschen nur, aber eine tiefe Verachtung lag darin. »Nu swieg man still. Du stürst Lina bloß.«

Sicher saßen die Eltern jetzt längst am Kaffeetisch, aber es war natürlich kein Gedanke daran, aus diesem geheimnisvollen Stall fortzugehen, in dem immer wieder die Kuh sich unruhig nach den Kindern umsah.

Leise flüsterte Lieschen: »Töv, Lina, töv. Modder möt glik koamen!«

Und Lina drehte den Kopf zu Lieschen und muhte zurück.

Aber sie wartete doch nicht. Plötzlich hatte sie den Schwanz steil in die Höhe gereckt...

»Doar is't all!« rief Lieschen aufgeregt. »Nu möten wi dat Kalv hoalen! Kumm her, Helga, foat an!«

Und ehe Helga noch wußte, was eigentlich los war, stand sie in ihrem weißen Kleid an der Kuh, die ihr ungeheuer groß vorkam, hatte einen wachsgelben, unendlich zarten Kälberhuf in der Hand... Und nun kam eine zarte duffe Schnauze zum Vorschein, die blauen Augen, der ganze Kopf...

Helga schrie auf, aber nicht vor Schreck, sondern aus irgendeinem aufgeregten Glück heraus – und dann war ganz schnell etwas unendlich Langes, Schwarzweißes, Seidiges da und schlenkerte zwischen den Kindern zur Erde.

Da lag das Kälbchen zwischen ihnen – atmend mit hastigen Flanken: »Loop, hoal Water, Dieter! Wat mötst du ok daun!«

rief Lieschen. »Kumm, Helga, wie möten dat Kalv vörhen na den Kauh trecken!«

Und sie faßten es an und zogen die sechzig Pfund Kalb an den Kopf der Kuh und liefen dann selbst nach Wasser, denn Dieter versagte vollkommen vor lauter Aufregung. Und sie wuschen dem Kalb das Maul aus: »Dat stickt sünst!« Und sie streuten es mit Salz ein: »Möt Lina aflicken, sünst givt sei nich Melk naug.« Und es war ein Gelaufe und eine Aufregung und frische Streu holen und wieder Warten, bis nach einer halben Stunde das Kalb nun wirklich zum erstenmal torkelnd auf seinen Beinen stand und zum erstenmal nach dem Euterstrich der Kuh schnappte.

Wolken hingen über des Vaters Stirn, als die Kinder nach Haus kamen am späten Abend, böse sah Mama aus und noch böser, als sie Helgas Kleid sah – aber welch andere Heimkehr als nach den Streichen sonst! Es war nur ein Augenblick, und das Bösesein war verflogen, und die Wolken waren vergangen. Und es war wieder ein Augenblick, und die bedenklichen Mienen der Eltern lächelten. Die Kinder erzählten und fragten, fragten und erzählten. Und spät erst kamen sie ins Bett.

Aber als die Eltern dann noch später schlafen gingen, tauchte ein weißer Schemen neben Mutters Bett auf.

»Darf ich zu dir kommen, Mama?« fragte Helga, und das war seit ein oder zwei Jahren nicht mehr passiert. So lange war es her, daß die Mutter es nicht einmal mehr wußte. Vater schlief darüber ein, so viel hatten die beiden noch miteinander zu flüstern.

Plötzlich war die Welt ganz anders geworden, aus einer Bresche in der Wand herkömmlichen Lebens war Licht gefallen auf das Kind, ein geheimnisvolles Licht, aus einer geheimnisvollen Zukunft leuchtend.

Und als dann am nächsten Tage, als sei alles wieder im alten Gleis, Lieschen Ahlf, Stieftochter des Fischers Bienenweg, bei den Kindern auftauchte, mit den kratzigen, wollenen Strümpfen, mit dem schwarzweiß karierten Rock und dem Rattenschwanz im Nacken – da faßten die Kinder beide diesesselbe Lieschen bei der Hand und liefen mit ihr gegen den Wald, voll des Entschlusses, sich von ihr Geschichten erzählen zu lassen, andere Geschichten, als Brummelchen erzählt hatte – dieselben uralten Geschichten, nur in anderer Fassung.

Das Märchen war zu ihnen gekommen, plötzlich waren die sinnlosen Streiche und Zänkereien weit weg. Irgend etwas Neues war eingetreten in ihr Leben, es konnte mit Helga wachsen, man konnte dessen nicht überdrüssig werden, es ging immer mit – Dieter freilich war noch zu klein, er würde es wieder vergessen.

Flammende Ferien

Mein Vetter Josef war Volksschullehrer in dem Dorf Neuzettel. Es hatte an fünfhundert Einwohner und lag am Fuße des Brambergs, etwa eine Wegstunde von Altzettel, das doppelt so groß war und viel moderner aussah. Denn Altzettel hatte sich entwickelt, während Neuzettel, eine spätere Siedlung, sich stets für genügend neu hielt. Neuzettel und Altzettel waren von Feldern und Wäldern umgeben, und der Schatten des Brambergs mit seiner Burgruine fiel zu verschiedenen Tageszeiten auf jedes der beiden Dörfer, am Vormittag auf Neuzettel, am Nachmittag auf Altzettel.

Mein Vetter Josef wurde allgemein ›Der Tausendsassa‹ genannt. Denn zu seinem Lehrertum war er auch Tischler, Drechsler, Töpfer, Weber, Geigenspieler, Zitherspieler, Flötenspieler und Mechaniker. Nicht nur hatte er sich die Ehebetten selbst getischlert, er verstand auch, kunstvolle Intarsien herzustellen, und baute sich die abstrusesten Apparaturen, darunter auch ein Perpetuum mobile. Es bestand aus einem großen Rad, auf dem einzelne Glasröhren in gleichen Abständen angebracht waren, so daß, wenn das Rad in Schwung gesetzt wurde, feiner Sand aus einer Röhre in die andere lief und das Rad weitertrieb. Freilich blieb dieses Perpetuum mobile nach kurzer Zeit wieder stehen. Es nahm fast die Hälfte seines Werkstattschupfens ein; und insoferne er durch Jahre daran arbeitete und verbesserte, war es wirklich ein Perpetuum mobile. Jedenfalls lag es in Vetter Josefs Charakter, eher ein ewig Bewegtes zu suchen, anstatt eines ewig Beständigen. Vetter Josefs Geige war, wie er behauptete, ein Cremoneser Instrument von Antonio Amati. Den Beinamen eines Tausendsassas verdiente er sich auch dadurch, daß er über alles in der Welt informiert war und in jeder Frage Rat und Antwort wußte. Obgleich er gern und daher ziemlich viel Bier trank und zuweilen schon am Morgen in einem leichten Schwebezustand die Schulklasse betrat, war er dennoch niemals wirklich betrunken oder auch nur im geringsten verworren und wurde in seinen Unternehmungen auch niemals durch die Wirkung des Alkohols gestört, sondern eher beschwingt.

Eines Sommers, nach meinem letzten Volksschuljahr, wurde ich nach Neuzettel zu Vetter Josef in die Ferien geschickt. Ferien waren für jenes Alter etwas Unendliches, denn sie dauerten von Mitte Juli bis Mitte September; es gab keine Pflichten, es gab keine Sorgen, und die Freiheit in Vetter Josefs Haus war unbeschränkt. Er war erst seit kurzem verheiratet, seine Frau hieß Magdalena, kurzweg Lina genannt, eines wohlhabenden Müllers Tochter und einigermaßen gemächlich in ihren Hantierungen, wie Müllersleute zu sein pflegen. Vom Wasser können sie das unmöglich gelernt haben. In Linas Haushalt war darum immer ein gewisser Grad von angenehmer Unordnung; man wußte nie genau, ob man sich in der Küche, im Wohnzimmer oder im Schlafzimmer befände, ein Zustand, der einem Knaben wohlgefällt.

Die Dorfgemeinde bestand aus Kleinbauern, von denen einige nebenbei ein Gewerbe ausübten; der eine hatte ein Wirtshaus mit einer Fleischerei, einer war Schuster, einer war Schneider und dazu auch noch Totengräber, einer war Tischler. Den eindrucksvollsten Nebenberuf hatte der Hufschmied, und zugleich einen der wichtigsten, denn damals hatte noch niemand in Neuzettel ein Automobil gesehen. Etwas oberhalb des Dorfes, gegen den Wald zu, gab es auch ein sogenanntes Schloß, das aber nichts Pompöses an sich hatte, sondern nur ein etwas längeres einstöckiges Gebäude mit einer Mansardenattika war, umgeben von einem mauerumhegten Garten. Dieses Schloß schien von niemandem bewohnt zu sein, jedenfalls sah ich nie jemanden durch das Gittertor hinein- oder herausgehen. Ich erfuhr nur, daß es irgendeiner baronalen Familie gehörte, von Zettelsdorf benannt. Eine Kirche gab es in Neuzettel nicht. Zur Messe ging man sonntags nach Altzettel.

Vetter Josef hatte Freunde und Feinde, wie sich's für einen

Mann gebührt. Der Hufschmied und der Tischer mißbilligten seine mechanischen und tischlerischen Betätigungen. Auch ich bekam das zu fühlen, denn als ich einmal dem Hufschmied bei seiner Arbeit zusah, jagte er mich mit einer Schroffheit fort, die sich nicht bloß auf mein harmloses Zuschauen beziehen konnte. Den Tischler hörte ich im Wirtshaus, wohin mich Vetter Josef gelegentlich mitnahm, einmal sagen: »Da kommt ja schon wieder der Tausendsassa«, und der Ton, in dem er dies sagte, wollte mir gar nicht gefallen.

Im Wirtshaus stand ein Grammophon mit riesigem Lautverstärker aus zerbeultem Messingblech, daraus es zuweilen krächzend erklang: »Selig die Jugendzeit: sie kommt nicht wieder«; ferner konnte man noch den Radetzkymarsch hören und überdies ein Lied über die Zukunftswunder der Technik, in dem es hieß:

>»Einst fliegt man im Luftballon, das ist gewiß,
>Für bloße fünf Groschen von Wien nach Paris.
>Und wenn einen dann so ein Gläubiger ruft,
>So macht man seinen Diener und verschwind't
>in der Luft.«

»Was ist eigentlich ein Gläubiger?« fragte ich Vetter Josef; worauf er sehr kryptisch antwortete: »Ein Gläubiger ist eigentlich ein Ungläubiger.« Von Lina jedoch ist zu bemerken, daß sie im Wirtshaus den vierten noch verfügbaren Grammophonschlager bevorzugte, nämlich ›Das Kanapee ist mein Vergnügen‹.

Meine ferialen Betätigungen machten das ganze Dorf zu meinem Spielzeug; die schnüffelnden Hunde, die streichenden Katzen, die Gänse am Dorfteich, die Kühe, Schweine und Pferde, kurz alles, was da kreucht und fleucht, diente zu meiner Unterhaltung. Unter den Dorfkindern Spielgefährten zu finden, war allerdings nicht leicht. Denn diese bildeten eine geschlossene Welt für sich, mit anderen Lebensgewohnheiten und Interessen, mit unbekannten Spielen und besonderen Pflichten. Sie sprachen Egerländer Dialekt, den ich nicht immer ganz verstand, denn in Prag, von wo ich kam, redete man das Hochdeutsch der Kanzlei des Kaisers Karl IV. Sie bekundeten vor dem Stadtjungen eine gewisse Scheu, die sich mitunter in Hohn, langen Nasen und Zungenherausstrecken umsetzte, wonach manchmal eine Rauferei folgte, in der ich nur selten die Oberhand behielt.

Menschen und Dinge waren für mich von frühester Zeit an nicht nur Beobachtungsobjekte; ich wünschte auch immer, in ihrem Leben und Weben aktiv zu werden. Insofern sie für mich etwas bedeuteten, sollte auch ich für sie etwas bedeuten. Gleichgültigkeit gegen dieses Bestreben versetzte mich in das Gefühl entmutigender Einsamkeit und Verlassenheit. Aber eine Verletzung irgendeines mit mir Verbundenen forderte unverzüglich meine Rache heraus, und zwar eine leidenschaftliche, vor nichts zurückschreckende, keine Selbstschädigung scheuende und durchaus endlose Rache.

Aber trotz des Mangels an Spielgefährten war ich sehr gerne in Neuzettel. Täglich setzte ich das Perpetuum mobile für zwei Minuten in Bewegung oder kroch auf dem Dachboden herum mit seinem paradiesischen Chaos von Krimskrams und durchstöberte dort ein paar Kisten uralter, von irgendwoher ererbter Bücher und Zeitschriften, von denen die älteste das ›Athenäum‹ der Romantiker war, weshalb es auch blattweise, am Abortnagel gespießt, in zeitgemäße Verwendung genommen wurde. Beträchtliche Lagen der Zeitschrift des Böhmischen Museums (Ehrenmitglied: Johann Wolfgang von Goethe) sicherten einen schier unbeschränkten Vorrat in dieser Richtung. Vieles von meiner frühesten Bildung habe ich dieser Stätte zu verdanken. Soviel über das Kulturelle.

Auch handwerklich begann ich mich zu betätigen. Aus dünnen schwarzen und weißen Holzbrettchen schnitt ich quadratische Felder für ein zu intarsierendes Schachbrett zurecht, zu dem Vetter Josef die Figuren sehr kunstreich drechselte. Schon als kleiner Junge war ich sehr mit Schach beschäftigt, denn in der Familie meiner verstorbenen Mutter hatte es einen Weltschachmeister gegeben, den ersten überhaupt und vielleicht den größten; und als ich kaum sechs Jahre alt war, hatte mich mein Vater Schach spielen gelehrt, so daß ich ihm die einsamen Sonntage und Abende seiner Witwerschaft hinbringen half. Vetter Josef, der bereits ein schönes Schachbrett mit Figuren besaß, arbeitete an dem neuen nur, um ein ganz besonderes, einzigartiges und individuelles herzustellen. Er hatte versucht, seiner hübschen Lina das Spiel beizubringen, freilich ohne Erfolg, denn nach den ersten fünf Zügen begann sie jedesmal müllermäßig träge zu werden und schlief alsbald unweigerlich ein. In mir hingegen fand Josef nunmehr einen enragierten Partner, beiläufig gleich stark wie er selbst. Und so war ich denn in diesem Verhältnis kein bloßes Kind mehr, sondern in der Lage, mich mit einem Erwachsenen zu messen und ihn allenfalls auch zu schlagen.

Im übrigen aber war ich ein Knabe und trieb Knäbliches, teils harmlos, teils auch weniger harmlos, ja unbedacht und sogar roh. So schoß ich mit einer Schrotbüchse vom Fenster aus in den Kirschbaum auf Spatzen, freilich nicht, weil ich es auf die unglücklichen Tierchen abgesehen hatte, sondern weil mich die Wirkung in die Ferne freute, das ›Fernhintreffende‹, das ja auch in den kindhaften Zeiten des Mythos als magische und furchtbare Auszeichnung des obersten olympischen Gottes galt. Wer deshalb glauben wollte, daß ich Tiere nicht liebte, wäre im Irrtum. Ich konnte eine Stunde damit zubringen, einen am Dachboden verirrten Spatzen behutsam auf den Weg zur Freiheit zu lenken; ich setzte Schnecken oder Raupen von der harten Landstraße sorgfältig ins Gras auf den Rain. Und ich habe zeitlebens Vasen mit Schnittblumen ungern gesehen, weil sie mir einen eigenmächtigen Gewaltakt gegen das natürliche und daher geheiligte Wachstum der lebendigen Pflanze darstellten, nicht weniger verwerflich als mein knabenhaftes Spatzenschießen, das mir übrigens sehr bald verging und wodurch für alle späteren Zeiten in mir jeder aggressive Jagdtrieb auf Lebendiges aufgebraucht ward.

So hatte ich bald schon einige Wochen in Neuzettel und seiner Welt verbracht, war an den Feldrainen heimisch geworden, hatte Wälder und Dickichte durchforscht, Pilze gesucht und Schwarzbeeren gesammelt, war Nußhähern, Rebhühnern, Feldhasen und sogar Rehen begegnet, kannte den Duft der heranziehenden Gewittersäulen und das gläserne Klingen der Sommerklarheit, unterschied die Rufe der Bauern und war vertraut mit den Winkeln des Dorfes, als ich eines Tages allein an der Schloßmauer derer von Zettelsdorf Ball spielte. Die Mauer war mein Mitspieler und schleuderte mir den Ball wieder willfährig zurück, bis plötzlich einer meiner Würfe die Mauer verfehlte und der Ball über sie hinwegflog in den Garten. Es versteht sich von selbst, daß ich keine Zeit verlor, um ihm über die Mauer nachzuklettern. Aber der Verdacht liegt nahe, daß der Ball durchaus nicht zufällig in den Garten flog, sondern daß ich bloß nach einem Anlaß suchte, das unzugänglich erscheinende, schweigsame, geheimnisvolle und gleichsam verbotene Gelände in Augenschein zu nehmen.

Was ich zunächst sah, waren nicht etwa gepflegte Beete, sondern verwildertes Gestrüpp, durch das ich mich mit Mühe zwängte, dann ungemähte Grasflecke mit einem Durcheinander von Wildblumen, einem Gewirr von Rittersporen, Pechnelken und Küchenschellen, als wäre ich auf einer Waldwiese. An einer Stelle bemerkte ich etwas wie einen unordentlichen Fußpfad, auf dem ich mich weiterwagte, bis ich plötzlich an einer Wendung des Weges vor einer Bank stand, auf der eine alte Dame saß.

»Wie kommst du da her«, fragte die Dame, »und was willst du?«

Vielleicht war sie in Wirklichkeit gar nicht so alt. Möglicherweise zählte sie nur dreißig oder höchstens vierzig Jahre. Aber sie saß da, als wäre sie alt. Ihre Frage klang nicht etwa besonders streng oder schreckerregend, sondern nur sehr bestimmt. Ich fühlte mich auch nur teilweise im Unrecht, denn ich war doch schließlich nur meinem Eigentum nachgeklettert.

»Ich suche meinen Ball«, sagte ich.

»So, du suchst deinen Ball. Also, ich werde dir suchen helfen, und wir werden gleich sehen, ob du die Wahrheit sprichst.«

Sie stand auf, und ich mußte sie zu der Stelle führen, wo der Ball beiläufig über die Mauer geflogen war. Wir begannen nun gemeinsam im Gestrüpp herumzusuchen; aber obwohl dies sehr gründlich geschah und eine ganze Weile in Anspruch nahm, war es doch erfolglos.

»Ich sehe keinen Ball«, stellte die Dame fest.

»Er muß sich irgendwo versteckt haben«, sagte ich verlegen und etwas verängstigt, daß ich nun doch als Lügner überführt erscheinen könnte. »Er ist mir wirklich über die Mauer geflogen«, beteuerte ich.

»Ich will's dir glauben«, sagte die Dame. »Komm mit mir ins Haus. Ich werde dir einen anderen Ball finden.«

Dieses nun begann eine abenteuerliche Note anzunehmen. In einem Schloß war ich noch nie in meinem Leben gewesen. Schlösser hatten, wie ich aus Büchern wußte, etwas Unheimliches. Zum Beispiel konnte es da Falltüren geben, Geheimtreppen, Verliese, Folterkammern mit einer ›Eisernen Jungfrau‹ darin, Ritterrüstungen, deren Arme einem von rückwärts unversehens schwer auf die Schultern fielen, Gespenster, die zur Mitternacht seufzend durch lange Korridore wandelten. Es war aber nicht Mitternacht, sondern strahlender Sommernachmittag. Und außerdem lockten mich die vermuteten Unheimlichkeiten ebensosehr, als sie mich beunruhigten. Auch fiel mir keine triftige Ausrede ein, um dem fast befehlend geäußerten Wunsch der Dame zu begegnen. Jedenfalls folgte ich ihr auf dem ungepflegten Fußpfad zu dem Gebäude.

Sie öffnete die knarrende, mit Eisenbuckeln verzierte und verfestigte Eingangstür und führte mich durch einen weitläufigen Raum, in dem ein aufgeschlagener Flügel stand, auf dessen Tastatur sie im Vorübergehen einen kurzen Akkord anschlug, leise und kräftig zugleich, höchst melodiös, als wollte sie eine freundliche Nebenbemerkung machen, und ging dann mit mir eine Treppe hoch in einen Raum, in dem ein großes Bett stand und eine Kommode, deren unterstes Fach sie aufzog und darin herumzukramen begann. Erst förderte sie ein Kästchen heraus, in dem sich alte Fotografien befanden, die sie der Reihe nach ansah und dann ein wenig ordnete; dann holte sie einiges Kinderspielzeug hervor, eine Puppe, der ein Bein fehlte, einen Kreisel, ein Paar kleiner Schlittschuhe, eine Springschnur und anderes Mädchenhafte, schließlich auch einen Tennisball, der noch die Spuren des aufgedruckten Firmennamens zeigte.

»Da hast du ihn«, sagte sie.

Ich bedankte mich, wir gingen wieder hinunter in den großen Raum, und ich glaubte, sie würde mich jetzt verabschieden. Aber sie sah mich einen Augenblick lang nachdenklich an und sagte dann: »Setz dich und hör zu.«

Ich gehorchte und dachte, sie wollte mir irgend etwas erzählen oder mir vielleicht eine Bestellung auftragen; aber sie setzte sich mir schräg gegenüber an den Flügel. Ich konnte ihr Gesicht, ihre Hände, aber auch ihre ganze Gestalt sehen. Das Gesicht war jetzt noch viel ernster geworden, als es schon ohnehin gewesen war. Die Hände ruhten erst eine Weile reglos über den Tasten. Die Gestalt gewann etwas Gespanntes, gleichsam zum Sprung Vorbereitetes. Dann unvermittelt schlug sie an und spielte.

Ich wußte nicht und weiß nicht, was sie spielte, ob es das Werk eines Komponisten oder die Schöpfung ihrer eigenen Fantasie war. Ich weiß nur, daß das, was da aus dem Klavier emporstieg und sich ausbreitete, sie selbst war, untrennbar von ihr, alle Gebilde rings mit einbeziehend: die Formen und Gebärden der Möbel, die Farbenspiele der Bilder an der Wand, mich selbst, der bald auch nur ein Teil dieser Klänge wurde, die ihr Blick, ihr leise schwingender Körper, ihre auf und nieder wandelnden Hände, ihre zart vibrierenden Finger durch das bewegte weiß-schwarze Band der Tasten dem Instrument mitteilten. Mein Hören war eine völlige Aufhebung der Schwere, ein süßer Verlust allen Körpergefühls, ein Übergang in neues Aggregat, eine Auflösung in Leise und Laut, in eine Welt unirdischer Beziehungen und Figuren, um sie kein Ort, noch weniger eine Zeit.

Dann fand ich mich wieder inmitten einer Stille. Auch die Dame saß unbewegt in ihrer Stille, als wäre sie nur ein Bild wie die anderen Bilder ringsum. Und dann sagte sie:

»Geh jetzt. Und komm morgen um diese Zeit wieder. Aber

geh und komm mir nicht etwa durchs Gartentor. Steig über die Mauer.«

Sie geleitete mich bis zur Tür.

»Versprich mir, niemandem zu sagen, daß du hier warst.«

Ich versprach es in ihre Hand, und sie fuhr mir mit der anderen leicht über die Schläfe. Dann lief ich zurück zu dem Gestrüpp, wo ich in den Garten gesprungen war, kletterte über die Mauer und stahl mich bei sinkender Sonne zu Vetter Josefs Haus.

Lina hatte zum Abendessen eine Nudelsuppe vorbereitet, in der einige schwärzliche Birkenpilzschnitten schwammen, ein Gericht, an dessen Genuß sich eine Diskussion knüpfte, ob Birkenpilze den Rotkoppen vorzuziehen seien oder ob nicht als Suppenschwamm eher der Schlupferling, dortzulande ›Klousker‹ genannt, die günstigste Wahl darstelle. Nachher gab es Totsch, das heißt in Fett schwimmend ausgebackene Fladen aus roh geriebenen, mit Sauermilch vermengten Kartoffeln, eine Durst anregende krustige Speise. Lina räumte dann ab und ergriff gemächlich ihr Strickzeug, um an der Herstellung einer Zipfelmütze tätig zu sein, denn man erwartete Familienzuwachs. Vetter Josef entfaltete seine Zeitung, ein nackensteifes tschechenfresserisches Organ, das den Namen trug: ›Die Wacht an der Miesa‹. Nach einiger Lektüre wandte er sich zu seiner Frau und fragte:

»Willst du mit zum Pfannerer hinübergehen?«

Er sagte nicht: Sollen *wir* etwa zum Pfannerer gehen, sondern er brachte zum Ausdruck, *er* gehe auf jeden Fall zu Pfannerer, während es Lina freistehe, mitzugehen oder daheim zu bleiben. ›Zum Pfannerer‹ hieß nämlich das Wirtshaus nach seinem Eigentümer, auf dessen Schild zu lesen stand: ›Gast- und Fleischhauerei des Emil Pfannerer‹.

Lina verstand denn auch, daß das Angebot unter der Voraussetzung einer Ablehnung erfolgt sei, gähnte ausgiebig und erklärte schließlich, sie möchte nicht zu Pfannerer gehen. Daraufhin nahm Vetter Josef Hut und Stock und schickte sich an, allein zu gehen.

»Nimm dir ein Bierglas mit«, sagte Lina.

Nun gab es zwar bei Pfannerer an sich Biergläser im Überfluß, aber das Mitnehmen eines privaten Bierglases hatte insofern einen Sinn, als man eine Kerze hineinstellte und das Ganze dann als Laterne diente, was in der nächtlichen Finsternis in Anbetracht des höchst holprigen Dorfgeländes und eines allfälligen Dusels wichtig war. Vetter Josef traf denn auch die anempfohlene Maßnahme und ging.

Ich blieb in der Fensternische sitzen, wo mich das Licht der Petroleumlampe nicht erreichen konnte, und tat gar nichts. Lina strickte mechanisch drauflos und unterbrach ihr Schweigen von Zeit zu Zeit nur durch ein langwieriges Gähnen, das sämtliche Noten der Tonleiter entweder aufwärts oder abwärts durchlief. Unter gewöhnlichen Umständen hätte ich die Situation ein wenig öde empfunden. Diesmal aber war ich glücklich, im Halbdunkel zu sitzen und mit niemandem sprechen zu müssen.

Ich dachte an die Dame. Der Begriff der ›Dame‹ war mir vertraut, schon vom Schach her: stärkste Beherrscherin aller Felder, edelste und schönste aller Figuren, die reifste auch, kein Mädchen, kein Kind. Eine Dame eben, den Ton des Spieles angebend, eine Königin mit Bauern, Türmen, Rössern und Läufern in ihrem Dienst, dem König selbst mit seiner schrittweisen Unterwürfigkeit, in seinem Bestand von ihrem Tun und Lassen entscheidend abhängig. Mit einer Selbstverständlichkeit, die nur ihr allein geziemte, hatte sie mich in das Merkwürdige ihres Seins miteinbezogen und gemeinsam mit mir ein Geheimnis errichtet gegen alle Welt, und mir so einen Bruchteil von Macht eingeräumt in ihrem Leben.

Ich schlief wenig in dieser Nacht. Am nächsten Morgen versuchte ich zwar an den Intarsiafeldern des Schachbretts weiterzusägen, aber es wollte nicht gedeihen, und ich ließ es bald bleiben. Um beim Mittagessen nicht dabeisein zu müssen, erklärte ich, einen Ausflug zur Brambergruine machen zu wollen, und lief durch die Landschaft, den Berghang hinauf, zwischen Wachholderbüschen und Granitblöcken, nur an die Stunde denkend, die mir das Erlebnis des vergangenen Tages zu erneuern versprach. Von der Höhe des Berges blickte ich über das verfallene Gemäuer hinüber gegen Bayerns weite Wälder, sah unter mir die Rauchfäden aus den Schloten von Neuzettel steigen, unterschied das langgestreckte Schloß mit seinem Zaubergarten: meine Landschaft, des Vaters Landschaft, der Dame Landschaft, Gottes Land wie alle Länder, aber mit tieferem Sinn dieses jetzt für mich!

Neuzettel lag in der Nachmittagssonne, als ich an derselben versteckten Stelle wie tags vorher über die Schloßmauer kletterte, ins Gestrüpp sprang und den Pfad zum Hause nahm. Niemand war im Garten. Ich war ohne jede Befangenheit, denn ich wußte mich im Gastrecht. Vor Ungeduld vergaß ich sogar anzuklopfen, sondern klinkte einfach die Haustür auf und trat in den großen Raum, dessen Vorhänge zugezogen waren, so daß sich meine Augen erst an das Halbdunkel gewöhnen mußten.

»Du bist pünktlich«, bemerkte die Dame. Sie wies auf einen Tisch hin, auf dem ein Teller mit Kirschen stand, und sagte: »Iß erst.«

Mir fiel ein, daß ich gar nicht wußte, wie sie hieß. Sie hatte auch nicht nach meinem Namen gefragt. Frauen in Schlössern hießen schön. Viktoria, Isabella oder so ähnlich.

»Vielleicht später«, sagte ich und nahm nicht von den Kirschen.

Sie nickte nur, und ohne sich weiter nach mir umzusehen, setzte sie sich an den Flügel. Ihre Hände vollführten einige kurze Läufe auf den Tasten, als wollte sie sich mit den Tönen erst ein wenig über das Bevorstehende verabreden. Dann hielt sie an, und ihre Haltung gewann unvermittelt eine beschwörende Strahlungskraft, der alles im Raum von nun ab botmäßig und ausgeliefert erschien. Aus unendlicher Ferne stieg ein leisester einzelner Ton, rief einige andere Töne herbei und glitt dann heran wie ein bewegter Wasserlauf, der sich jäh an dem Wehr eines dunklen Anschlags staute und aufwölbte, zur Breite sammelte, dann über das Wehr abzustürzen begann und mit impulsiver Kraft weitereilte. Hügel, Bäume und Wälder hörte ich ringsum aufstehen und das Gewässer umfrieden, das jetzt in regelmäßigen und gelassenen Rhythmen weitersprach. Hirsche röhrten, und Echos drangen aus Seitentälern. Die Sonne stand hoch. Das Wasser glitzerte. Fische stiegen und sanken als längliche silberne Blätter durch die Tiefen. Dann, aus der klaren kühlen Flut, hob sich eine Hand, hielt sich fest am Wurzelwerk der Ufererlen und zog allmählich ihren hellen Körper nach, daran die Feuchte glänzte. In schönster Freiheit erhob sie sich am Gestade wie Marmor, mit weit gebreiteten Armen wundersam enthüllt. Ich stand jenseits und sah nur das geöffnete Leuchten, den sanften Kosmos der schwebenden Welten, die Sterne des Blicks und das weiche geheimnisvolle Gewölk der Tiefe. Sie wandte sich langsam, ein Strahl liebkoste ihre Konturen, ihr Schatten streckte sich über das Wasser hin, bis er mich berührte. Ich erbebte, und sie verging.

»Früher einmal«, sagte die Dame, »ja, früher einmal war ich schön. Aber das verstehst du nicht.«

»Sie *sind* sehr schön. Schöner als alles.«

Sie lächelte.

»Genug für heute«, sagte sie. »Morgen darfst du noch einmal kommen. Aber iß jetzt die Kirschen.«

Sie setzte sich und aß mit mir.

»Daß Sie auch essen«, sagte ich verwundert.

»Sprich jetzt nicht«, versetzte sie.

Sie führte mich schweigend durch mehrere Zimmer. Die Einrichtung schien uralt und verstaubt, doch geordnet. Im letzten der Räume hing ein großes Gemälde. Es zeigte ein Mädchen, ein Kind noch, mit blauen Schleifen im Haar und einer Springschnur in den Händen, eben im Begriff, sich durchzuschwingen.

»Es ist ähnlich«, sagte sie.

Ich staunte, daß sie auch einmal ein Kind gewesen sein sollte.

Sie ging mit mir zur Gartenmauer. Im holden Unkraut des Gartens stand sie edel; und übergangslos wies mich ihr wortloser Wink über die Mauer hinüber.

Lina zog am Abend ihr Familienalbum heraus. Es war in braunes Preßleder gebunden und eigentlich eine Spieldose. Auf dem Deckel sah man in Relief die Darstellung des Trompeters von Säckingen. Öffnete man den Band, so ertönte die Melodie: ›Es ist im Leben häßlich eingerichtet‹ in seltsamem Kontrast zu den Hochzeitsfotografien. Meine Stiefmutter hatte dieses sinnreiche Spielwerk als Morgengabe für das junge Paar ausgesucht. Sie selbst hatte ein ähnliches mit in die Ehe gebracht, das auf dem Lederdeckel einen zweischwänzigen böhmischen Löwen zeigte und, wenn man es aufschlug, die Melodie des tschechischen Volkslieds spielte:

»Schlaf Havlitschek tief im Gräblein,
Unser Volk singt
Froh dein schönes Liedlein.
Schlafe du in ewigem Licht!
Der Tscheche fürchtet den Deutschen nicht.«

Das jeweilige Öffnen dieses Albums versetzte denn auch meinen deutschgesinnten Vater in Weißglut, und dem unvermeidlich nachfolgenden politischen Zank fielen mitunter Porzellanteller zum Opfer.

Die Wehklagen des Trompeters von Säckingen entfachten zwar keine Konflikte zwischen den jungen Eheleuten, mir jedoch schnitt jetzt jede Art von Tonfolge schmerzhaft ins Gemüt. Und als Vetter Josef gar auf seiner Geige die Stefaniegavotte zu spielen begann, versuchte ich unbemerkt zu verschwinden.

»Was willst du denn jetzt draußen im Finstern?« fragte er.

»Ach, nichts Besonderes. Nur die Sterne.«

»Es gibt keine Sterne. Es macht sich zum Regnen.«

»Ich habe keine Angst vor Regen.«

Es regnete sanft und sacht. Aber das störte mich wirklich nicht. Auf dem Lande gibt es kein schlechtes Wetter, denn jede Art Wetter ist ein vollkommener Teil der Natur. Der Regen tat mir gut. Ich trat mit Lust in die Pfützen und ließ das Wasser wohlig auf meinen Leib rieseln. Bei Pfannerer war noch Licht. Das Grammophon verkündete: ›Selig die Jugendzeit! Sie kommt nicht mehr.‹ Sonst aber schwieg das

Dorf. Man vernahm nur die Gespräche des Regens in den Linden und von den Wasserrinnen und das leise Rauschen des Wassermantels über der Dunkelheit.

Am Morgen schwand der Regen, doch die Wolken blieben. Das Dorf gähnte grau. Ich war zeitig in der Werkstatt. Ich gab dem Perpetuum mobile einen Stoß, und es knarrte.

»Man muß es von Zeit zu Zeit ölen«, meinte Vetter Josef. Dann machte ich mich an die Drechselbank.

»Was willst du denn dort? Gib acht. Drechseln muß man gelernt haben.«

»Laß mich's mal probieren.«

»Was willst du denn drechseln?«

»Eine Figur. Eine Dame zum Beispiel.«

»Also paß auf. Ich will's dir vormachen.«

»Ich will aber selbst.«

»Was fällt dir ein? Das geht nicht so mir nichts, dir nichts.«

Er nahm ein Säulchen Ahornholz, setzte es ein, trat auf den Fußantrieb und begann mit den feinen Messern an dem rotierenden Zapfen zu arbeiten. Die Basis rundete sich bald hervor, dann, aus ihrer Mitte, wölbte sich in zarter Schwingung der Leib auf.

»Jetzt kommt der Hals und die Halskrause. Da muß man achtgeben.«

Der Zapfen surrte, und bei den verschiedenen Ansätzen des Messers klang es leise in wechselnden Tonlagen.

»Hört sich an wie Musik. Nicht? Jetzt kommt der Kopf daran. Das ist das schwerste.«

»Laß mich's doch probieren.«

»Also, gut.«

Ich nahm das Messer und setzte an. Der Kopf brach ab.

»Siehst du? Ich hab's dir gesagt. Dazu gehört Erfahrung und eine sichere Hand.«

Der Tag kroch bedächtig vorwärts. Nach Tisch machte ich mich davon, gegen den Waldrand zu. Ganze Familien von gelben Pfifferlingen waren nach dem Regen aus den Tangeln gestiegen. Ein Specht zimmerte an einem Stamm herum. Auf kleinen Spinnwebschleiern über den Moosen da und dort glänzten winzige Wasserperlen.

Ich schlenderte außen um das Dorf, bis ich zur Schloßmauer kam. Beim Überklettern rutschte ich ab und fiel in die
Nässe des Gartengebüsches. Ich krabbelte hoch und ging
zum Haus. Der Grund quietschte moorig unter meinem Tritt.

In dem großen Raum war es fast völlig dunkel. Der Himmel außen war überzogen, und durch die geschlossenen Vorhänge drang so gut wie gar kein Licht ein.

»Setz dich. Du weißt ja, wo dein Platz ist.«

Ich tastete mich zurecht und wartete. Ich sah die Dame nur
schattenhaft. Nach einer Weile begann ihr Spiel.

Einige steile Klänge stiegen auf wie eine Gruppe von Ba-
saltsäulen. Sie ragten in Einsamkeit. Sie wurden ferner und
ferner, kleiner und kleiner in rückbezüglicher Monotonie, bis
sie schwanden. Jetzt blieb nur noch horizontlose Fläche ohne
Weltgegenden und darinnen die Dame als einzige schwarze
Vertikale. Kein Zeichen lebender Natur, kein Gras, kein
Strauch war zu erkennen. Rund um sie war nur Geröll und
Gestein. Manche Steine bildeten sich zu Kristallen, zu kleinen Prismen und zu spitzen Pyramiden, auf denen zu schreiten unmöglich gewesen wäre. Sie stand denn auch reglos.
Nur sekundenweise flammte sie leuchtend auf, aber erlosch
sogleich wieder in der Schwärze ihres Dastehens. Es war
furchtbar, gleichsam bewegungslose Töne zu vernehmen,
die Aufhebung des Sinns. Ungeheure Pausen klafften zwischen den Herzschlägen. Dann, in ihrem steinernen Reich,
neigte sie sich langsam und glitt nieder. Sie ging über in die
Kristalle. Noch sah ich sie einmal auffunkeln. Dann schloß
sich eine Druse über ihr. Was blieb, war nur schweigende
Wüste.

»Jetzt geh, und komm nicht wieder.«

Ich stand auf und hörte sie nur noch leise sagen: »Du mußt
nicht über die Mauer. Geh durchs Gartentor.«

Am nächsten Tag sagte Vetter Josef zu Lina: »Hast du gewußt, daß die Schloßliesel wieder einmal da war?«

»Woher soll ich denn das wissen? Die kommt und geht immer, niemand weiß, wann und warum.«

»Wer ist denn die Schloßliesel?« fragte ich.

»Die Schloßliesel? Der gehört das Schloß. Jedes Jahr kommt sie irgendeinmal für drei Tage und verschwindet dann wieder.«

»Wieso merkt es niemand, wenn sie kommt? Das ist doch hier ein kleines Dorf.«

»Sie kommt in der Nacht, geht nie aus und fährt wieder in der Nacht davon. Das alles geschieht immer sehr plötzlich.«

Es klang, als spräche man über eine Geistererscheinung.

»Woher weißt du denn, daß sie da war?« fragte ich.

»Man hat ein Licht gesehen in der Nacht; und heute früh die Radspuren im Straßenkot. Der einzige, der es genau weiß, ist der alte Schaubschlägen. Der kutschiert sie immer. Aber aus dem ist ja nichts herauszukriegen.«

»Also ist sie doch eine wirkliche Person?«

»Was meinst du, eine wirkliche Person? Sie ist hier geboren und aufgewachsen. Aber das war vor meiner Zeit. Nur die älteren Leute wissen von ihr. Und richtig kennt sie eigentlich nur der alte Schaubschläger, der früher immer Schloßgärtner war. Vielleicht vor zwanzig Jahren oder mehr.«

Der alte Schaubschläger wohnte allein im Ausgedinge in einem kleinen Haus am Dorfrand. Dahinter war eine Hutweide, an die sich der Wald anschloß. Ich trieb mich dort oft herum während der nächsten Tage, konnte aber des Alten nicht ansichtig werden. Er hatte ein Pferd, das tagsüber in einem Gehege graste, und im Schupfen eine Art Landauer, den er gelegentlich zu Fuhrmannszwecken verwandte.

Schließlich kam er doch einmal vor die Tür.

»Was spionierst denn du Stadtbub hier herum?« fragte er und sah mich mit einem eisgrauen Blick an.

»Ich geh' nur spazieren, weil's mir hier gefällt.«

Die Antwort schien ihn nicht zu überzeugen. Er begann an einer Sense zu dengeln, und die Schläge klangen dunkler oder heller, je nachdem er auf die breite oder die schmale Seite schlug. Das ging so eine ganze Weile. Dann sagte er:

»Was macht denn der Tausendsassa? Spielt er noch auf seiner Geigen?«

»Selbstverständlich spielt er.«

»Er sagt, es ist eine italienische. Aber ich glaub', 's ist ein Schwindel.«

»Wieso? Es ist ein Zettel innen drin. Da steht, daß es eine italienische ist. Aus dem Jahr 1630.«

»Einen Zettel kann man überall reinkleben.«

»Aber sie klingt sehr schön«, sagte ich.

Der alte Schaubschläger begann wieder mit dem Dengeln und versank gleichzeitig in Nachdenken.

»Klingt sehr schön«, sagte er dann, und man wußte erst nicht, ob er die Geige meinte oder den Klang der Sense. »Kommt halt drauf an, wer was spielt«, setzte er schließlich hinzu. »Da hab' ich schon andere Klänge gehört.«

»Was denn für welche?«

»Das werd' ich dir grad auf die Nase binden. Schau lieber, daß du fortkommst.«

Ich begann mich zu trollen und war schon ein ganzes Stück gegen den Wald zu gegangen.

»He du«, rief er mir nach, »sag dem Tausendsassa, wenn er ein Piano kaufen will, 's wird bald eins billig zu haben sein.«

Gegen Ende August gab es eine Möbelversteigerung im Schloßgarten. Gebäude und Grundstücke waren an einen neuen Besitzer gelangt. Der verwilderte Garten war voll von Menschen. Aus Altzettel, aus Pfraumberg, aus Plan, aus Tepl, sogar aus Mies waren Leute da, um an der Gant teilzunehmen. In das Haus selbst wurde man nicht eingelassen. Kasten, Tische, Sessel, Geräte aller Art, auch eine Kommode, waren vor dem Hauseingang aufgestellt, und ein Amokläufer bot schreiend zum ersten-, zum zweiten- und zum drittenmal aus. Ich sah erst eine Weile zu, dann schlich ich im Garten herum und kletterte über die Mauer davon.

Als ich am Abend heimkam, standen Josef und Lina in der Werkstatt und bewunderten das Klavier, das sich Vetter Josef für ein paar Gulden ersteigert hatte. Man hatte es vorläufig in der Werkstatt untergebracht, weil sie ebenerdig ans Haus angebaut war und der größte verfügbare Raum.

»Ein Bösendorfer«, sagte Vetter Josef stolz. »Die Schloßliesel hat immer als Mädel darauf gespielt. Dann hat sie's aber nicht mehr angerührt. Und jetzt wird sie auch nimmer kommen.«

»Du sagst, sie hat nie mehr darauf gespielt?«

»Nein, nie mehr. Nämlich seit ihr Bräutigam den Jagdunfall gehabt hat und gestorben ist. So sagen die Leute. Ein bissel verstimmt ist der Kasten. Aber dem kann man ja abhelfen. Klavierstimmen, das ist meine Spezialität.«

Er machte einen Lauf auf den Tasten.

»Laß das Klavier in Ruh«, schrie ich zornig.

»Was ist denn? Du bist wohl nicht ganz recht im Kopf.«

»Spiel nicht, oder ich lauf' davon. Ich fahr' nach Hause.«

»Der ist verruckt«, sagte Lina. »Der fantasiert ohne Hitz.«

Vetter Josef steckte sich eine Virginia an.

»Mit den Stadtkindern hat man ein rechtes Kreuz. Sind alle nichts als Nervenbinkeln«, sagte er dann.

»Beim Trompeter von Säckingen ist er auch weggelaufen«, fügte Lina anklagend hinzu.

Später gingen alle zum Pfannerer: Vetter Josef, Lina und ich. Das halbe Dorf war da und feierte die Versteigerung. Der Radetzkymarsch ertönte und das Luftballonlied, die nicht wiederkommende Jugendzeit und das Kanapee, darauf ich mir was Gutes tu. Pfannerer hatte sich ein Kanapee erhandelt. Man sprach über den neuen Eigentümer des Hauses, das umgebaut werden sollte. Ein Baumeister aus Tepl sei schon dagewesen und habe herumgemessen. Die Stube war von Tabakrauch und Biergeruch gefüllt. Der Auktionär war auch noch da und aß Knackwurst mit Essig und Zwiebeln.

»Der Herr Lehrer hat den Haupttreffer gemacht mit dem Klavier«, sagte er.

»Ja. Ist ein Bösendorfer; nur etwas verstimmt. Die Schloßliesel hat früher immer darauf gespielt.«

»Schad um die Schloßliesel«, sagte der alte Schaubschläger.

»Warum denn schad?« sagte der Hufschmied. »War eh nie da oder immer nur ein paar Tage wie ein Gespenst.«

»War ein sehr schönes Frauenzimmer«, widersprach der Schaubschläger.

»Du redst wie ein alter Steiger«, sagte der Tischler.

»Schönes Frauenzimmer, ha«, sagte der Hufschmied. »Hat ausgesehen wie eine Hexen.«

»Woher weißt du denn das, du Hergelaufener? Hast sie ja gar nicht gekannt«, fuhr der Schaubschläger auf. »Sag das noch einmal, und ich schmier dir eine über.«

»Du sei stad! Du bist der letzte! Hast wahrscheinlich mal was mit ihr gehabt!« rief jetzt der Hufschmied.

In diesem Augenblick geschah mit mir etwas Schreckliches. Wie es vor sich ging, weiß ich nur mehr nebelhaft. Ich fühlte mich aufstehen und die paar Schritte zu dem Tisch hinschwanken, an dem der Hufschmied saß. Ich stand vor ihm und starrte ihm in die Augen. Er starrte zurück und sagte unsicher: »Was willst denn du?«

Dann ballten sich meine Hände, und plötzlich – ich weiß nicht, wie das kam – fuhr meine Faust gegen sein volles Bierglas, daß es umflog und sein brauner Inhalt in einem Schwall über den Tisch hinweg sich auf den Hufschmied ergoß.

Einige Sekunden lang herrschte versteinerte Stille in der Gaststube. Ich sah nur noch, wie der Hufschmied aufstand und seinen Arm streckte. Dann wurde mir schwarz vor den Augen.

Als ich langsam in einem Winkel unter der Bank zur Besinnung gelangte, war eine tobende Wirtshausschlacht in vollem Gange. Alle schienen auf alle einzuschlagen, Schimpfwörter schwirrten, Fausthiebe krachten, es war, als hätten sich die Leute verzehnfacht; mitten in das Gewühl ließ der Wirt den Radetzkymarsch dröhnen, und groteskerweise hörte ich mich dazu einen alten Prager Begleittext summen:

»Radetzky, Radetzky, der war wirklich fein:
Kartoffeln gab er der Armee, das Fleisch fraß
er allein«,

so lange, bis irgendein gutgezielter Bierglasschuß in die Grammophonposaune schmetterte und die Melodie zerbrach. Plötzlich aber riß jemand die Tür auf, und durch das allgemeine Geschrei kreischte es: »Feuer! Der Stadel brennt beim Tausendsassa!«

Für einen Augenblick erstarrten alle in ihren Stellungen, mit erhobenen Fäusten, Biergläsern, Stuhlfüßen. Dann begann ein Laufen und Rennen, und in wenigen Augenblicken war ich allein in der Stube.

Ich schleppte mich nach, und draußen sah ich die Werkstatt in Flammen stehen. Man rief und schrie in allen Stimmlagen. Die Dorfspritze fuhr an, und vom Teich her flogen Eimer und Kübel von Hand zu Hand. Vetter Josef rannte auf und nieder und versuchte in den Anbau zu gelangen, um einiges zu retten. Man mußte ihn mit Gewalt zurückhalten.

»Bist doch versichert«, hörte ich jemanden sagen.

»Aber nicht das Klavier«, rief Josef. »Und die Geige, um 's Himmels willen, meine Geige!«

»Ist doch eh nicht echt«, schrie der alte Schaubschläger.

»Wieso nicht? Eine Cremoneser«, jammerte Josef, »in Podersam hab' ich sie gekauft, von meinem Lehrer.«

»Streitets nicht herum! Tuts lieber was!« brüllte der Tischler. Aber es war nicht viel zu tun. Das Feuer loderte erbarmungslos. Das einzige, was man tun konnte, war, es vom Wohnhaus zu isolieren. Man konzentrierte die Wasserspritze auf die Hauswand und den Dachstuhl. Aus den Werkstattfenstern sprangen die Flammen, und man konnte bald diesen, bald jenen Gegenstand unterscheiden, der zusammenbrannte. Ich sah das Perpetuum mobile in eine rasende Drehung geraten und dann auseinanderfliegen; ich sah den Deckel des Klaviers sich krümmen und hochbäumen; und es schien mir, als ob das flammende Instrument frenetische Akkorde von sich gäbe, bevor es niederbrach und nicht mehr zu sehen war. Ich war inzwischen völlig zu mir gekommen und fühlte keine Schmerzen mehr, aber obwohl ich mich hätte nützlich machen können, kauerte ich reglos in einem finsteren Gebüsch und sah nur zu. Gegen Morgen war von der Werkstatt nichts übrig als ein paar schwelende Balken und schwarzgebrannte Grundmauern. Das Wohnhaus war unbeschädigt geblieben.

Am Vormittag kamen die Behörden, die Gendarmen aus Altzettel und ein Mann von der Versicherungsgesellschaft. Man suchte die Ursache des Brandes zu ermitteln. Aber niemand konnte Auskunft geben. Die Leute waren ja im Wirtshaus gewesen oder hatten schon geschlafen, als das Feuer ausbrach.

Mich fragte niemand.

Aber hätte man mich gefragt, vielleicht hätte ich dann von einem Funken der Vernichtung erzählen können, der aus meiner Seele hinübergesprungen war in den alten Flügel, von einem glimmenden Tiefenfeuer, das hervorbrechen mußte, damit das Beendete groß und edel sein Schicksal schließe und das Schöne nicht untergehe im Widersinn der Gewöhnlichkeit. Aber wie hätte denn ich, der Knabe, dies zu sagen und zu erklären gewußt, und wer hätte es auch begriffen!

Vetter Josef brachte mich einige Tage später zur Bahnstation nach Altzettel. Von dem kurzen Perron sah man den Bramberg mit seiner Ruine in der Klarheit des Spätsommers, die blauschwarzen Fichtenwälder am Abhang und die schon abgeernteten Felder. Es war das letzte Mal, daß ich Vetter Josef sah.

»Schade«, sagte er beim Abschied, »das Schachbrett haben wir nicht zu Ende machen können. Und auf dem Klavier hab' ich auch nicht gespielt. Nicht einmal gestimmt hab' ich es. Aber wozu erzähl' ich dir das? Du bist ja eh nicht musikalisch.«

JOHN UPDIKE

Der Bademeister

Kein Zweifel, ich bin ein toller Bursche. Im Herbst, im Winter
und im Frühling komme ich den Pflichten eines Studenten
der Theologie nach, und im Sommer schlüpfe ich in eine andere Haut und werde zum Bademeister. Meine ein wenig
schmächtige und zart behaarte, aber durchaus nicht un-
männliche Brust wird braun. Mein glatter Rücken nimmt einen Karamellton an, und wie etliche meiner Teenager-Tra-
banten mir versichern, verleiht mir dieser in Verbindung mit
dem Schlagrahmeindruck, den mein weißer Helm macht, ein
köstlich eßbares Aussehen. Meine Beine habe ich selber im
Auge, wenn ich auf meinem erhöhten Holzsitz throne und
sie gespreizt von mir strecke: sie haben sich stumpf-ahorn-
walnußfarben verfärbt, und das unterstreicht ihre ohnehin
schon auffällige Kraft. Die Haare an meinem Körper sind entsprechend gebleicht, so daß meine Beine die durchdringende
Eleganz von umbrabraunen Staubgefäßen zur Blütezeit haben, wenn sie überpudert sind mit Pollen.

Neun Monate lang im Jahr wühle ich mich mit blassen
Händen und brennenden Augen durch endlose Seiten biblischen Textes, dem unsinnige Kommentare aufgepappt
sind; durch vielbändige Apologetiken, die in verlogen
freundlichem viktorianischen Tonfall gehalten und in hauch-
zart aufgerauhte Einbände aus feingefurchtem, vergilbtem
Rot gebunden sind; durch Handbücher der Liturgik und
Dogmengeschichte; durch die verwirrenden Doppelbödig-
keiten von Tillichs theologisch-politischem Geschäft; durch
die milden Tischgespräche von Vater D'Arcy, Etienne Gil-
son, Jacques Maritain und ähnlichen Modernen, die es sich
irrtümlicherweise im exquisiten antiken Mobiliar und den
überquellenden Speisekammern des gastfreundlichen Heiligen Thomas bequem gemacht haben; durch die furchterre-
genden Versuche Kierkegaards, Berdjajews und Barths, Gott

ins Sein zu peitschen. Ich schwanke entsetzt auf der Leiter aus Minuszeichen, mit der die Theologen die Leere überbrücken wollten. Wie ein Einbrecher schleiche ich mich ins Haus des Naturalismus, um das Silber zu stehlen. Einem Akrobaten gleich schwinge ich mich von einem Strohhalm zum andern. Newmans schillernde Spinnengewebe zerreißen mir unter den Händen. Pascals Schultafelmathematik wird von einer vorbeistreifenden Schulter ausgelöscht. Die bei Kerzenlicht so erstaunlich kraftvoll wirkenden Höhlenzeichnungen jener uranfänglichen Magier Paulus und Augustinus verblassen, bei Tage gesehen, zu bloßer Anthropologie. Die unterhaltsamen Produkte von Flirts mit der Literatur, die Chesterton, Eliot, Auden und Greene – ob sie das Christentum nun als pastellenen Wald betrachten, der für einen Wildling aus dem Märchenland entworfen ist, oder als köstlich miasmatische Grube, aus der mit mechanischen Schaufelvorrichtungen Chiaroscuro gefördert werden kann – am Ende stimmen sie allesamt, trotz der komischen Vielfalt an Klingeln und Schlaghämmerchen, unweigerlich die Melodie des reichen Jünglings an, der an Judäas Küste voll Entsetzen sich weigerte, alles zu verkaufen, was er besaß.

Während des restlichen Jahresviertels dann halte ich meine Augen auf ein Laken aus gleißendem Sand gerichtet, dem die Runen nackter Menschenleiber aufgeprägt sind. Daß es keinen Unterschied gibt zwischen meinen beiden Studienfächern, daß die Texte des Fleisches diejenigen des Geistes ergänzen, ist der naheliegende Hauptgedanke meiner Rede.

Auf die Rückenleiste meines Bademeister-Sitzes ist ein Kreuz gemalt – gewiß, ein rotes Kreuz, das für Bandagen, Schienen, Ammoniakdestillate und Sonnenbrandsalben steht. Gleichviel, es tröstet mich. Jeden Morgen, wenn ich auf meinen Stuhl klettere, wenn meine athletischen und jugendlich flaumigen Zehen gewandt die Latten umkrallen, die eine Leiter bilden, ist mir, als stiege ich in eine riesige, steife, großzügig geschnittene Amtstracht.

In dieser wie in meiner andern Rolle hocke ich wachsam am Rande einer Unermeßlichkeit. Daß die See, mit ihrer Vielgestaltigkeit und ihren geheimnisvollen Bewohnern, ihren wilden und unergründlichen Zornausbrüchen, uns als göttliche Metapher nicht mehr ausreichend dient, zeigt, wie böse der Humanismus die Früchte unseres Glaubens verdorben hat. Wir suchen Gott jetzt in Blumen und guten Taten, und die blauen Unendlichkeiten, die die kleinen Landkrusten umgeben, auf denen wir unser Leben zu seinem unbefriedigenden Schluß führen, sind von der Wissenschaft mit *horror vacui* überzogen worden. Ich selber kann es kaum ertragen, an die Sterne zu denken oder daran, die Sterblichkeitsziffern der Korallen zu schätzen. Aber von meinem Sitz aus sieht das Meer, das ein wenig aufgebläht wird durch die erhöhte Perspektive, wie ein dunstiger alter Herr aus, der sich's auf einem gewaltigen Lehnstuhl bequem gemacht hat; die Armlehnen dieses Sessels sind die Arme der Bucht, und der frischgewaschene Himmel ist das Schondeckchen. Segelboote gleiten über des Alten Fläche wie müßige und beziehungslose, aber wohlwollende Gedanken. Das Brausen der Brandung ist das rhythmische Auf und Ab seiner kräuselig genähten Weste, während er atmet. Bedenkt dies: wir tauchen mit einem Schock ins Meer; unsere Haut und unser Blut schreien Protest. Aber wenn dieser Augenblick, dieser jähe Übergang, vorüber ist, was wird uns dann? Ekstase und statischer Auftrieb. Das Schwimmen bietet ein Gleichnis. Wir wehren uns und kämpfen und gehen unter; wir geben nach, obschon in Verzweiflung, und treiben und sind gerettet.

Von welcher Furchtsamkeit zeugt es, von welch einer Ahnung, daß ich mich versündige, wenn ich allein schon diese offizielle Überlegung derartig vertrackt vorbringe. Verzeiht mir. Ich bin noch nicht geweiht; ich bin zu verwirrt, um mich mit dem Hauptthema zu befassen. Meine Befugnisse bestehen nur am Rande, drum will ich mich beschränken auf den Schimmer des Fleisches, mit dem dieser besondere Rand, dieser Küstenstreifen, jeden Tag versehen wird.

Hier spult sich der Film des Lebens rückwärts ab. Die Alten sind die ersten, die erscheinen. Sie führen ein müßiges Leben und haben die Gnade des Schlafes verloren. Jeder Menschenkörper ist eine Uhr, die Zeit verliert. So jung wie ich bin, kann ich doch die Proteinsäuren ticken hören in mir; ich liege zur Unzeit wach und fühle in der bebenden Finsternis und Stille, wie mein Tod auf mich zurast gleich einem Expreßzug. Je älter wir werden und je weniger Tage uns bleiben, desto tiefer trifft uns der weckende Dolch des Morgengrauens. Die alten Damen tragen breite Strohhüte und im Schatten dieser Hüte ein Lächeln, das ebenso breit ist und das sie sich gegenseitig schenken, sich und auch den salzigen Muscheln, die sie im morgenglatten Sand finden, und sogar mir, der ich mit verhangenen Augen dasitze nach meinen nächtlichen Zerstreuungen. Die Herren sind oft recht ungereimt; verwitterte weiße Beine tragen bronzebraune Tonnenleiber, die absurd potent wirken und starren von weißflockigem Haar. Wie diese alten Hähne sich brüsten mit ihrer ›Kondition‹! Mit welch einfältiger Geschicklichkeit sie im eisigen Wasser schwimmen – freilich immer schlau am Ufer entlang, da, wo es so tief ist, wie sie hoch sind.

Dann kommen die Mittelaltrigen, beladen mit Kindern und Aluminiumstühlen. Die Männer sind gezeichnet von den Merkmalen ihres Berufs: der Tankstellenwärter hat rote Unterarme, der Maurer oder Zimmermann das blasse X auf dem Rücken, das von den Trägern des Overalls stammt, der Muschelsammler hat seine eingekerbten Fesseln. Das Haar auf ihren Körpern wuchert in so vielen Mustern wie dichtes Gras. Die Frauen sind runzlig, aber fruchtbar, wie die irakischen Flüsse, die den Keim unserer Kultur ausgebrütet haben. Ihre Kinder sind abscheulich. Aus ihren mageren Gesichtern schielen alle Laster, Begierden, mißlichen Dringlichkeiten der Erwachsenen, nur daß sie noch nicht gemildert sind von der Schweigsamkeit und Müdheit der Reife. Vielleicht, daß hier und da ein Mädchen, die älteste Tochter, in gestricktem Badeanzug mit grünen purpurnen braunen Querstreifen, langsam, bedächtig die Füße setzt und beunruhigt ist von der Dämmerung, die in ihrem runden, glatten Körper aufsteigt, ihr irgendwann die Taille einschnüren wird, ihr den Hals schon in die Länge gezogen hat.

Zum Schluß kommen die Jungen. Die jungen Matronen schleppen fette, verhätschelte Säuglinge an, die den Sand in sich hineinschlingen wie Zucker und selig in die Brandung watscheln, so daß ich kerzengerade in die Höhe schieße auf meinem Thron. Meine Pfeife trillert. Die Mütter heben witternd die Köpfe. Viele dieser Frauen sind schon wieder schwanger und liegen in ihren losen Kitteln träge da wie wiederkäuende Kühe auf der Weide. Sie schnattern über Politik und rauchen unablässig und blicken bestürzt, als ein Dreiergespann flachbäuchiger Nymphen vorbeipromeniert. Diese Jungfrauen ziehen aller Augen auf sich. Der muntere Rotkopf mit Sommersprossen und weißen Füßen, der sich gegen seinen Knaben wirft und darum bittet, untergetaucht zu werden; die feierliche Brünette, die die Vase ihrerselbst mit angehaltenem Atem trägt; die Blonde mit den Grübchen und einem Lätzchen-und-Windelhöschen-Bikini: Flaum überzüngelt ihr Zwerchfell, so daß es leuchtet wie ein Katzenbauch. Lust und Sonne machen mich gleichermaßen benommen.

Ihr findet es anstößig, daß ein Theologiestudent Gelüste hat? Was für Philister die kirchlich Ungebundenen sind! Sind denn unsere Ausfälle auf das Übernatürliche nicht wollüstig, sind sie nicht obszön in gewisser Weise? Wenn ihr nur wüßtet, auf was für de Sadesche Verirrungen, auf was für erschreckliche psychologische Höhlenforschung unsere vornehmen, transzendentalen Professoren uns ansetzen, als Vorbereitung für unser Wirken, das im Dunkel leuchten soll.

Ich fühle, wie meine Lust mich zum Glühen bringt; ich werde kalt auf meinem Sitz, wie eine Fackel aus Eis, indes ich Schönheit studiere. Ich habe dies Fach lange studiert, kenne mancherlei Badeanzugsmoden und Gesichtsausdrücke und bin zu diesem Schluß gekommen; die Schönheit einer Frau beruht nicht auf etwelchen Ausgeprägtheiten der gewissen Zonen und nicht in irgendeiner allgemeinen Harmonie, die mit Hilfe der *sectio aurea* oder eines ähnlichen ästhetischen Aberglaubens errechnet werden kann; sondern auf der Arabeske der Wirbelsäule. Der Kurve, in welcher der Rücken in den Hintern übergeht. An dieser Stelle sitzt die Anmut und reitet den Körper einer Frau.

Ich halte die Augen offen auf meinem weißen Thron und

habe Mitleid mit den Frauen, beklage den wahnsinnigen Ratschluß, nach dem es sie zur prahlerischen Muskelkraft der Mesomorphen treibt und zur blühenden Selbstzufriedenheit der Endomorphen, während wir Ektomorphen es doch sind, die in ihren dürren Flechsen und gereizten Nerven das üppigste Geschenk, den großzügigen Schutz speichern: die Liebe. Nach einer Frau sich zu sehnen, das bedeutet, sich danach zu sehnen, sie zu erretten. Jeder, der Liebesakte erfahren hat, die weder räuberisch noch hastig vollzogen worden sind, weiß, wie wir mit der Frau gemeinsam hinabsteigen in die bizarren, zerbrechlichen Schatten, die bis dahin im behütetsten Winkel unserer Seele versiegelt waren: in diesen Hafen bringen wir sie. Ein nebelhaftes, verzerrtes Gelände wird urbar gemacht; jeder Schatten, der berührt wird von der Erforschung, blüht zu einer Blume der Liebesfeier auf. Als seien wir eine Insel, an deren Ufer die Frau geweht wird und auf der sie Schutz findet nach ihrer von Eitelkeiten und blinden Selbstsüchten gepeitschten Reise, bis die Natur, eine Sekunde vor der Antiklimax, lächelnd ihren Trumpf ausspielt und die Insel unter den Meeresspiegel sinkt.

Es liegt viel Wahrheit in jenen Filmen, denen nachgesagt wird, daß sie weder die Bibel noch das Leben widerspiegelten. Sie spiegeln – wiewohl von Unholden und Trunkenbolden ersonnen – beides wider. Wir sind alle Salomons, die es danach dürstet, die Königin von Saba zu erlösen. Der gotterfüllte Mann ist von einer Wildnis erfüllt, die danach schreit, bevölkert zu werden. Die steinernen Kammern brauchen Juwelen, Pelze, Schattierungen von Gewebe und Fleisch, auch wenn, wie in Samsons Fall, der Tempel einstürzt. Frauen sind Angehörige einer fremden Heidenrasse, die unter uns geraten sind. Jede Verführung ist eine Bekehrung.

Wer hat geliebt und nicht dies Gefühl gekostet, ein Werk der Rettung zu vollbringen? Es ist nicht wahr, daß unsere biologischen Impulse mit Ritterlichkeit abgepaspelt sind; umgekehrt: unsere ritterlichen Impulse rasseln in beschwerlicher biologischer Rüstung daher. Eunuchen lieben. Kinder lieben. Ich würde lieben.

Meine Hauptaufgabe, derweil ich über der Menge throne,

ist, alle miteinander in die Unsterblichkeit zu heben. Es ist keine leichte Aufgabe; die Menge ist so groß und jeder einzelne darin auf seine Weise unwürdig. Kein *memento mori* ist so beklemmend wie das Foto einer Menschenansammlung, die es nicht mehr gibt. Eine Menge, die Roosevelt zugejubelt und den Waffenstillstand gefeiert hat: zehntausend Strohhüte und steife Kragen, ein furchtloses hölzern-gesichtiges Gewimmel von Leben, es ist nicht mehr. Eine Menge stirbt auf der Straße wie ein herrenloser Hund; sie läßt keinen Erben zurück, keine Spur, keinen Namen. Meine eigene Fortdauer über den letzten Rand der Zeit hinaus kann ich mir leicht vorstellen; nein, es gilt, die Vorstellungskräfte in die andere Richtung zu lenken: ich muß mich vertraut machen mit meinem Erlöschen. Aber wenn ich das riesige Menschenknäuel betrachte, das den Strand schwarz macht, soweit der Sand reicht, rücken mir absurde Erwägungen zuleibe. Wird den Frauen als jungen Mädchen, als Matronen oder als Greisinnen Ewigkeit verliehen? Was werden sie tun, wenn es keine Kinder mehr zu hüten gibt und keinen Klatsch mehr zu besprechen? Wie viele von den tausend Toden der Erinnerung und der körperlichen Veränderung wir auch erleiden – können sie uns alle vergolten werden an einem Wiedergutmachungsschalter, der am Endpunkt installiert ist? Allein schon die Zahlen, um die es dabei geht, bringen den Verstand zum Schreien. Die menschliche Rasse ist nicht mehr eine winzige Gruppe von Affenaristokraten, die über ein Meer aus Gras gebietet; die Menschheit ist eine Plage, die sich wie Feuer über die erschöpften Kontinente ausbreitet. Dieser unübersehbare Klumpen, der sich da am Strand geballt hat, der Bruchteil eines Bruchteils – könnte man nicht sagen, daß dieser zeugende, sich fortpflanzende Schwarm seine eigene Unsterblichkeit ist, und dem Zweifel ein Ende machen? Der Bienenstock lebt in gewisser Weise fort; und steht es nicht fest, daß jeder von uns ein Bienenstock ist, eine Milchstraße an Zellen, von denen eine jede, ob sie nun im Gestühl des Daumennagels oder der Speiseröhre sitzt, darum betet, wiederaufzuerstehen zu dürfen? Wahrhaftig, den Zellen für sich muß Krebs als das neue Erblühen des Glaubens erscheinen. Nein, im Hinblick auf andere Menschen ist es vernünftig und hygienisch, in Vergessenheit zu fallen.

Dies Meer der andern erbittert und erzürnt mich am meisten Sonntag vormittags. Ich weiß nicht, warum die Menschen nicht mehr zur Kirche gehen – ob sie die Fähigkeit zu singen verloren haben oder die Bereitschaft zuzuhören. Von halb neun Uhr an fällt die Menge, vom Parkplatz her, ein: Ameisen, deren jede ihr Krümchen Gepäck schleppt; bis Mittag geht das so, wenn die fernen Kirchen ihre prächtig und fröhlich gekleidete Minderheit entlassen; dann ist auch das Meer vollgepfropft mit hohlen Köpfen und dreschenden Armen, und das Ganze sieht aus wie eine rückläufige Strömung, die Unrat mit sich schwemmt. Ein Transistorenradio irgendwo im Sand schickt in dünnem, reuigem Schwall das Schlußgeläut einer Gottesdienstübertragung aus. Und in diesem Augenblick, auf dem Höhepunkt der Erschlaffung und Verworrenheit, gebe ich mir selber nach, meine Augen verengen sich zu Schlitzen, und die flimmernden Konturen der streifenden Herde des Protestantismus scheinen da am Wasserrand in leidenschaftlichen Posen der Andacht vereint. Mir ist, als läge ich träumend im unendlichen Fels des Raumes, der vor der Schöpfung war, und die tatsächliche Szenerie, die sich vor mir breitet, ist eine Vision des Unmöglichen: ein Paradies. Denn hätten wir gelebt vor der Gebärde, die das Firmament spaltete, wären wir dann wohl imstand gewesen, uns einen Begriff zu machen von unserm augenfälligsten Besitz, unserm alltäglichsten Glück: dem Augenblick, immer gegenwärtigen Augenblick, welchen wir uns für alle Zeit randvoll zum Munde führen?

Darum: seid fröhlich. Seid fröhlich, lautet mein Befehl. Das ist die Botschaft, die ich in euern Bewegungen lese. Breitet eure Haut aus wie festgepflockte Felle, auf daß sie gegerbt werde vom Wunder des Sonnenaugenblicks. Freut euch am Scherenspiel eurer Beine, an der Verrenkbarkeit eurer Taillen. Tobt; eßt die Gischt; seid Kinder. Ich bin hier, über euch. Ich habe meine Jugend hingegeben, damit ihr all dies tun könnt. Ich warte. Die Gezeiten der Zeit haben trügerische Unterströmungen. Ihr werdet fortwährend dem Horizont entgegengetragen. Ich habe mich vorbereitet; meine Muskeln sind durchtränkt mit allem, das getan werden muß. Eines Tages wird meine Wachsamkeit Früchte tragen; am Horizont wird, köstlich durchschimmernd, wie eine grüne Glocke über dem Wasser, der Hilferuf aufsteigen, der Ruf, ein Ruf, den – zu meiner Betrübnis gestehe ich es – ich noch nicht vernommen habe.

EPHRAIM KISHON

Der Schnappschütze

Der Leser wird gebeten, sich die Situation vorzustellen: einen heißen Sommertag, eine öffentliche Badeanstalt und mich, der ich mich an der Sonne und an den knapp geschneiderten Bikinis ringsum freue.

Plötzlich steht ein vollständig angekleideter Mensch vor mir, bringt eine Kamera in Anschlag und fragt: »Aufnahme?«

Im allgemeinen komme ich den Angehörigen freier und insbesondere künstlerischer Berufe freundlich entgegen, nicht nur, weil sie ihr Brot durch harte Arbeit verdienen, sondern weil sie sehr leicht ausfällig werden, wenn man ihre Bestrebungen nicht unterstützt.

Deshalb sagte ich mit aller mir zu Gebote stehenden Milde: »Nein, danke.«

»Drei Postkarten vier Pfund«, antwortete der Fotograf und ging in Schnappschußposition. »Legen Sie den Arm um Ihre Frau, und Sie bekommen das schönste Familienporträt.«

Durch unmißverständliche Zeichen forderte er die neben mir sitzende Dame auf, ein frohes Lächeln zur Umarmung beizusteuern.

»Einen Augenblick!« rief ich. »Erstens habe ich Ihnen gesagt, daß ich keine Aufnahme haben will, und zweitens ist diese Dame nicht meine Frau. Ich kenne sie gar nicht.«

Die Unbekannte, die mich bereits heftig umschlungen hielt und ebenso heftig in die Kamera grinste, ließ sichtlich gekränkt von mir ab.

Nicht so der Fotograf:

»Zwei Bilder matt sechs mal neun kosten nur 3,50, wenn Ihnen das lieber ist. Vielleicht wollen Sie einen Handstand machen?«

»Nein. Und lassen Sie mich endlich in Ruhe.«

»Warum?«

»Was heißt warum? Weil ich nicht fotografiert werden will!«

»Ein Erinnerungsbild zum Einkleben ins Album um lumpige 2,70. Auf Glanzpapier. Acht mal vierzehn. Sie können's auch einrahmen lassen.«

»Ich will nichts einrahmen, und ich will nichts einkleben. Ich will, daß Sie mich in Ruhe lassen.«

»Die Badesaison geht zu Ende. Drei Abzüge matt vier mal acht um 2,50.«

»Nein!! Wenn ich mich sehen will, schaue ich in den Spiegel.«

»Sie schauen in den Spiegel? Können Sie bei einem Kopfsprung in den Spiegel schauen? Also. Ich mache Ihnen einen Vorschlag, Herr. Sie brauchen jetzt nichts zu zahlen. Sie zahlen erst, wenn die Bilder fertig sind. Zwei matt elf mal fünf.«

»Nein, zum Teufel! Schauen Sie, daß Sie weiterkommen.«

»Schon gut, schon gut. Warum sagen Sie nicht gleich, daß Sie nicht geknipst werden wollen! Ich habe keine Zeit, mit Ihnen zu debattieren.«

Er entfernte sich ungehalten. Ich mietete einen Liegestuhl, streckte mich aus und schloß die Augen. Nach einer Weile überkam mich jenes unangenehm kribbelnde Gefühl, das sich immer dann einstellt, wenn man mit geschlossenen Augen in einem Liegestuhl liegt und fotografiert werden soll. Infolgedessen öffnete ich die Augen und sah den Fotografen dicht vor mir, Kamera in Stellung, Finger am Abzug.

»Schon wieder?! Verstehen Sie denn kein – k'k – Hebräisch?«

»Das ›k'k‹ rührte nicht etwa von einem plötzlichen Schluckauf her, sondern vom meuchlings betätigten Auslöser der Kamera.

Ich erhob mich und trat auf den Heckenschützen zu:

»Sie wußten doch, daß ich nicht fotografiert werden will. Warum haben Sie es trotzdem getan?«

»Aus künstlerischen Gründen«, antwortete mein Widersacher, während er sein Gerät versorgte. »Es war eine so schöne Abendbeleuchtung und ein so interessanter Schatten auf Ihrem Gesicht.«

»Ist Ihnen klar, daß ich das Bild nicht kaufen werde?«

»Habe ich Sie gebeten, es zu kaufen?«

»Ohne meine Zustimmung hätten Sie mich aber gar nicht aufnehmen dürfen. Auch aus künstlerischen Gründen nicht.«

»Das können Sie mir nicht verbieten. Künstler dürfen sich in diesem Land frei betätigen. Wir leben in einer Demokratie.«

»Möglich. Aber ich bin kein Modell.«

»Sind Sie Rumäne?«

»Nein.«

»Dann bestellen Sie drei Abzüge, sieben mal dreiundzwanzig, Glanzpapier, fünf Pfund.«

»Nein! Verschonen Sie mich!«

»Dreizehn mal sechs?«

Er zielte – ich ließ mich zu Boden fallen – k'k – der Schnappschuß verfehlte mich – ich sah seine blutunterlaufenen Augen und faßte Mut, rannte zum Bassin – er hinter mir her – ich springe ins Wasser – k'k – er mir nach – ich tauche – er versucht eine Unterwasseraufnahme – ich entwische ihm – tauche auf – klettere an Land – sause zu meinem Liegestuhl und bedecke mein Gesicht mit einem Badetuch.

Es ist still. Aber ich fühle, daß der schnappschußfreudige Gangster wieder vor mir steht.

Unendlich langsam kriecht die Zeit dahin.

Eines ist klar: Wenn das Badetuch verrutscht und auch nur einen Zentimeter meines Gesichts freigibt, schießt er.

Ich beginne zu schnarchen. Vielleicht täuscht ihn das.

Plötzlich fühle ich, daß jemand an meinem Badetuch zieht. Ohne im Schnarchen innezuhalten, wende ich blitzschnell den Kopf und beiße in die fremde Hand.

»Auweh!« Eine dicke Dame schreit vor Schmerz laut auf. »Ich habe geglaubt, Sie sind mein Sami.«

Und noch dazu ein abermaliges k'k.

Ich springe auf und zerschmettere ihm die Kamera. Das

heißt: Ich will sie zerschmettern. Aber er muß etwas geahnt haben.

Und jetzt bin's *ich*, der *ihn* verfolgt.

»Drei... neun mal zehn... 1,50...«, ruft er mir über die Schulter zu.

»Nicht einmal... wenn Sie... bezahlen...«

»Ein Pfund... matt...«, röchelt er im Rennen und streut dabei kleine weiße Kärtchen um sich. »Die Adresse... meines Ateliers... täglich geöffnet... Kinder die Hälfte... auch in Farbe... sechzehn mal einundzwanzig...«

Der verzweifelte Sprung, mit dem ich ihn knapp vor dem Ausgang abzufangen versuchte, kommt zu spät. Er ist draußen. Und ich kann ihm nicht folgen, ohne öffentliches Ärgernis zu erregen.

Gestern ging ich ins Atelier. Warum auch nicht. Ich meine: Warum soll ich nicht ein paar von den Bildern kaufen, vielleicht sind sie sogar ganz gut geworden. Man sagt mir, daß ich sehr fotogen bin, und die beste Ehefrau von allen wird sich bestimmt freuen, wenn sie mich in einer ungezwungenen Pose zu sehen bekommt.

Der Fotograf begrüßte mich wie einen alten Freund, aber er hatte leider kein einziges Foto von mir. Es sei, so erklärte er verlegen, professionelle Gepflogenheit, die ersten Schnappschüsse immer mit einer leeren Kamera zu machen. Der Film wird erst eingelegt, wenn die Kundschaft weichgeklopft und zur Aufnahme bereit ist...

Ich bedauerte seine vergebliche Mühe, er bedauerte meine Enttäuschung. Ich würde eine kleine Geschichte darüber schreiben, tröstete ich ihn zum Abschied. »Wie klein?« fragte er. »Fünf mal acht«, sagte ich. »Matt.«

Mittsommer in Dalarna

Dalarna, eine schwedische Provinz, die mir fremd und vertraut zugleich war. In die Wälder von Dalarna hatte sich Joachim Quint zurückgezogen, das älteste der Quintschen Kinder; er war mir immer der liebste, seine Mutter nannte ihn ›Mosche‹, und Stina, die aus Dalarna stammte, nannte ihn ›Joke‹. Er machte Gedichte, Naturlyrik. Jetzt habe ich mit eigenen Augen gesehen, was ich zuvor in den ›Poenichen-Romanen‹ bereits beschrieben habe. Die hellen Nächte am Dala-Fluß!

Drei Dinge, dachte ich, seien für Wanderungen in Schweden wichtig: gutes Wetter, gute Wanderkarten und als drittes gute Freunde, die ein Sommerhaus besitzen.

Dieses Sommerhaus stand etwa 250 Kilometer nordwestlich von Stockholm, 20 Kilometer südlich vom Siljan-See, wenige hundert Meter vom Dala-Fluß entfernt, ein Holzhaus, rot gestrichen, wie die meisten Häuser. Wir wohnten Box 882, ein Briefkasten an einer Birke, keine weitere Anschrift. Eine Ortschaft von dreitausend Einwohnern. Aber: kein Marktplatz mit Gasthöfen, kein Hotel, keine Apotheke, kein Arzt und kein Tierarzt. Die Kirche mitten im Kirchhof, wo man nicht in Einzelgräbern, sondern in Familiengräbern ruht. Ein Telefonhäuschen, ein Coop-Laden, eine einzige kleine, stundenweise geöffnete Konditorei, mehr an Versorgung und Vergnügen wurde nicht geboten. Um alkoholische Getränke einzukaufen, mußten wir über 50 Kilometer fahren. Kein Ausflugslokal als Ziel unserer Wanderungen, aber wir konnten mit einer Quelle rechnen, auch mit Bächen, in denen helles Trinkwasser floß; einen Becher aus Wachholderholz hatten wir immer zur Hand. Die wilden Erdbeeren reiften, auch die Heidelbeeren, die Multbeeren blühten noch. Blühen, Frucht ansetzen und reifen, das muß dort schnell gehen, in der kurzen warmen Jahreszeit; die Pilze schießen aus dem Boden. Die Sonne, die von früh um zwei Uhr bis kurz nach Mitternacht am Himmel steht, wirkt sich als Zeitraffer aus, beschleunigt Wachstum und Reife.

Keine Bank an einem Aussichtspunkt, keine markierten Wanderwege, keine Fähre am Fluß; nichts, was unsere Anwesenheit gerechtfertigt hätte. Die Beeren reifen für die Vögel, die Pilze für die Schnecken, niemand wünschte an uns auch nur ein paar Kronen zu verdienen. Ein teures Land mit wenig Gelegenheiten, Geld auszugeben. Wir, die wir aus den Städten kamen, sprachen zu laut. Nach wenigen Tagen hatten wir uns der Stille angepaßt, sprachen leise miteinander, gingen leise auf Moospfaden; knackte ein Zweig unter unseren Sohlen, hätte das Geräusch von einem Tier stammen können. Unser Bedürfnis zu sprechen ließ nach, das Gefühl, zu stören und überflüssig zu sein, verstärkte sich. Melancholie der langen hellen Abende. Wenn wir am Ufer des Flyten – ein flacher verschilfter See – saßen und unser Feuer, an dem wir uns wärmten, niederbrannte, saßen wir in einem Bild von Edvard Munch.

Wer nach Schweden reist, fährt zur Mittsommerzeit. Dann leeren sich die Städte, verteilen sich deren Einwohner auf die endlosen Wälder. Birkenbäume vor allen Haustüren, jede Ortschaft mit einem Maibaum; man sagt Maibaum, obwohl Ende Juni ist, das Wochenende nach dem Johannistag. Die Mai-Stange, mit Blumengirlanden umwunden und mit Blumenkränzen behängt, trägt einen Querbalken, der ihn zum Kreuz macht, das sich einmal im Jahr begrünt, das blüht und welkt. Das christliche Symbol scheint keiner darin zu erkennen.

In Gagnef ist zu Mittsommer viel los, hieß es. Wir fuhren nach Gagnef, andere taten es auch. Hunderte. Viele der Männer, Frauen und Kinder trugen ihre kostbare Dala-Tracht, auch unsere schwedische Freundin. Wir warteten lange in einem vollbesetzten Freilichtmuseum, bis schließlich von Männern in Dala-Tracht die Stange aufgerichtet wurde. Die Zuschauer verfolgten den Vorgang mit Spannung; als er beendet war, klatschten sie begeistert. Dann warteten wir wieder lange. Währenddessen fiedelte eine Gruppe von Männern ein paar Lieder. Später wurden auf einem kleinen Podium Volkstänze geboten. Wir saßen im Gras, drunten im Tal schimmerte der Dala-Fluß, zu trinken gab es nichts, zu essen auch nichts, kein Eis für die Kinder, kein Karussell. Wir waren heiter, es war auf eine wohltuende Art langweilig.

Auf den Zeltplätzen soll es später doch noch, abends und in der Nacht, hoch hergegangen sein, hieß es. Viele haben sich betrunken, es hat Verletzte gegeben. Um diese Zeit saßen wir bereits vor unserem Haus, tranken vom mitgebrachten zollfreien Whisky, Birger spielte Gitarre, Gerda sang, sie sangen zweistimmig, wir sangen vierstimmig. Es war wie an jedem späteren Abend; als die Whiskyflaschen geleert waren, tranken wir Moonshiner-Wein, den ein Nachbar aus Alkoholester herstellte...

An jedem Morgen fuhren wir ›ein Stück‹ mit dem Auto in die Wälder. Wenn wir ausstiegen, erkundigte ich mich, wohin wir diesmal wandern wollten. Birger beschrieb mit dem Arm einen weiten Kreis, der am Auto anfing und am Auto endete, und sagte: »Sieben Stunden, mit Baden und mit Picknick.« Sein Vater stammte aus Dalarna, sein Großvater – der Farfar – war noch ein echter ›Dalkanar‹, und er selbst hat die langen Ferien seiner Kindheit bei Farfar und Morfar – der Mutter des Vaters – in Dalarna verbracht.

Der Kompaß, den Birger bei sich trug, reagierte empfindlich auf die Starkstromleitungen und auf die Erze im Erdinneren. Beides wollte er uns demonstrieren, dann steckte er den Kompaß in die Tasche. Zur Orientierung benötigte er ihn nicht.

Was ich für gut ausgebaute Wanderwege hielt, waren in Wirklichkeit Autostraßen; die Pfade verloren sich auf dem nächsten Kahlschlag oder endeten im Sumpf. Mit Elchschritten ging Birger voraus; er mißt zwei Meter. Von einem Moor zum anderen zogen wir Schuhe und Strümpfe nicht wieder an. Ich sank bis zu den Knien im Moor ein, hielt mich an einem schwankenden Erlenstämmchen fest. Sumpfhühner flatterten auf, nach wenigen Metern sackten ihre schweren Körper wieder aufs Wasser. Rundum piepte und zwitscherte es: die Sümpfe, die Kinderstuben der Vögel. Möwen, deren

Nestern wir zu nahe kamen, umkreisten uns drohend mit lauten Schreien. Libellen. Seerosen. Wollgras mit weißen Büscheln, dick wie reife Baumwolle.

In Dalarna muß niemand zweimal im selben See schwimmen. Für jedes Bad ein neuer See. Die Ufer sind oft verschilft, manche haben flache, sandige Ufer, andere sind von Felsen und Geröll umgeben. Zu Skeletten gebleichtes Holz liegt herum; vom Wasser ausgewaschene Kiefernwurzeln klammern sich wie Riesenkraken um die Felsen. Wir können nicht warten, bis die Seen sich erwärmen, also streifen wir die Kleider ab und laufen ins Wasser, der Hund, der uns zu retten versucht, laut bellend hinterher.

»Diese Schlucht«, erklärt Birger, »ist der Eingang zur Hölle. Drei Riesen haben in dieser Gegend gelebt, die Seen hat man nach ihnen benannt. Als man in ihr Reich christliche Kirchen gebaut hat, haben sie mit dicken Felsbrocken danach geworfen, aber sie haben die Kirchen nicht getroffen, die Steine liegen unter den Bäumen der Kirchhöfe.« Es wäre schade um die hellen, heiteren Kirchen gewesen. Im Inneren sehen sie aus wie die gute Stube des lieben Gottes. Gute Stuben werden saubergehalten und wenig genutzt.

Immer wieder Reste von Kohlemeilern. Auch Reste von Schächten, in denen man Probebohrungen nach Erzen vornahm. Birger hebt einen der herumliegenden Steine auf, reicht ihn weiter, um uns zu zeigen, wie schwer er ist. Auf den Kahlschlägen haben einzelstehende mächtige Kiefern, ›Überhälter‹ genannt, die Aufforstung übernommen. Die Birkenschößlinge werden geduldet, sie müssen die dunklen Nadelwälder aufhellen. Man benötigt sie zu Mittsommer – und wir, um die gute Falun-Fleischwurst auf zugespitzte Stecken zu spießen und ins Feuer halten zu können. Nirgendwo sind die Birkenstämme so hell wie in Dalarna! Nirgendwo das Knäckebröd so gut wie in Dalarna das ›Wasa-Bröd‹ – und schon werden lange Geschichten vom König Wasa laut. Birgers Heimatliebe wirkt ansteckend auf uns.

Farne und Schachtelhalm und alle Arten von Moos, Torfmoos und rosenrotes Rosenmoos, und immer wieder die Blütenglöckchen der Linnéa. Isländischmoos bedeckt die Felsen wie ein rauhes Fell. An manchen Birkenstämmen ist die Rinde in Meterbreite sorgsam abgelöst. »Das muß hier Manövergelände sein, man wird den Partisanenkrieg geprobt haben«, sagte Kühner und erinnert sich und uns an den Partisanenkrieg in Rußland. »Die Russen haben sich, wenn es regnete, mannsgroße Särge aus Birkenrinde gebaut und darin geschlafen. Wir haben es ihnen nachgemacht.«

Birger, Reserveoffizier der königlichen Leibgarde, hört interessiert zu und sagt: »Bei uns flicht man aus der Birkenrinde Körbchen und Schalen.«

Heimatlicher Kuckucksruf. Losung der Füchse auf den Steinen. Und nach Tagen dann endlich auch ein einzelner Elch, ein Elchkalb ohne Elchmutter, die sich nun um das diesjährige Kalb kümmern muß. Das Fell ist steingrau und struppig; hilflos, aber ohne Arg blickt es uns an.

Orchideen. Auch die duftende Nachtviole. Auf den Waldwiesen dürfen die Blumen ausblühen, keine Grasmähmaschine und kein Heuwender wird darübergehen, allenfalls wird ein Kuhmaul ein Büschel zu fassen kriegen. Im sumpfigen Bachgrund blüht in reinstem Weiß die Kalla, Hunderte von Blütentrichtern. Wir pflücken eine blaublühende fleischfressende Pflanze, mit der wir die Milch zu Dickmilch säuern.

Es regnet oft. Wir werden naß, und wir werden auch wieder trocken. Für Stunden färbt sich der Himmel flachsblütenblau. Ich bin die einzige, die sich aus der Kinderzeit an blühende Flachsfelder erinnern kann. Weidenröschen, die auf den Kahlschlägen verschwenderisch blühen, heißen hier Himmelswiesenblumen. Wir sehen zerbrochene gefleckte Eierschalen, hühnereigroß. Über uns kreisen Häher und warnen. Kühner zitiert ein Gedicht von Wilhelm Lehmann: »Möchte das Nichts mich überfallen / Suche ich nach dem Elsterei / Trinke aus seiner Schale, damit ich / Der Sprache der Vögel kundig sei.« Er holt mich mit wenigen Zeilen aus der fremden Natur in die mir vertrautere Welt der Naturlyrik.

Oft sehe ich den Wald vor lauter Bäumen nicht.

Nirgendwo gibt es so viele Sennhüttendörfer wie in Dalarna. Aber nur noch wenig Almen werden bewirtschaftet, und wenn, dann meist von Studenten. In Bastbujahn betreibt

Gunnar, ein Musiklehrer, während der Ferien eine Sennerei; manchmal findet sich eine junge weibliche Hilfe. Das Vieh wird nicht mehr zu Fuß auf die Almen getrieben, sondern reist mit Lastwagen in die Sommerfrische. Gunnar melkt, buttert, kocht Käse über einer offenen Feuerstelle im Freien. Wir kaufen Milch, Sahne und Käse bei ihm ein. Einige Sennhütten sind zu Ferienwohnungen umgebaut; die Veranda ist immer ein Zeichen dafür, daß hier Nichtstuer, Ferienmacher wohnen. Graue Holzhütten, rote Ziegeldächer. Der Ruch nach Holzfeuerrauch verrät uns von weitem, ob so ein Dorf bewohnt ist.

Die alten Ziehbrunnen werden noch benutzt; Eidechsen und Frösche halten sie sauber. Ich beuge mich über einen Brunnenrand, spiegele mich tief unten im Wasser: mir schwindelt. Irgendwo steht ein Auto unterm Baum, keine Garagen, keine Musik aus Transistorgeräten, kein Telefon. Viele Klafter aufgestapeltes Holz wärmen die Holzwände. Ein Spirituskocher, falls es regnen sollte und man nicht im Freien kochen kann; eine Petroleumlampe, falls es dunkel werden sollte und man lesen möchte, aber es wird nicht dunkel, und niemand will lesen. Die Früchte der Ebereschen färben sich, bald wird man Marmelade daraus kochen. Hier erntet man nur, was einem zuwächst. Heidelbeeren, Preiselbeeren, Pilze, Holz.

Mit Stolz werden uns die guten Stuben in den Sennhütten vorgeführt: Türen und Möbel hübsch bemalt, die gescheuerten Dielenböden mit handgewebten Flickenteppichen belegt. Borde, auf denen bemalte Krüge und Schüsseln stehen. Holz- und Kupfergerät überm blanken Herd. Ein- oder zweimal im Laufe des Sommers bringt ein Omnibus Touristen in solch ein Sennhüttendorf; an langen Tischen wird zu Kaffee, frisch gemolkener Milch, selbstgebackenem Brot und selbstgebutterter Butter eingeladen, in den kleinen Läden kauft man Schönes und Brauchbares, Selbstgemachtes; vor allem rote Holzpferdchen, lackiert und mit Blumen bemalt, kleine und große ›Dala-Pferdchen‹. Sollen sie an die Pferde erinnern, die im Bergwerk von Falun die erzbeladenen Wagen aus der Grube zogen?

Im Bergwerk-Museum von Falun sieht man auf alten Fotos die abgerackerten Pferde. Dort erzählen wir den Freunden die Geschichte aus dem ›Schatzkästlein des rheinischen Hausfreundes‹; in Dalarna scheint man sie nicht zu kennen. ›Unverhofftes Wiedersehen‹ nennt Johann Peter Hebel seine Geschichte, eine wahre Begebenheit, die sich in Falun zugetragen hat. Da liebt und verlobt sich ein junges Paar und bereitet die Hochzeit vor. Der Bräutigam, ein Bergmann, fährt wie immer ins Kupferbergwerk ein, aber dieses Mal kehrt er nicht zurück. Jahrzehnte vergehen, da graben die Bergleute den Leichnam eines Jünglings aus, er ist ›von Eisenvitriol durchdrungen, sonst aber unverwest und unverändert‹. Und unbekannt! Nur die Braut erkennt ihren Bräutigam wieder, um den sie fünfzig Jahre lang getrauert hat. »Da wurden die Gemüter aller Umstehenden von Wehmut und Tränen ergriffen, als sie sahen die ehemalige Braut jetzt in der Gestalt des hingewelkten kraftlosen Alters und den Bräutigam noch in seiner jugendlichen Schönheit.«

Birger, der zwar gut Deutsch spricht, aber doch nicht so gut, daß er den Doppelsinn seiner Frage begreift, erkundigt sich, ob wir in die Grube fahren wollen. Als wir abwehren, fragt er ahnungslos weiter: »Auch nicht zusammen?«

Nicht weit vom Städtchen Falun entfernt, steht das Haus des Malers Carl Larsson, das wir aus Kinderbüchern schon kennen. Das Haus in der Sonne. Der Andrang ist groß; es gibt nicht viel Kultur, die man besichtigen könnte. Als wir endlich eintreten dürfen, geraten wir in eine liebevoll instand gehaltene Puppenstubenidylle. Über den Bach schwingt sich noch der gleiche weiße Holzsteg wie in den Bilderbüchern; die jungen Mädchen, die uns führen, tragen jene rot-weiß und blau-weiß gestreiften knöchellangen Kleiderschürzen wie früher die Larsson-Töchter. Es blüht vor den Fenstern und hinter den Fenstern, die Wände und Decken sind von der Hand des Künstlers ausgemalt, die Kissen und Vorhänge handgewebt und handgestickt von der Gattin. Es duftet nach Heimeligkeit und häuslichem Glück. Bilder der fröhlichen Kinder und noch mehr Bilder der glücklichen Gattin. Larsson wurde nicht müde, seine Frau zu malen, sogar auf die Tür zur Küche hat er ihr Bild gemalt. Allerdings handelt es sich um eine Schiebetür. Er konnte seine Frau nach Belieben in der Wand verschwinden lassen. Weht da etwa noch ein Hauch Strindberg? Szenen einer Ehe? Oder bin ich es, die verdorben ist für soviel Helligkeit und Lieblichkeit und häusliche Enge?

Tief in den Wäldern sehen wir manchmal Hütten, eher Unterständen ähnelnd, in denen irgendein schwedischer Individualist haust, nur um nicht mit der eigenen Frau unter dem komfortablen Dach wohnen zu müssen. Strindbergsche und Ibsensche Dramen haben heute andere Lösungen. »Nicht Nora läuft ihrem Mann weg, sondern die Männer laufen zurück in die Wälder, weg von ihren kalten emanzipierten Frauen«, behaupte ich abends beim Gök, zu deutsch ›Kuckuck‹: halb Kaffee und halb Schnaps. Unsere warmherzige, anmutige Freundin sieht uns betroffen an. Birger legt den Arm um sie, sagt: »Min kulla!« und greift zur Gitarre. Der Hund rekelt sich im Gras und wärmt sich in der Sonne, die sich allmählich dem Horizont nähert, sie scheint immer nur in den ersten Morgenstunden und in den letzten Abendstunden und verbirgt sich tagsüber hinter Wolken. Wenn es kühl wird, gehen wir ins Haus, machen Feuer im Herd, sitzen am Küchentisch, kratzen die juckenden Insektenstiche und spielen Karten. Die nassen Schuhe haben wir mit ›Dagens Nyheter‹ ausgestopft. Am Morgen hat Birger uns daraus die wichtigsten Neuigkeiten des Vortages vorgelesen; am nächsten Tag werde ich sie zum Feueranmachen benutzen.

Die anderen gehen schlafen, ich gehe zu Bett. Ich kann in diesen hellen Nächten nicht schlafen. Ich streune durchs Haus, versuche zu lesen, liege zwischen den beiden Birken in der Hängematte. Die Sonne, eben noch Abendsonne, steigt als Morgensonne übers Scheunendach; ich wache und warte weitere Stunden. Um acht Uhr, nachdem ich das Herdfeuer angemacht und das Frühstück bereitet habe, gehe ich laut rufend durchs Haus. Die anderen tauchen gähnend und verschlafen auf. Ich gähne nicht einmal. Warum bin ich in den langen hellen Nächten nicht hinunter zum Fluß gegangen? Warum habe ich nicht das Boot losgemacht und habe mich auf dem Wasser treiben lassen? Warum habe ich nicht etwas anderes getan? Warum wollte ich haben, was alle hatten: Schlaf?

Der Dala-Fluß, genauer: der Västerdalälven, dient nicht mehr zum Flößen der Holzstämme. Immer wieder wird er in seinem Lauf aufgehalten und gestaut, Kraftwerke für die kleinen holzverarbeitenden Betriebe entstehen. Birger kennt den Fluß noch als Wildwasser. Die Sage sagt: Ein Riese habe dem Dalälven das Bett gegraben, er habe dabei abwechselnd die Erde einmal auf die rechte, einmal auf die linke Seite geschaufelt; daher in gleichmäßigem Abstand, einmal rechts, einmal links, die flachen Ufer und steilen Ufer. In den sandigen hohen Böschungen nisten die Schwalben. An den helldunklen Abenden fahren wir manchmal zu viert in dem alten flachen Holzkahn; die Männer rudern, die Frau schöpfen das Regenwasser. Der Hund wird unruhig, fängt an zu bellen; das Echo wiederholt sein Gebell, macht ihn zornig, er bellt dagegen an. Das Echo behält das letzte Wort. Ein Biber umkreist uns, peitscht mit dem kräftigen Schwanz das Wasser. Er will uns vertreiben, wir sind in sein Revier geraten. Birger, früher Lehrer, heute Politiker und in der Unterrichtung Unkundiger geübt, erzählt uns vom Leben der Biber. »Mehr, als ich weiß«, gesteht er später beim Aquavit. Die Biber, die einzigen Waldarbeiter weit und breit, bekommen wir nicht zu sehen, sehen nur ihre Spuren. Mit ihren harten Schneidezähnen fällen sie hohe Birken; an den spitz abgenagten Baumstümpfen erkennen wir, wo sie am Werk waren. Mit den Stämmen errichten sie Dämme, um die Strömung abzuhalten und auf diese Weise ruhige Buchten für die Aufzucht ihres Nachwuchses zu schaffen. Wenn sie dabei gestört werden, lassen sie die Stämme liegen und ziehen weiter. Da die Biberbauten unter Naturschutz stehen, müssen die Besitzer der angrenzenden Wiesen den Bibern das Wasser abgraben, damit das Gelände nicht überschwemmt wird.

Ein Gewitter lauert am Himmel, wir entfernen uns nicht weit vom Haus, gehen am Fluß entlang. Der Regen setzt unerwartet schnell ein. Wir suchen Unterschlupf in einer halbzerfallenen Feldscheune. Der Regen läßt sich Zeit, läßt uns Zeit. Wir blicken uns um und entdecken ein Brett, auf das jemand, der wie wir bei Regen Unterschlupf gesucht haben wird, Verse geschrieben hat, gereimt nach Laienart.

»Tänk när en gang du liten var,
satt inne i ladan med mor och far...«

Birger übersetzt: »Denke daran, als du einmal klein warst und mit Mutter und Vater in der Scheune saßest. Ihr hattet kalte Grütze und Milch zu essen. Ja, das sind Erinnerungen, die man nicht vergessen kann. Du spieltest am Bach und hast gebadet, während die Eltern in der Scheune ihren Mittagsschlaf hielten. Aber jetzt ist keiner mehr von ihnen da, nur Erinnerungen...«

An dieser Stelle brach das Gedicht ab. Vermutlich hatte es aufgehört zu regnen. »Nur Regen entschuldigt solche Gedichte«, sage ich. »Homespun! Hausgemachtes! Alles macht ihr hier selbst. Ihr sägt und hämmert, bemalt die Möbel, spielt Gitarre und singt. Ihr verschönert. Dabei entsteht keine Kunst.« Birger hört mir aufmerksam zu. »Wir entbehren nichts.«

Nachdem ich mich eine Woche lang gewehrt habe, halte dann auch ich eine handgewebte Decke auf dem Schoß und säume sie...

Wenn ich zunächst geglaubt hatte, daß drei Dinge für die Ferien in schwedischen Wäldern wichtig seien, so hatte ich mich geirrt. Gute Wanderkarten waren nicht wichtig, das Wetter war auch nicht wichtig, was aber unerläßlich ist, sind Freunde, wie wir sie hatten. Auch diesmal habe ich kein anderes schwedisches Wort als ›tak‹ verwendet, das man durch Verdoppelung steigert. Tak tak! Es paßt immer: Danke!

IVO ANDRIĆ

Ferien im Süden

Als der österreichische Professor Alfred Norges und seine
Frau Anna in dem kleinen Dorf am Meer ankamen, empfin-
gen sie eine drückende Hitze und die verschiedensten kleinen Unannehmlichkeiten. Alles kam ihnen derb und abstoßend vor. Alles, angefangen vom Gepäckträger, der ihre Sachen gebracht und das Geld ohne Dank entgegengenommen
hatte, bis zu der kränklichen Hauswirtin, die mit herabhän-
genden Armen dastand und auf jede Frage mit Achselzucken
antwortete. Im Zimmer herrschte Schwüle und bedrückende
Dämmerung, da die grünen hölzernen Jalousien geschlossen
waren. Das schlimmste war, daß in der Hitze die Wasserleitung versiegt war. Statt des Wassers drang aus dem Hahn
über dem Boden ein traurig-spöttisches Zischen. Die Hauswirtin versicherte ihnen kaltblütig, das Wasser käme kurz
vor Tagesanbruch und fließe dann ein, zwei Stunden; dann
müßte man es sammeln. In der Luft und auf den Dingen
spürte man einen Hauch der Verlassenheit und öder Langeweile.

Der Professor schaute zu, wie seine Frau die Sachen aus
den Koffern packte, in seinem Inneren aber wünschte er zu
fliehen, weit weg von hier, irgendwohin, da ihm schien, daß
es hier nicht nur kein Wasser und keine Frische gab, sondern
auch keine Ordnung und kein Leben. Doch wie üblich sagte
er kein Wort.

Nach einer Stunde begann sich dieser Eindruck zu ändern.
Von den letzten Strahlen der Nachmittagssonne beschienen,
badeten und erfrischten sich die beiden Neuangekommenen
im Meer, spazierten auf dem erleuchteten Marktplatz und saßen nach dem Abendessen noch lange auf der von Blumen
eingesäumten und mit dichtem Regenlaub bedeckten Terrasse ihrer Wohnung.

Am nächsten Tag standen sie früh auf, frühstückten auf

der Terrasse mit dem Ausblick auf das Meer in der Frische und im Schatten des Sommertages. Dieser Morgen zeigte ihnen sogleich die ganze strahlende Schönheit und den Reichtum der Gegend und versöhnte sie vollkom.nen. Damit begann die unerwartete und plötzliche Verwandlung. Keine Spur der gestrigen Mißstimmung, kein Gedanke an Flucht, nur der Wunsch, daß diese Schönheit möglichst lange andauern möchte. Bereits gestern abend hatten sie sich mit ihren guten Freunden aus Wien getroffen, die jeden Sommer ihren Urlaub in diesem Städtchen verbrachten und ihnen den Ort auch empfohlen hatten. Nichts erschien ihnen nunmehr wichtig und schwierig, weder das schwüle Zimmer noch die Wasserleitung, die nur während einiger nächtlicher Stunden laues Wasser spendete, noch die langsame Bedienung im Restaurant. Im Gegenteil: sie begannen nun die Schönheiten dieses Aufenthaltes am Meer zu entdecken.

Die noch etwas mitgenommene und müde Hauswirtin erwies sich als eine gute, zu jedem Dienst bereite Frau; alle Menschen in dem kleinen Ort waren freundlich und zuvorkommend, das Sitzen auf der von Blumen gesäumten Terrasse aber wurde für die beiden zu einer Quelle ständiger Begeisterung und immer neuer Anregungen.

Sie standen bereits um sechs Uhr auf und badeten zumeist ein, zwei Stunden. Dann ging die Frau in das Städtchen, um Obst zu kaufen und sonstige Kleinigkeiten zu erledigen, er aber blieb auf der Terrasse zurück mit seinen Papieren, die vor ihm auf dem Tisch lagen. (Es waren dies die Druckbogen seiner Monographie über Philipp II. mit den letzten Korrekturen.)

Erfrischt durch das Schwimmen, die Sonne und das Wasser, hatte er das Gefühl, in ein leichtes, jedoch feierliches, blütenweißes, duftendes Gewand gehüllt zu sein und auch selber zu blühen und zu wachsen, zusammen mit diesem Gewand und allem um ihn herum. Alles war licht und hell. Die Arbeit war nur eine von hundert anderen Annehmlichkeiten. Er konnte sich nicht völlig konzentrieren, weil ihn alles andere lockte und anzog: die dichten Bäume unterhalb der

Terrasse, von denen er nur die beschienenen Kronen sah, der Himmel mit den Wolken, das Meer mit seinen Vögeln, Bergen und ständigen Veränderungen. In allem zeigte sich Harmonie und Heiterkeit, und man wußte, daß es morgen noch schöner sein werde.

So pflegte er auf die Rückkehr seiner Frau zu warten, und er liebte dieses Warten. Er wartete, freute sich auf ihr Kommen wie auf eine schöne Überraschung und wußte sicher, daß sie kommen werde. Er war beglückt, erfüllt von Vorfreude. Bevor seine Frau erschien, hörte er, wie sie, noch unsichtbar, unten vom Treppenabsatz leise nach ihm rief.

Dann kam das Frühstück mit starkem Tee, frischem Obst, Milch und Gebäck. (Die Spatzen stürzten sich auf die Terrasse in Erwartung der Brosamen.) Nach dem Frühstück entfernte sich seine Frau unauffällig und ließ ihn allein, damit er sich ganz seiner Arbeit widmen könne. Doch die Arbeit fiel ihm von Tag zu Tag schwerer. Alles erregte ihn. Eine gewöhnliche, Zigarette machte ihn trunken wie die Leidenschaft und ermüdete ihn wie eine schwere Arbeit. Überhaupt drangen Nahrung, Luft und Düfte in ihn ein wie eine harmlose Lust des Augenblicks, waren sie jedoch in ihm, so setzte sich jedes kleinste Teilchen in ein gewaltiges Glühen und in hundertfache Kraft um, die ihn nicht zur Ruhe kommen ließ. Und seine Arbeit wurde immer häufiger und immer länger durch Träumereien und verzücktes Betrachten der Weite des Meeres und des Himmels unterbrochen.

Diese Träumereien nahmen immer mehr überhand; er empfand sie als eine Art milde, berauschende Gewalt, die ihn von allem in ihm und um ihn befreite und ihm dennoch alles unterwarf; dann aber verwandelten sie sich in ein seltsames Spiel, veränderten die Beziehungen in der ihn umgebenden Welt und die Kräfte und Ausmaße seines eigenen Körpers. Was war nahe und was fern? Was luftförmig, was fließend, was fest? Was war er, dieser gestrige Er, und was waren diese Schönheiten und Freuden, die ihn immer mehr von innen erfüllten und von außen umgaben? Dies ließ sich in Augenblicken, da das Spiel seinen Höhepunkt erreichte, schwer entscheiden. Alles war in den Rauch der Zigarette gehüllt, und alles drehte sich mit diesem Rauch. Der Tabak wurde mächtig und gefährlich.

Er kneift die Augen zusammen. Vor dem Tor aus schwankendem Rauch steht ein untersetzter, grauhaariger Mann. Er kennt ihn. Es ist der Krämer des Ortes, bei dem seine Frau jeden Morgen Obst kauft und den sie jeden Abend im Vorbeigehen mit einem kleinen Lächeln, das dem Alten offensichtlich nicht unangenehm ist, zu bestechen sucht. Bloß daß er jetzt etwas feierlicher aussieht; er gleicht dem Portrait Philipps II., blinzelt und fordert ihn mit einer leichten Geste seiner rechten Hand auf, einzutreten. Zögernd tritt er ein, in eine Landschaft, die er bisher nur als fernes Panorama gesehen hat, er wird eins mit ihr und mit jedem ihrer Teile.

Das Meer atmet. Die Bewegung überträgt sich auf das kahle, steinige Ufer und auf die bewaldeten Berge, auf die Wolken und auf das blaue Firmament. Alles bewegt sich und ist bereit, sich in die Lüfte emporzuschwingen. So unwahrscheinlich es auch erscheint, sogar die Terrasse wird sich erheben. Wenn sie sich nicht erhebt, so wird er sich in Bewegung setzen und sie verlassen, denn er gehört zu dem, was sich bewegt. Es ist ungewöhnlich, ja, sogar gefährlich und ein bißchen gruselig, aber es kann nicht anders. Und es ist außerdem wundervoll. Jener Greis aber scheint seinen Obstladen endgültig verlassen und zu einer Art Fremdenführer, vielleicht auch zum Herrn über all dies geworden zu sein. Er zwinkert ihm listig zu und bewegt sich zwischen den Wolken, der Himmelsbläue und den geradezu flüssigen, grauen Bergmassen, weist auf die geeigneten, gefahrlosen Stellen, auf die man mit den Füßen treten kann, um sich zu neuem Flug emporzuschwingen.

»Hierher, bitte! Hierher!«

Nichts stellt sich ihm mehr entgegen. Das Gesetz der Schwerkraft, die alten Bestimmungen und Maße für die Härte und Entfernung der Dinge gelten nicht mehr. Alles ist verändert und hat sich verschoben.

Wenn er auf den Berg, der sich über dem Ort erhebt, stiege, so könnte er, wie ihm scheint, geradenwegs in die Weite des Himmels treten. Alles ist möglich.

Hier etwa pflegte ihn die Stimme seiner Frau aufzuschrekken, die meist um diese Zeit von ihrem Spaziergang zurückkehrte. Während sie die steinerne Treppe, die von der Straße zur Terrasse führte, hinaufschritt, rief sie mit einer ruhigen Stimme, die mit Sicherheit Antwort erwartete:

»Fred? Fred!«

»Ja, ja«, pflegte er still zu antworten, bis sie auf der Terrasse erschien, zuerst ihr Kopf, dann ihr Oberkörper und schließlich ihre ganze Gestalt mit Händen voller Obst und Blumen.

Da kamen mit einemmal alle aufgewühlten Elemente um den Mann zur Ruhe, kehrten in ihre Beziehungen, ihre Größenordnung und Entfernungen zurück und wurden wieder zu dem, was sie in allen übrigen Stunden des Tages für alle Menschen, so auch für ihn, waren. Das gefährliche und erregende Glück wogender Räume und der erträumte Flug durch sie wurde ersetzt durch die Wirklichkeit eines gewöhnlichen Ferienaufenthalts inmitten bekannter Dinge und in Gesellschaft ihm seit jeher nahestehender Personen.

All das wiederholte sich jeden Morgen mit jener eintönigen intimen Gewißheit, die ein Wesenszug des Glückes ist. Alles wiederholte sich und steigerte sich zugleich. Die Träumereien auf der Terrasse schwollen und wuchsen wie jeder Obstbaum dieser Gegend zu dieser Jahreszeit und näherten sich immer mehr dem, was eines Tages kommen mußte – ihrer endgültigen Reife.

Dieser Tag kam als einer in der Reihe von Tagen ihres Ferienaufenthaltes. Alles sah an diesem Morgen festlicher und erregender aus als sonst. Ein starker Südostwind wehte. Das Meer war unruhig. Nacheinander rollten die breiten, gewaltigen Wellen heran und brachten, rauschend und tosend, weite Flächen hell klingender Kiesel in Bewegung, überspielten die Ufer mit weißem Schaum und verschwanden unter neuen, immer größeren und immer mächtigeren Brechern. Die schäumenden Wellenkämme bildeten silbrige Stufen, die das Ufer am Rande des Horizonts mit dem Himmel verbanden.

Die wenigen Badenden hüpften über die Kiesel, über die

sich die schaumbedeckten Kämme der hohen Wellen ergossen, und wagten sich nicht ins Meer hinaus. Frauen spielten mit den Wellen, eilten direkt auf sie zu, liefen dann vor ihnen davon und kreischten unter den Spritzern weißen Schaumes vor ungewisser, schreckhafter Lust, für die niemand eine Erklärung fand oder suchte. Die Luft war erfüllt von salzigem Geruch des Meeres und von einem fernen Gewitter, dessen Grollen schwach herüberhallte.

Auch an diesem Morgen war der Professor mit seiner Frau an den Strand gegangen. Er war erregt. Alles trieb ihn, das zu tun, was niemand von den badenden Feriengästen zu tun wagte: sich auf die wogenden Wellen zu legen und sich ihnen zu überlassen, damit sie ihn höben, senkten und ihn einander zutrügen. Seine Frau hielt ihn davon ab. Sie zeigte sich dabei so entschieden und so beharrlich wie kaum jemals vorher. Während sie ihn bei der Hand gefaßt hielt, rief sie durch das Rauschen der Wellen, beschwor ihn, nicht tiefer hineinzugehen, und suchte ihm klarzumachen, was sie vorhin von den Einheimischen gehört hatte, daß nämlich diese dem Anschein nach so harmlosen Wellen sehr gefährlich sein könnten und daß im vergangenen Jahr bei solchem Wetter hier an diesem Strand ein Mann ertrunken sei. Unvorsichtig und unerfahren, wie er gewesen, sei er in den Wellen verschwunden, vor den Augen der Badenden, die ihm nicht hätten helfen können. Deshalb gehe nun auch niemand tiefer ins Meer.

Er gab nach. Nach einem vorsichtigen Spiel mit den Wellen, die bis zur Kopfhöhe hinaufspritzten, kehrten sie nach Hause zurück, trunken vom Wind und zufrieden und müde vom Lauf und vom Lachen. Nachdem sie sich abgetrocknet und umgezogen hatten, ging die Frau wie gewöhnlich auf den Marktplatz, um einzukaufen, er aber blieb auf der Terrasse am Tisch zurück, auf dem sich die Ränder der verstreuten Papiere wie leichte Wellen kräuselten.

Er konnte sich nur langsam und schwer auf seine Arbeit konzentrieren. Ständig war etwas an ihm in Bewegung, bald eine Haarsträhne, bald eine Hand oder ein Augenlid. Wie lockende Rufe, die einander jagten. Noch erfüllte ihn der nicht verwirklichte Wunsch, auf den hohen, hellgrünen Wellen hinauszuschwimmen, deren Rauschen bis zu ihm drang. Es kam ihm der kindliche Gedanke: wie wäre es, wenn er nun rasch zum Strand hinunterliefe, sich in dieses verbotene Meer stürzte und sich von den Wellen peitschen und tragen ließ. Er könnte ja dann, noch vor Eintreffen seiner Frau, wieder an seinen Platz auf der Terrasse zurückkehren. Oder noch besser: wie wäre es, wenn er den Weg hinterm Haus bergauf ginge und jene Höhen und Ausblicke aufsuchte, die ihrerseits schon auf ihn zukamen.

Dieser Gedanke ließ ihn dauernd von der Arbeit aufschauen.

Sein Blick blieb plötzlich auf dem steinernen Geländer der Terrasse haften, auf dem, wie nach einer Absprache, sich gerade in diesem Moment ein großer, vom Winde etwas zerzauster Sperling niedergelassen hatte. Nach seiner Haltung und seinem ganzen Aussehen war dies irgendein spatzenhafter Abenteurer und Landstreicher. Er vollführte einige von jenen raschen, zierlichen, den Vögeln eigenen Bewegungen mit dem Kopf und schwang sich dann – als habe er eingesehen, an die falsche Adresse geraten zu sein – würdevoll und verächtlich in die Luft. Er schien sich schnurstracks in den Himmel zu erheben und sich in ihm zu verlieren. Der Mann verfolgte seinen Flug, solang er konnte. Dieser Himmel aber war klar, an den Rändern mit weißen, zarten Wölkchen übersät, die ihre Farbe wechselten, als stünde ein Fest bevor. Die fernen Inseln, die in der Tiefe der vor ihm ausgebreiteten Landschaft ineinander übergingen und mit dem noch ferneren Ufer des Festlandes verschwammen, wechselten ebenfalls die Schärfe ihrer Umrisse, und das Grau ihres Gesteins unter dem dünnen Kranz der dunklen Wälder leuchtete rosa auf, wurde weich und schwankend. Die See, die in der Ferne glatt und friedlich aussah, glich sich in ihren Farben und Formen allmählich dem feierlichen Aussehen des Himmels, der Wolken und des Ufers an, so daß sie auch dort, wo die offene Meeresoberfläche und der Horizont ineinanderflossen und sich ins Unendliche fortsetzten, zugänglich und nicht minder fest als der Streifen des sich verflüchtigenden Festlands erschien. So strebten die Luftgebilde der Wolken, das flüssige Meer und das feste Land einander zu gegenseitiger Umarmung entgegen, indem jedes seine Grundeigenschaften wechselte.

Alles ist unendlich weit und tief, und alles ist zugleich greifbar nahe und hebt den Mann von seinem Sitz, macht ihn leicht, beweglich und in jeder Weise bereit, an der allgemeinen Feier der wogenden Elemente teilzunehmen. Alles ruft und treibt ihn zum Aufstieg und Flug, der Widerstand aber ist gering, fast gibt es ihn nicht. Zu dem steinernen Geländer der Terrasse kann er auf jeden Fall mühelos gelangen, mühelos wie im Spiel, er kann sich auch darüber neigen, hinaufklettern und auf den steilen Weg springen, der bergan zu den Höhen führt, er kann sich in den Raum emporschwingen wie der Sperling, der Landstreicher.

Auf den Kronen der dichtbelaubten, grünen Bäume, die sich bereits unter ihm befinden, liegen die gleichen Übergänge jenes Farbenglanzes, der alles auf der Erde, über dem Meer und am Himmel miteinander verbindet und ausgleicht. Dieser Glanz ist eine wunderbare steile Brücke, über die man schwerelos und unbehindert schreiten kann. Ein wahres Wunder und dennoch so leicht und einfach. Eine einzige große Erwartung des Glücks, das bereits da ist. Alles ist eins und einheitlich, alles gewährt Halt und Stütze und bietet sich zum Sprungbrett für weiteren mühelos selbstverständlichen Flug an. Alles niedere reicht dich dem Höheren empor, das Härtere dem Leichteren, das Dunklere dem Helleren. Nichts hat ein Ende, und der Anfang ist für immer vergessen.

Es gibt auch jenen Greis mit dem Gesicht Philipps II. nicht mehr; niemand muß dir zeigen, wohin du zu treten hast, denn nun tragen dich Strahlenbündel wie bewegliche Stufen von selber empor, je weiter um so leichter, in Richtung einer gewaltigen purpurnen Schwelle dort in den Höhen; dahinter zeigen sich bereits neue Treppenläufe aus Luft und Licht, die das Schreiten des Menschen in einen immer rascheren, lautlosen Flug verwandeln. Der Mensch vermag weit zu gehen und hoch emporzusteigen; sich in diesen Aufstieg zu verwandeln und an ihn sein ganzes Sein zu verlieren. Er schreitet, aber mit beflügeltem Gang.

Nach der Rückkehr aus der Stadt meldete sich die Frau bereits von der untersten Stufe der Steintreppe mit ruhiger, singender Stimme, in der die Erwartung lag, daß ihr jenes übliche zerstreute ›Ja, ja‹, antworte, so wie ein Blick ganz selbstverständlich dem anderen antwortet.

»Fred?«

Schweigen.

»Fred!?« wiederholte sie, als sie sich bereits auf der Terrasse befand, den leeren Stuhl und den Tisch mit den im Winde flatternden Papierbogen sah.

»Fred . . .«, sagte sie leiser, aber eindringlicher, als sie in das dämmrige, bereits aufgeräumte Zimmer trat, aus der ihr wieder nur Schweigen antwortete.

»Fred!« rief sie unterdrückt und erschrak vor ihrer eigenen veränderten Stimme und vor dem kalten Schauer, der ihr den Rücken hinablief.

Die Wirtin erschien und erklärte ihr mühsam, daß der Professor noch vor ungefähr einer halben Stunde auf der Terrasse gesessen hatte. Sie habe ihn beim Aufräumen des Zimmers durchs Fenster gesehen und bemerkt, daß er mehrmals aufgestanden und wieder zu seiner Arbeit an den Tisch zurückgekehrt sei.

»Fred, Fred, Fred!«

Die Frau lief die Treppe hinunter und ging den Weg entlang, wiederholte dauernd den Namen, ohne eine Antwort zu erhalten. Sie sah sich auf dem Marktplatz und in den paar steilen, felsigen Gassen um, schritt den Strand mehrmals ab und kehrte dann nach Hause zurück (»Fred? Fred!«). Der Mann war verschwunden. In der Sonne, die nun schon bis zur Mitte der Terrasse vorgedrungen war, wehten und flatterten die Papierbogen des Professors. Die Wirtin schüttelte wie immer bloß den Kopf.

Die Frau ging in die Villa, wo ihre Wiener Freunde wohnten. Sie saßen gerade beim Frühstück. Zufrieden sich den Mund wischend, bemühten sie sich, sie zu beruhigen: er werde schon zurückkommen, wenn nicht früher, so sicherlich zum Mittagessen. Ihre spießige Heiterkeit und Sorglosigkeit war ihr unerträglich.

Sie durchstreifte die Parkanlagen und Wälder oberhalb des Ortes. Mehrmals kam sie nach Hause und suchte, während sie die Treppe hinaufging, in sich die Hoffnung zu wecken (»Fred? Fred!«), so wie man zum dritten, zum fünften Mal ein Feuerzeug anzuzünden versucht.

Auf der heißen Terrasse herrschte hoffnungsloses, unerträgliches Schweigen. Von der See hörte man das Rauschen der Wellen und das Gekicher der Kiesel, die entlang des Ufers unentwegt in der Brandung rieselten.

Als die Zeit des Mittagessens kam und dann verging und schließlich auch der Tag sich seinem Ende näherte, von dem Mann aber jede Spur fehlte, begab sie sich mit rotem Gesicht und trübem Blick wieder zu jenem befreundeten Ehepaar und ging mit ihnen zur Polizei, um die Sache zu melden.

In der kühlen Kanzlei war der junge Beamte gerade im Begriff zu gehen. Er kehrte sogleich zurück, schob ein Papier in die Schreibmaschine und tippte die Meldung über das Verschwinden des Professors Norges ab. Auch er suchte die Frau zu beruhigen: ihr Mann dürfte einen ausgedehnteren Spaziergang unternommen haben und werde nun sicherlich bald zurückkehren. Dennoch befahl er dem Polizisten, sich sogleich nach dem Mittagessen auf die Suche zu machen.

Dieser einzige Polizist des Ortes war ein etwas dicklicher, gutmütiger junger Mann, der wirklich nicht allzuviel zu tun hatte in diesem Städtchen, in dem sich weder unter den Einheimischen noch unter den Badegästen jemals etwas ereignete. Nun schwang er sich ernst auf sein Motorrad, startete geräuschvoll und fuhr mit mäßiger Geschwindigkeit und großem Selbstvertrauen die Straße am Meer entlang.

Doch den Professor fand man weder an diesem noch am nächsten Tag. Die Polizei suchte die Küste ab. Auch die Zeitung brachte die Nachricht vom Verschwinden des Touristen.

Während dieser Zeit verbrachte die Frau des Professors an einer einsamen Stelle des Strandes, wo sie beide noch vor einigen Tagen gebadet hatten. Sie saß dort mit den Händen im Schoß wie die Frauen der einheimischen Fischer, wenn sie auf die Rückkehr ihrer Männer vom Fischfang warten. Ihr helles Kleid hob sich nicht von den weißen Kieseln des Ufers ab. Man konnte sie abends kaum dazu überreden, ihren Platz zu verlassen und sich zur Ruhe ohne Schlaf zu begeben.

Nach drei Tagen kamen ihre Mutter und ihr Schwager, der jüngere Bruder des Professors, und nahmen sie mit nach Wien.

Die Tage vergingen. Es war bereits Ende August, die schönste Jahreszeit an dieser Küste. Alle Nachforschungen nach dem verschollenen Professor blieben ergebnislos. Die See trieb ihn nicht an und auf dem Festland war er nicht zu finden. Über dem kleinen Städtchen lag noch immer der Schatten des rätselhaften Vorfalls. Auf der Straße konnte man im Vorbeigehen häufig hören, wie Hausfrauen, die gerade vom Markte kamen, ihr Gespräch mit den Worten beendeten:

»So blieb alles vergeblich. Niemals irgendeine Spur!«

Und man erriet sogleich, daß vom Verschwinden des unglücklichen Professors die Rede war. Aber auch die übrigen Bewohner erwähnten in ihren Gesprächen untereinander und mit den Feriengästen häufig das Schicksal dieses Mannes. Am Stocken ihrer Rede und am sorgenvollen Abschweifen ihrer Blicke zum Meer konnte man auch ohne Worte erkennen, daß sie auf irgendeine Erklärung für das unerklärliche Verschwinden hofften, daß sie ungeduldig auf sie warteten wie auf etwas, von dem der innere Friede auch eines jeden einzelnen von ihnen abhing.

DAPHNE DU MAURIER

Der Weiher

Die Kinder liefen auf den Rasen hinaus. Es war Raum um sie
und Licht und Luft und dahinter, verschwimmend, die
Bäume. Der Gärtner hatte das Gras geschnitten. Der Rasen
war jetzt, weil die Sonne den ganzen Tag heiß geschienen
hatte, kraus und fest. Doch neben dem Sommerhaus, wo das
Gras hoch stand, da hafteten Tautropfen wie Reif an den
dünnen Halmen.

Die Kinder sagten nichts. Der erste Augenblick war für sie
immer wieder eine Überraschung. Daß der Garten die ganze
Zeit, während sie fern waren, wartete, dachte Deborah; Tag
für Tag, während sie in der Schule waren oder sich in den
Osterferien bei den Tanten in Hunstanton zu Tode langweil-
ten, oder in den Weihnachtsferien mit ihrem Vater in London
im Bus fuhren oder ins Theater gingen – daß der Garten auf
sie wartete, war ein Wunder, das nur ihnen allein bewußt
war. So lang war ein Jahr. Wie konnte der Garten den Schnee
aushalten, der sich auf ihn legte, oder den kühlen Regen, der
im November fiel? Bestimmt mußte er sich manchmal über
die langsamen Schritte Großpapas lustig machen, der auf der
Terrasse vor den Fenstern auf und ab ging, oder über Großmama, die Patch rief. Monate und Monate des Schweigens
mußte der Garten erdulden, während die Kinder fort waren.
Selbst der Frühling und die Tage des Mai und Juni waren vergeudet, jeder dieser vielen Morgen mit Schmetterlingen und
flatternden Vögeln, die keiner sah außer Patch, der auf einem
kühlen Stein Luft schnappte. So vergeudet war der Garten,
so verloren!

»Du darfst nie glauben, daß wir vergessen«, sagte sie mit
der lautlosen Stimme, die sie ihren eigenen Besitztümern
gegenüber verwendete. »Ich erinnere mich sogar in der
Schule, mitten in der Französisch-Stunde«, doch dann war es
unerträglich, schmerzhaft, daß es das harte Holz des Pultes

189

sein sollte, das ihre Hand berührte, und nicht das Gras, zu dem sie sich jetzt bückte. Die Kinder hatten einmal miteinander gestritten, ob es auf der Welt mehr Gras gab oder mehr Sand, und Roger hatte gesagt, natürlich müsse es mehr Sand geben; wegen des Meeresgrundes. In jedem Ozean auf der ganzen Welt gab es doch Sand, wenn man nur in die Tiefe schaute. Doch Gras könnte es dort auch geben, widersprach Deborah, ein wogendes Gras, ein Gras, das kein Mensch hier gesehen hatte, und die Farbe dieses Ozeangrases wäre dunkler als irgendein Gras auf der Oberfläche der Welt, auf Wiesen oder Weiden oder in den Gärten von Amerika. Es wäre höher als Bäume und schwankte wie Korn im Wind.

Sie waren zu einem Erwachsenen gelaufen und hatten gefragt: »Wovon ist mehr auf der Welt, von Gras oder von Sand?« Beide Kinder waren ganz heiß und aufgeregt von ihrem Streit. Der Großpapa aber stand da, den alten Panamahut auf dem Kopf, hatte eine Schere gesucht, um die Hecke zu stutzen – er kramte in der Schublade, in der es eine Menge Schrauben gab –, und er hatte ungeduldig gefragt: »Was? Was?«

Der Knabe war rot geworden – vielleicht war es eine dumme Frage –, doch das Mädchen dachte, er weiß es nicht, sie wissen ja nie etwas, und sie hatte ihrem Bruder ein Gesicht geschnitten, um ihm zu zeigen, daß sie auf seiner Seite war. Später hatten sie ihre Großmutter gefragt, und sie, eine praktisch denkende Frau, hatte, ohne zu zögern, erklärt: »Der Sand, sollte ich meinen. Denkt doch nur an all die Sandkörner!« Und Roger drehte sich triumphierend zu seiner Schwester um: »Ich hab's dir ja gesagt!« Die Sandkörner! Ja, Deborah hatte nicht an die Sandkörner gedacht. Der Zauber der Millionen und Abermillionen von Sandkörnern, die in der Welt und unter dem Ozean beisammen waren, machte sie ganz krank. Mochte Roger gewinnen, was lag daran? Es war besser, bei der Minderheit des wogenden Grases zu sein!

Jetzt, an dem ersten Abend ihrer Sommerferien, kniete sie nieder, legte sich dann längelang auf den Rasen, streckte die Arme nach beiden Seiten wie Jesus am Kreuz, nur das Gesicht bodenwärts, und flüsterte immer wieder die Worte, die sie von der Vorbereitung auf die Konfirmation im Gedächtnis hatte: »Ein volles, vollendetes und zureichendes Opfer... ein volles, vollendetes und zureichendes Opfer... Genugtuung und Opfergabe für die Sünden der ganzen Welt.« Sich selber der Erde, dem Garten zu opfern, dem Garten, der all die Monate seit dem letzten Sommer geduldig gewartet hatte, ja, das mußte ihre erste Geste sein.

»Komm«, sagte Roger. Er hatte sich gebückt, um festzustellen, ob Willis, der Gärtner, den Rasen genauso kurz geschoren hatte, wie es für Cricket nötig war; und nun richtete er sich auf, lief, ohne die Antwort seiner Schwester abzuwarten, nach dem Sommerhaus und stürzte sich auf die lange Kiste in der Ecke, wo die Torstäbe aufbewahrt wurden. Er lächelte, als er den Deckel hob. Schon die Vertrautheit des Geruchs war eine Befriedigung für ihn. Alter Firnis, abgeblätterte Farbe, und bestimmt war das dieselbe Spinne, dasselbe Spinnengewebe. Er holte die Stäbe heraus, einen nach dem anderen, und die Querhölzer, und da war auch der Ball – er hatte sich also doch nicht verloren, wie der Knabe befürchtet hatte. Immerhin war der Ball abgenützt, ein rötliches Grau – er roch darin und biß hinein, um das abgewetzte Leder zu schmecken. Dann nahm er alles in die Arme und ging hinaus, um die Torstäbe aufzustellen.

»Komm und hilf mir, die Entfernung zu messen!« rief er seiner Schwester zu; sie kauerte im Gras, das Gesicht verborgen, und da war es um seine Stimmung getan, denn das bedeutete, daß sie wiederum einmal wieder zerstreut war und keine Lust zum Cricket haben würde.

»Deb!« rief er ängstlich. »Du wirst doch spielen?!«

Deborah hörte seine Stimme durch die Vielfalt von Erdengeräuschen, von Herzschlag und Puls hindurch; wenn sie, das Ohr auf dem Boden, hier der Erde lauschte, so vernahm sie ein Summen, viel tiefer, als es die Bienen fertigbrachten oder das Meer in Hunstanton. Am ähnlichsten war der Wind, doch der Wind war rücksichtslos. Das Summen der Erde war geduldig. Deborah setzte sich auf, und auch um ihre Stimmung war es getan, doch just aus dem entgegengesetzten Grund wie bei ihrem Bruder. Die Einförmigkeit des

Spieles wäre, als ob man einen mächtigen Klotz aus ihrem Privatleben reißen würde.

»Wie lange müssen wir spielen?« rief sie zurück.

Ihr Mangel an Begeisterung wirkte auf den Knaben sehr abkühlend. Es wäre gar kein Spaß dabei, wenn sie sich bitten ließ. Und doch mußte er fest bleiben; jedes Zugeständnis, das er ihr machte, würde sie zu ihren Gunsten drehen.

»Eine halbe Stunde«, sagte er. Und dann, um ihr Lust zu machen: »Du kannst den ersten Schlag haben.«

Deborah beschnupperte ihre Knie. Sie hatten noch nicht den Landgeruch, doch wenn sie sie im Gras und auf dem Boden rieb, so würde das Londoner Weiß bald verschwinden.

»Schön«, sagte sie. »Aber nicht länger als eine halbe Stunde!«

Er nickte schnell, und um keine Zeit zu verlieren, maß er die Entfernung und begann die Stäbe in die Erde zu rammen. Deborah ging ins Sommerhaus, um die Schläger zu holen. Die Vertrautheit der kleinen Holzhütte war ihr ebenso lieb wie ihrem Bruder. Lange war es jetzt her, viele Jahre, seit sie hier im Sommerhaus gespielt, mit Hilfe zerbrochener Liegestühle ein zweites Haus darin gebaut hatten. Doch ebenso wie der Garten das ganze Jahr auf sie wartete, so wartete auch das Sommerhaus; die Fenster zu beiden Seiten, fleckig und voll Spinnengeweb, schauten wie Augen nach ihnen. Deborah hielt an ihrem Ritual fest und verbeugte sich zweimal. Wenn sie das beim ersten Eintreten in das Sommerhaus vergessen sollte, so brächte es bestimmt Unglück. Dann holte sie zwei Schläger aus der Erde, wo sie samt den alten Crokketreifen aufgestapelt waren, und sie wußte sofort, daß Roger den Schläger mit dem Gummigriff wählen würde, und sie müßte sich die ganzen Ferien mit dem kleineren begnügen, von dem die Umwicklung schon zur Hälfte abgegangen war. Auf dem Boden lag eine Crocketklammer. Sie hob sie auf, führte sie an die Nase, blieb sekundenlang stehen und fragte sich, wie es wohl wäre, wenn sie von jetzt an so leben müßte, die Nase zusammengeklemmt und eine Stimme wie ein Hanswurst. Würde sie den Leuten leidtun?

»Beeil dich!« schrie Roger, und sie warf die Klammer in die

Ecke, dann aber, als sie wußte, daß die Klammer abseits von ihren Genossen lag, und sie selber, Deborah, könnte in der Nacht aufwachen und sich daran erinnern, die Klammer aber könnte bösartig werden und sie plagen«, legte sie sie zwischen zwei andere auf den Boden, und jetzt war sie losgesprochen, und das Sommerhaus hatte seinen Frieden.

»Nicht zu bald hinaus!« warnte Roger sie, als sie auf der Linie stand, die Roger ihr gegraben hatte, und mit größter Konzentration zwang Deborah ihre Blicke auf seine weichende Gestalt, beobachtete ihn, wie er die Ärmel aufrollte und die erforderliche Länge für seinen Lauf maß. Schon flog der Ball, und sie reckte den Arm und traf ihn in der Luft. Der Aufprall des Balls auf den Schläger tat ihren Händen weh. Roger verfehlte absichtlich den Schlag. Keiner von beiden sagte ein Wort.

»Wer soll ich sein?« rief Deborah.

Das Spiel war nur durchzuhalten, ihre Aufmerksamkeit nur dann wach, wenn Roger ihr eine Rolle gab. Keinen Menschen, sondern ein Land.

»Du bist Indien«, sagte er, und Deborah spürte, wie sie dunkel und groß wurde. Ein Teil von ihr war ein Tiger, ein Teil war eine heilige Kuh, das lange Gras war der Dschungel, das Dach des Sommerhauses ein Minarett.

Doch auch so schleppte die halbe Stunde sich hin, und als sie an der Reihe war, da fiel der Ball, den sie warf, immer weiter und weiter, so daß Roger rot und verlegen wurde, denn der Großvater war auf der Terrasse erschienen, sah ihnen zu und rief ärgerlich: »Versuch's doch!«

Abermals mußte man sich konzentrieren – der Großvater, eine Quelle der Besorgnis für den Knaben, denn er befürchtete die Kritik, ein Ansporn für Deborah. Großpapa war ein indischer Gott, und man mußte ihm ein Opfer dabringen, einen goldenen Apfel. Der Apfel mußte so geworfen werden, daß er die Feinde Gottes tötete. Deborah murmelte ein Gebet, und der Ball, den sie schlug, flog schnell und gut und traf Rogers Querholz. In diesem Augenblick des Opfers hatte der Großvater sich umgedreht und war durch die Glastür zurück ins Wohnzimmer verschwunden.

Roger sah sich schnell um. Sein Pech war unbeachtet geblieben. »Guter Ball«, sagte er. »Du bist wieder an der Reihe.«

Doch seine Zeit war um. Die Uhr am Stall schlug sechs. Feierlich zog Roger die Stäbe heraus. »Was tun wir jetzt?« fragte er.

Deborah wäre gern allein gewesen; wenn sie das aber an diesem ersten Abend der Ferien sagte, wäre er gekränkt.

»Du gehst in den Obstgarten und siehst nach, wie die Äpfel stehen«, schlug sie vor. »Und dann durch den Küchengarten; vielleicht sind noch nicht alle Himbeeren abgepflückt worden. Aber du mußt das tun, ohne auf irgendwen zu stoßen. Wenn du Willis oder sonstwen siehst, auch die Katze, so hast du einen Punkt verloren.«

Dieser plötzliche Einfall war es, der sie rettete. Sie wußte, ihren Bruder würde der Gedanke anspornen, daß er den Gärtner überlisten könnte. Das ziellose Wandern durch den Obstgarten würde zu einer aufregenden Pirsch werden.

»Gehst du mit?« fragte er.

»Nein. Du mußt zeigen, wie geschickt du bist!«

Anscheinend war er damit zufrieden, lief nach dem Obstgarten und machte unterwegs nur Halt, um sich von dem Bambus eine Rute abzuschneiden.

Sobald er verschwunden war, ging Deborah auf die Bäume zu, die den Rasen säumten, und einmal im Wald verborgen, fühlte sie sich sicher. Langsam ging sie durch die Allee zum Weiher. Die Abendsonne entsandte Strahlen zwischen die Bäume und auf die Allee, und Myriaden von Insekten suchten sich durch die Strahlen ihren Weg, stiegen auf und nieder wie die Engel auf Jakobs Leiter. Waren sie aber wirklich Insekten, fragte sich Deborah, oder Staubkörnchen oder gar Bruchteilchen des Lichtes selbst, von der Sonne ausgeschieden und zerstreut.

Es war sehr still. Der Wald war verschlossen. Er erkannte sie nicht, wie der Garten sie erkannt hatte. Dem Wald war es gleichgültig, daß sie ein ganzes Jahr in der Schule, in Hunstanton oder London sein konnte. Der Wald würde sie nie vermissen; er hatte sein eigenes, dunkles, leidenschaftliches

Leben. Deborah kam zu der Lichtung, wo der Weiher lag und von der fünf Alleen ausgehen; sekundenlang blieb sie stehen, bevor sie sich dem Rand näherte, denn dies war heiliger Boden, und hier mußte man Buße tun. Sie kreuzte die Hände über der Brust und schloß die Augen. Dann stieß sie die Schuhe von den Füßen. »Mutter aller wilden Dinge, tu mit mir, was du willst«, sagte sie laut. Der Klang ihrer eigenen Stimme schreckte sie auf. Dann aber kniete sie nieder und berührte dreimal den Boden mit der Stirn.

Der erste Teil der Buße war damit erledigt, doch der Weiher verlangte sein Opfer, und Deborah war wohl vorbereitet hierhergekommen. Das ganze Trimester lang hatte sie in der Tasche einen Bleistiftstummel getragen, den sie ihr Amulett nannte. Er trug die Spuren von Zähnen, und an einem Ende war ein Stück Gummi, an dem sie gekaut hatte. Dieser Schatz mußte dem Weiher geopfert werden, wie ihm in der Vergangenheit andere Schätze geopfert worden waren, ein kleiner Krug, ein verzierter Knopf, ein Schweinchen aus Porzellan. Deborah zog den Bleistiftstummel aus der Tasche und küßte ihn. So viele einsame Monate lang hatte sie ihn bei sich gehabt, hatte ihn geliebkost, und jetzt war der Augenblick der Trennung gekommen. Dem Weiher durfte nichts versagt werden. Sie schwang den rechten Arm, die Augen hielt sie geschlossen, und sie hörte den leisen Aufschlag, als der Stummel ins Wasser plumpste. Dann öffnete sie die Augen und sah in der Mitte des Weihers ein leichtes Gekräusel. Der Bleistiftstummel war verschwunden, doch das Kräuseln wurde zu Kreisen, ließ die Wasserrosen leise wanken. Und diese Bewegung war ein Symbol für die Annahme des Opfers.

Deborah, noch immer auf den Knien, die Hände abermals gekreuzt, schob sich zum Rand des Weihers vor, und dann schaute sie, hingekauert, in das Wasser. Ihr Spiegelbild zitterte ihr entgegen, und es war nicht das Gesicht, das sie kannte, nicht einmal ihr Gesicht in einem Spiegel, das ja ohnehin gefälscht war, sondern ein verzerrtes, dunkelhäutiges, gespenstisches Bild. Die gekreuzten Hände waren wie die Blumenblätter der Wasserrosen, und die Farbe war kein wächsernes Weiß, sondern das Grün eines Phantoms. Auch das Haar war nicht der lebendige Schopf, den sie täglich bürstete und mit einem Band umschlang, sondern ein Baldachin, eine Decke. Als das Spiegelbild lächelte, verzerrte es sich noch stärker. Deborah löste die Hände voneinander, beugte sich vor, nahm einen Zweig und zog dreimal einen Kreis über das glatte Bild. Das Wasser dehnte sich in immer weitere Kreise, und ihr Spiegelbild, in winzige Teilchen aufgelöst, hob sich, senkte sich, tanzte, eine Art Ungeheuer, und die Augen waren nicht mehr; ebensowenig wie der Mund.

Dann beruhigte sich das Wasser. Insekten, langbeinige Fliegen und Käfer mit ausgebreiteten Flügeln, summten darüber hin. Eine Libelle besaß selber die ganze Pracht eines Wasserrosenblattes. Sie schwebte genießerisch über die Blume, doch als Deborah für eine Sekunde den Blick abgewendet hatte, war die Libelle verschwunden. Am Ende des Weihers, hinter der Fülle der Wasserrosen, hatte sich grüner Schaum gebildet, und unter dem Schaum waren wirre verschlungene Wasserpflanzen. So dicht waren sie, solange hatten sie im Weiher gelegen, daß ein Mann, der vom Ufer her auf sie trat, von ihnen gefesselt und erwürgt worden wäre. Eine Fliege aber oder ein Käfer konnte getrost auf der Oberfläche sitzen, und für die Tiere war der blaßgrüne Schaum keineswegs eine Todesfalle, sondern ein Ruheort, eine Zufluchtsstätte. Und wenn jemand einen Stein warf, so daß sich Kreise bildeten, erreichten sie schließlich den Schaum und wiegten ihn, und die ganze moosige Oberfläche bewegte sich im Rhythmus, ein Tanzboden für jene, die darauf spielten.

Am Ende des Weihers stand auch ein toter Baum. Er mochte eine Föhre gewesen sein oder eine Tanne oder vielleicht sogar eine Lärche, denn die Zeit hatte ihm jedes Zeichen geraubt, an dem er noch zu erkennen gewesen wäre. Nein, er trug kein unterscheidendes Merkmal mehr an sich, sondern reckte groteske Gliedmaßen gegen den Himmel. Eine Efeuhaube krönte seinen nackten Kopf. Im letzten Winter war einer der toten Äste abgebrochen und lag jetzt halb untergetaucht im Weiher, und der grüne Schaum tropfte von den verwitterten Zweigen. Der wassergetränkte Ast bildete einen bevorzugten Aussichtspunkt für Vögel, und während Deborah hinsah, flog gerade ein Nestling aus dem Unterholz, das den toten Stamm umgab, und blieb sekundenlang auf dem moosigen Geflecht hocken. Er war wie gebannt vor Entsetzen. Die Eltern schrien ihm aus dunkler Sicherheit warnend zu, und der Nestling lauschte dem Schreien, hob sich von dem Ast, der ihm zeitweilig eine Zuflucht gewesen war, flatterte unbeholfen über den Weiher, erreichte aber dennoch das schützende Heim. Das Gezwitscher aus dem Unterholz ließ erkennen, daß er ausgescholten wurde. Doch als er fort war, kehrte die Stille wieder über dem Weiher ein.

Das war, so meinte Deborah, die Stunde für das Gebet. Die Wasserrosen falteten sich. Das Gekräusel der Oberfläche legte sich. Und die dunkle Höhlung in der Mitte des Weihers, jenes schwarze Schweigen, wo das Wasser am tiefsten war, ja, das war bestimmt ein Trichter, der zu dem Königreich darunter führte. Der Bleistiftstummel war in die Tiefe getaucht. Er war jetzt schon als Gleicher unter seinen Genossen anerkannt. Das war das einzige Gesetz des Weihers, denn andere Gebote gab es nicht. War er einmal vorüber, der erste kalte Flug, so behob die Milde des willkommen heißenden Wassers jegliche Furcht. Das wußte Deborah. Es bespülte das Gesicht, es reinigte die Augen, und man stürzte nicht in die Dunkelheit, sondern ins Licht. Es wurde nicht schwärzer, sobald der Weiher durchdrungen war, sondern heller, grüngoldener, und der Schlamm, der da unten sein sollte, wie die Leute sagten, war nur ein Schutz gegen Fremde. Jene aber, die hingehörten, die wußten, wandten sich sogleich zu der Quelle, und dort gab es Grotten und Brunnen und regenbogenfarbige Seen. Es gab Küsten mit dem weißesten Sand. Es gab eine lautlose Musik.

Wieder schloß Deborah die Augen und beugte sich zum Weiher. Ihre Lippen berührten beinahe das Wasser. Das war das große Schweigen, in dem sie keine Gedanken mehr hatte und von dem Weiher aufgenommen wurde. Wellen von Stille umtönten sie, und langsam kam ihr jedes Gefühl abhanden, sie wußte nichts von ihren Beinen, nichts von dem knienden Körper, nichts von den kalten, gefalteten Händen. Nichts war da als umfassender Friede. Es war ein tieferes Aufgenommenwerden, als wenn sie der Erde lauschte, denn die Erde war von dieser Welt, die Erde war ein pochender Puls, das Aufgenommenwerden durch den Weiher aber bedeutete eine andere Art von Lauschen, bedeutete, von den Wassern umschlossen zu sein, und wie die Rosen sich falteten, so tauchte die Seele ein.

»Deborah... Deborah!« Nein, nein! Nicht jetzt! Gib nicht zu, daß sie mich gerade jetzt rufen! Es war, als hätte sie jemand auf den Rücken geschlagen oder wäre aus einem Winkel auf sie zugesprungen, der jähe, scharfe Lärm eines anderen Lebens, der die Stille zerstörte, die Heimlichkeit. Und dann tönte das Klingen der Kuhglocken. Es war das Zeichen, das ihre Großmutter gab, das Zeichen, das sie ins Haus rief. Nicht gebieterisch, nicht so abscheulich streng wie das Läuten der Glocken in der Schule, das vom Spiel zum Unterricht oder in der Kapelle rief, und doch eine Mahnung, daß die Zeit das wichtigste war, daß das Leben von der Ordnung beherrscht wurde, daß selbst hier, in dem geliebten Ferienheim der Kinder, die Erwachsenen die obersten Herrscher waren.

»Gut, gut«, murmelte Deborah, stand auf und schob die empfindungslosen Füße in die Schuhe. Diesmal tönte das »Deborah!« schon lauter, und das energische Läuten der Kuhglocken, die vor langer Zeit aus der Schweiz mitgebracht worden waren, ließ ahnen, daß es eine herrische Großmama war und nicht die duldsame, die kaum je eine Frage stellte. Es mußte bedeuten, daß das Abendessen bereit war, die Suppe vielleicht schon kalt wurde, und nun mußte man sich ja noch der Komödie des Händewaschens und Kämmens unterziehen.

»Vorwärts, Deb!« Und jetzt war der Ruf ganz nahe, war drängend, und die Abgeschlossenheit für immer verloren, denn ihr Bruder kam, die Bambusrute schwingend, durch die Allee gelaufen.

»Ja, was hast du denn gemacht?« Die Frage war eine Dringlichkeit, war eine Drohung. Sie hätte ihn nie gefragt, was er gemacht habe, ob er fortgewandert sei, um allein zu bleiben.

Roger aber hatte leider kein Verlangen nach der Abgeschlossenheit. Er liebte Gesellschaft, und seine Frage, halb gereizt, halb grollend, entstammte in Wirklichkeit der Angst, er könnte seine Schwester verlieren.

»Nichts«, sagte Deborah.

Roger musterte sie argwöhnisch. Sie war in ihrer abgekehrten Stimmung, und das bedeutete, daß sie nachher, wenn die Kinder im Bett lagen, nicht mehr sprechen würde. Und eines der schönsten Dinge an den Ferien war, daß sie ihre Zimmer nebeneinander hatten, daß er durch die offene Tür rufen und Deb zum Sprechen bringen konnte.

»Los«, sagte er. »Sie haben schon geläutet.« Daß er aus ihrer Großmutter ›sie‹ machte, verwandelte ein geliebtes Einzelwesen in eine unpersönliche Mehrzahl. Und das bewies Deborah, daß er, auch wenn er sie nicht begriff, dennoch auf ihrer Seite war. Er war vom Spiel fortgerufen worden, nicht anders als sie.

Sie liefen aus dem Wald nach dem Rasen und auf die Terrasse. Ihre Großmutter war schon ins Haus gegangen, doch die Kuhglocken, die neben der Glastür hingen, tönten noch immer.

Es war üblich, daß die Kinder um sieben Uhr zu essen bekamen, und ihre Mahlzeit wurde ihnen ins Eßzimmer auf eine Heizplatte gestellt. Sie wurden nicht bedient, sondern nahmen sich ihr Essen selber aus der Schüssel. Um Viertel vor acht aßen die Großeltern. Man nannte diese Mahlzeit ›Dinner‹, doch das war nur ein Zugeständnis an ihre Würde, denn sie aßen dasselbe wie die Kinder, obgleich Großpapa immer noch einen Leckerbissen bekam, der nicht für die Kinder bestimmt war. Erschienen die Kinder zu spät zum Abendessen, so brachte das die Zeiteinteilung ebenso in Verwirrung wie Agnes, die für beide Generationen kochte, und es konnte bedeuten, daß Großpapa fünf Minuten auf seine Suppe warten mußte. Das aber erschütterte die Tagesordnung.

Die Kinder liefen ins Badezimmer hinauf, um sich zu waschen, und dann hinunter ins Eßzimmer. Ihr Großvater stand in der Halle. Manchmal glaubte Deborah, es würde ihm Spaß machen, sich zu ihnen zu setzen, während sie aßen, doch er ließ nie ein Wort darüber verlauten. Großmama hatte ihnen eingeschärft, sie sollten nicht lästig werden oder gar schreien, wenn Großpapa in der Nähe sei. Nicht etwa deswegen, weil er nervös gewesen wäre, sondern weil er selber gern schrie.

»Es kommt eine Hitzewelle«, sagte er. Er hatte sich die Nachrichten angehört.

»Das heißt, daß wir morgen draußen zu Mittag essen können«, sagte Roger schnell. Das Mittagessen war die Mahlzeit, bei der sie mit den Großeltern am Tisch saßen, und es war die Stunde des Tages, die ihm zuwider war. Er zitterte davor, daß sein Großvater ihn fragen könnte, wie es ihm in der Schule ging.

»Nichts für mich«, sagte Großpapa. »Besten Dank! Viel zuviel Wespen!«

Sogleich atmete Roger auf. Das hieß, daß er und Deborah den kleinen runden Gartentisch für sich allein haben würden. Deborah aber tat ihr Großvater leid, als er jetzt wieder ins Wohnzimmer ging. Das Mittagessen auf der Terrasse könnte heiter sein, könnte ihn aufmuntern. Wenn die Leute alt wurden, blieben ihnen ja nur so wenige Vergnügungen übrig.

»Worauf freust du dich am meisten im Tag?« hatte sie einmal ihre Großmutter gefragt.

»Ins Bett zu gehen«, war die Antwort gewesen, »und mir meine beiden Wärmflaschen zu füllen.«

Warum mußte man sich durch eine Jugend durcharbeiten, dachte Deborah, um dahin zu gelangen?

Als sie wieder im Eßzimmer waren, sprachen die Kinder von dem, was sie während der Hitzewelle tun würden. Für Cricket wäre es zu heiß, erklärte Deborah. Aber sie könnten sich ein Haus bauen, schlug Roger vor. In den Zweigen bei der Koppel. Wenn er sich von Willis ein paar alte Bretter erbettelte und sie zu einer Plattform zusammennagelte und sich die Leiter im Obstgarten auslieh, dann könnten sie Obst hinaufnehmen und Flaschen mit Orangeade und sich von oben verstecken, und das wäre ein Lager, von dem aus sie nachher Willis bespitzeln könnten.

Deborahs erste Regung war, zu sagen, daß sie nicht spielen wolle, doch sie beherrschte sich rechtzeitig. Die Bretter zu suchen und zusammenzunageln, würde Roger einen ganzen Vormittag beschäftigen. »Ja, das ist eine gute Idee«, sagte sie, und um seine Abenteuerlust anzufeuern, schaute sie in sein Notizbuch, während sie ihre Suppe aßen, und erklärte sich mit den verschiedenen Gegenständen einverstanden, die er für notwendig hielt und aufschrieb. Das gehörte zu der Täuschung, die sie den ganzen Tag übte, um zu tun, als hätte sie das größte Verständnis für seine Lebensformen.

Als sie mit dem Essen fertig waren, trugen sie das Geschirr in die Küche und sahen Agnes zu, die jetzt die zweite Mahlzeit vorbereitete, die für die Großeltern. Die Suppe war dieselbe, doch diesmal gab es kleine Stückchen geröstetes Brot. Und die Butter wurde in Kugeln gerollt und nicht bloß im Stück gelassen wie für die Kinder. Der Leckerbissen aber waren Käsestangen. Einige hatten Agnes verbrennen lassen, und darüber machten sich die Kinder her. Dann gingen sie in das Wohnzimmer, um gute Nacht zu sagen. Die Großeltern hatten sich umgezogen. Großpapa hatte einen Hausrock und weiche Pantoffeln an, Großmutter ein Kleid, das sie vor etlichen Jahren in London getragen hatte. Um die Schultern hatte sie eine Strickjacke wie einen Umhang gelegt.

»Geht mit dem Badewasser sorgfältig um«, sagte sie. »Wenn's nicht regnet, werden wir knapp werden.«

Sie küßten ihre glatte, weiche Haut, sie roch nach Rosenblättern. Großpapas Kinn war spitz und knochig. Er gab Roger keinen Kuß.

»Verhaltet euch oben schön ruhig«, flüsterte die Großmutter. Die Kinder nickten. Das Eßzimmer war gerade unter ihren Zimmern, und wenn sie oben herumsprangen oder lachten, so störte das die Erwachsenen.

Deborah spürte eine Welle von Zärtlichkeit für die zwei alten Leute. Wie leer und traurig mußte ihr Leben sein! »Wir sind froh, daß wir hier sind«, sagte sie betont. Großmama lächelte. So lebten sie eben, dachte Deborah; von solchen Krümeln, die ein Trost für sie waren.

Kaum waren sie draußen, hob sich ihre Stimmung, und

um zu zeigen, wie erleichtert er sich fühlte, jagte Roger Deborah über die Treppe hinauf, und beide lachten ganz ohne Grund. Beim Ausziehen hatten sie die Mahnung wegen des Badewassers vergessen, und als sie ins Badezimmer kamen, gurgelte das Wasser schon in den Überlauf. Deborah kam zuerst an die Reihe. Hastig rissen sie den Stöpsel heraus und lauschten, wie das Wasser durch das Rohr rauschte. Wenn Agnes nicht beim Radio saß, mußte sie es hören.

Die Kinder waren jetzt schon zu groß, um mit Schiffchen zu spielen, doch das Badezimmer blieb der Platz für Vertraulichkeit, für die Erörterung der wenigen Dinge, an denen sie beide noch Geschmack fanden, und, nach einem Zank, für ein verdrossenes Schweigen. Wer da das Schweigen zuerst brach, verlor sein Gesicht!

»Willis hat ein neues Rad«, berichtete Roger. »Ich hab's vor dem Schuppen stehn gesehen. Ich konnte es nicht ausprobieren, weil er in der Nähe war. Morgen aber tu' ich's. Es ist ein Raleigh.«

Er liebte alle praktischen Dinge, und das Rad des Gärtners auszuprobieren, würde dem Morgen des nächsten Tages erhöhten Reiz verleihen. Willis hatte hinter dem Sattel, in einer Ledertasche, sein Handwerkszeug. Das konnte man dann gründlich betasten und die Schraubenschlüssel auf ihre Nützlichkeit prüfen. »Wenn Willis stirbt«, sagte Deborah, »wie alt wäre er dann eigentlich?«

Das waren Bemerkungen, die Roger ihr verübelte. Was hatte der Tod mit dem Fahrrad zu schaffen? »Er ist fünfundsechzig«, sagte er. »Und so würde er eben fünfundsechzig sein.«

»Nein«, sagte Deborah, »wie alt wäre er, wenn er hinkäme?«

Diese Frage interessierte Roger nicht. »Ich wette, daß ich um den Stall fahren kann, wenn ich den Sitz tiefer schraube. Ich wette, daß ich nicht herunterfalle.«

Doch wenn Roger nichts vom Tod wissen wollte, so wollte Deborah eben nichts von einer Wette wissen. »Wem liegt was daran?«

Dieser jähe Ausbruch von Grausamkeit traf den Bruder

tief. Ja, wirklich, wem lag etwas daran? Das Grauen vor einer leeren Welt packte ihn, und um sich wieder ein wenig Selbstvertrauen einzuflößen, griff er nach dem nassen Schwamm und warf ihn durch das Fenster. Sie hörten ihn auf der Terrasse aufklatschen.

»Großpapa wird drauftreten und ausrutschen«, sagte Deborah entsetzt.

Diese Vorstellung nahm lebhafte Gestalt an, und die beiden bedeckten das Gesicht, um ihr Lachen zu ersticken: Aber es gelang nicht, und Roger wälzte sich buchstäblich auf dem Boden des Badezimmers. Deborah erholte sich zuerst und fragte sich, warum das Lachen dem Schmerz so nahe war, warum Rogers Gesicht sich in der Heiterkeit ebenso verzerrte, wie wenn ihm das Herz brach.

»Vorwärts«, sagte sie kurz. »Wir müssen den Boden aufwischen!« Sie trockneten das Linoleum mit ihren Badetüchern, und das ernüchterte sie beide.

Dann waren sie in den Schlafzimmern, die Tür zwischen ihnen stand offen, und sie beobachteten, wie das Licht langsam verblaßte. Die Luft aber war warm wie am Tage. Die Großeltern und die Leute, die gesagt hatten, wie das Wetter werden sollte, hatten recht. Die Hitzewelle war unterwegs. Deborah beugte sich aus dem offenen Fenster und glaubte sie am Himmel zu sehen, einen stumpfen Dunst, wo vorher die Sonne gewesen war; und die Bäume hinter dem Rasen, tagfarben, als die Kinder im Eßzimmer gewesen waren, hatten sich in Nachtvögel mit ausgespannten Schwingen verwandelt. Der Garten ahnte schon die verheißende Hitzewelle und freute sich; der Mangel an Regen war noch nicht weiter wichtig, denn die warme Luft war gleichsam eine Falle und lullte den Garten in verschlafene Zufriedenheit ein.

Das dumpfe Gemurmel der Stimmen ihrer Großeltern tönte aus dem Schlafzimmer herauf. Worüber mochten sie wohl reden, fragte sich Deborah. Sollten diese Geräusche dazu dienen, die Kinder zu beruhigen? Oder gehörten ihre Stimmen zu ihrer unwirklichen Welt? Jetzt verstummten die Stimmen, und dann hörte man ein Scharren von Stühlen, und die Stimmen tönten von anderswoher, aus dem Wohnzimmer, und auch den schwachen Geruch von Großpapas Zigarette konnte sie spüren.

Deborah rief leise ihren Bruder, aber er antwortete nicht. Sie ging zu ihm ins Zimmer; er schlief bereits. Er mußte ganz plötzlich in Schlaf gesunken sein, mitten im Reden. Sie war erleichtert. Jetzt konnte sie wieder allein sein und mußte nicht so tun, als ob sie die Unterhaltung mit ihm interessierte. Überall dämmerte es, der Himmel wurde zu tiefem Schwarz. Wenn sie auch schlafen gegangen sind, dachte Deborah, werde ich wirklich allein sein. Sie wußte, was sie tun würde. Sie wartete hier, am offenen Fenster, und der dunkelnde Himmel verlor den Schleier, der ihn bedeckte, der Dunst löste sich auf, und die Sterne brachen durch. Wo vorher nichts gewesen war, da war jetzt Leben, flimmernd und hell, und die wartende Erde atmete einen wissenden Duft aus. Tau trat aus den Poren. Der Rasen war weiß.

Patch, der alte Hund, der am Fußende von Großpapas Bett auf einer Decke schlief, kam auf die Terrasse und bellte heiser. Deborah beugte sich hinaus und warf ein Stück Weinranke nach ihm. Er schüttelte den Rücken. Dann watschelte er langsam zu dem Blumentopf auf der obersten Stufe und hob das Bein. Das tat er Abend für Abend. Noch einmal bellte er, starrte blicklos nach den feindlichen Bäumen und kehrte in das Wohnzimmer zurück. Bald darauf kam jemand, um die Fenster zu schließen – Großmama, meinte Deborah, denn es war hörbar eine leichte Hand. Das Beste schließen sie aus, dachte das Kind, alles, was Sinn und Bedeutung hat! Patch, das Tier, sollte es besser wissen. Er müßte sein Haus haben, wo er wachen und beobachten könnte, doch statt dessen, schlaff und fett geworden, zog er das weiche, federnde Bett ihres Großvaters vor. Er hatte die Geheimnisse vergessen. Und sie, die alten Leute, auch.

Deborah hörte, wie die Großeltern die Treppe heraufkamen. Zuerst die Großmutter, die behender war, und dann der Großvater, schon ein wenig mühsamer; er sagte ein oder zwei Worte zu Patch, während der kleine Hund über die Stufen schnaufte. Dann hörte sie, wie die Lichter ausgelöscht und die Türen geschlossen wurden. Und dann war es still.

Wie fern war die Welt der Großeltern, die sich hinter den ge-schlossenen Vorhängen auszogen! Eine Lebensform, an der all die Jahre nichts geändert hatten. Was draußen vorging, das würden sie nie wissen. Wer Ohren hat zu hören, der höre, sagte Deborah, und sie dachte an die Härte Christi, die kein Priester erklären konnte. Laßt die Toten ihre Toten be-graben. All die Menschen auf der Welt, die sich jetzt auszo-gen oder schliefen, nicht bloß im Dorf, nein, auch in den Städten, den Großstädten, sie schlossen die Wahrheit aus, sie begruben ihre Toten. Sie vergeudeten die Stille.

Die Stalluhr schlug elf. Deborah zog sich an. Nicht das Baumwollkleid des Tages, sondern die alten Jeans, die Groß-mama nicht lei.'en konnte, über die Knie aufgerollt. Und eine Strickjacke. Turnschuhe mit einem Loch, das aber nicht wei-ter störte. Sie war klug genug, die Hintertreppe zu benützen. Patch würde bellen, wenn sie über die Vordertreppe ging. Die Hintertreppe führte an Agnes' Zimmer vorüber, das nach Äpfeln roch, obgleich sie nie Obst aß. Deborah konnte sie schnarchen hören. Nicht einmal am Jüngsten Tag würde sie aufwachen. Und das lenkte Deborah auf den Gedanken, was denn an dieser Geschichte wahr sein mochte, denn bis dahin gäbe es doch so viele Millionen, die sich in ihren Grä-bern ganz wohl fühlten – Großpapa, zum Beispiel, hing so an seinen Gewohnheiten, und er würde sich bestimmt ärgern, wenn plötzlich die Posaunen bliesen.

Deborah schlich an der Speisekammer und der Halle der Dienerschaft vorüber – in Wirklichkeit war es nur ein winzi-ges Wohnzimmer für Agnes, doch lange Gewohnheit hatte ihm die Würde des Namens ›Halle‹ verliehen. Dann trat sie ins Freie, auf den Kies und schlug den langen Weg rund um das Haus ein, um nicht über die Treppe zu gehen, wo der Ra-sen und der Garten sich dehnten.

Die warme Nacht rief sie zu sich. Im Nu gehörte sie zu der Nacht. Sie ging über das Gras, und ihre Schuhe waren so-gleich durchnäßt. Sie warf ihre Arme zum Himmel auf. Kraft rieselte ihr in die Fingerspitzen. Von den wartenden Bäu-men, dem Obstgarten, der Koppel strömte ihr Erregung zu; die Eindringlichkeit des geheimen Lebens von Bäumen,

Obstgarten und Koppel griff nach ihr und beschleunigte ihre Schritte. Es glich nicht der Aufregung gewöhnlicher Vorfreude auf Geburtstagsgeschenke, auf Weihnachtsstrümpfe, sondern der Anziehungskraft eines Magneten – der Großvater hatte ihr einmal gezeigt, wie ein Magnet wirkte, auf den kleine Nadeln zusprangen –, und jetzt waren die Nacht und der Himmel oben ein riesiger Magnet, und die Dinge, die unten warteten, wurden mächtig angezogen.

Deborah ging zum Sommerhaus, und es schlief nicht wie das Haus hinter der Terrasse, sondern hatte Verständnis, war ein Bundesgenosse. Selbst die staubigen Fenster fingen das Licht auf, und das Spinngewebe schimmerte. Sie stöberte, bis sie die alte Decke und den mottenzerfressenen Teppich fand, den Großmama schon vor zwei Sommern aus dem Hause verbannt hatte, warf beides über die Schulter und machte sich auf den Weg zum Weiher. Die Allee war geisterhaft, und Deborah wußte, daß trotz wachsender Spannung die Prüfung hart war. Ein Teil von ihr war noch immer körperhörig und hatte Angst vor den Schatten. Wenn irgend etwas sich rührte, würde sie zusammenfahren und wissen, was wahrer Schrecken ist. Und doch mußte sie Mut zur Schau tragen. Das erwartete der Wald von ihr. Wie ein alter, weiser Lama erwartete der Wald, daß sie mutig war.

Sie spürte die Billigung, als sie den Fehdehandschuh hinwarf und die hohen Bäume sie beobachteten. Das kleinste Zeichen von Angst, von Zurückweichen, und sie würden sich in würgender Masse um sie schließen und jeden Widerstand ersticken. Zweige würden zu Armen, zu knorrigen, knotigen Armen, bereit zu erdrosseln, und die Blätter der höheren Bäume würden sich zusammenfalten, jäh zuklappen wie gigantische Schirme. Das Unterholz aber, dem Willen gehorsam, würde zu Büschen von Millionen Dornen, darin Tiere einer unbekannten Welt knurrten und krochen und aus feurigen Augen blickten. Furcht zeigen, hieß Verständnislosigkeit zeigen. Der Wald aber war erbarmungslos.

Deborah ging über die Allee zum Weiher, die linke Hand hielt die Decke und den Teppich auf ihrer Schulter fest, die rechte hob sich zum Gruß. Das war ein Zeichen ihres Respekts. Dann blieb sie vor dem Weiher stehen und legte ihre Last neben sich. Die Decke sollte ihr Bett sein, der Teppich sollte sie wärmen. Sie zog, auch als Zeichen des Respekts, ihre Schuhe aus und legte sich auf die Decke.

Dann, den Teppich bis ans Kinn gezogen, lag sie flach da, die Augen nach dem Himmel gerichtet. Die Gefahr der Allee war hinter ihr, jetzt hatte sie keine Angst mehr. Der Wald hatte sie aufgenommen, und der Weiher war der letzte Ruheort, die Schwelle, der Schlüssel.

Ich werde nicht schlafen, dachte Deborah. Ich werde einfach die ganze Nacht hier wach liegen und auf den Morgen warten, doch es wird gewissermaßen eine Einführung ins Leben sein, etwa wie die Konfirmation.

Die Sterne standen dichter als vorher. Kein Plätzchen war am Himmel ohne einen hellen Punkt, und jeder Stern war eine Sonne. Manche, dachte sie, waren neu geboren, weißglühend, und andere klüger und kälter, der Vollendung näher. Das Gesetz umfriedete sie, legte den schweifenden Pfad fest, wie sie aber taumelten und fielen, das hing von ihnen selber ab. So friedlich, so ruhig, so still war es plötzlich, alle Erregung gewichen. Die Bäume waren nicht länger bedrohlich, sie waren Hüter, und der Weiher war ein Wasser von Urzeiten her, das erste, das letzte. Dann aber stand Deborah an der Gattertür, der Grenze, und da war eine Frau mit ausgestreckter Hand und verlangte Eintrittskarten. »Geh nur«, sagte sie, als Deborah sich näherte. »Wir haben dich kommen sehen.« Die Gattertür wurde zum Drehkreuz. Deborah stieß daran, nichts hemmte sie, und sie durfte durchgehen.

»Was ist es?« fragte sie. »Bin ich wirklich am Ende hier angekommen? Ist das der Grund des Weihers?«

»Es könnte sein«, erwiderte die Frau lächelnd. »Es gibt so viele Wege. Du hast gerade diesen hier gewählt.«

Andere Leute drängten sich, um hindurchzugehen. Sie hatten keine Gesichter, sie waren nur Schatten. Deborah trat zur Seite, um sie vorüberzulassen, und in der nächsten Sekunde waren sie fort, alles Phantome.

»Warum erst jetzt, in der Nacht?« fragte Deborah. »Warum nicht am Nachmittag, als ich zum Weiher kam?«

»Das ist ein Zauberkunststück«, sagte die Frau. »Du hast den richtigen Augenblick erwischt. Wir waren auch am Nachmittag hier. Wir sind immer hier. Unser Leben bewegt sich um euch, aber kein Mensch weiß es. Nachts ist das Zauberkunststück leichter, das ist alles.«

»Träume ich also?« fragte Deborah.

»Nein, das ist kein Traum. Und es ist auch nicht der Tod. Es ist die geheime Welt.«

Die geheime Welt... das war etwas, wovon Deborah immer gewußt hatte, und jetzt vollendete es sich. Die Erinnerung daran, die Erleichterung war so ungeheuer, daß etwas in ihrem Herzen zu zerspringen schien.

»Natürlich... natürlich«, sagte sie. Und alles, was je gewesen war, fand seinen Platz, da gab es keinen Mißklang. Die Freude war unbeschreiblich, und der Aufschwung des Gefühls, wie Flügel um sie in der Luft, hob sie von dem Drehkreuz und der Frau hinweg, und nun war ihr alle Erkenntnis geschenkt. Das war es – die Erkenntnis, die sie erfüllte.

Dann bin ich gar nicht ich selber, dachte sie. Ich wußte, daß ich nicht ich selber war. Es war nur die Aufgabe, die mir gestellt war. Und als sie hinunterblickte, sah sie ein kleines Kind, das blind seinen Weg zu finden versuchte. Mitleid ergriff sie. Sie bückte sich und legte ihre Hände auf die Augen des Kindes, und die Augen öffneten sich, und das Kind war sie selber, als sie zwei Jahre alt gewesen war. Die Erinnerung wurde wach. Es war, als ihre Mutter gestorben und Roger auf die Welt gekommen war.

»Es macht mir nichts«, sagte sie zu dem Kind. »Du hast dich nicht verirrt. Du mußt nicht weinen.« Dann schmolz das Kind, das sie selbst gewesen war, und wurde von Wasser und Himmel aufgesogen, und die Freude über die alles erobernde Flut wurde so stark, daß es überhaupt keinen Körper mehr gab, sondern nur ein Sein. Keine Worte, nur Bewegungen. Und das Schlagen von Flügeln. Das vor allem – das Schlagen von Flügeln.

»Laßt mich nicht gehen!« Es war ein Pochen in ihrem Ohr und ein Schrei, und sie sah, wie die Frau am Drehkreuz die Hände hob, um sie festzuhalten. Dann aber war so eine Dunkelheit und abermals der Beginn der Schmerzen, das bleischwere Herz, die Tränen, die Verständnislosigkeit. Die Stimme, die ›Nein!‹ sagte, war ihre eigene, rauhe, weltliche Stimme, und sie starrte die ruhelosen Bäume an, die schwarz und drohend zum Himmel ragten. Eine Hand hing in das Wasser hinunter.

Schluchzend setzte Deborah sich auf. Die Hand, die sie aus dem Wasser zog, war naß und kalt. Sie trocknete sie an dem Teppich. Und plötzlich wurde sie von solcher Angst gepackt, daß ihr Körper den Sieg davontrug, sie warf den Teppich zur Seite, begann durch die Allee zu laufen, die dunklen Bäume verhöhnten sie, und der Willkomm der Frau an der Drehscheibe wurde zu einer Täuschung.

Sicherheit war im Haus, hinter den geschlossenen Vorhängen, Sicherheit war bei den Großeltern, die in ihren Betten schliefen, und wie ein Blatt, vom Wirbelwind fortgeweht, jagte Deborah aus dem Wald, über den silberüberfluteten Rasen, die Stufen hinauf und durch das Gartentor zur Hintertür.

Das festgegründete, schlummernde Haus empfing sie. Es war wie ein gesetzter Mensch, der viele Prüfungen überlebt und Erfahrungen gesammelt hat. ›Achte nicht auf sie!‹ schien es zu sagen und wies mit dem Kopf – hatte ein Haus einen Kopf? – nach dem Wald dort hinten. ›Sie haben keinen Beitrag zur Zivilisation geleistet. Ich bin von Menschen geschaffen und anders. Hier ist es, wohin du gehörst, mein liebes Kind. Und jetzt bleibe hier!‹

Deborah ging wieder die Hintertreppe hinauf und in ihr Schlafzimmer. Nichts hatte sich verändert. Es war noch dasselbe. Als sie ans offene Fenster trat, sah sie, daß der Wald und der Rasen seit dem Augenblick, da sie hier gestanden – wie lange das her war, wußte sie nicht – und beschlossen hatte, an den Weiher zu gehen, anscheinend völlig unverwandelt waren. Der einzige Unterschied war jetzt in ihr selber. Die Erregung war gewichen, die Spannung auch. Selbst die Angst der letzten Augenblicke, als ihre fliehenden Füße sie zum Haus getragen hatten, schien unwirklich zu sein.

Sie zog die Vorhänge zu, genau wie es ihre Großmutter getan hätte, und legte sich ins Bett. Ihr Geist war jetzt mit sehr wirklichen Schwierigkeiten beschäftigt. Wie sollte sie erklären, warum die Decke und der Teppich am Weiher lagen? Willis mochte sie finden und es dem Großvater berichten. Ihr eigenes Kissen, ihre eigenen Decken zu spüren, beruhigte sie. Wie vertraut war das! Und auch, daß sie müde war! Es war eine sehr ehrliche körperliche Ermüdung, wie wenn sie zu viel gesprungen war oder zu lang Cricket gespielt hatte. Dennoch, worauf es ankam, war – und der letzte bewußte Faden ihres Denkens beschloß, diese Entscheidung auf den Morgen zu verschieben –, wo die Wirklichkeit lag. In der Gesichertheit des Hauses oder in der geheimen Welt?

Als Deborah am nächsten Morgen erwachte, wußte sie sogleich, daß sie schlechter Laune war. Das würde den ganzen Tag dauern. Ihre Augen schmerzten, ihr Hals war steif, und in ihrem Mund war ein Geschmack wie nach Magnesium. Schon kam Roger in ihr Zimmer gelaufen, das Gesicht frisch, heiter nach traumlosem Schlaf. Und er sprang auf ihr Bett.

»Sie ist da«, sagte er. »Die Hitzewelle ist da. Heute wird's mehr als dreißig Grad im Schatten sein!«

Deborah erwog, wie sie ihm seinen ganzen Tag am besten verderben konnte. »Meinetwegen kann's auch auf vierzig gehen«, sagte sie. »Ich werde den ganzen Vormittag lesen.«

Seine Heiterkeit verblich. Seine Augen blickten bestürzt. »Aber das Haus? Wir haben doch beschlossen, uns ein Haus in den Bäumen zu bauen! Erinnerst du dich nicht? Ich wollte mir von Willis ein paar Bretter geben lassen.«

Deborah wandte sich im Bett um und zog das Knie hoch. »Du kannst, wenn du Lust hast. Ich finde, daß das ein dummes Spiel ist.«

Sie schloß die Augen, tat, als schliefe sie, und bald hörte sie seine Füße langsam in sein eigenes Zimmer stapfen. Und dann schlug ein Ball gegen die Wand. Wenn er das so weitermacht, dachte sie boshaft, wird Großpapa läuten, und Agnes wird die Treppe heraufklettern. Sie hoffte auf Mißhelligkeiten, auf Brummen und Schelten, hoffte, daß alle sich zanken und nicht miteinander reden würden. Das war der Lauf der Welt.

Die Küche, wo die Kinder frühstückten, lag gegen Westen und empfing daher keine Morgensonne. Agnes hatte Fliegenpapier aufgehängt, um Wespen zu fangen. Der Frühstücksbrei war zu feucht. Deborah beklagte sich und zerquetschte ihn mit dem Löffel.

»Es ist ein frisches Paket«, sagte Agnes. »Du bist ja plötzlich sehr heikel geworden!«

»Deb ist mit dem linken Fuß aus dem Bett gestiegen«, erklärte Roger.

Die beiden Bemerkungen verschmolzen zu einer Herausforderung. Deborah griff nach der nächsten Waffe, einem Messer, und schleuderte es ihrem Bruder an den Kopf. Beinahe hätte es das Auge getroffen, aber es war nur die Wange, die blutete. Verblüfft hob er die Hand zum Gesicht und spürte das Blut. Er war verletzt, nicht so sehr durch das Messer als durch die Tat seiner Schwester, er wurde rot, und seine Unterlippe zitterte. Deborah lief aus der Küche und schlug die Tür hinter sich zu. Ihre Heftigkeit machte sie unglücklich, doch die Macht ihrer Stimmung war zu groß. Als sie auf die Terrasse kam, sah sie, daß das Schlimmste geschehen war. Willis hatte Decke und Teppich gefunden und zum Trocknen in die Sonne gelegt. Er redete gerade mit der Großmutter. Deborah versuchte zu entschlüpfen, doch es war zu spät.

»Deborah, wie nachlässig von dir«, sagte die Großmama. »Ich sage euch Kindern jeden Sommer, daß ihr die Dinge aus dem Sommerhaus nur in den Garten mitnehmen dürft, wenn ihr sie wieder zurückbringt.«

Deborah fühlte, daß sie sich entschuldigen müßte, doch ihre Stimmung verbot ihr das. »Der alte Teppich ist voll von Motten«, sagte sie verächtlich, »und die Decke ist auf der einen Seite wasserdicht. Es hat ihnen nichts geschadet.«

Die beiden starrten sie an, und ihre Großmutter errötete, ganz wie Roger errötet war, als sie das Messer nach ihm geworfen hatte. Dann drehte die Großmutter ihr den Rücken und erteilte dem Gärtner verschiedene Aufträge.

Deborah stelzte die Terrasse entlang, als ob nichts geschehen wäre, und dann ging sie am Rasen vorbei zum Obstgarten und zu den Feldern dahinter. Sie hob einen heruntergefallenen Apfel auf, doch sobald sie hineinbiß, spürte sie den unreifen Geschmack und warf den Apfel weg. Sie setzte sich auf eine Zauntür und starrte blicklos vor sich hin. Wie groß war die Enttäuschung überall! Wie groß die Betrübnis! Es war wie Adam und Eva, als das Tor des Paradieses sich hinter ihnen schloß. Der Garten Eden war nicht mehr vorhanden. Irgendwo, ganz nahe, wartete die Frau am Drehkreuz, um sie einzulassen, rund um sie war die geheime Welt, doch der Schlüssel war fort. Warum war sie je zurückgekehrt? Was hatte sie dazu gebracht?

Alle Leute gingen ihren Beschäftigungen nach. Der alte Mann, der dreimal in der Woche kam, um Willis zu helfen, schärfte hinter dem Geräteschuppen seine Sense. Hinter dem Feld, wo der Weg zur Hauptstraße führte, konnte sie den Kopf des Briefträgers sehen. Er saß auf seinem Rad und fuhr nach dem Dorf. Sie hörte Roger rufen: »Deb... Deb...« und das bedeutete, daß er ihr verziehen hatte, sie aber war noch immer unter der Herrschaft ihrer schlechten Laune und antwortete nicht. Daß sie sich langweilte, war ihre Strafe. Jetzt meldete ihr ein Klopfen, daß er die Bretter von Willis bekommen und sich an den Bau seines Hauses gemacht hatte. Er war wie sein Großvater: Er hielt an der Tageseinteilung fest, die er einmal beschlossen hatte.

Deborah war von Mitleid verzehrt. Nicht mit dem verdrossenen Ich, das auf der Zauntür hockte, sondern für sie alle, die ihren weltlichen Geschäften nachgingen und den Schlüssel nicht hatten. Der Schlüssel gehörte ihr, und sie hatte ihn verloren. Vielleicht, wenn sie den ganzen Tag tapfer durchhielt, würde mit dem Abend auch der Zauber wiederkehren, und sie könnte ihn noch einmal finden. Oder selbst jetzt. Selbst jetzt am Weiher mochte eine Spur sein, eine Vision.

Deborah glitt von der Zauntür hinunter und machte sich auf den Weg. Wenn sie längs der Felder ging, die unter der Sonne dörrten, konnte sie die andere Seite des Waldes erreichen, ohne einem Menschen zu begegnen. Der Weizen stand hoch und straff. Sie mußte sich in der Nähe der Hecke halten, um ihn nicht zu streifen, und die Hecke war zu dichter Wirrnis geworden. Der Fingerhut war mächtig aufgeschossen und beugte sich mit leeren Höhlen, denn die Blumen waren abgefallen. Überall waren Nesseln. Eine Zauntür in den Wald gab es nicht, und sie mußte über die Hecke klettern, deren Stacheldraht ihr die Hose zerriß. Einmal im Wald, kehrte in gewissem Ausmaß der Frieden zurück, doch die Alleen auf dieser Seite waren nicht gemäht worden, und das Gras stand hoch. Sie mußte es durchwaten wie einen See, mußte es mit den Händen beiseite schieben.

Sie kam an den Weiher mit dem Baumungeheuer, dessen Art sich nicht mehr erkennen ließ, dessen nackte Arme wie die Gliederstümpfe eines toten Mannes waren und sich nach allen Seiten reckten. Hier, am Rande des Weihers, war der Schaum dicht wie ein Teppich, und alle Wasserrosen hatten sich unter den schmeichelnden Strahlen der Sonne weit geöffnet. Sie wärmten sich, wie Eidechsen sich an heißen Steinmauern wärmen. Hier aber, mit den Stielen im Wasser, schwankten sie anmutig hin und her, in dichten Scharen, rosafarben und wachsweiß. Sie schlafen, dachte Deborah. Und der Wald auch. Der Morgen ist nicht ihre Zeit. Und möglich schien es ihr, daß das Drehkreuz ganz in der Nähe sein sollte und die Frau daran wartete, lächelte. Sie hat gesagt, sie seien immer hier, auch tagsüber, die Wahrheit aber ist, daß ich, als Kind, tagsüber blind bin. Ich weiß nicht, wie ich sehen soll.

Sie tauchte die Hände in den Weiher, das Wasser war bräunlich und lau. Sie leckte an ihren Fingern, das Wasser schmeckte ranzig. Brackwasser, abgestanden, schal. Darunter aber, darunter, das wußte sie, wartete nachts die Frau und nicht nur die Frau, sondern die ganze heimliche Welt. Deborah begann zu beten. ›Laß es noch einmal geschehen‹, flüsterte sie. ›Laß es noch einmal geschehen. Heute nacht. Ich werde keine Angst haben!‹

Der träge Weiher gab ihr keine Antwort, doch just dieses Schweigen schien ihr ein Beweis des Vertrauens, der Bereitschaft zu sein. Am Rand des Weihers, wo noch die Spur der Decke auf dem Moos zu merken war, fand Deborah eine Klammer, die ihr nachts aus dem Haar gefallen war. Dann ging sie in den Alltag zurück, zurück in die Hitzewelle, und ihre düstere Stimmung hatte sich besänftigt. Sie suchte Roger im Obstgarten auf. Er war mit seiner Plattform beschäftigt. Drei von den Brettern waren schon befestigt, und das Gehämmer mußte eben ertragen werden. Er sah sie kommen und spürte, daß, wie immer nach solchen Szenen, ihre Laune sich gewandelt hatte, daß er aber nichts von dem Vorgefallenen erwähnen durfte. Hätte er gefragt: ›Nun? Geht's besser?‹, so hätte das ihre Verdrossenheit wieder geweckt, und am Ende würde sie den ganzen Tag lang nicht mehr mit ihm spielen. Statt dessen verhielt er sich stumm. Sie war es, von der die Annäherung ausgehen mußte.

Deborah wartete am Fuß des Baumes, dann bückte sie sich und reichte ihm einen Apfel. Er war wohl grün, doch die Gabe allein bewies, daß der Friede wiederhergestellt war. Mannhaft biß er hinein und aß ihn. »Danke«, sagte er. Sie kletterte auf den Baum neben ihn und streckte die Hand nach der Schachtel mit den Nägeln aus. Die Beziehung war hergestellt. Alles stand gut zwischen ihnen.

Der heiße Tag wuchs wie ein Spinngewebe. Der Dunst der Hitze breitete sich grau und undurchsichtig vor dem Himmel. Die Kinder hockten auf den warmen Brettern im Apfelbaum, tranken Ingwerbier und fächelten sich mit Ampferblättern. Aber davon wurde es nicht kühler. Als die Kuhglokken sie zum Mittagessen riefen, sahen sie, daß die Großmutter die Vorhänge in allen Räumen im Erdgeschoß zugezogen hatte, und das Wohnzimmer war seltsam kühl.

Sie warfen sich in Stühle. Keiner hatte Hunger. Patch lag unter dem Flügel, und aus seinem weichen Maul tropfte der Geifer. Großmama hatte ein ärmelloses Leinenkleid angezogen, das die Kinder nicht kannten, und Großpapa, unter einem verbeulten Panamahut, schwenkte eine Fliegenklatsche, die vor Jahren in Ägypten benützt worden war.

»Dreiunddreißig«, sagte er grimmig, »auf dem Dach des Luftfahrtministeriums. Das wurde um ein Uhr in den Nachrichten gemeldet.«

Deborah dachte an die Leute, die die Hitze messen mußten, die auf dem Dach des Ministeriums mit Stäben und Bändern und eigentümlich gestalteten Instrumenten arbeiteten. Kümmerte sich, von Großpapa abgesehen, irgendwer darum?

»Können wir draußen zu Mittag essen?« fragte Roger.

Die Großmutter nickte. Sprechen war zu anstrengend, und sie sank schlaff in ihren Stuhl am Ende des Eßtisches. Die Rosen, die sie gestern abend geschnitten hatte, waren verwelkt.

Die Kinder trugen Hühnerschenkel nach dem Sommerhaus. Um drin zu sitzen, war es zu heiß, aber sie legten sich in den Schatten, den es spendete, die Köpfe auf verschossenen Kissen, aus denen der Kapok quoll. Irgendwo, hoch über ihren Köpfen, stieg ein Flugzeug auf wie ein kleiner silberner Fisch und war bald im Raum verloren.

»Ein Meteor«, sagte Roger. »Großpapa meint, daß sie veraltet sind.«

Deborah dachte an Ikarus, der sich zur Sonne aufschwang. Hatte er gewußt, wann die Flügel zu schmelzen begannen? Wie hatte er es gespürt! Sie streckte die Arme aus, das waren jetzt ihre Flügel. Die Fingerspitzen würden sich zuerst einrollen, dann weich und nutzlos werden. Welch ein Entsetzen, wenn man plötzlich Höhe verlöre, wenn die Schwerkraft einen hinunterzog...

Roger beobachtete sie. Das war hoffentlich ein Spiel! Er warf das abgenagte Hühnerbein in ein Blumenbeet und sprang auf. »Gib acht«, sagte er. »Ich bin ein Flieger.« Und er streckte auch die Arme aus und ruderte in Kreisen umher. Zwischen den zusammengebissenen Zähnen drang das Dröhnen des Flugzeugs. Deborah ließ die Arme sinken und blickte nach dem Hühnerbein. Was von Rogers Zähnen sauber und weiß geworden war, jetzt war es erdbraun. Kränkte es sich darüber, daß man es weggeworfen hatte? Jahre später, wenn alle tot waren, würde man es finden, eingegraben wie ein Fossil.

»Los«, sagte Roger.

»Wohin?«

»Die Himbeeren holen.«

»Geh nur allein.«

Roger ging nicht gern allein in das Eßzimmer. Er war verlegen. Deborah beschützte ihn gewissermaßen vor den Blicken der Erwachsenen. Schließlich fügte er sich darein und war bereit, die Himbeeren zu holen, aber unter der Bedingung, daß sie nach dem Tee mit ihm Cricket spielte. Bis dahin war es noch weit...

Sie sah ihn zurückkommen, er ging langsam, denn er trug die Teller mit den Himbeeren und der Schlagsahne. Plötzlich packte sie das Mitleid, das gleiche Mitleid, das sie vorher für alle Menschen empfunden hatte außer für sich. Wie eifrig er war, wie sehr dem Augenblick hingegeben, der ihn fesselte! Morgen aber würde er ein alter Mann sein, irgendwo in der Ferne, der Garten vergessen und dieser Tag längst vergangen.

»Großmama sagt, es kann nicht so bleiben«, verkündete er. »Es muß ein Gewitter geben!«

Warum aber? Warum nicht für immer? Warum nicht einen Zauber einatmen, so daß sie alle erstarrten und träumten wie die Höflinge in Dornröschen, ahnungsvoll, niemals erwachend, Spinnweb auf Haaren und Händen, und das Haus selber von Ranken völlig umschlungen?

»Wer schneller ißt!« sagte Roger, und um ihm eine Freude zu machen, tauchte sie den Löffel in die Himbeeren, ließ ihren Bruder aber gewinnen.

Den ganzen langen Nachmittag rührte sich kein Mensch. Großmama zog sich hinauf in ihr Zimmer zurück. Die Kinder sahen sie im Unterrock am Fenster, wie sie die Vorhänge dicht zuzog. Großpapa saß im Wohnzimmer, die Füße auf einem Stuhl, ein Taschentuch über dem Gesicht. Patch regte sich nicht von seinem Platz unter dem Flügel. Nur Roger war unbesiegbar und fand noch immer eine Beschäftigung. Erst half er Agnes, Erbsen für das Abendessen zu enthülsen; er kauerte auf der Stufe der Hintertür, während sie sich auf einem windschiefen Rohrstuhl ausruhte, den sie aus der Dienerschaftshalle geholt hatte. Kaum hatte er diese Aufgabe hinter sich, als er einen Blechbottich entdeckte, in dem Patch in jüngeren Tagen gebadet worden war und den man in den

Keller verbannt hatte. Er schleppte das Ding auf den Rasen und füllte es mit Wasser. Dann zog er sich die Badehosen an und setzte sich feierlich, einen Schirm über dem Kopf, um sich gegen die Sonne zu schützen, in den Bottich. Deborah lag hinter dem Sommerhaus auf dem Rücken und fragte sich, was geschehen würde, wenn Jesus und Buddha einander begegneten. Gäbe es eine Diskussion, ein höfliches Gespräch, einen Meinungsaustausch, wie Politiker auf höchster Ebene miteinander reden? Oder waren sie am Ende ein und dieselbe Person, nur zu verschiedenen Zeiten geboren? Merkwürdig war, daß dieses Thema, das sie jetzt so sehr interessierte, in der geheimen Welt belanglos war. Letzte Nacht, sobald sie einmal durch das Drehkreuz war, verschwanden alle Probleme. Sie waren nicht vorhanden. Da gab es nur das Wissen und die Freude.

Sie mußte geschlafen haben, denn als sie die Augen öffnete, sah sie wenig erfreut, daß Roger nicht mehr in dem Bottich saß, sondern bereits die Cricketstäbe in den Rasen hämmerte. Es war ein Viertel vor fünf.

»Beeil dich«, rief er, als er merkte, daß sie sich regte. »Ich habe schon Tee getrunken.«

Sie richtete sich auf, schleppte sich zu dem Haus, das noch immer verschlafen und benommen dalag. Die Großeltern waren im Wohnzimmer; die lange Ruhe hatte sie erfrischt. Großpapa roch nach Eau de Cologne. Sogar Patch war da und schlabberte kalten Tee aus seiner Schale.

»Du siehst müde aus«, sagte Großmama, die sie musterte. »Fühlst du dich auch ganz wohl?«

Deborah war dessen nicht sicher. Ihr Kopf war schwer. Das mußte daher kommen, daß sie am Nachmittag geschlafen hatte, was sie sonst nie tat.

»Ich glaube schon«, erwiderte sie. »Aber wenn mir jetzt einer Schweinsbraten geben würde, dann wüßte ich, daß ich schwer krank bin.«

»Kein Mensch hat daran gedacht, dir Schweinsbraten vorzusetzen«, sagte die Großmutter erstaunt. »Hier, iß ein Gurkenbrötchen, sie sind gut kühl.«

Großpapa lag auf der Lauer nach einer Wespe. Er beobachtete grimmig, abwartend, wie sie über seinem Tee schwebte. Plötzlich sauste die Klatsche durch die Luft. »Erwischt«, verkündete er triumphierend. Mit dem Absatz trat er die Wespe in den Teppich. Deborah mußte an Jehovah denken.

»Lauft nicht in der Hitze herum«, sagte Großmama. »Das ist sehr unvernünftig. Könntest du mit Roger nicht irgendein nettes, ruhiges Spiel spielen?«

»Was für ein Spiel?« fragte Deborah.

Doch ihrer Großmutter fiel nichts ein. Die Crockethämmer waren alle zerbrochen.

»Wir könnten tun, als ob wir Zwerge wären, und unsere Köpfe benützen«, sagte Deborah, und sekundenlang spielte sie mit dem Gedanken, auf dem Rasen niederzuhocken. Doch davon würden ihnen die Knie steif werden.

»Ich lese euch vor, wenn ihr wollt«, sagte Großmama.

Dieser Vorschlag fand bei Deborah Billigung. Es verzögerte das Cricket. Sie lief auf den Rasen und bemühte sich, Roger Großmamas Idee schmackhaft zu machen.

»Nachher spiele ich«, sagte sie, »und die Eiscrème, die Agnes kalt gestellt hat, kannst du allein aufessen. Und heute abend, im Bett, rede ich mit dir.«

Roger zauderte. Das mußte wohl erwogen werden. Drei Dinge, um einen Ausgleich für das Cricket zu schaffen?

»Und die Stange Siegellack, die Papa dir geschenkt hat«, begann er.

»Ja?«

»Kann ich sie haben?«

Auch Deborah mußte erwägen, ob damit ein Ausgleich hergestellt war. Sekundenlang blieb es still; es war doch zu schade um die schöne, lange, leuchtend rote Stange!

»Meinetwegen«, murrte sie.

Roger ließ die Cricketstäbe stehen, und sie gingen ins Wohnzimmer. Bei der ersten Andeutung, daß vorgelesen werden sollte, war Großpapa verschwunden und hatte Patch mitgenommen. Großmama hatte den Tee weggeräumt. Sie nahm die Brille und das Buch. Es war ›Schwarze Schönheit‹. Großmama hatte keine modernen Kinderbücher, und das schuf eine Gemeinsamkeit zwischen den dreien. Sie las das schreckliche Kapitel, wenn der Stallknecht ›Schwarze Schönheit‹ im überheizten Stall läßt, ihr kaltes Wasser zu trinken gibt und ihr nachher nicht einmal eine Decke umlegt.

Die Geschichte war für diesen Tag aber sehr geeignet. Sogar Roger horchte gespannt. Und Deborah beobachtete die ruhigen Züge der Großmutter, lauschte der Stimme, die sorgsam einen Satz nach dem andern las, und dachte, wie seltsam es war, daß Großmutter sich so mühelos in ein Pferd verwandeln konnte. Sie war wirklich das Pferd, litt im Stall an Lungenentzündung und wurde von dem klugen Kutscher gerettet.

Nach dem Vorlesen war das Cricket ein schlimmer Gegensatz, aber Deborah mußte an dem Handel festhalten. Sie dachte an ›Schwarze Schönheit‹, wie sie das Buch schrieb. Das zeigte, wie gut das Buch war, sagte Großmama, denn noch nie hatte ein Kind diese Möglichkeit in Frage gestellt oder sich das Bild eines Pferdes ausgemalt, das eine Feder im Huf hielt.

Ein modernes Pferd hätte eine Schreibmaschine benützt, dachte Deborah, und sie hob den Schläger. Innerlich erheiterte es sie, weil sie sich ›Schwarze Schönheit‹ im zwanzigsten Jahrhundert vorstellte, mit zwei Hufen auf der Maschine klappernd.

An jenem Abend wurde, der Hitze wegen, der übliche Gang der Ereignisse abgeändert. Sie badeten vor dem Abendessen, denn sie waren von dem Cricketspiel erhitzt und müde. Dann zogen sie Pyjamas und Wollsocken an und durften auf der Terrasse sein. Ausnahmsweise war Großmama nachsichtig. Es war noch immer so heiß, daß sie sich nicht erkälten konnten, und von Tau war noch nichts zu sehen. Es bedeutete eine kleine Aufregung, im Pyjama auf der Terrasse zu sitzen. Wie die Leute im Ausland, meinte Roger. Oder wie die Eingeborenen in der Südsee, sagte Deborah. Oder wie Strandläufer, die aus ihrer Klasse ausgestoßen waren. Großpapa aber, der einen altmodischen weißen Tropenrock angezogen hatte, war nicht aus seiner Klasse ausgestoßen worden.

»Er ist ein weißer Händler«, flüsterte Deborah. »Er hat ein Vermögen mit Perlen verdient.«

Roger erstickte beinahe. Jeder Scherz über seinen Großvater, vor dem er großen Respekt hatte, wurde durch den süßen Reiz der Gefahr gewürzt.

»Was sagt das Thermometer?« fragte Deborah.

Der Großvater freute sich über ihr Interesse und sah nach.

»Noch immer sechsundzwanzig Grad«, sagte er erleichtert.

Deborah dachte, als sie sich nachher die Zähne putzte, wie blaß ihr Gesicht in dem Spiegel über dem Waschbecken war. Es war nicht braun wie Rogers Gesicht, braun von dem Tag an der Sonne, sondern fahl und gelb. Sie band ihr Haar mit einem Band zurück, und Nase und Kinn stießen spitz aus dem Gesicht vor. Sie gähnte ausführlich, wie das Agnes in der Küche oder an Sonntagnachmittagen tat.

»Vergiß nicht, was du mir versprochen hast«, mahnte Roger schnell. »Im Bett zu reden!«

Zu reden... ach, war das lästig! Sie war so müde, sie sehnte sich nach der weißen Glätte ihres Kissens, wenn sie alle Decken beiseite schob und sich nur mit einem Leintuch zudeckte. Doch Roger war wachsam in seinem Bett, die Tür zwischen ihnen stand weit offen, und er würde nicht nachgeben. Lachen war die einzige Lösung, und um ihn zum Lachen zu reizen und auf diese Art rascher müde zu machen, erfand sie einen Tag im Leben des Gärtners Willis, vom Hering am Morgen bis zum letzten Glas Bier im Dorfwirtshaus. Die Abenteuer, die sich dazwischen abspielten, hätten einen Gulliver erschöpft. Und Rogers Entzücken weckte Proteste aus der Welt der Erwachsenen unter ihnen. Dann tönte eine Glocke, und Agnes kam die Stiege herauf und streckte den Kopf in Deborahs Zimmer.

»Eure Großmama sagt, ihr sollt keinen solchen Lärm machen«, meldete sie.

Deborahs Erfindungskraft war aufgezehrt, sie legte sich in das Kissen und schloß die Augen. Weiter konnte sie nicht. Die Kinder riefen einander gute Nacht zu, beide zur gleichen Zeit, in jahrelanger Gewohnheit, begannen mit ihren Namen und Adressen und endeten mit der Erde, dem Weltall und dem Raum. Dann kam das endgültige ›gute Nacht‹, und nachher durfte keiner sprechen, sonst drohte ein dunkles Ungemach.

Ich muß versuchen, wach zu bleiben, dachte Deborah, doch das überstieg ihre Kräfte. Der Schlaf bezwang sie, und erst Stunden später öffnete sie die Augen, sah die Vorhänge wehen, sah zuckende Blitze den Himmel erhellen und hörte, wie die Bäume rauschten und gegen den Himmel schluchzten. Im Nu war sie aus dem Bett. Das Chaos war hereingebrochen. Es gab keine Sterne, ein gewaltiger Krach zersplitterte den Himmel und riß ihn entzwei. Der Garten stöhnte. Wenn nur der Regen fallen wollte, das wäre eine Wohltat, und die Bäume beugten sich flehend dahin und dorthin, während der Rasen, lebendig schimmernd vor Erwartung, wie ein metallenes Laken dalag, bereit, aufzuflammen. Laß doch das Wasser herabstürzen! Sende den Regen!

Plötzlich zuckte abermals ein Blitz, und dort, lebend, aber reglos, stand die Frau am Drehkreuz. Sie schaute zu den Fenstern des Hauses empor, und Deborah erkannte sie. Dort war das Drehkreuz, lud zum Eintreten ein, und schon gingen die Phantome hindurch, drängten sich zu den Bäumen hinter dem Rasen. Die geheime Welt wartete. Den ganzen langen Tag, während das Unwetter sich zusammenbraute, hatte sie unsichtbar jenseits Deborahs Reichweite geschwebt, doch jetzt, da die Nacht gekommen war und mit ihr der Donner, waren die Schranken verschwunden.

Noch ein zweiter Krach, gleichsam eine mächtige Aufforderung, das Drehkreuz war bereit, und die Frau hielt die Hand darauf, lächelte, winkte...

Deborah lief aus dem Zimmer und die Treppe hinunter. Irgendwo rief irgendwer – Roger vielleicht, was lag daran? –, und Patch bellte; doch nun brauchte sie keine Heimlichkeit, sie ging durch das dunkle Wohnzimmer und öffnete die Glastür nach der Terrasse. Sie kam zur rechten Zeit. Die Frau wartete noch. Sie hielt die Hand hin, verlangte eine Eintrittskarte, doch Deborah schüttelte den Kopf. »Ich habe keine.« Die Frau lachte, schob sie durch das Drehkreuz in die geheime Welt, wo es keine Gesetze, keine Regeln gab, und all die gesichtslosen Phantome liefen vor ihr her in den Wald, vom aufkommenden Wind geweht.

Und dann setzte der Regen ein. Der Himmel, tiefbraun, als der Blitz ihn zerfetzte, öffnete sich, und das Wasser zischte nieder, prallte in Blasen von der Erde zurück. Auf der Allee gab es jetzt keine Ordnung mehr. Die Farnkräuter waren zu Bäumen geworden, die Bäume zu Titanen. Alles schwankte in Ekstase mit heftig bewegten Gliedern, doch der Rhythmus war aufgelöst in völlige Wirrnis, die einen beugten sich rückwärts, vom Himmel niedergerissen, andere warfen die Häupter in das Unterholz, wo sie umfangen und zerschmettert wurden.

In der Welt dahinter wäre das eine Strafe, lachte Deborah im Laufen, hier, in der geheimen Welt aber, war es ein Tribut. Die Phantome, die neben ihr liefen, waren wie Wellen. Sie waren miteinander verbunden, und sie waren – jedes einzelne und Deborah auch – Teile der nächtlichen Kraft, die schluchzen und lachen ließ. Der Blitz zuckte, wo sie es wollten, und der Donner dröhnte, wenn sie zum Himmel aufschauten.

Der Weiher war zum Leben erwacht. Die Wasserrosen waren zu Händen geworden, die Flächen aufwärts erhoben, und dort, in dem fernsten Winkel, gewöhnlich so still unter dem grünen Schaum, stiegen Blasen an die Oberfläche, schäumten, vervielfachten sich im Sturz des Wolkenbruchs. Alles drängte sich zum Weiher. Die Phantome bückten sich und kauerten am Rand des Wassers, und jetzt hatte die Frau ihr Drehkreuz inmitten des Weihers aufgestellt und winkte ihnen abermals zu. Ein Überbleibsel des Sinns für soziale Ordnung erhob sich in Deborah und wehrte sich.

»Wir haben doch schon bezahlt!« schrie sie und erinnerte sich in der nächsten Sekunde, daß sie, ohne zu zahlen, durch das Drehkreuz gegangen war.

Mußte eigentlich alles mehrmals geschehen? War die geheime Welt ein Regenbogen, der sich ständig wiederholte, über einem andern Hügel aufleuchtete, wenn man glaubte, endlich darunter zu sein?

Zum Denken war keine Zeit. Die Phantome waren hindurchgegangen. Ein weißer Blitzstrahl hatte in das Baumungeheuer mit der Efeukrone eingeschlagen, und da es jetzt keinen Frühling mehr in den Gelenken hatte, konnte es nicht mit den andern Bäumen, mit den Farnkräutern hin und her schwanken, sondern mußte stehen bleiben, starr und steif wie ein Kruzifix.

»Und jetzt... und jetzt... und jetzt...!« rief Deborah.

Der Triumph war, daß sie keine Angst hatte, daß sie von so wilder Bereitschaft erfüllt war... sie lief in den Weiher, ihre lebenden Füße spürten den Schlamm und die zerbrochenen Äste und all das Durcheinander von Schlinggewächsen, und das Wasser stieg ihr bis zu den Armhöhlen, bis ans Kinn. Die Wasserrosen umklammerten sie. Der Regen blendete sie. Die Frau und das Drehkreuz waren nicht mehr da.

»Nimm mich mit!« schrie das Kind.

In ihrem Herzen tobte die Enttäuschung. Sie hatte ihr Versprechen gebrochen, hatte sie in der Welt gelassen. Der Weiher, der sie jetzt an sich ziehen wollte, war nicht der Weiher des Geheimnisses, sondern dumpfiges, dunkles, schales Wasser, vom Schaum erwürgt.

»Großpapa sagt, daß er einen Zaun darum legen läßt«, erklärte Roger. »Das hätte schon vor Jahren gemacht werden sollen. Einen richtigen Zaun, und dann kann nichts mehr passieren. Zuerst muß man Wagenladungen von Schindeln hineinschütten. Dann wird's kein Weiher mehr sein, sondern ein Planschbecken. Und Planschbecken sind nicht gefährlich.«

Er schaute sie über den Rand ihres Bettes hinweg an. Er war im Ansehen gestiegen, weil er jetzt allein hinunterstieg und gute oder schlechte Nachrichten brachte. Er war gewissermaßen der Vermittler. Deborah waren zwei Tage Bettruhe verordnet worden.

»Mittwoch solltest du eigentlich wieder Cricket spielen können«, fuhr er fort. »Du bist ja nicht verwundet. Leute, die nachtwandeln, sind gerade nur ein bißchen nicht richtig im Kopf.«

»Ich bin nicht nachtgewandelt«, widersprach Deborah.

»Doch, Großpapa sagt, das müsse es sein. Es war gut, daß Patch ihn geweckt hat und er dich über den Rasen gehen sah...« Dann, um zu zeigen, daß die Spannung von ihm gewichen war, vollführte er einen Handstand.

Deborah konnte von ihrem Bett aus den Himmel sehen. Er war flach und öde. Der Tag war ein Sommertag, der sich aus dem Ungewitter entwickelt hatte. Agnes kam jetzt; sie brachte einen Teller Schlagsahne auf einem Tablett. Sie hatte eine wichtige Miene aufgesetzt.

»Mach, daß du weiterkommst«, sagte sie zu Roger. »Deborah soll nicht mit dir schwatzen. Sie braucht Ruhe.«

Es war erstaunlich, daß Roger gehorchte; Agnes stellte die Schlagsahne auf den Nachttisch. »Du hast vermutlich keinen Hunger«, sagte sie. »Macht nichts. Das kannst du auch später nehmen, wenn du Lust hast. Hast du Schmerzen gehabt? Beim ersten Mal geht's einem meistens so.«

»Nein«, sagte Deborah.

Was ihr zugestoßen war, blieb ihre persönliche Angelegenheit. Man hatte sie in der Schule darauf vorbereitet, doch nichtsdestoweniger war es ein Ereignis und nichts, worüber sie mit Agnes sprechen wollte. Agnes verweilte noch sekundenlang, wartete, ob das Kind Fragen stellen werde; doch da keine Frage kam, machte sie kehrt und verließ das Zimmer.

Deborah, die Wangen in die Hand gestützt, schaute nach dem leeren Himmel, die Schwere des Wissens lastete auf ihr, ein seltsamer, tiefer Kummer.

Es kommt nicht wieder, dachte sie. Ich habe den Schlüssel verloren.

Die verborgene Welt, wie die Kreise auf dem Weiher, der nun so bald ausgefüllt und umfriedet werden sollte, war für immer unerreichbar geworden.

Signor Veneranda im Urlaub

Der Urlaub

Signor Veneranda stimmte mit einem Kopfnicken zu.

»Sicher«, sagte Signor Veneranda zu seiner Frau, »das Meer ist etwas Herrliches, und man kann sich nichts Schöneres wünschen, als einen Urlaub am Strand zu verbringen.«

»Großartig«, sagte die Frau des Signor Veneranda, »dann fahren wir also ans Meer.«

Signor Veneranda schaute seine Frau an.

»Allerdings«, sagte er, »im Gebirge ist's auch sehr schön, die frische Luft, die Ruhe, wunderbare Spaziergänge...«

»Ja dann«, sagte die Frau des Signor Veneranda, »entschließen wir uns und gehen ins Gebirge.«

»Warum? Magst du das Meer nicht?« fragte Signor Veneranda, »liegst du nicht gerne in der Sonne?«

»Doch mag ich das Meer und die Sonnenbäder, aber du hast gesagt, daß du lieber ins Gebirge gehst.«

»Ich habe nicht gesagt, daß ich lieber ins Gebirge gehe, ich habe nur gesagt, daß die Berge sehr schön sind.«

»Dann gehen wir also ans Meer«, sagte die Frau des Signor Veneranda.

»Gut, gehen wir ans Meer, wenn dir schon das Gebirge nicht gefällt.«

»Ich habe gesagt, daß mir das Gebirge nicht gefällt?«

»Hast du nicht gesagt: ›Gehen wir also ans Meer‹?« fragte Signor Veneranda, »wenn du beschlossen hast, ans Meer zu gehen, heißt das, daß du das Meer dem Gebirge vorziehst.«

»Aber keineswegs«, stotterte die Frau des Signor Veneranda, »ich habe doch nicht gesagt, daß ich das Meer dem Gebirge vorziehe.«

»Also dann«, sagte Signor Veneranda, »gehen wir ins Gebirge, wenn du die Berge dem Meer vorziehst.«

»Aber ich ziehe das Gebirge dem Meer gar nicht vor«, stotterte die Frau des Signor Veneranda.

»Ja, zum Teufel«, schrie Signor Veneranda verzweifelt, »kann man endlich erfahren, was du vorziehst, das Meer oder das Gebirge? Vielleicht entschließt du dich endlich einmal!«

»Mir ist's gleich«, stotterte die Frau des Signor Veneranda verwirrt, »entscheide du.«

»Gehen wir ans Meer?«

»Gehen wir ans Meer.«

»Aber denke daran, daß es auch im Gebirge wunderschön ist.«

»Dann gehen wir ins Gebirge.«

»Verdammt noch mal!« schrie Signor Veneranda, »du weißt ja nie, was du willst! Erst das Meer, dann das Gebirge, bist du wirklich nicht imstande, eine vernünftige Entscheidung zu treffen?«

Signor Veneranda stülpte seinen Hut auf den Kopf und ging zur Wohnungstür. »Sag es mir, wenn du dich entschieden hast, sonst kann's passieren, daß wir den Urlaub in der Stadt verbringen, ist das klar?«

Der Bootsverleiher

Signor Veneranda rief einen Bootsverleiher heran.

»Wollen Sie eine Bootsfahrt machen auf dem See?«, fragte der Bootsverleiher den Signor Veneranda und näherte sich ihm mit seinem Ruderboot.

»Ja«, sagte Signor Veneranda, »aber ich möchte nicht, daß ich dann mitten im See aussteigen muß und das Boot schieben.«

»Wie bitte?« fragte der Bootsverleiher, der glaubte, nicht richtig verstanden zu haben.

»Ja«, sagte Signor Veneranda, »es könnte ja sein, daß Sie die Steigung nicht schaffen.«

»Aber welche Steigung denn?« fragte der Bootsverleiher verwirrt, »im See gibt's doch keine Steigung.«

»Das ist aber fein«, sagte Signor Veneranda, »neulich habe ich erst ein Auto schieben helfen müssen.«

»Auf der Straße«, sagte der Bootsverleiher, »aber nicht im See.«

»Klar«, sagte Signor Veneranda, »ich habe noch nie ein Auto in einem See fahren sehen.«

»Genauso wie die Boote nicht auf der Straße fahren«, sagte der Bootsverleiher.

»Und wer behauptet schon, daß die Boote auf den Straßen fahren?« fragte Signor Veneranda.

»Sie haben doch gesagt, daß Sie nicht aussteigen und schieben helfen wollen«, sagte der Bootsverleiher.

»Klar«, sagte Signor Veneranda, »weil ich erstens nicht schwimmen kann und zweitens keine Lust habe, mich zu plagen.«

»Aber wenn doch im See keine Steigungen sind, brauchen Sie doch nicht auszusteigen und zu schieben«, stotterte der Bootsverleiher, der nicht mehr wußte, was er sagen sollte.

»Und wer steigt schon aus?« brummte Signor Veneranda, »ich habe jedenfalls keine Lust dazu. Mir scheint, ich habe von Anfang an gesagt, daß ich nicht aussteigen will. Spreche ich vielleicht Arabisch?«

Und Signor Veneranda verlor die Geduld und verließ das Seeufer schimpfend auf der Suche nach einem anderen Bootsverleiher.

Die Schutzhütte

Signor Veneranda betrat die Schutzhütte.

»Entschuldigen Sie, sind Sie der Hüttenwart?« fragte Signor Veneranda den Hüttenwart.

»Ja, bin ich«, sagte der Hüttenwart.

»Sehr gut«, sagte Signor Veneranda, »ich möchte gern einen Kahn mieten.«

»Einen was?« fragte der Hüttenwart.

»Ich habe gesagt«, wiederholte Signor Veneranda, »daß ich einen Kahn mieten möchte.«

»Aber hier sind wir im Hochgebirge«, protestierte der Hüttenwart, »hier gibt's keine Kähne, und mit einem Kahn kommen Sie nie auf einen Berggipfel.«

»Daß man mit einem Kahn im Gebirge nichts anfangen kann, weiß ich selbst«, sagte Signor Veneranda, »mit einem Kahn kann man auf dem See fahren. Aber man kann doch auf eine halbe Stunde einen Kahn mieten, ohne mit ihm zu fahren. Man ist doch nicht verpflichtet, Kahn zu fahren, weil man ihn gemietet hat.«

»Und warum wollen Sie dann einen Kahn mieten, wenn Sie schon nicht mit ihm fahren wollen?« fragte der Hüttenwart.

»Aber entschuldigen Sie, es kann doch schließlich jeder tun und lassen, was er will, nicht?« sagte Signor Veneranda; »Sie werden mich kaum zwingen können, in dem Kahn zu fahren, weil ich ihn gemietet habe?«

»Ich nicht«, stotterte der Hüttenwart.

»Und dann«, fuhr Signor Veneranda fort, »auch wenn Sie mich zwingen würden, wäre ich außerstande, im Kahn zu fahren, weil es hier herum im Gebirge gar keinen See gibt.«

»Entschuldigen Sie... ich... also... verfluchte Kiste«, schimpfte der Hüttenwart, der nicht mehr wußte, was er sagen sollte.

»Jetzt reicht's mir aber!« schrie Signor Veneranda, weil er die Geduld verlor, »Sie möchten nur schwatzen und sonst nichts. Ich kann mir überhaupt nicht vorstellen, worauf Sie hinauswollen!« Und Signor Veneranda entfernte sich brummend.

Signor Veneranda hielt einen Sommerfrischler an, der vom Berg herunterkam.

»Verzeihen Sie«, sagte Signor Veneranda, »wie lange braucht man, um auf den Gipfel zu steigen?«

»Ungefähr eine Dreiviertelstunde«, sagte der Sommerfrischler nach einigem Nachdenken.

»Und zum Heruntersteigen?« fragte Signor Veneranda unschuldsvoll.

»Zum Heruntersteigen höchstens zwanzig Minuten«, sagte der Sommerfrischler, »es geht sehr schnell, auch weil der Weg ziemlich steil ist.«

»Dann ist's also vorteilhafter«, sagte Signor Veneranda, »herunter- statt hinaufzusteigen.«

»Sicher«, lächelte der Sommerfrischler.

»Es ist wirklich schade, daß ich das nicht kann«, sagte Signor Veneranda.

»Daß Sie was nicht können?« fragte der Sommerfrischler.

»Von dem Berggipfel da heruntersteigen«, sagte Signor Veneranda, »mir liegt das Heruntersteigen nicht.«

»Das Hinaufsteigen ist aber viel schwerer«, sagte der Sommerfrischler.

»Das sagen *Sie*«, sagte Signor Veneranda, »für mich ist das Heruntersteigen viel schwieriger. Und nicht nur für mich, sondern für alle.«

»Aber nein, da irren Sie sich«, sagte der Sommerfrischler.

»Ich irre mich absolut nicht«, sagte Signor Veneranda. »Sagen Sie mir, wie ich es machen soll, von diesem Berg herunterzusteigen. Bitte, sagen Sie mir's!«

»Das brauche ich Ihnen doch nicht zu sagen«, antwortete der Sommerfrischler. »Sie steigen einfach hinauf, und dann gehen Sie wieder herunter.«

»Sehen Sie, da haben wir's!« sagte Signor Veneranda, »merken Sie jetzt, daß es unmöglich ist? Ich steige auf keinen Fall hinauf. Und wenn ich nicht auf den Berggipfel steige, können Sie mir sagen, wie ich dann herunterkommen soll? Glauben Sie jetzt, daß es viel schwerer ist, herunter- statt hinaufzusteigen?«

»Aber ich glaubte, daß Sie . . .«, stotterte der Sommerfrischler, der nicht mehr wußte, was er sagen sollte.

»Sie sollen gar nichts glauben außer dem, was ich Ihnen gesagt habe, und ich habe mich sehr klar ausgedrückt«, sagte Signor Veneranda.

Dann drehte er dem Sommerfrischler den Rücken zu und entfernte sich kopfschüttelnd.

Das Bergsteigerkostüm

Signor Veneranda ging in die Kabine, blieb dort ungefähr eine Viertelstunde und kam dann im Bergsteigerkostüm heraus.

»Wieso das?« wunderte sich der Freund des Signor Veneranda, »du hast dein Bergsteigerkostüm angezogen zum Schwimmen?«

»Ich bin doch nicht blöd«, antwortete Signor Veneranda, »ich habe nicht die leiseste Absicht zu schwimmen.«

»Und warum hast du dich dann als Bergsteiger verkleidet?« fragte der Freund des Signor Veneranda.

»Was für eine Frage!« rief Signor Veneranda aus, »ich liebe die Berge!«

»Aber hier sind wir doch am Meer und nicht im Gebirge!« stotterte der Freund.

»Und was kann ich dagegen tun?« sagte Signor Veneranda, »weil wir hier am Meer sind statt in den Bergen, müßte ich also, deiner Theorie nach, im Bergsteigerkostüm baden?«

»Aber nein . . .«, stotterte der Freund des Signor Veneranda, der nicht mehr wußte, was er sagen sollte, »es war doch unnötig, daß du dein Bergsteigerkostüm anzogst, wenn du nicht in die Berge gehst.«

»Ich gehe nicht in die Berge, weil keine da sind«, sagte Signor Veneranda, »wenn welche da wären, würde ich hinaufsteigen.«

»Klar.«

»Was soll ich denn machen, wenn es hier keine gibt?« schrie Signor Veneranda, weil er die Geduld verlor, »du bist ein rechter Dickschädel, wenn du dir was in den Kopf gesetzt hast, kann dich keine Gewalt davon abbringen.«

Und Signor Veneranda zuckte die Achseln, ließ seinen Freund stehen und ging an den Strand.

Die Badekabine

Signor Veneranda klopfte an die Tür der Badekabine.

»Was wollen Sie?« hörte man eine weibliche Stimme aus den Inneren.

»Nun, was schon? Ausziehen möchte ich mich!« antwortete Signor Veneranda, »ich möchte baden und kann doch nicht mit den Kleidern ins Wasser gehen!«

»Aber das ist meine Kabine, nicht die Ihrige«, sagte die weibliche Stimme, »gehen Sie doch in Ihre Kabine!«

»Da war ich schon, aber es war keiner drin«, sagte Signor Veneranda.

»Und wer sollte denn drin sein, wenn's die Ihrige ist!« protestierte die weibliche Stimme.

»Dann ist's Ihrer Meinung nach also richtig, daß niemand in meiner Kabine sein soll«, sagte Veneranda.

»Aber sicher«, sagte die weibliche Stimme.

»Und wenn niemand drin sein soll, sagen Sie mir vielleicht, wohin ich gehen muß, um mich auszuziehen?« fragte Signor Veneranda, »vielleicht mitten auf den Strand unter all die Leute?«

»Aber in Ihre Kabine doch!« schrie die weibliche Stimme.

»Wenn ich in meine Kabine gehe, dann bin ich drinnen«, sagte Signor Veneranda, »und Sie haben doch gesagt, daß niemand drin sein soll.«

»Jetzt reicht's mir aber, verdammt noch mal«, schrie die weibliche Stimme, »machen Sie doch, was Sie wollen!«

»Ich verstehe überhaupt nichts mehr«, brummelte Signor

Veneranda, »erst sagt sie, daß in meiner Kabine niemand sein soll, also kann ich doch nicht hinein, weil ich immerhin jemand bin. Und wenn ich nicht in meine Kabine gehen soll, in welche gehe ich dann? Draußen kann ich mich auf keinen Fall ausziehen.«

»Wissen Sie, daß Sie eine komische Person sind?« schrie Signor Veneranda und entfernte sich brummend und den Kopf schüttelnd.

Der Bademeister

Signor Veneranda legte sich in den Sand und rief den Bademeister, der sofort herbeieilte.

»Was wünschen Sie?« fragte der Bademeister.

»Hilfe, ich ertrinke!« sagte Signor Veneranda.

»Wie bitte?« fragte der Bademeister, der glaubte, nicht recht verstanden zu haben.

»Hilfe, ich ertrinke«, wiederholte Signor Veneranda, »ich glaube, ich spreche deutlich genug. Haben Sie endlich verstanden?«

»Ja, schon«, sagte der Bademeister, »aber Sie sind ja gar nicht im Wasser.«

»Und warum sollte ich im Wasser sein?« fragte Signor Veneranda zurück. »Es ist doch keine Vorschrift, im Wasser zu sein.«

»Warum sagen Sie dann, daß Sie ertrinken?« fragte seinerseits der Bademeister.

»Einfach, weil ich nicht schwimmen kann«, sagte Signor Veneranda, »was passiert einem, der nicht schwimmen kann? Er ertrinkt, oder?«

»Aber wenn Sie doch im Trockenen sitzen«, stotterte der Bademeister.

»Eben«, sagte Signor Veneranda, »nachdem ich nicht schwimmen kann, wäre ich doch ein Esel, wenn ich ins Wasser ginge, finden Sie nicht? Da müßte man ja die Absicht haben zu ertrinken, und die habe ich ganz bestimmt nicht!«

»Wenn Sie nicht ins Wasser gehen, ertrinken Sie ja nicht«, sagte der Bademeister.

»Genau das«, antwortete Signor Veneranda.

»Warum haben Sie mich dann gerufen?« wollte der Bademeister wissen.

»Entschuldigen Sie, sind Sie der Bademeister, oder sind Sie es nicht?« sagte Signor Veneranda. »Als Bademeister haben Sie die Verpflichtung, sich um die Nichtschwimmer zu kümmern. Und ich bin Nichtschwimmer.«

»Ja, aber...«, stammelte der Bademeister.

»Hören Sie«, sagte Signor Veneranda, »wir verlieren nur Zeit mit Ihrem blöden Geschwätz, aber wenn Sie glauben, daß ich ins Wasser gehe, nur um Ihnen einen Gefallen zu tun, irren Sie sich gewaltig. So billig verkaufe ich meine Haut nicht.«

Signor Veneranda legte sich wieder in den Sand und schloß die Augen.

Am Strand

Signor Veneranda saß am Strand.

»Entschuldigen Sie«, fragte ein Bekannter ihn, »gehen Sie nicht ins Wasser?«

»Und die Nüsse?« fragte Signor Veneranda zurück.

»Was für Nüsse?« fragte erstaunt der Bekannte.

»Ich habe keine«, sagte Signor Veneranda.

»Warum, verzeihen Sie, gehen Sie mit Nüssen ins Wasser?« fragte baß erstaunt der Bekannte den Signor Veneranda.

»Keinesfalls. Ich habe gesagt, ich habe keine, drum kann ich nicht mit den Nüssen ins Wasser gehen.«

»Aber Sie hätten gern welche«, sagte der Bekannte des Signor Veneranda.

»Aber sicher«, antwortete Signor Veneranda, »ich hätte gern welche, weil ich sie gern esse. Ich möchte überhaupt alles, was ich gern esse, und da ich Nüsse gern esse, möchte ich viele Nüsse haben.«

»Um ins Wasser zu gehen?« fragte der Bekannte immer erstaunter.

»Aber wieso denn um ins Wasser zu gehen?! Dazu braucht man eine Badehose und nicht Nüsse! Können *Sie* Nüsse anziehen statt einer Badehose?«

»Ich nicht...«, stammelte der Bekannte des Signor Veneranda, der nicht mehr wußte, was er sagen sollte.

»Sie nicht, Sie nicht...«, schrie Signor Veneranda los, weil er die Geduld verlor, »lassen Sie mich doch in Ruhe! Sie werden doch nicht wollen, daß ich mir Nüsse anziehe... was ist denn das für ein schwachsinniges Gerede!«

Und Signor Veneranda ging brummend in seine Kabine zurück.

Das Zündholz

Signor Veneranda näherte sich einem Herrn, der, wenige Schritte vom Strand entfernt, bis zum Gürtel im Wasser plätscherte.

»Verzeihen Sie«, sagte Signor Veneranda, »haben Sie ein Zündholz?«

»Ein Zündholz?« echote erstaunt der Herr.

»Ja«, sagte Signor Veneranda, »ich muß mir eine Zigarette anzünden, und um eine Zigarette anzuzünden, braucht man ein Zündholz. Deshalb habe ich Sie gefragt, ob Sie eines haben.«

»Ja, sehen Sie denn nicht, daß ich im Wasser bin?« fragte der Herr.

»Wenn schon«, antwortete Signor Veneranda, »was hat das damit zu tun? Ich will meine Zigarette rauchen, auch wenn Sie im Wasser sind. Wenn's nach Ihnen ginge, dürfte ich also nicht rauchen, weil Sie im Wasser sind!«

»Nein, nein«, sagte der Herr, »Sie können natürlich rauchen, soviel Sie wollen.«

»Und mit was soll ich die Zigarette anzünden, bitte?« verlangte Signor Veneranda zu wissen.

»Mit einem Zündholz«, sagte der Herr.

»Und da ich keine Zündhölzer habe«, sagte Signor Veneranda, »erscheint es Ihnen dann seltsam, wenn ich mich an Sie wende und Sie darum bitte? Es ist doch eine ganz primitive Höflichkeitsgeste.«

»Aber, wenn ich doch im Wasser bin«, stammelte der Herr hilflos, »wo soll ich denn Zündhölzer hernehmen?«

»Sie haben also keine?« fragte Signor Veneranda.

»Ich habe keine«, antwortete der Herr.

»Und Sie brauchen welche?« sagte Signor Veneranda, »Sie brauchen Zündhölzer?«

»Ich nicht«, sagte der Herr, »ich bin doch im Wasser, ich brauche keine Zündhölzer.«

»Und wie wollen Sie sich eine Zigarette anzünden ohne Zündhölzer?« sagte Signor Veneranda

»Ich zünde keine an, zum Donnerwetter, ich will keine Zigarette!« schrie der Herr, der die Geduld zu verlieren begann.

»Von mir aus«, schrie Signor Veneranda zurück, »dann zünden Sie sie nicht an! Glauben Sie wirklich, daß mich das interessiert? Ich hätte nur gern gesehen, wie Sie es machen, ohne Zündhölzer eine Zigarette anzuzünden!«

Signor Veneranda schüttelte den Kopf und verschwand brummend.

Mit was waschen Sie sich eigentlich?

Signor Veneranda betritt in den Ferien eine Bar.

»Entschuldigen Sie«, sagte Signor Veneranda zu dem Barbesitzer, der an der Kasse saß, aber auch die Kellner überwachte, »verkaufen Sie Bier?«

»Sicher«, sagte der Besitzer, »wenn einer Bier will, verkaufe ich ihm eines.«

»Ich möchte mir das Gesicht waschen«, sagte Signor Veneranda.

»Wie bitte?« stotterte der Barbesitzer, der glaubte, nicht recht verstanden zu haben. »Was haben Sie gesagt?«

»Ich habe gesagt«, wiederholte Signor Veneranda, »daß ich mir das Gesicht waschen möchte. Ich bin ein reinlicher Mensch, wissen Sie? Ich finde gar nichts so Besonderes dabei.«

»Mit Bier?« fragte der Barbesitzer. »Sie wollen sich das Gesicht mit Bier waschen?«

»Aber nein«, sagte Signor Veneranda, »warum sollte ich mir das Gesicht mit Bier waschen? Ich habe nicht die leiseste Absicht, mir das Gesicht mit Bier zu waschen, und ich glaube auch nicht, daß irgendeiner das schon einmal getan hat. Waschen *Sie* sich vielleicht mit Bier?«

»Ich nicht...«, stotterte der Barbesitzer, vollständig konfus.

»Warum wollen Sie dann, daß ich mir das Gesicht mit Bier wasche?« fragte Signor Veneranda.

»Sie haben nach Bier gefragt«, sagte der Barbesitzer.

»Aber ich habe nicht nach Bier gefragt, um mir das Gesicht zu waschen«, sagte Signor Veneranda. »Tatsächlich habe ich nicht einmal nach Bier gefragt. Ich habe nur gefragt, ob Sie Bier verkaufen, und Sie haben ja gesagt.«

»Ich habe ja gesagt, weil ich wirklich Bier verkaufe«, sagte der Barbesitzer.

»Und wenn Sie Bier verkaufen, warum soll ich mir dann das Gesicht mit Ihrem Bier waschen?« sagte Signor Veneranda. »Daß Sie gute Geschäfte machen? Wissen Sie, daß Sie ein Original sind? Wenn Sie Salami verkaufen würden, täten Sie alles, um mich zu überzeugen, mich mit Salami zu waschen? Sie sind wirklich ein Original!«

Signor Veneranda drehte sich indigniert um und verließ kopfschüttelnd das Lokal.

Signor Veneranda bestellte den Kaffee und schüttete ihn dann über das Beefsteak.

»Nein, so was!« stotterte der Kellner außer sich vor Erstaunen, »was haben Sie denn da gemacht? Ist etwas nicht in Ordnung?«

»Alles ist in Ordnung«, sagte Signor Veneranda, »nicht in Ordnung wäre gewesen, wenn ich den Kaffee aufs Tischtuch geschüttet hätte, meinen Sie nicht auch? Aber nicht ein Tropfen ist aufs Tischtuch geraten!«

»Entschuldigen sie«, stotterte der Kellner, der nichts mehr zu sagen wußte, »essen Sie denn das Beefsteak mit Kaffeesauce?«

»Ich nicht«, antwortete Signor Veneranda, »Sie vielleicht?«

»Ich auch nicht«, sagte der Kellner.

»Und wohin schütten Sie dann den Kaffee, aufs Tischtuch?«

»Ich verschütte den Kaffee nicht, ich trinke ihn«, protestierte der Kellner immer verwirrter.

»Ah, Sie trinken den Kaffee?« rief Signor Veneranda aus und zeigte sich im höchsten Grad erstaunt, »wenn ich bei Ihnen also einen Kaffee bestelle, trinken Sie ihn aus, statt ihn mir zu bringen?«

»Aber nein...«, stotterte der Kellner, der nicht mehr aus noch ein wußte, »zum Donnerwetter, kann man endlich erfahren, worauf Sie eigentlich hinauswollen?«

»Ich... nirgendwohin will ich«, sagte Signor Veneranda, »warum glauben Sie, daß ich irgendwohin will, wenn ich meinen Kaffee aufs Beefsteak gieße? Vor einer Viertelstunde habe ich den Kaffee auf das Beefsteak geschüttet und bin immer noch hier am selben Platz.«

»Gehen Sie doch zum Teufel und pflaumen Sie den an!« schrie nun der Kellner los, weil er die Geduld verlor. Dann lief er, um sich abzukühlen, ins Freie.

»Schau einer diese Type an!« brummte Signor Veneranda kopfschüttelnd. »Erzählt mir einen Haufen Dinge, die weder Sinn noch Verstand haben.«

Dann rief er den Besitzer des Lokals, zahlte seine Rechnung und ging.

Das Glas

In Riva am Gardasee setzte sich Signor Veneranda in ein Restaurant.

»Der Herr wünscht?« fragte der Kellner.

»Ein Glas«, sagte Signor Veneranda.

»Was für ein Glas?« fragte der Kellner zurück.

»Aber selbstverständlich ein gläsernes Glas«, sagte Signor Veneranda, »was für ein Glas wollen Sie mir denn bringen, vielleicht ein eisernes oder eins aus Papier?«

»Nein, nein«, sagte der Kellner, »ich möchte nur wissen, was Sie drin haben wollen, nicht aus was das Glas gemacht sein soll.«

»Und warum wollen Sie etwas hineintun?« fragte Signor Veneranda. »Ich verstehe Sie nicht. Wenn Sie aber durchaus wollen, können Sie ja ein paar Knöpfe oder eine Briefmarke hineintun.«

»Aber nein«, stotterte der Kellner ganz verstört, »was wollen Sie trinken?«

»Nichts«, sagte Signor Veneranda, »Sie werden hoffentlich nicht glauben, daß ich Knöpfe oder Briefmarken trinken will. Halten Sie mich für verrückt?«

»Nein, aber...«, murmelte der Kellner, »Sie wollen also ein leeres Glas?«

»Genau das«, sagte Signor Veneranda, »denn, nehmen wir an, ich nehme ein Glas Bier und werfe es in den See, dann geht es unter, können Sie mir folgen? Und wer soll's dann wieder heraufholen?«

»Sie wollen also das Glas in den See werfen?« stammelte der Kellner, der natürlich dem Gedankengang des Signor Veneranda nicht hatte folgen können.

»Aber nein«, sagte Signor Veneranda, »ich will das Glas nicht hineinwerfen, aber nehmen wir an, irgendwer würde es hineinwerfen wollen, dann geht das Glas unter, wenn Bier drin ist, stimmt's oder stimmt's nicht?«

»Es stimmt...«, sagte der Kellner.

»Dann sehen Sie also, daß doch *ich* recht habe?« sagte Signor Veneranda, »es wird gut sein, wenn Sie in Zukunft Ihre Gäste darauf aufmerksam machen, keine Gläser mit Bier in den See zu werfen, sonst sind die Gläser beim Teufel.«

Signor Veneranda stand auf und setzte seinen geruhsamen Spaziergang fort.

Picknick am Strand

Seit drei Wochen war von dem Picknick die Rede, und in acht Tagen waren die Ferien vorbei. Man mußte sich also sputen, wenn noch etwas draus werden sollte. Abends, vor dem Einschlafen, baten die Kinder den Lieben Gott um Beistand. Sie trugen ihm Opfer an und Verzichte: wenn er nur Mut in die Herzen der Erwachsenen schickte, damit das Picknick sich ereigne.

Die Familie bewohnte ein Sommerhaus am Meer. Es lag fünfhundert Schritt vom Strand entfernt, und ebendort wollte man picknicken. Was, um Himmels willen, machte denn die Sache so schwierig? Nun – das ist es ja schon gesagt: der Himmel war es, mit seinen raschen, bösen Sommergewittern. Daß er sich blau und friedlich über die Landschaft wölbte, gehörte zu seiner Arglist. Wer sich täuschen ließ und einen Spaziergang unternahm, sammelte unterwegs Erfahrung. Schneller, als er zu denken vermochte, ballte sich droben ein Gewitter zusammen und entlud sich. Verstört, von Blitzen geblendet, von Regenschauern durchnäßt, kehrte der Wanderer heim und sah sich fortan besser vor.

Ja, so tückisch war dort das Wetter. Die Kinder durften nicht an den Strand, weil es zu gefährlich war; sie kannten das Meer nur aus der Ferne und spielten mißmutig in ihrem Planschbecken. Seit Tante Hermine, die Schwester der Hausfrau, den verwegenen Plan hatte aufleuchten lassen, war aller Frieden dahin. Die Kinder bedrängten täglich die Eltern, die Eltern gingen mit sich zu Rate, wie man ohne Schaden ihren Wunsch erfüllen könne.

»Laßt uns doch gleich *nach* einem Gewitter aufbrechen!« meinte Tante Hermine. Doch das war Unsinn, denn mitunter folgte ein Gewitter aufs andere. Zudem fanden sich nach jedem Gewitter unzählige Wespen ein. Die Luft war voll von ihnen, und man konnte sich denken, wie gierig sie sich über die ausgebreiteten Speisen hermachen würden.

»Welch eine Narretei!« sagte der Vater. »Essen einpacken, fünfhundert Schritte gehen, alles wieder auspacken. Da hat man es zu Hause doch viel besser.« Dennoch begriff er den Reiz des Unternehmens und studierte sorglich die Wetterlage. Man hatte sich, von ihm zögernd ermächtigt, sogar schon mehrmals zum Picknick gerüstet, aber sobald es an den Aufbruch ging, fuhr ein Gewitter dazwischen. Es war schon recht entmutigend.

Acht Tage währte die Gelegenheit noch; dann freilich war sie vertan. Am dritten Tag fand der Vater, man könne es wagen, und sogleich begann eine große Geschäftigkeit: Hühnchen wurden gebraten, Pasteten bereitet, dazu Salate, kalte Speisen und belegte Brote. Mit Körben, Taschen, Klappstühlen und Decken beladen, zog die Familie zum Strand.

Während die Erwachsenen sich ans Auspacken machten, tollten die Kinder umher. Sie waren wie trunken, weil ihr Abenteuer sich endlich begab. Die beiden Mädchen wateten ins Wasser, kicherten, jauchzten und bespritzten einander. der Dreijährige, verwirrt, doch gut gelaunt, tapste hin und her, blickte sehnlich nach den unerreichbaren Schwestern, kramte im Auswurf des Meeres, störte die Eltern, die Tante bei ihren Verrichtungen und stiftete Schaden, so gut und so flink er es konnte.

Nach einem halben Stündchen war alles fürs Picknick bereit. »Jetzt«, sprach der Vater, »machen wir eine Pause. Wir entspannen uns, indem wir das Meer betrachten.« Und das taten sie dann, die Erwachsenen, wiewohl sie zuvor, vom Hause aus, den schöneren Fernblick genossen hatten, denn das Haus lag auf einem Hügel.

»Wir haben«, sprach Tante Hermine, »bei dem eiligen Aufbruch einiges vergessen.«

»Was denn?« erkundigte sich der Vater gereizt. Ihm kam vor, als habe man viel zuviel mitgeschleppt.

»Die Kamera, den Feldstecher, die Schaufeln, die Schwimmgürtel und die Zeltstangen«, antwortete Tante Hermine.

Der Vater schüttelte den Kopf. »Kamera, Feldstecher und Schaufeln sind metallische Gegenstände, sie ziehen Blitze an. Und die Zeltstangen sind geradezu eine Herausforderung an die Elektrizität der Luft.«

Das Gespräch erlosch. Die Erwachsenen taten, als gäben sie sich gelöst der Ruhe hin. In Wirklichkeit waren sie unruhig und beobachteten heimlich, aus den Augenwinkeln, den Himmel. Es störte sie, daß die Kinder so laut waren; wie leicht konnte man dabei das Grummeln eines aufziehenden Gewitters überhören. Der Vater hieß die Mädchen aus dem Wasser gehen und riet ihnen, eine hübsche Sandburg zu bauen.

Die Mädchen befolgten des Vaters Rat. Den Jungen abwehrend, der ihr Werk bedrohte, formten sie aus feuchtem Sand eine Burg mit Türmen und Wällen. Als sie das Burgtor aushöhlten, kam aus der Tiefe eine Springmaus hervor und entfernte sich hüpfend. »Seltsam!« sagte der Vater. »Die Springmaus ist in Afrika heimisch. Bei uns kommt sie nicht vor.«

»Auch das ist seltsam!« rief Tante Hermine und wies aufs Meer. »Dort springt ein Delphin!« Der Vater wollte die törichten Worte der Schwägerin rügen, unterließ es jedoch. Draußen, im Meer, sprang wahrhaftig ein Delphin.

»Es würde mich nicht wundern«, sagte der Vater, »wenn es hier plötzlich auch Tintenfische gäbe.«

Der Junge schrie auf. Er war nun doch ins Wasser gewatet, um kleine Krebse zu fangen, er wollte am Strand mit ihnen spielen. Jetzt stand er da, strampelte mit den Beinen und schrie aus vollem Hals. Die Eltern eilten ihm zu Hilfe. Ihr Schuhwerk mißachtend, drangen sie ins knietiefe Wasser, gerade noch rechtzeitig: Ein Tintenfisch hielt des Jungen linkes Bein umklammert. Zu dritt befreiten sie (der Vater zog sein Taschenmesser) das Kind von dem Untier. Das Wasser verfärbte sich dunkel, und so kam es, daß Tante Hermine, die Schuhe und Strümpfe ausgezogen hatte, bevor sie den Eltern nachlief, eine Feuerqualle nicht wahrnahm. Ihr rechtes Bein ward übel versengt, sie schrie mit dem Jungen um die Wette.

Aber schließlich fand man sich am Strand zusammen. »Schluß mit den Vorfällen!« rief der Vater und klatschte in die Hände. »Das Picknick beginnt!«

Und es begann, bei prächtig gedeckter Tafel. Alles bot sich lecker an, alles machte Appetit – bis auf die Suppe. Von den Erwachsenen unbemerkt, hatte der Junge zwei Seesterne, eine Qualle, tote Fischlein und Tang hineingetan; es war kein schöner Anblick.

Sie ließen die Suppe stehen – die Suppe und die Schüsselchen mit Krabben, Sardinen, Aal und Tintenfisch.

Doch es stand ja noch viel zu Gebote, und so langte man kräftig zu. Die Kinder hatten ihren Spaß daran, unter freiem Himmel zu schmausen, die Großen erfreuten sich an den Kindern – sie vergaßen alle Gefahr.

Gegen Ende der Mahlzeit waren plötzlich Möwen in der Luft. Sie flogen scharenweise an, kreisten über den Essenden und stießen heisere Schreie aus. Neideten sie der Familie das Picknick? Warteten sie auf Speisereste? Ein Glück, dachte der Vater, daß sie nicht wissen, was ihre Überzahl vermag. Sie könnten uns zerhacken, und wir wären ihnen ausgeliefert. Aber eine Kuh weiß ja auch nicht, daß ihr Horn tödlich ist. Ein Glück, ein Glück.

Er setzte eine Zigarre in Brand und zog den Rauch genußvoll ein. Fast konnte man meinen, sein Streichholz habe das Zeichen gegeben, das längst erwartete. Ein Donnerschlag fuhr über den Himmel, und über den kreischenden Möwen standen miteins schwarze Wolken. Das Meer, vorhin noch blau, wurde grau wie Blei und erschauerte. Wer den Klapptisch umgeworfen, war nicht auszumachen, denn der Donnerschlag hatte alle hochgejagt. Gebratenes Fleisch fiel in den Sand, es panierte sich selbst, und die Sandtorte, als Nachtisch gedacht, war nun wirklich sandig.

Jetzt zuckten die ersten Blitze herab, grausam nahe, als schieße der Himmel sich auf die Familie ein. Donner krachte trocken und hart, es klang nach splitternden Felsen. Die Flucht begann. Fünfhundert Schritte waren zurückzulegen, auf dreierlei Boden: Sand zuerst, dann Düne, dann Heide.

Ach, wie waren die Armen verschreckt, verwirrt, von

Angst erfüllt. Es war dunkel geworden, der Wind blies ihnen Sand in die Augen, sie sahen nichts. Schwere Regentropfen fielen, dick wie Murmeln – das trommelte, hämmerte auf die Schädel. Sie stapften im Sand umher, tölpisch, und verloren die Richtung. Statt hügelan zu fliehen, gerieten sie ans Meer, auf nassen Sand, in den sie einsanken. Sie schrien einander zu, wo das Ziel liege, das rettende Haus. Sie stolperten, stürzten, sie rannten sich gegenseitig an. Tante Hermine und der Junge erreichten als erste die Düne. Als erste stachen sie sich an den Disteln, schnitten sie sich am bläulichen, scharfen Sandgras. Ein Weilchen später taten es ihnen die anderen nach.

Die Blitze waren schrecklich, der Donner schlug in die Ohren. Warum schleppte die Flucht sich so qualvoll dahin? Der Wind machte, daß die Luft wie ein Wall gegen die Fliehenden stand. Den Tod vor Augen, kramte ihr Hirn hastig nach Sünden, für die eine Buße jetzt eingefordert ward. Dem Hausherrn fiel bei, daß er in jungen Jahren die Frau mit der Schwester betrogen hatte. Tante Hermines Gedanken umkreisten, natürlicherweise, den gleichen Fall; zudem gestand sie sich ein, daß sie nie ein guter Mensch gewesen sei. Die Hausfrau dachte an jene Stunde zurück, als sie aus reiner Lust der Schwester Lieblingspuppe in den Ofen gesteckt. Die Mädchen bereuten andere, ähnliche Missetaten. Nur der Junge suchte nach keiner Schuld, weil er nicht wußte, was das war.

Wo blieb das Haus, das schützende Haus, mit seinen drei Blitzableitern? Es war, als habe ein Zauberspruch es weit ins Land hinein versetzt. Die beiden Mädchen, zu Zeiten getrennt, fanden einander, faßten sich bei den Händen und taumelten weiter, ein verstörtes Gespann. Sie stießen auf den Vater und hakten sich bei ihm ein.

Blitze, dachte der Vater, sehen aus wie ein Flußdelta, sie haben dicke und dünne Adern. Es möchte sein, daß einer von ihnen, ein Familienblitz, mit seinen drei Hauptadern uns Große trifft und mit den drei Nebenadern die Kinder. Dann wären wir ausgetilgt, auf einen Schlag.

Doch das Schicksal hatte mit der Familie etwas anderes vor. Es jagte sie nur ein bißchen, es zeigte ihr, was geschehen könnte und nicht geschah. Es ließ gnädig zu, daß schließlich alle, alle das Haus erreichten. Als der letzte in Sicherheit war, schoß ein mächtiger Blitz in die drei Blitzableiter.

Das Gewitter verzog sich. Es war das letzte Gewitter jenes Sommers, aber das konnte die Familie nicht wissen. Während der wenigen Tage, die ihr noch blieben, hielt sie sich ängstlich zu Hause. Von den Fenstern aus konnte man die Stätte des Picknicks erblicken: den Klapptisch, die Feldstühle, die Decken, die Töpfe und Teller und Schüsseln. Doch niemand wagte sich an den Strand, um die verlassene Habe zu bergen. So lag sie da und verrottete, bis im Winter die Sturmflut alles hinwegnahm.

Die Familie verkaufte das Sommerhaus, sie fuhr nie wieder ans Meer. Es war ein Fehler, denn in den nächsten Sommern zeigten sich keine Gewitter, und die Leute klagten darüber, daß an drückenden Tagen der polternd erfrischende Zorn des Himmels ausblieb.

Die erste Weinprobe

Wie es dazu gekommen ist, daß meine Tante dahinunter geheiratet hat, weiß ich selber nicht.

Jedenfalls saß sie nicht allzuweit von Budapest in einem Dorf, das von schwäbischen Kolonisten besiedelt ist, und mein Onkel beherrschte ein waschechtes Schwäbisch, wie es sich um Reutlingen und Tübingen herum nicht besser hören läßt. 1925 durfte ich die Verwandtschaft das erstemal besuchen.

Es war ein gehörig heißer, staubiger Sommer, und in Anbetracht meines Durstes verdroß es mich, daß die Trauben an den Weinstöcken noch so klein waren. An einem Sonntag, als mir die Zunge fast am Gaumen klebte, sagte die Tante, ich solle doch einmal eine kleine Weinprobe beim Tartler nehmen. Sie habe gesehen, daß an seinem Keller der grüne Buschen ausgesteckt sei, und man möge gegen den alten Martin sagen, was man wolle, auf die Kultivierung der Reben verstehe er sich wie kein zweiter. Ich war nur allzu bereit, mich davon zu überzeugen.

Der Tartler hatte keine Wirtschaft. Unmittelbar in den Rebenhügel war ein felsenkühler Raum eingesprengt, in dem die großen Fässer standen – drei an der Zahl. Zwei Bänke und ein verwitterter Tisch waren das Mobiliar, daran die Probierenden die Güte des gesegneten Saftes probieren mochten. Jetzt am Nachmittag blieb ich der einzige Gast. »Magscht probiere, Bub?« fragte der schnauzbärtige Bauer, und sein pfiffig durchtriebenes Gesicht ließ mich die Einbuße an meiner 18jährigen Würde verschmerzen. Was er aus dem großen Fasse hob, war zudem ein so köstliches Getränk, daß mir schon nach dem zweiten Glas knabenhaft übermütig zumute wurde. Zunächst trank ich ausschließlich gegen den Durst. Was man dadurch dem Wein an Würde nimmt, rächt er grimmig.

Martin Tartler, der neben mir auf der schmalen Bank saß, tat sparsam kleine Schlückchen. Er fragte mich, wo ich abgestiegen sei, und als ich den ortsansässigen Arzt als meinen Onkel bezeichnete, schnalzte er mit der Zunge, was ich für ein Zeichen der Hochachtung nahm. Als ich ihm meine deutsche Heimatstadt nannte, geriet er in Ekstase. Er bat mich beim dritten Glase, deutsche Volkslieder anzustimmen. Nach dem vierten taten wir es schon zweistimmig, und falscher kann ein ganzer Chor nicht singen, als es unseren vereinten Bemühungen gelang. Beim ›Brunnen vor dem Tore‹ rannen dem Alten dicke Tränen über die faltigen Wangen, und er tätschelte meinen Arm mit seiner rötlich behaarten Hand.

Damit hätte es genug sein können. Ich hörte bereits ein fortwährendes Sausen, von dem ich nicht wußte, ob es aus meinem Schädel kam oder aus den Fässern, in denen das edle Naß an seiner Vervollkommnung arbeitete. Manchmal sah ich mehr Fässer, als vorhanden waren, doch erinnerte ich mich noch, daß ich beim Hereinkommen zuverlässig drei Stück gezählt hatte. »Was ist in den anderen Fässern, Martin?« fragte ich, bemüht, meiner Stimme Festigkeit zu geben. Martin machte eine rundlaufartige Bewegung mit der Nasenspitze und sagte: »In dem da ischt Riesling.« Worauf ich Riesling zu trinken begehrte.

Jugend, heißt es, sei Trunkenheit ohne Wein. Kommt zur Jugend aber noch Wein hinzu, dann entsteht ein erhebliches Maß an begeisterter Zielstrebigkeit. Den sanften Mahnungen meines neuen alten Freundes, jenen teuren Riesling nicht zu begehren, setzte ich einen ebenso beharrlichen Widerstand entgegen. Die Tante hatte mir kürzlich 20 Kronen zugesteckt – warum sollte ich mir bei meiner ersten Weinprobe keinen Riesling leisten. Der Bauer gab seufzend nach. Er senkte seinen Heber ins Faß, und wieder glühte es rot. Röter als vorher; denn Martin machte für einen Augenblick die Tür auf und hielt das Glas gegen die starke Nachmittagssonne. Das gab ein herrliches Farbenspiel, aber nachher auch ein köstliches Wohlgefühl im Magen. Als mich Tartler fragte, wie dieser Riesling mir schmecke, sagte ich »wunderbar«, aber der andere sei doch beinahe genausogut... Eine solche Antwort war genau die, welche man offenbar einem Rebenzüchter nicht geben darf. Tartler Martin sagte nur: »Oh!« und wurde trauriger als bei dem verschwundenen Liebchen und dem zerbrochenen Ringelein. Ich schämte mich tief meiner Unerfahrenheit. Trotzdem fragte ich eine halbe Stunde später nach dem Inhalt des dritten Fasses, das nicht minder gewichtig neben seinen Brüdern lag.

Diesmal umflorte mich die Stimme meines Kumpans mit stiller Wehmut, und er bekannte, es handle sich da um eine alte Trockenbeerenauslese, die noch sein Vater selig gemostet habe. »Lang, lang ischts her«, zitierte er schmerzlich und flüsterte, ein solcher Spitzenwein sei freilich von unschätzbarem Wert und daher unverkäuflich.

20 Kronen brannten mir im Portemonnaie und in der Brust der Wissensdrang, ob trockene Beeren ein feuchtes Getränk ergeben.

Auf die genaue Frage nach dem ›Spitzenpreis des Mindestweins‹ – so kollerten mir schon die Begriffe durcheinander – flüsterte Martin Tartler noch einmal sein ›unbezahlbar‹, fügte aber rasch hinzu, bei der Freundschaft, die er mir und dem Herrn Doktor gegenüber empfände, sei er bereit, mir ein einziges Gläslein um zwei Kronen abzulassen.

Für zwei Kronen bekam man sonst eine Literflasche Heurigen. Aber was ist auch ein solch junger unbeschriebener Wein gegen eine alte Trockenbeerenauslese, von längst gestorbenen Ahnen gekeltert und süß durch Zeit und Schicksal! Mein Gastgeber spülte erst umständlich das Glas, ehe er die Edellese mit zitternden Fingern einschenkte. Er füllte längst nicht bis zum Eichstrich – das erkannten auch meine umflorten Augen –, und er selbst trank weiterhin nur den einfachen Wein unseres Anfangs. Nur an hohen Festtagen, bekannte er, nähme er ein Glas aus dem teuren Fasse...

Ich kostete – und war enttäuscht. Ich hatte mir unter einem solchen Spitzengewächs doch mehr vorgestellt. Daran änderte auch die Tatsache nichts, daß der alte Mann eine brennende Kerze hinter das Glas stellte und mich auf das Rubinrot seines Leuchtens aufmerksam machte. Das Sonnenleuchten des Rieslings war mir beinahe ebenso schön erschienen. Trotzdem bestellte ich noch zwei weitere Gläser des edlen Zweikronenweins.

Die Sonne ging fast so rot unter, wie unsere drei Weine gewesen waren, als wir gemeinsam nach Hause gingen. Martin Tartler führte mich am Arme und ließ mich vielstimmig krächzen: »Ich weiß nicht, was soll es bedeuten.« Er wußte offenbar, was es bedeuten sollte, und überreichte mich behutsam meiner Tante.

Am nächsten Tage gab es, außer einem überdimensionalen Kater, noch ein Nachspiel im Hause der Verwandtschaft. Mein Onkel Doktor wetterte wider die Tante, daß sie mich nicht vor Tartler Martin gewarnt und mich vor allem nicht ermahnt habe, ihm gegenüber meine verwandtschaftlichen Beziehungen zu verweigern. Der Weinbauer habe nämlich einmal wegen einer von ihm, dem Arzt, veranlaßten und nicht sonderlich günstig verlaufenen Milchprüfung zehn Kronen Strafe zahlen müssen. »Die hat er sich jetzt bei dir mit Zins und Zinseszins zurückgeholt«, donnerte mein Onkel, »der alte Gauner hat nämlich in allen Fässern nur den gleichen Heurigen, Jahrgang 24...«

Trotzdem konnte ich dem verschmitzten Schwaben ob seiner Komödie nicht allzu böse sein, und ich denke noch heute gern an meine erste Weinprobe.

RUDOLF HAGELSTANGE

Ein Abend auf Delos

Louisos, der ergraute Kapitän des »heiligen Schiffes«, das,
von der winterlichen Sturmzeit abgesehen, jeden Tag von
Mykonos nach Delos fährt, hat auch dem Treiben eine Weile
zugeschaut; aber er ist früher zu Bette gegangen als ich. Er
sieht mich etwas erstaunt und leicht blinzelnd an, als ich am
nächsten Morgen unter den gut zwanzig Passagieren bin, die
mit ihm nach Delos fahren wollen. Nach dem kleineren Delos
wohlgemerkt; denn es gibt zwei Inseln dieses Namens. Aber
seit viertausend Jahren ist Delos immer das kleinere Delos.

Drei Viertelstunden benötigt das Schiffchen für eine gewöhnliche Überfahrt, aber diesmal werden es etliche Minuten mehr. Louisos wirft heute nicht vor den Felsen an der
Ostseite seinen kleinen Anker aus, sondern umfährt die In-
selspitze und legt, beinahe wie ein richtiger Dampfer, vor der
kurzen Steinmole der natürlichen Hafenbucht an der Westseite an. Offenbar tut er dies, weil es Sonntag ist. Und aus
dem gleichen Grunde hat er wohl auch darauf verzichtet, das
große, ausgebleichte Segel während der Fahrt zu entfalten;
denn das macht immer einige Umstände, auch für die Passagiere. Außerdem tanzt der kleine Kahn dann heftiger; es gibt
Spritzer, gelegentlich sogar einen Brecher, zuweilen auch
Seekranke. Und heute sind alle sonntäglich angezogen,
selbst Louisos trägt einen dunkelblauen Anzug. Auch ein
paar schwarzgekleidete Bäuerinnen mit kleinen Körben fahren diesmal mit nach Delos, um Freunden oder Verwandten
einen kurzen Besuch abzustatten. Es geht also alles ein wenig
gediegener und geruhsamer als sonst zu; sogar das Meer be-
nimmt sich sonntäglich gezügelt. Und daß es ein strahlender
Morgen ist, muß unter diesen Himmeln nicht betont werden.
  Wie oft an überlieferungsbeladenen Stätten, sucht der
Neuankömmling auch hier zunächst vergebens nach über-

wältigenden Eindrücken. Aber ich bin ja kein Neuling. Ich bin zum zweitenmal hier und will sogar über Nacht bleiben.

Ich überlasse das Ruinenfeld den anderen und steige sofort bergan, um den Gipfel der Insel, den Berg Kynthos, zu erreichen, den in alter Zeit ein Tempel des Apoll krönte und von dem der Blick in alle Himmelsrichtungen ausschweifen kann. Auf der einen Seite sieht man das stumpfe Mykonos; auf der anderen, näher, liegt das größere Delos, auch Rheneia genannt. Unten aber scheint das Meer zu treiben, hellblau bis grün in den Tiefen, dunkel über den Felsen, die die Küste in die Flut vorschiebt, satt leuchtend dort, wo es sich in die Einheit der Ferne verliert.

Ich bin nicht lange allein auf dem Gipfel, und so steige ich nach der unwegsamen Seite hin ab, halsbrecherische Partien bezwingend, über kleine Mauern, kletternd, durch Dorngestrüpp stelzend – bis ich unten am Wasser angelangt bin. Alles ist Geröll und Fels. Einsamkeit ist teuer zu erkaufen, selbst hier. Doch dann fallen die Kleider, und rücklings treibe ich, langsam und nur mit den Füßen stoßend hinaus...

Es ist gegen Mittag, und die gleißende Helle des Mittags blendet überall. Aber wenn das Meer sie auffängt und widerspiegelt, ist ihr alle Grausamkeit genommen. Das Verzehrende, Abtötende wird dann zum Nährenden, Belebenden. Wenn die Pflanzen erlahmen, erwachen die Fische. Wenn die Früchte fallen, springen die Delphine. Das Land stöhnt unter der wilden Begattung des Lichtes; das Meer dehnt sich lächelnd in seiner Umarmung. Es macht einen Unterschied, ob Eros auf Widerstand oder auf Schmiegsames, Bewegliches trifft. Das Licht ist Eros und nichts schmiegsamer als der Körper der Flut. –

Gegen ein Uhr habe ich den nicht minder schwierigen Anstieg hinter mir und sehe wieder hinunter auf die kleine Bucht, aus der eben das Schiffchen von Louisos ausläuft, um heimzukehren nach Mykonos. Wie das Spielzeug eines Knaben nimmt es sich aus; aber zielsicher zieht es seinen Weg, erreicht die Spitze der Insel und ist der Sicht entzogen. Ich bin zurückgeblieben, ausgesetzt auf dem Berge Kynthos

– ›ausgesetzt auf den Bergen des Herzens‹. Allein mit Delos und den Delern.

Seltsam – zu denken, daß dieses steinige Inselchen einmal das Herz eines religiösen Kultes und für damalige Maße eine Weltstadt war... Wie konnte dies sein, da doch dieser Brokken Fels der Inbegriff der Unfruchtbarkeit ist? Aber – kann man unfruchtbar nennen, was einen Gott gebar? Die Deler lebten im Licht. Und das gleiche Sonnenauge sieht auch heute auf Delos herab, aber die wenigen hier noch Lebenden fühlen nicht mehr, daß es apollinisches Licht ist, in dem sie stehen. Apollo ist entthront; ein anderer Gott, eine andere Botschaft haben die Ohren und Herzen der Menschen gewonnen. Aber welcher Gott, so richterlich und streng er immer herrschen mag, könnte der Botschaft des Lichtes entraten? Steht nicht an jedem Ende, vor jeder Seligkeit als Sehnsucht und Lockung das Licht?

Es ist überliefert, daß auf dem alten Delos weder gestorben noch geboren werden sollte; alle Gebärenden, alle Sterbenden führte man über nach Rheneia – dort kam neues Leben zur Welt, starb welkes ab. Delos war nur Leben, Leben im Licht. Auf dieser Insel sollte kein Schatten wachsen, der das Licht des hellsten aller Götter mindern oder verdunkeln konnte. Sie wollte, im Hiesigen schon, ein Stück todlosen Lebens, und das heißt ewigen Lebens sein.

Liegt hier der Schlüssel zu der geheimnisvollen Anziehungskraft dieses winzigen Eilandes? Delos – das hieß Leben, auch für denjenigen, der zum Tode verurteilt war, wie einst Sokrates. Solange das Heilige Schiff, das die Athener mit Chorsängern und Opfertieren alle vier Jahre nach Delos entsandten, auf dem Wege war, galt auch das Leben des Todgeweihten als unantastbar. Das Andenken des Himmlischen zu ehren, der Delos, selbst noch im Schoße seiner Mutter ruhend, ins Licht rief, verbannte es die Schmerzen der Geburt und die des Todes und war, soweit menschliche Natur, menschliches Geschick diesen Namen zulassen, eine Insel der Seligen.

Und so durfte es ein Mittelpunkt der alten Welt sein, Mittelpunkt des Kreises – kyklos –, der von hier aus um die Inselwelt der Kykladen gezogen werden konnte. Schlage den Kreis im Abstand von etwa hundert Meilen: er läuft von Athen über die Nordspitze von Chios, schneidet Samos im Osten an, umläuft Santorin im Süden und kehrt über Hydra und Egina nach Athen zurück. Wirklich: ein Mittelpunkt. Und heute ist Delos still und tot; totenstill, möchte man sagen. Ist es nicht närrisch, hier seine Zeit zu vertun? –

Ich steige ab und suche das kleine Touristen-Rasthaus auf, das vier oder fünf saubere Gastzimmer bereithält, die zumeist leer bleiben. Die wenigen, verstreuten neuen Häuser der Lebenden sind häßlich und fehl am Orte. Und wer ›Leben‹ sucht, dem genügen zwei, drei Stunden vollauf, die Zeitspanne, während der das kleine Schiff in der Bucht anliegt. ›Leben‹ findet man auf Mykonos. Was findet man hier... Man findet den jungen englischen Archäologen mit dem sandfarbenen Strohhut, der während der Überfahrt auf die Auskunft hin, das Schiff warte etwa drei Stunden, nahezu empört ausrief:

›But that's not enough!‹

Er sitzt an einem Tisch und grübelt vielleicht über die Folgen seines Entschlusses nach, das Schiff des nächsten Tages abzuwarten.

Eine Weile beäugen wir uns unauffällig, nach Art der Mitteleuropäer. Jeder bestellt einen kleinen Imbiß, jeder wünscht ein Glas Wein. Aber außer Retsina gibt es keinen offenen Wein, nur Flaschen. Aber Retsina mag er nicht. Und auch ich würde lieber einem ungeharzten Wein den Vorzug geben.

Ich gebe mir einen Ruck, gehe an seinen Tisch und schlage vor, gemeinsam eine Flasche zu trinken. Er gibt sich einen Ruck, nennt seinen Namen und geht auf meinen Vorschlag ein: er rückt an meine Seite.

Wir haben jeder etwas Einfaches bestellt. Aber als der Wein kommt, schlage ich vor, daß wir uns den Bestand der delischen Speisekammer etwas genauer erläutern lassen:

»Es läge nahe, Mister Sutton«, sage ich, »daß wir uns gegenseitig umbrächten. Da dies nicht möglich ist oder doch zu viele Umstände verursachen würde, bin ich dafür, daß wir uns wie alte Bekannte benehmen. Lassen Sie uns gut essen und trinken. Dann können wir uns besser leiden.«

Mister Sutton sieht mich ein wenig unter dem Berge hervor an und hat ein hübsches, leicht amüsiertes Lächeln, das seinen etwas schmallippigen Mund angenehm belebt. Er nickt einige Male verständnisinnig:

»All right! Nehmen wir zusammen eine Henkersmahlzeit – ohne die üblichen Begleiterscheinungen. Wir müssen die Folgen eines spontanen Entschlusses gemeinsam tragen.«

Er sagt das so liebenswürdig, – es fällt mir nicht leicht, ihn darüber aufzuklären, daß ich schon vor vierzehn Tagen, beim ersten Hiersein, den Entschluß faßte, eine Nacht auf Delos zu verbringen.

»Oh!« sagt er und wiegt seinen noch nicht voll ausgewachsenen Gelehrtenkopf. »Sie sind zum zweitenmal hier. Das gefällt mir. Ich habe sieben Jahre geträumt, diese Insel zu sehen. Heute bin ich am Ziel. Bestellen wir etwas Gutes. Ich komme für das Essen auf und überlasse Ihnen die Getränke.«

Es war ein strahlender Junitag, und Mister Sutton war ein junger Archäologe, was besagt, daß er ein älterer Deler war als unser Wirt und ich selbst. Wir kauten unsere Oliven, schluckten den nicht ganz trockenen Vermouth mit Gin, den wir noch eingeschoben hatten, und stellten uns wie zwei faire Boxer auf die Waage, maßen Reichweite, Brustumfang und Taille. Und dann speisten wir. Der Wirt bediente uns mit dem Eifer dessen, der nur zu selten Gelegenheit erhält, seine Kunstfertigkeit zu beweisen, und der spürt, sachverständigen Gästen gegenüberzustehen. Als wir den türkischen Kaffee bestellten, meinte Mister Sutton:

»Als ich die griechische Mythologie studierte, entdeckte ich Delos, lange ehe ich Archäologe wurde. Vielleicht wurde ich überhaupt deshalb Archäologe...«

Er schwieg und lächelte in sich hinein.

»Erzählen Sie!« sagte ich.

»Oh, Sie kennen das bestimmt«, zögerte er. Aber dann entzündete er eine Zigarette und begann:

»Sie müssen wissen: ich liebe Tricks. Das ist eine belächelnswerte Schwäche. Und ich liebe Poesie. Das ist eine angesehene Schwäche. Und die Entstehung dieses Stückchens Erde ist die schönste Geschichte listenreicher Poesie.«

Er hauchte einen zärtlichen Kringel in die flirrende Luft und fuhr fort:

»Sie wissen ja, daß Zeus (hier sagen sie lustigerweise ›Sews‹) ein – wie sagt man im Deutschen... sagt man nicht: ein Schürzenjäger? –... also ein Schürzenjäger war. Well. Und da gab es eine Sterngöttin – Asteria hieß sie –, in die Zeus sich verliebte. Aber sie verweigerte sich ihm. Göttinnen müssen manchmal so sein. Von Zeus verfolgt, nahm sie die Gestalt einer Wachtel an und floh. Zeus, nicht faul, schlüpfte ins Federkleid eines Adlers und setzte ihr nach. Man denkt... – aber nein: die Sterngöttin bediente sich eines Verfahrens, das wohl schon damals in der Sternenwelt nicht unbekannt war: sie ließ sich als Stein ins Meer fallen und verschwand. Zwei zu eins für die Sterngöttin! Oder lasen Sie je, daß Zeus schwimmen oder tauchen konnte?!«

»Er schwamm als Stier.« Ich durfte es nicht unterschlagen.

»Natürlich«, nickte Sutton. »Sagen wir, er konnte nicht tauchen. Aber die Geschichte ist noch nicht zu Ende. Denn Asteria hatte eine Schwester namens Leto. Wozu hat sie eine so hübsche Schwester... sagte sich Zeus. Und er hatte recht: diesmal kam er zum Ziel. Nun aber tritt Hera auf den Plan, die ewig Eifersüchtige. Sie verhängt, Leto dürfe das zu erwartende Kind nur an einem Ort gebären, den noch nie ein Strahl der Sonne beschienen habe...«

»Eine fast ausweglose Situation...«

»Yes, scheinbar!« Mister Sutton hob bremsend den Finger. »Aber jetzt kommt wieder ein bezaubernder Trick: Asteria taucht, der bedrängten Schwester zu helfen, aus den Tiefen des Meeres auf – als das kleine Eiland Delos.«

»Der verlangte Ort war gefunden«, sagte ich scheinheilig.

»Sie unterschätzen Hera«, eiferte sich Sutton. »Die gab ihr Spiel noch immer nicht verloren. Sie hielt nämlich eine höchst entscheidende Göttin bei sich zurück: die Göttin der Geburt. Und obwohl alle anderen Göttinnen der bedrängten Leto beistanden, – ohne diese ging es nicht. Aber nun kommt wieder eine süße Infamie: die blauäugige Iris – kann sie andere Augen haben als blaue? – wird mit einem goldenen Halsband ausgeschickt, um die Göttin der Geburt zu bestechen. Und natürlich ließ die sich bestechen, kommt geflogen, und Leto kniet nieder, umarmt den Schaft einer Palme, und der Gott springt aus ihrem Schoß: sie gebiert den neuen Gott im Knien. Und die Göttinnen schrien auf, so heißt es, und die ganze Insel bebte in freudigem Erschrecken. Man gab dem Kinde Nektar und Ambrosia. Da sprengte es die Windeln, stand in vollkommener Gestalt da und sprach...«

»Lieb sei mir Leier und Bogen!« fiel ich ein.

»Und Delos leuchtete und erblühte golden!« schloß Mister Sutton und breitete in knabenhafter Begeisterung beide Arme aus. »Ich ahnte, daß Sie diese Geschichte kannten. Aber ist sie nicht eines der anmutigsten Kapitel der Mythologie? Ohne Mythologie ist die Archäologie Lumpensammlerei. Ich warne Sie vor Archäologen. Wenn ich nachher ausziehe...«

»...um Lumpen zu sammeln...«

»Es muß leider sein.«

»...so werde ich Sie allein losziehen lassen, obwohl ich sicher viel von Ihnen lernen könnte. Aber ich denke, wir sollten unsere Lebensstile nicht über Gebühr mischen...«

Mister Sutton meinte, wir verstünden uns ausgezeichnet, und ich teilte seine Meinung. Wir vereinbarten, bei Anbruch der Dämmerung hier gemeinsam das Dinner einzunehmen. Von den dazugehörenden beziehungsweise darauf folgenden Getränken zu reden, erübrigte sich.

Sutton nahm seinen Strohhut. Es war vier Uhr vorbei; ihn zog es in das kleine Museum, – er hatte Lumpen zu sammeln. Mich trieb es ins Geratewohl.

Ich ging langsam durch die alten Straßen der Trümmerstadt, die sich an der Westseite der Insel befindet, am kleinen Hafen beginnt, die ganze Ebene ausfüllt und südwärts noch am Berge Kynthos bis zu halber Höhe emporklettert. Im Norden erreicht sie den kreisrunden, ausgetrockneten Teich, in dessen Mitte sich einsam eine Palme erhebt, die

Palme Letos – wer möchte es bezweifeln. In Wurfweite davon dehnt sich die vielgerühmte Löwenterrasse. –

Delos ist älter als Pompeji; dieses ist, könnte man sagen, vollkommener. Aber Pompeji ist eine Ausgrabung. Delos war nie begraben. Es steht seit Jahrtausenden unter der Sonne, steht da als Torso seiner selbst. Mit alten Plätzen, Tempel- und Säulenresten, Bänken, auf denen man heute wie ehedem ausruhen kann, mit dem alten Wasserreservoir, aus dem die Frösche und Unken rufen, den Häuserresten, den Mosaiken, von denen das berühmteste Dionysos zeigt, auf einem Tiger reitend. Keine Gewalt, kein einbrechendes Element haben hier sensationelle Veränderungen hervorgerufen. Dieses *ist* Delos. Keine Wiederherstellung, keine mutmaßlichen Ergänzungen. Es gleicht dem Rom zwischen Kapitol und Kolosseum, einst Weltstadt, älter als Rom.

Es sind Trümmer. Aber sie fielen und liegen, wie sie fielen. Und das macht ihre Wirklichkeit aus. Pompeji ist eine Mumie. Delos ein uraltes Lebewesen. Wer Augen hat zu sehen, sieht die belebte Agora; das Volk, das zu den Tempeln geht; die Menge, die zum Hafen drängt; die Schiffe, die Fracht bringen ...

Auf dem abermaligen Weg zur Höhe kam ich an einem weiten Distelfeld vorüber. Ich sah die goldgelben Blüten und hörte die Stimme des erzählenden Sutton:

›Und Delos leuchtete und erblühte golden ...‹

Ich sah und sah. War es denn Wahrheit? Was konnte denn hier, auf diesem kargsten aller Böden, den selten ein Regen netzte, blühen und golden leuchten? – hatte ich mich gefragt.

Die Distel kann es. Aus seiner Armut zog Delos nach dem Willen seines Gottes Glanz. Alle unsere Fantasie, unser Einbildungsvermögen sind bestechlich und bestochen. Was setzt das Wort ›blühen‹, das Wort ›golden‹ voraus? – Öffne die Augen. Die blühende Distel löste das Rätsel. Poesie ist nicht Weihrauch vor glänzenden Altären. Poesie ist Rauch aus den Hütten.

Ich stieg bergan, noch einmal dorthin, wo Apollos Tempel gestanden hatte. Der Wind blies. ›Blut‹ kreiste mit leisem Sausen im Herzen der Ägäis. Ruhig, stetig – uraltes Wehn vom Meer. Das Lied der Muschel. Eben sank die Sonne, schwebte auf den Horizont hernieder, glühend und in sich selbst eine zweite Sonne bergend.

Wieder absteigend, entsann ich mich des alten Theaters. Welche Stunde es immer war, – war sie nicht jener gleich, da sich die alten Deler auf den Weg machten, ihre Sorge, ihre Freude, ihre Klage, ihr Schicksal vorgesprochen oder wiederholt zu hören in dem Halbkreis, über dem die Reihen anstiegen und noch ansteigen...?

Ich setzte mich in einer der oberen, versteppten Reihen nieder und wartete. Dämmerung wuchs um mich wie Gras über Gräbern. Ich sah lautlos Gestalten aufsteigen, sich verteilen über das Halbrund, ihre Plätze einnehmen. Je schwächer das Licht wurde, um so mehr wurden die Schatten.

Was werden sie spielen? Idíppos tírannos, den König Ödipus – wie alljährlich in Epidavros? Aufstieg und Sturz, Größe und Elend des Menschen...

Ich schloß die Augen und lauschte in den Wind. Die riesige Muschel des Ägäischen Meeres tönte ihr Lied. Aus dem Raunen und Rauschen formten sich Worte und Sätze. Und nun vernahm ich die himmelstürmende Klage des Ödipus – in der unsterblichen, alterslosen Sprache der Griechen...

> *Geschlechter des Menschen,*
> *wie gleicht euer Dasein*
> *dem Schatten, dem Nichts...*
> *Und irdisches Glück*
> *ist Wähnen und Träumen*
> *und wiegt uns in Schlaf,*
> *bis der Tod uns erweckt.*

August

1

Im Juli fuhr mein Vater alljährlich ins Bad und gab mich samt der Mutter und den älteren Brüdern den weißglühenden und betäubenden Sommertagen preis. Wir blätterten, verrückt vom Licht, in dem großen Ferienbuch, dessen Blätter sämtlich vor Hitze brannten und auf ihrem Grund den bis zur Ohnmacht süßen Matsch goldener Birnen hatten.

Adela kehrte im leuchtenden Glanz des Morgens zurück wie Pomona aus dem Feuer des glutentbrannten Tages und schüttete aus dem Körbchen die bunte Schönheit der Sonne – funkelnde Kirschen, voller Saft unter der durchsichtigen Haut, geheimnisvolle schwarze Weichseln, deren Duft alles übertraf, was ihr Geschmack erfüllte; Morellen, in deren goldenem Matsch das Mark langer Mittage war; und außer dieser reinen Poesie des Obstes lud sie vor Kraft und Nährwert strotzende Fleischlappen mit der Klaviatur von Kälberrippen aus, Gemüsealgen wie erschlagene Kopffüßler und Medusen – das Rohmaterial des Mittagessens, noch ungeformten und schalen Geschmacks – und vegetative und tellurische Zutaten des Mittagessens mit wildem Feldgeruch.

Durch die dunkle Wohnung im ersten Stock des steinernen Hauses am Ring ging jeden Tag der ganze große Sommer hindurch: die Stille zitternder Luftschichten, die glänzenden Sonnenquadrate mit ihren fanatischen Träumen auf dem Fußboden, die Melodie eines Leierkastens, aus der tiefsten goldenen Ader des Tages geholt, zwei, drei Takte eines Refrains, irgendwo auf einem Klavier gespielt, immer wieder von neuem, ohnmächtig zusammenbrechend in der Sonne auf den weißen Trottoiren, verloren im Feuer des tiefen Tages. Nach dem Aufräumen ließ Adela Schatten in die Zimmer, indem sie die leinenen Jalousien herabließ. Dann fielen die Farben um eine Oktave, das Zimmer füllte sich mit Schatten, wie versenkt in das Licht der Meerestiefe, noch trüber zurückgeworfen von den grünen Spiegeln – und die volle Glut des Tages atmete schwer auf den Jalousien, die von den Träumen der Mittagsstunde leise wogten.

An den Samstagnachmittagen ging ich mit der Mutter spazieren. Aus dem Halbdunkel des Flurs traten wir mit einem Schritt in das Sonnenbad des Tages. Die Vorübergehenden, im Golde watend, hatten die Augen vor Hitze halb geschlossen, wie mit Honig verklebt, und die hochgezogenen Oberlippen enthüllten Zahnfleisch und Zähne. Und alle, die in diesem goldenen Tag wateten, zeigten die Grimasse der Gluthitze, als ob die Sonne allen ihren gläubigen Bekennern ein und dieselbe Maske aufgesetzt hätte – die goldene Maske der Sonnenbruderschaft; und alle, die heute auf den Straßen gingen, einander begegneten und auswichen, Alte und Junge, Kinder und Frauen, grüßten sich im Vorübergehen in dieser Maske, die ihnen mit dicker, goldener Farbe aufs Gesicht gemalt war, grinsten in dieser bacchantischen Grimasse – der barbarischen Maske eines heidnischen Kultes.

Der Ring war leer und gelb von der Glut, staubgekehrt von heißen Winden gleich der biblischen Wüste. Stachelige Akazien, emporgewachsen aus der Leere des gelben Platzes, brodelten über ihm mit ihrem hellen Laub, Bukette edelgegliederter grüner Filigrane, wie Bäume auf alten Gobelins. Es schien, als affektierten diese Bäume den Wind, indem sie theatralisch ihre Kronen schüttelten, um in pathetischen Biegungen und Beugungen die Vornehmheit der Blattfächer mit ihren silbernen Unterleibern wie das Futter edler Fuchspelze zu zeigen. Die alten Häuser, poliert vom Wind vieler Tage, vergnügten sich mit Reflexen der großen Atmosphäre, Echospielen, Erinnerungen an Farben, die verstreut in der Tiefe der bunten Aura saßen. Es schien, als wären ganze Generationen Sommertage (wie geduldige Stukkatoren, die alte Fassaden aus dem Schimmel der Tünche klopfen) dabei, die verlogene Glasur abzuschlagen, von Tag zu Tag deutlicher die wahren Gesichter der Häuser, die Physiognomie ihrer Schicksale und ihres Lebens herauszuarbeiten, welche sie von innen geformt hatten. Jetzt schliefen die Fenster, geblendet vom Glanz des leeren Platzes; die Balkone bekannten dem Himmel ihre Leere; die offenen Flure rochen nach Kühle und Wein.

Ein Häuflein zerlumpter Kerle hatte sich in einen Winkel des Rings vor dem flammenden Besen der Sonnenglut in Sicherheit gebracht, belagerte ein Stücklein Mauer und suchte es stets von neuem mit Würfen von Knöpfen und Münzen heim, als ob man aus dem Horoskop dieser metallenen Scheibchen das wahre Geheimnis der Mauer ablesen könnte, die mit Hieroglyphen von Strichen und Rissen bemalt war. Der übrige Ring war leer. Man erwartete, daß vor jenem Ladenflur mit den Fässern des Weinhändlers im Schatten der schwankenden Akazien gleich das Eselchen des Samariters, am Zügel geführt, auftauchen würde und zwei Knechte sorgsam den kranken Mann aus dem glühendheißen Sattel heben würden, um ihn über die kühle Treppe vorsichtig in das nach Sabbat duftende Stockwerk zu tragen.

So wanderten wir mit der Mutter über die zwei Sonnenseiten des Rings und führten unsere geknickten Schatten über alle Häuser wie über Klaviertasten. Die Quadrate des Pflasters zogen langsam unter unseren weichen und flachen Schritten dahin – die einen blaßrosa wie die menschliche Haut, die anderen gelb und blau, alle flach, warm, samten in der Sonne wie Sonnengesichter, von Fußtritten bis zur Unkenntlichkeit, bis zur glückseligen Nichtigkeit zerstampft.

Bis wir schließlich an der Ecke der Stryjer Straße in den Schatten der Apotheke traten. Der große Glasballon mit Himbeersaft im breiten Apothekenfenster symbolisierte die Kühle der Balsame, mit denen jedes Leiden gelindert werden konnte. Und noch ein paar Häuser weiter vermochte die Straße nicht mehr das Dekorum der Stadt zu wahren – wie ein Bauer, der in sein Heimatdorf zurückkehrt, sich unterwegs seiner städtischen Eleganz entledigt und sich langsam, im gleichen Maß, wie er sich dem Dorf nähert, wieder in einen zerlumpten Kerl verwandelt.

Die Vorstadthäuschen schwammen zugleich mit den Fenstern versunken im üppigen und verworrenen Blühen der kleinen Gärtchen. Vergessen über dem großen Tag wucherten üppig und still allerhand Grünzeug, Blüten und Unkraut, froh der Pause, die sie hinter den Rändern der Zeit, auf den Rückseiten des unvollendeten Tages verträumen konnten. Eine riesige Sonnenblume, aufgepflanzt auf einem mächtigen Stengel und gleichsam an Elephantiasis erkrankt, harrte in gelber Klage der letzten, traurigen Tage ihres Lebens und beugte sich unter der Wucht ihrer scheußlichen Korpulenz. Doch die naiven Vorstadtglöcklein und anspruchslosen Perkalblümchen standen ratlos in ihren rosa und weißen Hemdchen da und hatten kein Verständnis für die große Tragik der Sonnenblume.

2

Das verworrene Dickicht der Gräser, Pflanzen, Unkräuter und Disteln brodelt im Feuer des Mittags. Es braust im Gewimmel der Fliegen das Mittagsschläfchen des Gartens. Das goldene Stoppelfeld schreit in der Sonne wie das Erz der Heuschrecken; im dichten Regen des Feuers toben die Grillen; die Schoten der Sämereien explodieren leise wie Heupferdchen.

Und am Plankenzaun schiebt sich der Pelz der Gräser als buckeliger Höckerhügel entlang, als ob sich der Garten im Schlaf auf die andere Seite gedreht hätte, und seine groben, bäuerlichen Schultern atmen die Stille der Erde. Auf diesen Schultern des Gartens türmte sich die unreine, weibische Üppigkeit des Augusts riesenhaft in die tauben Gefälle ungeheuerer Kletten hinein und breitete sich als Lappen zottiger Blattbleche, als schwülstige Zungen fleischigen Grüns aus. Hier sperrten die vorquellenden Wülste der Kletten ihre Glotzaugen auf wie breit dahockendes Weibervolk, zur Hälfte gefressen von den eigenen verrückt gewordenen Unterröcken. Dort ließ der Garten umsonst die billigen Graupen des wilden Flieders, die nach Seife stinkende Hirse des Wegerichs, den brennenden Fusel der Minze und den schlimmsten Trödelkram des Augusts ab. Doch auf der anderen Seite des Plankenzauns, hinter diesem Urwald des Sommers, in dem sich die Torheit verblödeten Unkrauts ausgebreitet hatte, war der Komposthaufen, wild mit Disteln verwachsen. Niemand wußte, daß eigentlich dort der August dieses Jahres seine große heidnische Orgie feierte. Auf diesem Komposthaufen, der sich an den Plankenzaun lehnte und mit wildem Flieder überwuchert war, stand das Lager des mißgestalteten und blödsinnigen Mädchens Tluja. So nannten wir sie alle. Auf einem Haufen von Kehricht und Abfällen, alten Töpfen, Pantoffeln, Steinbrocken und Trümmern stand ein grünbemaltes Bett, da die Füße fehlten, auf zwei alte Ziegel gestützt.

Die Luft über diesem Komposthaufen, wildgeworden vor Hitze, durchschnitten von den Blitzen funkelnder, sonnentoller Pferdefliegen, knisterte und knackte wie von unsichtbaren Klappern, die zur Raserei aufpeitschten.

Tluja sitzt zusammengekauert mitten auf dem gelben Bett und den Lumpen. Ihr großer Kopf sträubt sich als Strohwisch schwarzer Haare. Ihr Gesicht ist faltig wie der Balg einer Harmonika. Jeden Augenblick faltet eine weinerliche Grimasse diese Harmonika in tausend Querfalten, aber das Staunen zieht sie wieder auseinander, glättet die Falten, enthüllt die Schlitze der kleinen Augen und das feuchte Zahnfleisch mit den gelben Zähnen unter den rüsselförmigen, fleischigen Lippen.

Stunden voller Hitze und Langeweile vergehen, in deren Verlauf Tluja halblaut redet, vor sich hindöst, mit der Stille hadert und sich räuspert. Die Fliegen belagern die Regungslose in dichten Schwärmen. Doch plötzlich beginnt sich dieser ganze Haufen schmutziger Lumpen, Hadern und Fetzen zu rühren, wie belebt vom Rascheln darunter ausgebrüteter Ratten. Die Fliegen schwirren aufgescheucht hoch und erheben sich als großer, surrender Schwarm voll zornigen Summens, Blitzens und Flirrens. Und manchmal, wenn die Lumpen auf die Erde fallen und wie aufgescheuchte Ratten über den Komposthaufen rennen, wühlen sich, rollen sich, schälen sich langsam der Kern und das Mark des Komposthaufens aus ihnen: die halbnackte und schwarze Blöde steht langsam auf und bleibt gleich einem heidnischen Götzen auf kurzen, kindlichen Beinchen stehen, und ihrem vom Ansturm der Wut aufgeblähten Hals, ihrem roten, zorndunklen Gesicht, auf dem wie barbarische Gemälde die Arabesken der angeschwollenen Adern aufblühen, entringt sich ein tierisches Geschrei, ein heiseres Geschrei aus allen Bronchien und Pfeifen dieser halb tierischen, halb göttlichen Brust. Die sonnenverbrannten Disteln schreien, die Kletten protzen und prahlen mit ihrem schamlosen Fleisch, das Unkraut geifert mit seinem funkelnden Gift – und die Blöde, heiser vom Schreien, schlägt in wilden Konvulsionen mit ihrem fleischigen Unterleib aus wütendem Jähzorn gegen den Stamm des wilden Flieders, der leise unter der Zudringlichkeit dieser ausschweifenden Begier knarrt, mit diesem ganzen riesigen Chor zu widernatürlicher, heidnischer Fruchtbarkeit verdammt.

Die Mutter Tjulas verdingt sich bei den Bauersfrauen zum Waschen der Fußböden. Sie ist eine kleine, safrangelbe Frau, und mit Safran behandelt sie auch die Fußböden, die tannenen Tische, Bänke und Geländer, die sie in den Stuben armer Leute wäscht. Einmal nahm mich Adela in das Haus dieser alten Maryska mit. Es war zu einer frühen Morgenstunde, wir betraten eine kleine, blaugetünchte Stube mit gestampftem Lehmboden, auf welchem die Morgensonne lag, die von dem schrillen Gerassel der Bauernuhr an der Wand gemessen wurde. Im Schrank lag auf Stroh die dumme Maryska, blaß wie eine Oblate und still wie ein Handschuh, aus welchem die Hand geschlüpft ist. Und als ob sie deren Schlaf ausnutzen wollte, sprach die Stille, die gelbe, grelle, böse Stille, redete mit sich selber, zankte, fluchte laut und ordinär ihren manischen Monolog. Maryskas Zeit, die in ihrer Seele gefesselte Zeit, trat schrecklich beredt aus ihr heraus und ging, sich selbst überlassen, durch die Stube: lärmend, krakeelend, höllisch – im grellen Schweigen des Morgens aus der lauten Uhrmühle geschüttet – wie böses Mehl, lockeres Mehl, dummes Mehl der Verrückten.

3

In einem dieser Häuschen, mit bronzefarbenen Staketen umgeben und schwimmend im üppigen Grün ihrer Gärtchen,
wohnte die Tante Agata. Wenn wir zu ihr gingen, mußten
wir im Garten an rot, grün und violett auf Stangen stecken-
den Glaskugeln vorbei, in denen glänzende und lichte Welten verzaubert waren, wie jene idealen und glücklichen Bilder, die in unerreichbarer Vollendung in Seifenblasen ge-
sperrt sind.

In dem halbdunklen Flur mit seinen alten Öldrucken, vom
Schimmel zerfressen und erblindet vor Alter, fanden wir den
uns bekannten Geruch. In diesem vertrauten alten Geruch
hatte sich in wunderbar einfacher Synthese das Leben dieser
Leute niedergeschlagen als Destillat einer Rasse, Eigenheit
eines Blutes und Absonderung eines Schicksals, das unmerklich im täglichen Vergehen ihrer eigenen, abgesonderten Zeit
beschlossen lag. Die alte blaue Tür, deren dunkle Seufzer
diese Menschen einließen und hinausließen, schweigsamer
Zeuge des Kommens und Gehens der Mutter, der Töchter
und Söhne, öffnete sich lautlos wie der Flügel eines
Schranks, und wir betraten die Stube. Sie saßen wie im Schatten ihres Schicksals da und wehrten sich nicht – mit den ersten wortlosen Gesten verrieten sie uns ihr Geheimnis. Waren wir nicht durch Blut und Schicksal verwandt mit ihnen?

Das Zimmer war dunkel und samten von den granatfarbe-
nen Tapeten mit den goldenen Mustern, doch ein Echo des
flammenden Tages zuckte auch hier noch durch das Messing
auf den Bilderrahmen, auf den Türklinken und in den Gold-
leisten, wenn auch gesiebt durch das dichte Grün des Gartens. Von ihrem Sitz an der Wand erhob sich Tante Agata,
groß und üppig, voll runden und weißen Fleisches, das vom
roten Rost der Sommersprossen bekleckst war. Wir setzten
uns zu ihnen wie an das Ufer ihres Schicksals, ein wenig be-
schämt durch die Wehrlosigkeit, mit welcher sie ohne Vorbe-
halt sich uns auslieferten, und tranken Wasser mit Rosensaft,
ein wunderbares Getränk, in dem wir sozusagen die tiefste
Essenz dieses glühenden Samstags fanden.

Die Tante jammerte. Das war der grundsätzliche Ton ihrer Unterhaltung, die Stimme dieses weißen und fruchtbaren Fleisches, das gleichsam schon außerhalb ihrer Persönlichkeit schäumte, kaum lose in Spannung, in den Fesseln einer individuellen Form gehalten, und selbst schon in dieser Spannung vervielfältigt und bereit zu zerfallen, sich zu verästeln und in der Familie aufzulösen. Es war eine schier selbstgebärende Fruchtbarkeit, eine Weiblichkeit ledig aller Zügel und Hemmungen und krankhaft wuchernd.

Es schien, als ob schon das Aroma der Männlichkeit, der Duft des Tabakrauches oder ein Herrenwitz dieser entflammten Weiblichkeit den Impuls zu wollüstiger Jungfernzeugung geben könnte. Und eigentlich waren alle ihre Klagen über den Mann und über die Dienstboten und ihre Sorgen um die Kinder nur Laune und Schmollen einer unbefriedigten Fruchtbarkeit, eine Fortsetzung dieser barschen, zornigen und weinerlichen Koketterie, mit der sie vergeblich ihren Mann heimsuchte. Onkel Marek, klein, bucklig, mit einem sterilen, geschlechtslosen Gesicht, saß da in seinem grauen Bankrott, ausgesöhnt mit dem Schicksal, im Schatten grenzenloser Verachtung, in dem er auszuruhen schien. In seinen grauen Augen glomm die ferne Glut des Gartens, der sich vor den Fenstern entfaltete. Von Zeit zu Zeit versuchte er mit einer schwachen Bewegung irgendwelche Vorbehalte zu machen und Widerstand zu leisten, aber die Woge selbstherrlicher Weiblichkeit stieß solche Gesten als bedeutungslos beiseite, ging triumphierend an ihm vorbei und übergoß mit ihrer breiten Strömung die schwachen Zuckungen der Männlichkeit.

Es war etwas Tragisches an dieser unsauberen und maßlosen Fruchtbarkeit, es war die Not der kämpfenden Kreatur am Rande des Nichts und des Todes, es war eine Art Heroismus der Weiblichkeit, die vor Gebärfreudigkeit sogar über die Krüppelhaftigkeit der Natur und über die Unzulänglichkeit des Mannes triumphierte. Doch die Nachkommenschaft bewies das Recht dieser Mütterlichkeitspanik, dieser Gebärwut, die sich in mißlungenen Geschöpfen und in einer ephemeren Generation von Phantomen ohne Blut und Gesicht erschöpfte.

Herein kam Lucja, die mittlere Tochter, mit einem allzu aufgeblühten und überreifen Kopf auf dem kindlichen und lockeren Körper aus weißem und delikatem Fleisch. Sie reichte mir ihr puppenhaftes, gleichsam jetzt erst knospendes Händchen und blühte auf einmal mit dem ganzen Gesicht auf wie eine vor rosiger Fülle überlaufende Pfingstrose. Unglücklich wegen ihres Errötens, das schamlos von den Geheimnissen der Menstruation erzählte, schlug sie die Augen nieder und entflammte noch heftiger unter der Berührung gleichgültigster Fragen, als ob jede eine heimliche Anspielung auf ihre überempfindliche Jungfräulichkeit enthielte.

Emil, der älteste meiner Cousins, mit einem hellblonden Bart und einem Gesicht, von welchem das Leben gleichsam jeden Ausdruck abgewaschen hatte, spazierte im Zimmer auf und ab, die Hände in den Taschen der faltigen Hosen. Sein eleganter und wertvoller Anzug trug das Brandmal der exotischen Länder an sich, aus denen er zurückgekehrt war. Sein Gesicht, welk und fahl, schien von einem Tag zum anderen sich selbst zu vergessen und eine weiße, leere Wand mit einem blassen Netz von Äderchen zu werden, auf denen, wie Linien auf einer verwaschenen Landkarte, erlöschende Erinnerungen an ein stürmisches und vergeudetes Leben umherirrten. Er war ein Meister der Kartenkünste, rauchte lange, edle Pfeifen und duftete wunderbar nach fremden Ländern. Mit einem Blick, der über weite Erinnerungsfelder wanderte, erzählte er wunderliche Anekdoten, die an einem bestimmten Punkt plötzlich abrissen, in ein Nichts zersprangen und sich auflösten.

Ich folgte ihm mit sehnsüchtigen Blicken und dürstete danach, seine Aufmerksamkeit auf mich zu lenken und mich aus dieser Pein der Langeweile zu erlösen. Und tatsächlich, es kam mir vor, als ob er mir zuzwinkerte, als er ins andere Zimmer ging. Ich schlich ihm nach. Er saß tief in einem kleinen Sofa, die Knie fast in der Höhe des Kopfes gekreuzt, der kahl wie eine Billardkugel war. Es schien, als ob sein Anzug allein – faltig, verknittert, hingeworfen – über dem Fauteuil hinge. Sein Gesicht war wie der Schemen eines Gesichts, ein Streifen, den ein unbekannter Passant in der Luft zurückgelassen hatte. In den blassen, bläulich emaillierten Händen hielt er eine Brieftasche, in der er etwas betrachtete.

Aus dem Nebel des Gesichts rang sich mühsam das vorquellende Weiße des blassen Auges ans Licht und lockte mich schelmisch zwinkernd zu sich heran. Ich empfand eine unwiderstehliche Sympathie für ihn. Er nahm mich zwischen die Knie, mischte vor meinen Augen mit geübter Hand Fotografien und zeigte mir Darstellungen nackter Frauen und Burschen in seltsamen Stellungen. Ich stand, seitlich auf ihn gestützt, da und betrachtete diese delikaten Menschenleiber mit fernen, nichtssehenden Augen, als das Fluidum einer unklaren Erregung, welches plötzlich die Luft trübte, zu mir gelangte und mich als unruhiges Staunen, als Woge plötzlichen Verstehens überlief. Doch mittlerweile war der Hauch des Lächelns, das sich unter seinem weichen und schönen Bart abzeichnete, der Keim der Begierde, der sich auf seinen Schläfen mit einer pulsierenden Ader emporrankte, die Spannung, die seine Züge ein Weilchen in gesammelter Andacht verharren ließ, schon wieder in das Nichts versunken und hatte sich sein Gesicht in Abwesenheit verkehrt, selbstvergessen und aufgelöst.

Das Fest aller Feste
Oder:
Ehe die Welt finster wird, strahlt die Sonne besonders hell

>*Ein Ostpreuße: ein Philosoph.*
Zwei Ostpreußen: zwei Rudel Patrioten.
Drei Ostpreußen: mindestens ein Fest, möglichst drei –
wenigstens doch eins von drei Tagen Dauer.‹

An den ersten Tagen des Monats August im Hochsommer 1933, kurz vor Beginn der großen Ernte, erlebte Maulen in Ostpreußen ein Schauspiel, wie es sich weder davor, noch danach ein zweites Mal ereignete. Ein Fest der Feste, bei dem es an nichts mangeln sollte: die Hochzeit der Witwe und Hofbesitzerin Maria Marunke mit dem Exgendarmen und jetzigen Bauern Karl Kroger. Die Vorbereitungen hatte Kroger, der erfahrene Organisator und bewährte Kenner von Land und Leuten, höchstpersönlich übernommen. Aber wenn sogar dem lieben Gott einst ein paar kleine, aber folgenschwere Fehler unterliefen bei der Erschaffung der Welt und der Menschen, dann mußte es bei einem Kroger natürlich erst recht zu Entscheidungen kommen, deren Auswirkungen nicht abzusehen waren – zum Beispiel zu derjenigen, in das feierlich gegründete ›Festkomitee‹ ausgerechnet drei Jünglinge aufzunehmen, die sich zwar brav-bieder angeboten hatten, vor deren hinterlistigen Streichen man aber niemals sicher sein konnte: den Pfarrers-Sohn Waldemar Bachus, den Kaminski-Sprößling Konrad und seinen Jungen Horst-Heinz. Vater Krogers Plan war klar: Gerade weil er dieses freche Maulener Dreigestirn durchaus kannte, hielt er es für ratsam, die Jungchens einigermaßen unter Kontrolle zu halten, statt sie freizügig und unbeaufsichtigt herumlaufen zu lassen. Überraschenderweise erwiesen sie sich als tüchtige, einfallsreiche und ausdauernde Mitarbeiter. Dank ihres Einfallsreichtums sollte es ihnen dann auch gelingen, dem Volksvergnügen ein paar spezielle Glanzlichter aufzusetzen.

Das große Maulener Hochzeits-Schauspiel lief in fünf Akten ab. Der erste Akt bestand aus der Trauung.

Zunächst einmal wurde der zivilrechtlichen Pflicht Genüge getan. Der Bürgermeister ließ es sich nicht nehmen, die amtliche Zeremonie im Gemeindehaus persönlich zu vollziehen. Beginn: 11.15 Uhr.

Die Stimmung war würdig und verhalten. Als Trauzeugen fungierten für den Bräutigam der staunenswert nüchterne Schnapsbrenner Kaminski – und für die Braut Kaminskis Tochter Lydia. Daß die Hochzeiter ausgerechnet die umstrittene Mutter eines unehelichen Kindes zur Trauzeugin berufen hatten, wurde ihnen teils als unverschämte Taktlosigkeit, teils als raffinierte Berechnung, zum größten Teil aber auch als unvoreingenommene menschenfreundliche Geste angerechnet. Auf jeden Fall paßte es als Sensatiönchen zur ganzen Sensation.

Bei der anschließenden kirchlichen Trauung trampelte Hauptlehrer Sandmann wieder mit Begeisterung auf den Orgeltasten herum, und ein gemischter Chor sang zu Anfang und am Schluß etwas, das sich wie Händel oder Bach anhörte. Pfarrer Bachus spendete seinen Segen mit so viel Gefühl, daß viele Zuhörer ihre Tränen nicht zurückhalten konnten. Allerdings: Beim anschließenden Choral, der einfach nicht enden wollte, setzte die Orgel plötzlich mit einem kläglichen Gewinsel aus. Waldemar Bachus, der sich willig erboten hatte, den Blasebalg zu treten, meinte treuherzig: »Plötzlich war alle Luft weg; dieser Laden hier macht es wohl nicht mehr.«

Der zweite Akte war das große Festessen.

Oder richtiger: der erste Teil des großen Festessens; denn traditionsgemäß erwarteten die Gäste einer solchen Großveranstaltung, daß sie sich dreimal vollfressen durften. Das erste Mal in den Mittagsstunden. Das zweitemal – und dies war normalerweise der Höhepunkt der Völlerei – am frühen Abend. Das dritte Mal gegen Mitternacht.

Im großen Marunkehof hatte Karl Kroger lange, große Tische mit breiten Bänken aufstellen lassen, und zwar so, daß die Tische insgesamt einen großen Kreis bildeten. Die Brautleute, Anverwandten und Gäste saßen also nicht in einem Viereck oder in getrennten Gruppen, sondern bildeten eine riesige gemeinsame Runde. Es gab mithin keine Vorzugsplätze, keinen Mittelpunkt, kein Oben oder Unten, sondern jeder Anwesende war gleichberechtigt, ob er nun Bürgermeister war oder Pfarrer oder Kleinbauer oder polnischer Melker, Landarbeiter oder Tierpfleger.

Der Mittagsteil des Festessens bereitete den gut trainierten Maulener Mägen kaum Schwierigkeiten. Es gab mit Sahne verfeinerte Pilzsuppe, Karpfen blau im eigenen Sud mit Schwenkkartoffeln, zarten Lammbraten mit verschiedenen Beilagen und dergleichen Köstlichkeiten mehr. Man hörte Ausrufe der Begeisterung und des Lobes, und einhellige Meinung war: Maria Kroger, verwitwete Marunke ist, obgleich polnischer Abstammung, eine der besten Köchinnen Ostpreußens!

Es bedarf wohl kaum der Erwähnung, daß zu diesem Hochzeitsfest alles erschienen war, was in Maulen Rang und Namen hatte. Darunter Major Wehrenalp mit Gattin und Pfarrer Bachus, ebenfalls in Begleitung seiner Frau. Selbst NSDAP-Ortsgruppenleiter Ritzler hatte es sich nicht nehmen lassen, hier aufzukreuzen, und zwar zusammen mit einem vielbestaunten Fräulein Henriette von Regenborn. Er stellte die junge Dame aus mitteldeutschem Adel stolz vor als ›meine liebe Braut‹.

Zwar wurden einige Reden gehalten, doch waren sie zum Glück nur kurz. In den Pausen bemühte sich das Blasorchester der Freiwilligen Feuerwehr darum, mit gefühlvollen Heimatliedern die Stimmung zu vertiefen. Der Höhepunkt der Ergriffenheit wurde jedoch beim abschließenden, von den Männern mit Branntwein vermischten Kaffee erreicht, als nämlich ein kleiner schwarzgrauer Hund erschien – es war der berühmt gewordene Tobias der Brinkmann-Brüder – und eine Schärpe trug, auf der die aus heidnisch-masurischer Vergangenheit überlieferten Farben Ostpreußens prangten: blau-rot-weiß.

Es war dies eine Farbzusammenstellung, die übermütige Spaßvögel immer wieder zu der Auslegung verführte:

> Die Augen blau vom Raufen,
> die Nase rot vom Saufen,
> die Haare weiß vom Huren,
> das ist die Fahne der Masuren.

Der poetisch veranlagte Hauptlehrer Sandmann wußte eine andere Deutung vorzubringen:

> Blau über uns der Himmel,
> rot leuchtet das Abendlicht,
> weiß ist der Schnee an Wintertagen,
> wir Deutsche werden nie verzagen,
> heute nicht und morgen nicht.

Wie dem auch sei: Hinter dem Ostpreußens Farben tragenden Hund Tobias erschienen nun die Brüder Brinkmann mit einem strahlenden Lächeln, als seien sie für alle Zeit ein Herz und eine Seele, und trugen ein kunstvoll gestaltetes, riesenhaftes Gebilde herein, das von allen Anwesenden entzückt begrüßt und bestaunt wurde – die Hochzeitstorte.

Sie wurde im ganzen Kreis der Tische herumgetragen, damit jeder Gast sie eingehend besichtigen konnte. In der Mitte waren im feinen Zuckerguß die Worte aufgemalt: ›Maria und Karl, die wir lieben.‹

Anhaltender Beifall kam auf, als die Torte vor dem Ehepaar Kroger hingestellt wurde und Maria ganz spontan erst die Brinkmann-Brüder und dann den Hund Tobias dankbar umarmte. Ihr Mann tat es ihr nach und sagte mit Herzlichkeit: »Ich danke euch, meine lieben Freunde!«

»Nicht der Rede wert«, versicherte Bäcker Brinkmann. »Wir haben dir zu danken. Du bist hier einer unserer Allerbesten.«

Diesmal klang der Beifall ein wenig zurückhaltender; offenbar war einigen Gästen die Dankbarkeitsbezeugung gegenüber dem Expolizisten Kroger ein bißchen zu weit gegangen. Kroger versuchte diese leichte Spannung zu überspielen, indem er ein nicht ungeschicktes Arrangement improvisierte: Er bot den Brüdern Brinkmann die Plätze rechts und links von sich und seiner Frau an, und Hund Tobias durfte sich in die Mitte setzen und erhielt das erste Stück der verlockenden großen Torte.

Da der Kroger-Marunke-Hof nicht groß genug war, um sämtlichen Einwohnern von Maulen die Teilnahme am zweiten Akt des Hochzeits-Schauspiels zu ermöglichen, inszenierte man – sozusagen als dritten Akt – eine gleichlaufende Doppel-Veranstaltung im Ort, wobei man vorsorglich eine Trennung der Geschlechter geplant hatte. Im freigeräumten Schulgebäude versammelten sich, großzügig von Lydia Kaminski betreut, die Mädchen, Mägde und alleinstehenden Frauen. Hier konnten sie sich bei belegten Broten, Kuchen, Kaffee und Eierlikör vergnügen. Die jüngeren männlichen Bürger dagegen feierten im Gemeindesaal bei Bier, das aus von Eisbrocken umgebenen Fünfzigliterfässern gezapft wurde, und bei Schnaps aus den Beständen des Brenners Kaminski.

Die Verantwortung für die Parallelveranstaltung der Männer hatten die Jünglinge Waldemar Bachus und Konrad Kaminski willig übernommen. Es waren vier große Tische aufgestellt worden. Da nahezu alle jungen Männer von Maulen in irgendeinem Verein oder einer Partei organisiert waren, hatte man auf dieser Grundlage eine gewisse Sitzordnung angestrebt. Auf der äußersten Rechten waren die Ritzler-Ecken in ihren braunen Hitler-Hemden plaziert worden. ganz links hockten die Wehrenalp-Leute vom Stahlhelm. Dazwischen saßen Kameraden von der Feuerwehr, Turn- und Sportfreunde, Volkstumspfleger und Heimatliedersänger. Soeben trafen die Bläser der Freiwilligen Feuerwehr ein, die auf dem Kroger-Marunke-Hof zum Festessen aufgespielt hatten und nun hierher beordert worden waren.

Die Stimmung war so gut, wie sie es gar nicht besser sein konnte. Was sie Männer auch immer zu trinken begehrten, sie erhielten es prompt. Jede Menge Bier, jede Menge Schnaps. Dazu Würstchen mit Senf oder Karbonaden kalt, gleichfalls mit Senf – es war ein sehr scharfer Senf – Butterbrote mit Käse, Wurstsemmeln, Gurken.

Noch verlief alles harmonisch, gesittet, friedlich. Aber da gab es ein paar Leute, denen es gar nicht recht gewesen wäre, wenn das bis zum Schluß, der ja erst am nächsten Vormittag sein sollte, so bleiben würde.

Auf dem Kroger-Marunke-Hof bahnte sich gegen Abend der vierte Hochzeitsakt an. Wundersame Gerüche wehten von der Küche her, wo in Schmortöpfen gerührt, in Pfannen gebraten, im Ofenrohr gebrutzelt wurde.

Zur allgemeinen freudigen Überraschung marschierte das Orchester vom I. Bataillon des Infanterieregiments Nummer eins mit klingendem Spiel ein, dirigiert von seinem Musikmeister, dem Oberfeldwebel Schilling. Auf dessen Kommando hin hielt es in Höhe des Brautpaares an und intonierte nach einer kurzen Spielpause den Präsentiermarsch.

Der Preis für diese Darbietung war nicht gering gewesen, doch hatte Kroger keinen Augenblick gezögert, seiner Braut die Freude zu machen – übrigens nach einem Ratschlag des Knaben Konrad. Allerdings war Musikmeister Schilling nur unter einer Bedingung einverstanden gewesen: Es durfte kein Podium geben.

Also stellten sich die Musiker nun auf gleicher Höhe wie die Gäste in der Mitte der großen Tischrunde auf und spielten beliebte Melodien, meist verlockende Weisen aus dem Reich der Operette. Als dann der ›Kaiserwalzer‹ von Johann Strauß erklang, tanzte das Brautpaar, die Maria mit ihrem Karl, und die Gäste schlossen sich unternehmungslustig an: die Wehrenalps, Ritzler mit seiner Adligen, der mächtige Schmied Goldmark und die Hebamme, die Brüder Brinkmann mit dem fröhlich zwischen den Beinen herumspringenden Tobias, ja sogar die Polen vom Hof mit den Mägden.

Man spürte eine Lebensfreude, wie sie typisch war für die Hochsommernächte in diesem gesegneten Land. Um diese Zeit glühte die Sonne noch lange nach. Der Boden war wie ein warmer Backofen. Die seidenweiche Luft vermittelte

Wohlbehagen. Da schlief man auch gern im Freien oder zumindest bei weit geöffneten Fenstern. Und es war kein Geheimnis, daß hier die meisten Kinder im Monat August gezeugt wurden – hatte doch ein nicht geringer Teil der Maulener Bevölkerung im Wonnemonat Mai das Licht der Welt erblickt.

Das lustige Treiben auf dem Kroger-Marunke-Hof wurde erst unterbrochen, als das große Abendessen begann. Es entwickelte sich eine Schlemmerei von jener Art, die – nach einem ostpreußischen Sprichwort – ›Leib und Seele zusammenhielt‹. Da trug man Kraftbrühe mit Knochenmark auf, gesottene Leber süßsauer, Forellen in Mandelsplittern, saftigen Schweinebraten mit herrlich krosser Kruste und mit Kartoffelpuffern, leicht angerauchten Entenbraten im Blätterteig – unmöglich war es für die Teilnehmer, alle angebotenen Speisen auch nur zu kosten; sie litten unter der Qual der Wahl. Zumal da es mit den Hauptgängen noch längst nicht getan war, wurden doch zum Nachtisch die verschiedensten Kleinigkeiten gereicht: drei Sorten Pudding, zu Herzen, Ringen und Baumblättern geformtes Marzipangebäck, Apfel-, Streusel- und Käsekuchen noch warm vom Blech, eine verlockende Käseauswahl, Kaffee in riesigen Tassen und – zur guten Verdauung, wie man sagte – Unmengen eines gut gekühlten ›Klaren‹, eines Getreideschnapses.

Während hier die Gäste unter der Last der leiblichen Genüsse stöhnten, hatten im Maulener Gemeindesaal sogenannte Gesellschaftsspiele begonnen. Angeregt von Waldemar und dem kleinen Konrad. Mit ein paar geschickten Bemerkungen der Art, es wäre doch mal gut, in einem Wettbewerb zu klären, wer mehr könne, wer der bessere Mann sei, vielleicht sogar der beste...

Jetzt zeigte es sich, welche Auswirkungen es hat, wenn die Menschen einander in Gruppen gegenüberstehen. Man fühlt sich plötzlich mächtig und stark genug, die anderen zu übertrumpfen, sie zu bedrängen, ihnen eins auszuwischen.

Mit harmlosen Spielchen fing es an: Wer kann lauter singen oder leiser singen, wer kann am schnellsten reden, welche Gruppe hat die kräftigsten Männer. Schließlich animierten Waldemar und Konrad die Anwesenden zu einem weiteren, scheinbar ›edlen‹ Wettbewerb, der in Wirklichkeit gefährliche Folgen haben konnte: Wer verträgt den meisten Alkohol? Welchen Kerlen gelingt es, die anderen unter den Tisch zu saufen?

Die ›Spielgerätschaften‹, nämlich vollgefüllte Flaschen und große Gläser, stellten die hinterhältigen Knaben überreichlich zur Verfügung. Da wurde von Gemeinschaftsgeist gefaselt, von einem harten Duell Mann gegen Mann. Speziell fühlten sich die Saft- und Kraftkerle von Stahlhelm und SA in ihrem gruppenelitären Geist angesprochen. Je zwölf Mann aus jeder Gruppe – eine ›Auslese‹, wie sie sagten – wurde nach geheimer Abstimmung einander gegenübergesetzt. Jetzt sollte herausgefunden werden, welche ›die Besseren‹ waren, welches Gemeinschaftserleben zu stärkerem Durchhaltevermögen führte. Nun würde man seinen höheren Wert beweisen, indem man die Gegner in Grund und Boden soff.

Bis zum vierten oder fünften Glas lachten sie noch. Beim zwölften Großglas Schnaps starrten sie sich schon böse an und stöhnten: ›Es geht ums Ganze!‹

Inzwischen war die Mitternacht herangekommen, und im Kroger-Marunke-Hof begann der fünfte Akt des hochzeitlichen Schauspiels. Auch hier hatte der Alkohol zusammen mit der freudigen Gesamtstimmung und der lauen Sommernacht Wirkung gezeigt, wenngleich in eine ganz andere Richtung. Man war nicht verkrampft und aggressiv, sondern gelöst und friedlich. Es kam so ein Gefühl auf: Alle Menschen sind Brüder. Und das schien sich sogleich zu realisieren, als die polnischen Landarbeiter, die von jenseits der nahen Grenze gekommen waren und auf dem Hofe arbeiteten, einige ihrer Lieder und Tänze zum besten gaben – es war eine seltsam anziehende und anfeuernde Musik.

Eine Musik, die auch den wackeren Männern des Infanterie-Blasorchesters in die Beine fuhr und sie, da ihr Tagwerk ja getan war, zum Tanz animierte. Sie stürzten sich geradezu wild auf die Frauen und Mädchen, egal, ob sie Preußen waren oder aus Polen stammten. Es gab keine nationalen oder sozialen oder sonstigen Vorbehalte mehr. Es gab nur noch

Menschen. Es war das letzte deutsch-polnische Friedensfest für eine lange Zeit, vielleicht für immer.

Unterdessen waren im Maulener Gemeindehaus die Wettkampfgruppen der SA und des Stahlhelms beim achtzehnten Glas Schnaps angelangt, ohne daß es zu größeren Beschimpfungen oder gar zu Auseinandersetzungen gekommen war.

Da wurde den SA-Männern von Waldemar und den Stahlhelm-Leuten von Konrad unter der Hand zugeflüstert: »Paßt auf, man versucht euch zu bescheißen! Während ihr hier eisern durchhaltet, saufen die anderen bloß Wasser!«

Diese ungeheuerliche Verdächtigung bei einem ›ehrlichen Kampf Mann gegen Mann‹, wo man ›auf Treu und Glauben‹ angewiesen war, verursachte einen Aufruhr unter den Wettspielern. Einige von ihnen stürzten sich auf die Gläser der jeweiligen Gegner, untersuchten sie und stellten fest, daß sie tatsächlich Wasser enthielten – eine offensichtlich glänzende Manipulation.

Es war das Zeichen für eine Saalschlacht, die nach wenigen Minuten nur noch Trümmer hinterließ. Jeder fiel jeden an, alle hieben aufeinander ein, als hätten sie seit Jahren darauf gewartet, endlich ihre Aggressionen loszuwerden.

Waldemar und der kleine Konrad stellten am Ende fest: ›Da liegen sie nun. Die haben sich fertiggemacht. Gegenseitig erledigt. Die kommen nicht mehr hoch.‹

Dabei war die Saalschlacht nur ein kleiner Vorgeschmack auf die große Schlacht, die bald kommen sollte.

Auch Karl Kroger schien, nachdem die letzten Gäste den Kroger-Marunke-Hof verlassen hatten, zu ahnen, daß die Hochzeitsfeier der Abschied von einer Zeit des Friedens gewesen war. »Was immer auch auf uns zukommen wird«, sagte er zu seiner Frau Maria, die sich an ihn schmiegte, »vergiß nie, daß ich dich liebe und mit dir glücklich bin.«

Sein Sohn Horst-Heinz, der das Hochzeitspaar bis zur Tür ihres Schlafzimmers begleitete, schüttelte den Kopf: »Es müßte mit dem Teufel zugehen, Vater, wenn wir nicht mit allen fertig werden würden, die uns in Bruderliebe an den Kragen wollen.«

»Mein lieber Sohn«, erwiderte Vater Kroger bedächtig, »der Teufel kann zuweilen erschreckend mächtig sein, und dann gibt es für ihn keine Grenzen – auch keine ostpreußischen.«

»Sagt man denn nicht, dies hier sei Gottes eigenes Land?«

»Gewiß, das sagt man. Aber es heißt auch, Gott werde sich, wenn er einmal müde ist, in Ostpreußen schlafen legen. Könnte es nicht sein, daß er dies gerade jetzt tut? Dann hätte der Teufel freie Hand.«

Billig im August

1

Im August war es billig: die unentbehrliche Sonne, die Korallenriffe, die Bambus-Bar und die Kalypsos – alles zu herabgesetzten Preisen, wie leicht schmuddelige Unterwäsche im Ausverkauf. In regelmäßigen Abständen trafen große Reisegruppen aus Philadelphia ein, wie Schulklassen auf einem Wandertag, und fuhren, wenn das Picknick vorbei war – nach genau einer erschöpfenden Woche –, mit wesentlich weniger Getöse wieder ab. Etwa vierundzwanzig Stunden waren das Schwimmbecken und die Bar beinahe menschenleer, und dann kam ein neuer Schulausflug, diesmal aus St. Louis. Jeder kannte jeden: Zusammen waren sie im Bus zum Flughafen gefahren, zusammen hatten sie eine fremdländische Zollkontrolle über sich ergehen lassen. Tagsüber trennten sie sich meistens, und nach Einbruch der Dunkelheit begrüßten sie einander lärmend und glücklich, tauschten ihre Eindrücke aus: die Stromschnellen, den Botanischen Garten, das spanische Fort. »Das machen wir morgen.« Mary Watson schrieb an ihren Mann in Europa: »Ich mußte ein bißchen ausspannen, und im August ist es so billig.« Sie waren jetzt zehn Jahre verheiratet und hatten sich in dieser ganzen Zeit nur dreimal getrennt. Er schrieb ihr jeden Tag, und die Briefe kamen zweimal die Woche in kleinen Bündeln an. Sie ordnete sie wie Zeitungen nach dem Datum und las sie in der richtigen Reihenfolge. Die Briefe waren zärtlich und genau: Er hatte seine Forschungsarbeit, mußte Vorlesungen ausarbeiten und Briefe schreiben; da blieb ihm wenig Zeit, Europa zu ›sehen‹ – ›dein Europa‹ nannte er es beharrlich, als wolle er ihr versichern, daß er nicht vergessen habe, welches Opfer sie gebracht haben mußte, als sie einen amerikanischen Professor aus Neu-England heiratete; aber bisweilen entschlüpften ihm doch kleine kritische Bemerkungen über ›ihr Europa‹ – das Essen war zu üppig, die Zigaretten zu teuer, zu oft gab es Wein, und Milch war zum Mittagessen sehr schwer zu bekommen.

All dies deutete wohl darauf hin, daß sie schließlich die Größe ihres Opfers auch nicht übertreiben dürfe. Vielleicht wäre es gut gewesen, wenn James Thomson, den ihr Mann gerade zu seinem Spezialgebiet gemacht hatte, sein großes Gedicht ›Die Jahreszeiten‹ in Amerika und nicht in England geschrieben hätte – ein amerikanischer Herbst war, das mußte sie zugeben, doch schöner als ein englischer.

Mary Watson schrieb ihm jeden zweiten Tag, aber manchmal nur eine Postkarte, und sie wußte oft nicht mehr recht, ob sie ihm die gleiche Ansichtskarte nicht schon einmal geschickt hatte. Sie schrieb im Schatten der Bambus-Bar, wo sie jeden sehen konnte, der auf dem Weg zum Swimming-pool vorbeikam. Wahrheitsgemäß schrieb sie: ›Es ist im August so billig. Das Hotel ist nicht einmal halb besetzt, und die Hitze und die Feuchtigkeit machen einen so müde. Aber natürlich, es ist eine Abwechslung.‹ Sie wollte nicht allzu anspruchsvoll erscheinen; das Gehalt eines Professors der Literaturgeschichte, das ihr aus europäischer Sicht früher einmal astronomisch erschienen war, hatte sich durch die Relation zum Preis von Steaks und Salat längst zur richtigen Größenordnung verringert – sie mußte also schon durch ein wenig Begeisterung die Auslagen rechtfertigen, die sie in seiner Abwesenheit machte. Daher berichtete sie auch über die Blumen im Botanischen Garten – bis dorthin hatte sie sich eines Tages vorgewagt – und, nicht ganz so wahrheitsgetreu, über die wohltuende Wirkung, die die Sonne und das Faulenzerdasein auf ihre Freundin Margaret ausübten, die aus ›ihrem England‹ geschrieben und den Wunsch nach ihrer Gesellschaft geäußert hatte: einer Margaret, die, wie sie sich offen eingestand, nur für das Auge des Glaubens sichtbar war. Aber Charlie hatte volles Vertrauen zu ihr. Sogar gute Eigenschaften können, wenn die Zeit an ihnen nagt, zum Vorwurf werden. Nach zehn Jahren glücklicher Ehe unterschätzt man den Wert von Sicherheit und Ruhe, dachte sie.

Sie las Charlies Briefe mit großer Aufmerksamkeit. Gerne hätte sie darin eine Unklarheit entdeckt, eine Ausflucht, eine zeitliche Lücke, für die es keine überzeugende Erklärung gab. Selbst eine ungewöhnlich starke Liebesbeteuerung hätte sie erfreut, denn eine solche Heftigkeit hätte ja als Ausgleich eines Schuldgefühls gedeutet werden können. Aber sie konnte sich wirklich nicht einreden, daß aus Charlies mühelos dahinströmenden Informationen irgendein Schuldgefühl sprach. Sie rechnete sich aus, daß er, wäre er einer von den Dichtern gewesen, mit denen er sich jetzt so intensiv befaßte, in den ersten zwei Monaten seines Aufenthalts in ›ihrem Europa‹ schon ein Epos von normalem Umfang vollendet hätte, und die Briefe waren schließlich nur seine Freizeitbeschäftigung. Sie füllten seine freien Stunden aus und ließen gewiß keinen Raum für etwas anderes. ›Es ist zehn Uhr abends, draußen regnet es, und für August ist es ziemlich kühl, nicht mehr als zwölf Grad. Wenn ich Dir gute Nacht gesagt habe, meine Liebe, gehe ich glücklich ins Bett und denke an Dich. Morgen habe ich einen langen Tag im Museum vor mir und am Abend ein Dinner mit den Henry Wilkinsons, die auf dem Weg nach Athen hier durchkommen. Du erinnerst Dich doch an die Wilkinsons?‹ (Tat sie das noch?) Mitunter hatte sie sich gefragt, ob sie eine winzige Fremdartigkeit bemerken werde, wenn Charlie nach seiner Rückkehr zum erstenmal wieder mit ihr schlief, eine Fremdartigkeit, die darauf hindeuten würde, daß er inzwischen einer andern begegnet war. An diese Möglichkeit glaubte sie nun schon nicht mehr – und der Beweis käme ohnehin zu spät; jetzt half es ihr nicht, daß sie vielleicht später einen Entschuldigungsgrund finden würde. Sie brauchte ihren Entschuldigungsgrund sofort, leider nicht für etwas, was sie bereits begangen hatte, sondern für eine Absicht: die Absicht, Charlie zu betrügen, die Absicht, ein Ferienabenteuer zu erleben wie so viele ihrer Freundinnen. (Der Gedanke war ihr in dem Augenblick gekommen, als die Gattin des Dekans zu ihr sagte: »In Jamaika ist es im August so billig.«)

Das Dumme war, daß sie drei Wochen Kalypsos an schwülen Abenden erlebt hatte, drei Wochen Rumpunsch (ihre Abneigung gegen dieses Getränk konnte sie schließlich vor sich selber nicht mehr verbergen), drei Wochen mit warmen Martinis, immer dem gleichen Fischgericht und Tomaten zu jeder Mahlzeit, aber ein Liebesabenteuer hatte sie nicht erlebt, nicht die Spur davon. Zu ihrer Enttäuschung hatte sie entdecken müssen, wie durch und durch moralisch es an einem Urlaubsort in der billigen Nachsaison zugeht. Es gab keine Gelegenheit zur Untreue, sondern nur zum Schreiben von Postkarten mit einem weiten, strahlend blauen Himmel und Meer – und sie alle gingen an Charlie. Einmal hatte sich eine Frau aus St. Louis allzu offenkundig ihrer erbarmt, als sie allein in der Bar saß und Ansichtskarten schrieb, und sie eingeladen, mit ihrer Gruppe den Botanischen Garten zu besuchen, wohin sie eben aufbrechen wollten. »Wir sind ein furchtbar lustiger Verein«, hatte sie mit einem breiten Grinsen erklärt. Um die andere brüsk abzuweisen, hatte Mary ihren englischen Akzent übertrieben und gesagt, sie mache sich nichts aus Blumen. Das hatte die Frau so tief schockiert, als hätte Mary behauptet, sie mache sich nichts aus dem Fernsehen. Aus den Kopfbewegungen am andern Ende der Bar, aus dem erregten Klirren der Coca-Cola-Gläser konnte Mary ersehen, daß ihre Worte dort die Runde machten. Bis der Flughafenbus abfuhr, der den lustigen Verein zum Rückflug nach St. Louis brachte, bemerkte sie immer wieder abgewandte Gesichter. Sie war eine Engländerin, sie hatte sich von oben herab über Blumen geäußert, und da sie sogar lauwarmen Martinis den Vorzug vor Coca-Cola gab, war sie in den Augen jener Leute wohl auch eine Trinkerin.

Die meisten dieser lustigen Vereine hatten das eine gemeinsam: Sie hatten keinen männlichen Anhang mit, und das war wohl auch der Grund, weshalb diese Damen jeden Versuch, anziehend zu wirken, völlig aufgegeben hatten. Riesige Hinterteile enthüllten in engen, großgemusterten Bermuda-Shorts ihre ganze Entsetzlichkeit. Die Köpfe waren in Tücher gehüllt, welche die nicht einmal zum Lunch entfernten Lockenwickler verdecken sollten – wie kleine Maulwurfshügel ragten sie hervor. Tag für Tag sah sie diese Hinterteile gleich Nilpferden auf dem Weg zum Wasser vorüberwatscheln. Nur am Abend zogen sich die Damen um; sie ersetzten die gräßlichen Bermuda-Shorts durch gräßliche Baumwollkleider mit lila und roten Blumenmustern, um auf der Terrasse, wo feierliche Kleidung vorgeschrieben war, das Dinner einzunehmen. Die wenigen Männer, die auch erschienen, mußten Jacke und Krawatte tragen, obgleich das Thermometer selbst nach Sonnenuntergang noch fast dreißig Grad anzeigte. Wie konnte man bei einem solchen Angebot an Weiblichkeit mit beutegierigen Männern rechnen? Nur alte, gebrochene Ehemänner waren hin und wieder zu sehen, die im Schlepptau zu einem Laden gezogen wurden, der Freihafenpreise ankündigte.

In der ersten Woche hatte sie sich durch den Anblick von drei Männern ermutigt gefühlt, die mit kurzem Haarschnitt und in winzigen Badehosen an der Bar vorbei zum Schwimmbecken gingen. Diese Männer waren natürlich viel zu jung für sie, aber in ihrer augenblicklichen Stimmung hätte sie ganz selbstlos auch das romantische Erlebnis anderer begrüßt. Romantische Gefühle sollen ja ansteckend sein, und wenn im Kerzenlicht des weniger förmlichen Cafés einige verliebte junge Paare gesessen hätten, wer weiß, ob nicht auch Männer reiferen Alters davon angesteckt worden wären? Aber ihre Hoffnungen schwanden dahin. Die jungen Herren kamen und gingen, ohne die Bermuda-Shorts oder die Lockenwickler auch nur eines Blickes zu würdigen. Wozu sollten sie auch bleiben? Sie waren ja viel schöner als alle Mädchen, die es hier gab. Und das wußten sie.

Gegen neun Uhr abends war Mary meistens auf dem Weg ins Bett. Ein paar Abende mit Kalypsos, mit merkwürdig falsch klingenden Improvisationen und dem nervenaufreibenden Geklapper der Kastagnetten, das genügte ihr. Vor den Fenstern des Hotelanbaus brummten die Kästen der Klimaanlage in die palmenbekränzte Sternennacht hinaus wie überfütterte Hotelgäste. Marys Zimmer war voll trockener Luft, die mit Frischluft so wenig Ähnlichkeit besaß wie getrocknete Feigen mit den frisch gepflückten Früchten. Wenn sie beim Kämmen in den Spiegel sah, dann tat es ihr leid, daß sie zu dem lustigen Verein aus St. Louis nicht netter gewesen war. Gewiß, sie trug keine Bermuda-Shorts und verwendete keine Lockenwickler, aber ihr Haar war dennoch durch die Hitze strähnig, und der Spiegel zeigte ihr deutlicher als der Spiegel daheim ihre neununddreißig Jahre. Wenn sie nicht ihre Einzeltour für vier Wochen im voraus bezahlt hätte, mit Hin- und Rückfahrt, voller Pension und Ausflugsgutscheinen, die nach persönlichen Wünschen einlösbar waren – sie wäre schon jetzt wieder umgekehrt und in die Universitätsstadt zurückgefahren. Nächstes Jahr, wenn ich vierzig bin, dachte sie, dann werde ich froh sein, mir die Liebe eines guten Mannes bewahrt zu haben.

Sie war eine Frau, die dazu neigte, sich selbst zu analysieren, und da es wohl viel leichter ist, Fragen an ein bestimmtes Gesicht zu richten als ins Leere (man hat ein Recht darauf, irgendeine Antwort sogar von den Augen zu erwarten, die man mehrmals am Tage im Spiegel einer Puderdose erblickt), stellte sie die Fragen an sich selbst und sah dabei trotzig und herausfordernd in den Spiegel. Sie war eine ehrliche Frau, und so waren die Fragen noch unverblümter. Sie sagte sich dann etwa folgendes: Ich habe noch mit keinem Manne außer Charlie geschlafen (ein paar aufregende voreheliche Erlebnisse, die nahe herankamen, zählte sie nicht als sexuelle Erfahrungen); warum suche ich jetzt nach einem fremden Körper, der mir wahrscheinlich weniger Lust geben wird als der, den ich schon kenne? Es hatte über einen Monat gedauert, ehe Charlies Körper ihr Vergnügen bereitete. Sie hatte erfahren, daß die Lust wächst, je vertrauter einem der Mann wird. Also war sie gar nicht auf das Erlebnis der Lust aus – worauf dann? Die Antwort konnte nur lauten: auf das Ungewohnte. Sie hatte Freundinnen, sogar an ihrer so sehr auf Anstand bedachten Universität, die ihr in ihrer bewundernwert offenen amerikanischen Art ihre Abenteuer eingestanden hatten. So etwas hatte sich gewöhnlich in Europa zugetragen. Ein kurzer Eheurlaub hatte ein kurzes, erregendes Erlebnis ermöglicht – und dann waren sie mit einem Seufzer der Erleichterung wieder in die Sicherheit ihres Daheims zurückgekehrt. Trotzdem hatten sie nachher das Gefühl, ihre Erfahrungen bereichert zu haben. Sie hatten etwas verstehen gelernt, wovon ihre Männer eigentlich nichts verstanden – den wahren Charakter eines Franzosen, eines Italieners oder – sogar das war vorgekommen – eines Engländers.

Mary Watson war sich als Engländerin schmerzlich der Tatsache bewußt, daß sich ihre eigenen Erfahrungen auf einen einzigen Amerikaner beschränkten. Alle an der Universität hielten sie für eine Europäerin; sie aber kannte nichts außer dem einen Mann, und der war ein Bürger von Boston, dem weite Gebiete des amerikanischen Westens nichts bedeuteten. In mancher Hinsicht war sie aus freiem Entschluß mehr amerikanisch geworden, als er es durch Geburt war. Vielleicht war sie sogar weniger europäisch als die Gattin des Romanisten, die ihr anvertraut hatte, daß sie einmal... in Antibes... überwältigend... aber nur einmal, weil dann das Urlaubsjahr zu Ende war... ihr Mann war droben in Paris gewesen, um vor dem Rückflug noch Manuskripte zu vergleichen... War sie vielleicht selbst, so fragte sich Mary Watson manchmal, nur so ein europäisches Abenteuer gewesen, das Charlie aus Versehen gezähmt hatte? (Sie konnte nicht behaupten, eine Tigerin in einem Käfig zu sein; aber schließlich gab es ja auch andere Tiere, die man in Käfigen hielt, weiße Mäuse, Wellensittiche.) Um Charlie gegenüber fair zu sein: Er war auch für sie ein Abenteuer, ihr amerikanisches Abenteuer, ein Mann, wie er ihr bis zum siebenundzwanzigsten Jahr im muffigen London noch nicht begegnet war. Henry James hatte diesen Typ beschrieben, und zu jenem Zeitpunkt ihrer Lebensgeschichte las sie gerade sehr viel Henry James: ›Ein Mann von Geist, dem sein Körper nicht viel bedeutete und dem dessen Sinne und Begierden nicht lästig fielen.‹ Nun, eine Zeitlang hatte sie doch für solch lästige Begierden gesorgt.

Das war ihre private Eroberung des amerikanischen Kontinents, und wenn die Frau des anderen Professors ihr von dem Tänzer in Antibes erzählt hatte (doch nein, der Tänzer stand auf einer römischen Inschrift; es war ein Weinhändler gewesen), dann hatte sie gedacht: Der Geliebte, den ich kenne und bewundere, ist ein Amerikaner, und ich bin stolz darauf. Doch später war ihr der Gedanke gekommen: Amerikaner oder Neu-Engländer? Mußte man denn, um ein Land zu kennen, sexuelle Erfahrungen aus jeder Gegend haben?

Es war für eine Neununddreißige absurd, nicht zufrieden zu sein. Sie hatte ihren Mann. Sein Buch über James Thomson würde im Universitätsverlag erscheinen, und danach hatte Charlie einen revolutionären Sprung vor – von der romantischen Dichtung des achtzehnten Jahrhunderts zu einer Untersuchung des Amerikabildes in der europäischen Literatur. ›Das doppelte Spiegelbild‹ sollte das neue Werk heißen und vom Einfluß Fenimore Coopers auf Europa handeln, von Amerika, wie Mrs. Trollope es darstellte – die Einzelheiten waren noch nicht ausgearbeitet. Vielleicht könnte man die Arbeit abschließen mit der ersten Ankunft des walisischen Dichters Dylan Thomas am Gestade Amerikas – war er eigentlich mit dem Schiff am Pier der Cunard-Linie oder mit dem Flugzeug in Idlewild angekommen? Nun, das war eine Frage für spätere Forschungen. Mary betrachtete sich noch einmal prüfend im Spiegel – die Vierzig, das neue Lebensjahrzehnt, blickte ihr unbekümmert daraus entgegen – eine Engländerin, die zur Neu-Engländerin geworden war. Schließlich war sie nicht allzu weit gereist – von Kent nach Connecticut. Was sie da spürte, war nicht einfach Torschlußpanik, sagte sie sich, sondern der Wunsch eines jeden, noch ein wenig mehr zu erleben, ehe man sich dem Alter und der öden Gewißheit des Todes überantwortete.

2

Am nächsten Tag faßte sie sich ein Herz und ging bis zum Schwimmbad. Es blies ein starker Wind, der die Wellen in dem fast ringsum von Land umschlossenen Hafen aufpeitschte – die Zeit der Orkane war nicht mehr weit. Alles um sie herum ächzte: die Holzpfeiler des schäbigen Hafens, die Fensterläden der kleinen, armseligen Häuser, die aussahen, als wären sie von Bastlern eigenhändig zusammengezimmert worden, die Äste der Palmen – es war ein langgezogenes, müdes, erschöpftes Ächzen. Sogar das Wasser im Schwimmbecken ahmte im kleinen die Wogen des Hafens nach.

Mary war froh, im Schwimmbassin allein zu sein, das heißt, so gut wie allein, denn der alte Mann, der am andern, seichten Ende sich mit Wasser bespritzte wie ein Elefant, zählte kaum. Er war ein vereinzelter Elefant und gehörte nicht zur Herde der Nilpferde. Diese hätten sie mit fröhlichem Geschrei zu sich gerufen – es ist schwierig, in einem Schwimmbecken, das zum Unterschied zu einem Tisch für alle da ist, reserviert zu sein. In ihrem Ärger hätten die Nilpferde sie vielleicht untergetaucht und dann wie Schulkinder so getan, als wäre alles nur Spaß gewesen. Es gab nichts, was sie diesen Fettschenkeln nicht zugetraut hätte, ob sie nun in Bermuda-Shorts oder in Bikinis gezwängt waren. Während sie lässig im Becken dahinschwamm, lauschte sie, ob sie sich etwa näherten. Beim ersten Laut würde sie trachten, vom Wasser weit wegzukommen. Aber heute waren sie wahrscheinlich auf einem Ausflug zum Tower-Eiland auf der anderen Seite der Insel – oder hatten sie das gestern gemacht? Nur der alte Mann beobachtete sie, während er sich Wasser über den Kopf spritzte, um keinen Hitzschlag zu kriegen. Sie war allein, sie war sicher; und wenn es schon kein Abenteuer gab, wie sie es hier suchte, dann war das immer noch am besten. Dennoch, während sie am Rand des Beckens saß, um sich von Sonne und Wind trocknen zu lassen, wurde ihr das ganze Ausmaß ihrer Einsamkeit erst so recht bewußt. Über zwei Wochen hatte sie nur mit schwarzen Kellnern und syrischen Empfangschefs gesprochen. Bald werde ich sogar Charlie vermissen – und das wäre doch ein unwürdiges Ende dessen gewesen, was sie als Abenteuer geplant hatte.

Jetzt sagte eine Stimme vom Wasser her zu ihr: »Ich heiße Hickslaughter – Henry Hickslaughter.« Sie hätte nicht vor Gericht beschwören können, daß das sein Name war, aber so hatte er ihr damals geklungen, und er hatte ihn nie mehr wiederholt. Unter sich erblickte sie eine polierte Kugel aus Mahagoni, von weißen Haaren umkränzt; vielleicht sah er doch eher wie Neptun aus als wie ein Elefant. Neptun war immer überlebensgroß, und da er sich zum Sprechen etwas aus dem Wasser emporgezogen hatte, konnte sie die Fettfalten über die blaue Badehose quellen sehen und in den Vertiefungen einen Haarwuchs, so zäh wie Seegras. Belustigt antwortete sie: »Und ich heiße Watson. Mary Watson.«

»Sie sind Engländerin?«

»Mein Mann ist Amerikaner«, sagte sie beschönigend.

»Ich habe ihn hier noch nicht gesehen, oder?«

»Er ist in England«, entgegnete sie mit einem kleinen Seufzer, denn die geografischen und nationalen Zusammenhänge schienen ihr für eine oberflächliche Erklärung zu kompliziert.

»Gefällt es Ihnen hier?« fragte er und schöpfte eine Handvoll Wasser, das er über seine Glatze verteilte.

»Soso.«

»Wissen Sie, wie spät es ist?«

Sie schaute in ihre Handtasche und sagte es ihm: »Elf Uhr fünfzehn.«

»Dann ist meine halbe Stunde um«, erwiderte er und stapfte auf die Leiter am seichten Ende des Beckens zu. Als sie eine Stunde später auf ihren lauwarmen Martini mit der großen, grünen, unappetitlichen Olive starrte, sah sie ihn vom andern Ende der Bambus-Bar schwerfällig auf sich zusteuern. Er trug ein gewöhnliches Hemd mit offenem Kragen und einen braunen Ledergürtel; seine zweifarbigen Schuhe waren von der Art, die man in ihrer Kindheit als Gigolo-Schuhe bezeichnet hatte; heutzutage sah man solche Schuhe selten. Sie überlegte, was Charlie wohl zu dem Menschen gesagt hätte, den sie da aufgegabelt hatte. Denn ohne Zweifel hatte sie ihn ans Land gezogen wie ein Angler, der mit einem schweren Fang ringt und dann einen alten Stiefel aus dem Wasser zieht. Sie war keine Anglerin; sie wußte also nicht, ob ein Stiefel einen normalen Angelhaken ganz unbrauchbar macht, aber sie wußte, daß ihr eigener Haken nicht wiedergutzumachenden Schaden nehmen konnte. Wenn sie mit diesem Mann beisammensaß, dann kam kein anderer mehr heran. Sie kippte daher den Martini in einem Zug hinunter und ging sogar der Olive zuleibe, um jeden Grund für einen längeren Aufenthalt in der Bar zu beseitigen.

»Würden Sie mir die Ehre erweisen, ein Glas mit mir zu trinken?« fragte Mr. Hickslaughter. Sein Benehmen hatte sich völlig verändert. Auf trockenem Land wirkte er unsicher und sprach mit einer altmodischen Schicklichkeit.

»Es tut mir leid, aber ich habe eben einen Cocktail getrunken. Ich muß weg.« In der derben Masse seines Körpers glaubte sie ein zerzaustes Kind zu sehen, das jetzt enttäuscht dreinblickte. »Ich esse heute schon früher zu Mittag.« Damit erhob sie sich und sagte dann noch sehr albern, denn die Bar war ganz leer: »Sie können meinen Tisch haben.«

»Ach, so sehr kommt es mir auf das Trinken nicht an«, sagte er feierlich. »Es ging mir mehr um die Gesellschaft.« Sie wußte, daß er sie beobachtete, als sie in das Café nebenan ging, und dachte schuldbewußt: Wenigstens habe ich den alten Stiefel wieder von der Angel losgekriegt. Den Krabbencocktail mit Ketchup wies sie zurück und blieb wie gewöhnlich bei ihrer Grapefruit, danach Forelle vom Grill. »Bitte, keine Tomaten zur Forelle«, sagte sie, aber der schwarze Kellner verstand sie offenbar nicht. Während sie auf das Essen wartete, amüsierte sie sich bei dem Gedanken einer Begegnung zwischen Charlie und Mr. Hickslaughter, der zu diesem Zweck die Parkanlagen der Universität durchqueren mußte. ›Charlie, darf ich dir Mr. Henry Hickslaughter vorstellen. Wir gingen miteinander baden, als ich in Jamaika war.‹ Charlie, der immer englische Anzüge trug, war sehr groß, sehr schlank, sehr konkav. Es war beruhigend, zu wissen, daß er nie seine gute Figur verlieren würde – dafür sorgten schon seine Nerven und seine übertriebene Empfindsamkeit. Er haßte alles Unfeine; es gab nichts Unfeines in den ›Jahreszeiten‹, nicht einmal in den Versen über den Frühling.

Sie hörte bedächtige Schritte von hinten auf sich zukommen und verlor beinahe die Nerven. »Darf ich mich zu Ihnen setzen«, fragte Mr. Hickslaughter. Er hatte seine Höflichkeit des festen Landes wiedergefunden, aber nur in seinen Worten, denn ohne ihre Antwort abzuwarten, setzte er sich entschlossen nieder. Der Stuhl war für ihn zu klein. Seine Schenkel quollen darüber hinaus wie eine Doppelmatratze auf einem Einzelbett. Dann begann er die Speisekarte zu studieren.

»Die imitieren hier die amerikanische Küche. Da ist sie ärger als in Wirklichkeit«, bemerkte Mary Watson.

»Sie mögen die amerikanische Küche nicht?«

»Tomaten sogar zu Forellen!«

Sie hatte das Wort ›Tomaten‹ englisch ausgesprochen. Er verbesserte ihre Aussprache und sagte: »Ich esse Tomaten sehr gern.«

»Und frische Ananas im Salat!«

»Frische Ananas sind besonders vitaminreich.« Fast als wollte er ihre Meinungsverschiedenheiten noch unterstreichen, bestellte er sich Krabbencocktail, gegrillte Forellen und einen süßen Salat. Als Marys Forelle kam, waren natürlich Tomaten dabei. »Die können Sie haben, wenn Sie wollen«, sagte sie, und er nahm mit Vergnügen an. »Sehr liebenswürdig von Ihnen, wirklich sehr liebenswürdig.« Dabei streckte er ihr seinen Teller hin wie der arme, hungrige Oliver Twist im Roman von Dickens.

Mary fing an, sich merkwürdig wohl zu fühlen. Er war alt, aber in der Nähe eines möglichen Abenteuers wäre ihr lange nicht so behaglich zumute gewesen. Sie hätte über ihre Wirkung auf den jungen Mann nachgedacht, während sie hier ganz sicher sein konnte, ihm eine Freude zu machen – mit den Tomaten. Vielleicht war er doch weniger ein anonymer Stiefel als ein bequemer alter Schuh. Und seltsamerweise nicht einmal ein amerikanischer Schuh – trotz seinem ersten Annäherungsversuch, und obwohl er ihre englische Aussprache von ›Tomate‹ korrigiert hatte. Charlie hüllte seine englische Gestalt in englische Anzüge, er studierte englische Literatur des achtzehnten Jahrhunderts, sein Buch sollte beim Verlag der Universität Cambridge erscheinen, also bei einem englischen Verlag, der einzelne Druckbogen kaufen würde. Dennoch hatte sie den Eindruck, Charlie entspreche eher der Form eines amerikanischen Schuhs als dieser Mr. Hickslaughter. Selbst Charlie mit seinen vollendeten Umgangsformen hätte sie eingehender ausgefragt, wenn sie einander heute am Schwimmbecken zum ersten Male begegnet wären. Diese Ausfragerei war ihr immer als ein wesentlicher Teil des amerikanischen Gesellschaftslebens erschienen – vielleicht war das ein Erbe aus den Zeiten der indianischen Rauchsignale: ›Wo kommen Sie her? Kennen Sie die Soundsos? Waren Sie schon im Botanischen Garten?‹ Es kam ihr der Gedanke, daß Mr. Hickslaughter, falls er wirklich so hieß, vielleicht amerikanische Ausschußware war, nicht unbedingt mit größeren Fehlern behaftet als der Ausschuß berühmter Porzellanmanufakturen, den man im Ausverkauf bekannter Warenhäuser billig erstehen konnte. Sie ertappte sich dabei, daß sie ihn ausfragte, mit vielen Umschweifen, indessen er sich die Tomaten schmecken ließ. »Ich bin in London geboren. Ich hätte ja auch nicht mehr als sechshundert Kilometer von London entfernt geboren sein können, ohne im Meer zu ertrinken, nicht wahr? Aber Sie, Sie entstammen einem Kontinent, der Tausende Kilometer lang und breit ist. Wo sind Sie geboren?« (Dabei fiel ihr eine Figur in einem Wildwestfilm von John Ford ein, die einen andern fragte: ›Woher stammst du, o Fremdling?‹ Das war, verglichen mit der ihren, eine viel offenere Frage.)

»In St. Louis«, antwortete er.

»Ach, dann sind ja viele Ihrer Leute hier – Sie sind nicht allein.« Sie verspürte eine leise Enttäuschung darüber, daß er möglicherweise zu dem lustigen Verein gehörte.

»Ich bin allein«, sagte er. »Zimmer 63.« Das war auf ihrem Flur im dritten Stockwerk des Anbaus. Er sagte es sehr bestimmt, als ob er eine Mitteilung für künftigen Gebrauch mache. »Fünf Türen von Ihrem Zimmer entfernt.«

»Aha.«

»Ich habe Sie am ersten Tag dort herauskommen sehen.«

»Und ich habe Sie nie bemerkt.«

»Ich meide Gesellschaft, wenn ich nicht jemanden treffe, der mir zusagt.«

»Haben Sie denn niemanden aus St. Louis gefunden, der Ihnen zusagen würde?«

»So gern habe ich St. Louis nun auch wieder nicht, und

St. Louis kann ganz gut ohne mich auskommen. Ich bin kein Lieblingssohn der Stadt.«

»Kommen Sie oft hierher?«

»Im August. Im August ist es billig.« Er überraschte sie immer wieder von neuem. Zuerst war es sein Mangel an Lokalpatriotismus gewesen, und nun diese freimütige Art, über Geld – oder besser über Mangel an Geld – zu reden, eine Freimütigkeit, die beinahe als unamerikanisches Verhalten zu bezeichnen war.

»Ach ja.«

»Ich muß dorthin fahren, wo es erschwinglich ist«, erklärte er wie jemand, der beim Kartenspiel einem Partner sein schlechtes Blatt zeigt.

»Sie sind im Ruhestand?«

»Sagen wir, man hat mich in den Ruhestand versetzt.« Er wechselte das Thema: »Sie müssen Salat essen... Das ist gesund.«

»Danke, ich fühle mich auch so ganz wohl.«

»Sie dürften ruhig etwas zunehmen.« Abschätzend fügte er hinzu: »So etwa ein Kilogramm.« Sie fühlte sich versucht, ihm zu sagen, daß er ruhig etwas abnehmen könne. Schließlich hatten sie einander ja im Badekostüm gesehen.

»Waren Sie ein Geschäftsmann?« Sie spürte den Drang, ihn auszufragen. Er dagegen hatte sie seit jener ersten Erkundigung am Schwimmbassin nichts Persönliches mehr gefragt.

»Ja, gewissermaßen«, lautete seine Antwort. Sie hatte das Gefühl, daß ihn seine eigenen Angelegenheiten recht wenig interessierten. Hier entdeckte sie ein Amerika, von dessen Existenz sie bis dahin keine Ahnung gehabt hatte.

»Wenn Sie mich jetzt entschuldigen wollen«, begann sie.

»Essen Sie denn keinen Nachtisch?«

»Nein, zu Mittag esse ich nie viel.«

»Es ist doch alles im Preis inbegriffen. Etwas Obst sollten Sie doch essen.« Unter den weißen Augenbrauen blickte er sie mit einem Ausdruck der Enttäuschung an, den sie rührend fand.

»Ich mache mir nicht viel aus Obst, und ich brauche einen

kleinen Mittagsschlaf. Ich schlafe immer nach dem Mittagessen.«

Als sie durch den richtigen Speisesaal fortging, dachte sie: Am Ende ist er nur deshalb enttäuscht, weil ich den verbilligten Pensionspreis nicht voll ausnütze.

Auf dem Weg zu ihrem Zimmer kam sie an dem seinen vorbei. Die Tür stand offen, und eine dicke, weißhaarige Negerin machte eben das Bett. Das Zimmer sah genauso aus wie ihr eigenes: das gleiche Doppelbett, der gleiche Schrank, die gleiche Frisierkommode an der gleichen Stelle, das gleiche schwere Keuchen der Klimaanlage. In ihrem Zimmer angekommen, suchte sie vergebens die Thermosflasche mit dem Eiswasser. Sie klingelte und wartete ein paar Minuten. Im August konnte man keine gute Bedienung erwarten. Sie ging den Korridor hinunter. Die Tür zu Mr. Hickslaughters Zimmer stand immer noch offen, und so trat sie ein, um das Zimmermädchen zu suchen. Auch die Tür zum Badezimmer war offen, und auf den Fliesen lag dort ein nasses Tuch. Wie kahl das Schlafzimmer war! Sie hatte sich wenigstens die Mühe gemacht, ein paar Blumen aufzustellen, und auf dem Nachttisch ein Foto und ein halbes Dutzend Bücher, wodurch das Zimmer wohnlicher wirkte. Neben seinem Bett lag bloß ein Reader's Digest, mit der aufgeschlagenen Seite nach unten. Weil sie neugierig war, was er las, drehte sie das Heft um – wie sie sich hätte denken können, war es ein Artikel über Kalorien und Proteine. Auf dem Toilettentisch lag ein angefangener Brief, und mit der selbstverständlichen Skrupellosigkeit einer Intellektuellen begann sie ihn zu lesen, wobei sie die Ohren spitzte, um jedes Geräusch vom Gang her aufzufangen.

›Lieber Joe‹, las sie. ›Im vorigen Monat kam der Scheck zwei Wochen zu spät, und ich war wirklich in Schwierigkeiten. Ich mußte mir von einem Syrer Geld ausborgen, der in Curaçao den Ramschladen für die Touristen hat, und mußte ihm Zinsen zahlen. Du schuldest mir hundert Dollar für die Zinsen. Du bist selber daran schuld. Mama hat uns nie beigebracht, wie man mit einem leeren Magen leben soll. Bitte, leg die hundert bei der nächsten Überweisung dazu und vergiß es ja nicht. Du willst doch nicht, daß ich mir das Geld selber holen komme. Es ist hier im August billig, darum bin ich noch bis Ende des Monats da. Man wird es satt, immer nur knausern zu müssen. Grüß mir unser Schwesterchen...‹

Der Brief hörte ohne Schluß auf. Sie hätte auch gar nicht mehr weiterlesen können, weil auf dem Flur jemand nahte. Sie eilte zur Tür und traf Mr. Hickslaughter gerade noch auf der Schwelle. »Suchen Sie mich?« fragte er.

»Ich habe das Zimmermädchen gesucht. Vor einer Minute war sie noch da drinnen.«

»Kommen Sie doch herein und nehmen Sie Platz.« Er warf einen Blick ins Badezimmer und sah sich dann im Schlafraum um. Vielleicht war es nur ihr schlechtes Gewissen, was sie auf den Gedanken brachte, er streife mit seinem Blick den unvollendeten Brief.

»Sie hat mein Eiswasser vergessen.«

»Sie können meines haben, wenn noch was drin ist.« Er schüttelte die Thermosflasche und reichte sie ihr.

»Vielen Dank.«

»Wenn Sie ausgeschlafen haben«, begann er und wandte den Blick von ihr ab. Sah er nach dem Brief?

»Ja bitte?«

»Dann könnten wir zusammen etwas trinken.«

Jetzt saß sie gewissermaßen in der Falle. Sie sagte ja.

»Rufen Sie mich an, wenn Sie aufgewacht sind.«

»Ja.«. Nervös fügte sie hinzu: »Und schlafen auch Sie gut.«

»Oh, ich gehe nicht schlafen.« Noch ehe sie sein Zimmer verlassen hatte, wandte er sich von ihr ab und kehrte ihr die große, elefantenhafte Hinterseite zu. Sie war in eine Falle gegangen, in der eine Flasche Eiswasser den Köder bildete. In ihrem Zimmer kostete sie das Wasser vorsichtig, als ob es anders schmecken würde als das aus ihrer eigenen Flasche.

3

Sie fand keinen Schlaf. Der alte Mann war nun, da sie seinen Brief gelesen hatte, zu einer Persönlichkeit geworden. Unwillkürlich verglich sie seinen Briefstil mit dem Charlies: ›Wenn ich Dir gute Nacht gesagt habe, meine Liebe, gehe ich glücklich ins Bett und denke an Dich.‹ In Mr. Hickslaughters Worten steckte ein Doppelsinn, eine angedeutete Drohung.

War es möglich, daß der Alte gefährlich werden konnte?

Um halb sechs rief sie das Zimmer 63 an. Es war nicht die Art von Abenteuer, die sie sich vorgenommen hatte, aber es war doch ein Abenteuer. »Ich bin wach«, sagte sie.

»Kommen Sie zu einem Drink herüber?« fragte er.

»Treffen wir uns in der Bar.«

»Nicht in der Bar!« entgegnete er. »Nicht bei den Preisen, die sie dort für Bourbon-Whisky berechnen. Ich habe alles hier, was wir brauchen.« Sie hatte ein Gefühl, als ob man sie zum Schauplatz eines Verbrechens zurückführe, und mußte allen ihren Mut zusammenraffen, um an seine Tür zu klopfen.

Er hatte alles vorbereitet: eine Flasche Old Walker, einen Kübel Eis, zwei Flaschen Sodawasser. Wie Bücher können auch Getränke einem Zimmer ein bewohntes Aussehen verleihen. Nun sah sie in ihm einen Mann, der auf seine Art gegen das Gefühl der Einsamkeit ankämpfte.

»Setzen Sie sich«, lud er sie ein, »und machen Sie sich's bequem.« Wie eine Figur in einem Film sagte er das. Er goß zwei Gläser Whisky mit Soda ein.

»Ich habe ein furchtbar schlechtes Gewissen«, sagte Mary Wilson. »Ich kam her, um Eiswasser zu bestellen, aber ich war auch neugierig. So las ich Ihren Brief.«

»Ich wußte, daß ihn jemand angegriffen hatte«, erwiderte er.

»Verzeihen Sie mir!«

»Ach, wen kümmert das schon? Er war nur an meinen Bruder gerichtet.«

»Ich hatte kein Recht...«

»Hören Sie! Wenn ich in Ihr Zimmer käme und dort einen

Brief offen daliegen sähe, würde ich ihn auch lesen, nicht wahr? Nur wäre Ihr Brief interessanter.«

»Wieso?«

»Ich schreibe keine Liebesbriefe. Hab's nie getan, und bin jetzt zu alt dazu.« Er setzte sich aufs Bett; sie hatte den einzigen Lehnsessel. Unter seinem Sporthemd hing sein Bauch in dicken Falten herab, und sein Hosenschlitz war zum Teil offen. Warum waren es immer die dicken Männer, die ihn offen ließen. »Das ist ein guter Bourbon«, bemerkte er und nahm einen Schluck. »Was tut Ihr Mann?« fragte er – das war seine erste persönliche Frage seit ihrer Unterhaltung am Schwimmbecken, und sie kam für Mary unerwartet.

»Er schreibt über Literatur. Dichtung des achtzehnten Jahrhunderts«, setzte sie hinzu – unter den gegebenen Umständen eine ziemliche alberne Bemerkung.

»Ach.«

»Und was taten Sie? Ich meine, als Sie noch arbeiteten.«

»Dies und das.«

»Und jetzt?«

»Jetzt beobachte ich, was sich ereignet. Manchmal rede ich mit einem Menschen Ihrer Sorte. Doch nein, ich glaube, ich habe noch nie mit einem Menschen Ihrer Sorte geredet.« Das hätte wie ein Kompliment klingen können, hätte er nicht hinzufügt: »Die Frau eines Professors.«

»Und Sie lesen den ›Digest‹?«

»Mm – ja. Die Leute schreiben viel zu lange Bücher – und dazu habe ich nicht die Geduld. Also lese ich die Kurzfassungen. Dichtung des achtzehnten Jahrhunderts! Damals haben sie also schon Gedichte verfaßt?«

»Ja«, antwortete sie und war nicht sicher, ob er sie verspottete oder nicht.

»Da hat es ein Gedicht gegeben, das mir in der Schule gut gefiel. Das einzige, das ich mir je gemerkt habe. Von Longfellow war es, glaube ich. Haben Sie jemals Longfellow gelesen?«

»Eigentlich nicht. Er wird in der Schule kaum noch gelesen.«

»Etwas über ›spanische Schiffer mit bärtigen Lippen und

so weiter, das Geheimnis der Schiffe und das weite Meer‹. Ich hab's mir doch nicht so gut gemerkt. Aber es ist sechzig Jahre oder noch länger her, seit ich das gelernt habe. Das waren noch Zeiten!«

»Die Jahre nach 1900?«

»Nein, nein. Ich meinte die Piraten, Kidd und Blackbeard – diese Kerle. Hier waren ihre Jagdgründe – hier im Karibischen Meer. Stimmt's? Es wird einem ganz übel, wenn man jetzt diese Weiber in ihren Shorts herumrennen sieht.« Der Whisky hatte ihm die Zunge gelockert.

Jetzt kam ihr der Gedanke, daß sie noch nie über irgendeinen Menschen Neugierde empfunden hatte. In Charlie war sie verliebt gewesen, aber er hatte ihre Neugierde nur in sexueller Hinsicht geweckt, und diese hatte sie nur allzu schnell befriedigt. Nun fragte sie den alten Mann: »Haben Sie Ihre Schwester gern?«

»Ja, natürlich. Weshalb? Woher wissen Sie, daß ich eine Schwester habe?«

»Und Joe?«

»Also Sie haben tatsächlich meinen Brief gelesen. Ach, der ist in Ordnung.«

»In Ordnung?«

»Na, Sie wissen ja, wie das mit Brüdern so ist. Ich bin der Älteste der Familie. Dann war noch einer, der aber gestorben ist. Meine Schwester ist zwanzig Jahre jünger als ich. Joe sorgt für sie, er hat die Mittel dazu.«

»Und Sie haben nicht die Mittel?«

»Ich hatte sie. Aber ich konnte mit meinem Geld nicht gut umgehen. Wir sind aber nicht da, um über mich zu reden.«

»Ich bin neugierig. Deshalb habe ich auch Ihren Brief gelesen.«

»Sie? Sie sind über mich neugierig?«

»Das könnte doch sein, nicht wahr?«

Jetzt hatte sie ihn verwirrt und damit die Oberhand gewonnen; sie fühlte, daß sie aus der Falle geschlüpft war. Nun war sie frei, konnte kommen und gehen, wie es ihr beliebte, und wenn sie sich dafür entschied, noch ein wenig zu bleiben, so geschah es aus freier Wahl.

»Trinken Sie noch einen Bourbon?« fragte er. »Aber Sie sind ja Engländerin. Vielleicht hätten Sie schottischen Whisky lieber als den amerikanischen.«

»Man soll sie nicht mischen.«

»Nein, das nicht.« Er füllte nochmals ihr Glas. »Ich habe gerade überlegt – manchmal möchte ich für einige Zeit von diesem Lokal loskommen. Wie wär's, wenn wir ein paar Häuser weiter zum Dinner gingen?«

»Das wäre ein Unsinn«, erwiderte sie. »Wir haben beide unsere Pension hier bezahlt. Und letzten Endes bekämen wir genau das gleiche Essen. Wieder die roten Schnapperfische und – Tomaten.«

»Ich weiß nicht, was Sie gegen Tomaten haben.« Aber er bestritt nicht die Klugheit ihrer wirtschaftlichen Überlegung; er war der erste erfolglose Amerikaner, mit dem sie je Whisky getrunken hatte. Man mußte doch welche auf der Straße gesehen haben... Aber selbst die jungen Herren, die in ihr Haus kamen, waren noch nicht erfolglose Menschen. Der Professor für romanische Sprachen hatte sich vielleicht Hoffnungen gemacht, einst Rektor einer Universität zu sein – Erfolg ist relativ, aber er bleibt doch Erfolg. Er goß ihr noch ein Glas voll. »Ich trinke ja Ihren ganzen Bourbon aus«, bemerkte sie dazu.

»Es geschieht für eine gute Sache.«

Nun hatte sie bereits einen Schwips, und Dinge, die nur von Belang zu sein *schienen*, fielen ihr ein. »Dieses Gedicht von Longfellow«, sagte sie. »Wie ging es nur weiter? So etwa: ›Die Gedanken der Jugend sind lange, lange Gedanken.‹ Ich muß es irgendwo gelesen haben. Das war doch der Refrain, nicht wahr?«

»Schon möglich. Ich kann mich nicht erinnern.«

»Wollten Sie ein Pirat werden, als Sie noch ein Junge waren?«

Er zeigte ein beinahe glückliches Grinsen und antwortete: »Das ist mir auch gelungen. So hat Joe mich einmal genannt – Seeräuber, Pirat!«

»Aber Sie verfügen über keinen vergrabenen Schatz?«

»Er kennt mich gut genug, daß er mir die hundert Dollar

nicht schickt. Aber falls seine Angst, daß ich zurückkommen könnte, groß genug ist, dann schickt er mir vielleicht fünfzig. Und die Zinsen betrugen nur fünfundzwanzig. Er ist nicht geizig, aber er ist dumm.«

»Wieso?«

»Weil er wissen müßte, daß ich nie zurückgehen würde. Ich würde absolut nichts tun, was meiner Schwester weh täte.«

»Hätte es einen Sinn, wenn ich Sie zum Abendessen einlüde?«

»Nein, das wäre nicht richtig.« In mancher Beziehung war er offenbar sehr konservativ. »Sie haben es ja schon gesagt – man soll nicht mit dem Geld um sich werfen.« Als die Flasche Old Walker halb geleert war, sagte er: »Sie sollten jetzt etwas essen, selbst wenn es nur die roten Schnapperfische und Tomaten sind.«

»Heißen Sie wirklich Hickslaughter?«

»Ja, so ähnlich.«

Sie begaben sich nach unten, wobei sie wie Enten hintereinander gingen. Im großen Speisesaal, in den die ganze Hitze des Abends hineinströmte, saßen die Männer und schwitzten in Jacke und Krawatte. Die beiden gingen durch den Saal und die Bambus–Bar und betraten das Café, das mit Kerzen beleuchtet war, so daß die Hitze noch ärger wurde. Zwei junge Männer mit kurzem Haarschnitt saßen am Nebentisch – es waren nicht dieselben Leute, die sie schon früher gesehen hatten, aber sie gehörten zur selben Serie. Einer von ihnen sagte gerade: »Ich will nicht leugnen, daß er einen gewissen Stil hat, aber selbst wenn du Tennessee Williams anbetest...«

»Warum nannte er Sie einen Seeräuber?«

»Ach, das war nichts Besonderes.«

Als sie sich vor die Wahl gestellt sahen, mußten sie sich erst wieder für Schnapperfisch und Tomaten entscheiden, und wiederum bot sie ihm ihre Portion Tomaten an. Vielleicht rechnete er jetzt schon damit; sie fühlte sich bereits durch die Gewohnheit gebunden. Er war ein alter Mann, der noch nichts getan hatte, was sie als Zudringlichkeit hätte auffassen und entsprechend zurückweisen können. Wie hätte ein Mann seines Alters bei einer Frau ihres Alters auch zudringlich werden können? Und trotzdem hatte sie das Empfinden, auf ein Fließband geraten zu sein... Die Zukunft lag nicht mehr in ihrer Hand, und ihr wurde ein wenig bange. Sie hätte noch mehr Angst gehabt, wenn sie nicht unverhältnismäßig viel Bourbon getrunken hätte.

Um irgend etwas zu sagen, bemerkte sie: »Es war ein guter Bourbon«, aber sie bereute es sogleich. Sie gab ihm dadurch ein Stichwort, denn er sagte: »Vor dem Schlafengehen werden wir noch ein Glas trinken.«

»Ich glaube, ich habe schon genug getrunken.«

»Ein guter Bourbon wird Ihnen nicht schaden. Sie werden darauf gut schlafen.«

»Ich schlafe immer gut.« Das war eine Lüge – die Art von unwesentlicher Lüge, die man einem Ehemann oder Liebhaber sagt, um sich ein gewisses Eigenleben zu bewahren. Der junge Mann, der über Tennessee Williams gesprochen hatte, erhob sich jetzt von seinem Tisch. Er war sehr hoch gewachsen und schlank und trug ein hautenges schwarzes Wollhemd. Sein kleines, elegantes Gesäß zeichnete sich durch die hautenge Hose ab. Es war leicht, sich ihn noch um einen Grad nackter vorzustellen. Sie überlegte, ob er sie mit Interesse betrachtet hätte, wenn sie nicht in Gesellschaft eines dicken alten Mannes in so gräßlicher Kleidung gewesen wäre. Es war unwahrscheinlich; sein Körper war nicht für die Liebkosungen einer Frau geschaffen.

»Ich nicht.«

»Was tun Sie nicht?«

»Ich schlafe nicht gut.« Diese unerwartete Selbstenthüllung nach so viel Verschwiegenheit war für sie ein Schock. Es war, als ob er eine seiner viereckigen, ziegelroten Hände ausgestreckt und sie damit an sich gezogen hätte. Er war distanziert gewesen, war ihren persönlichen Fragen ausgewichen und hatte sie durch ein Gefühl der Sicherheit eingelullt. Jetzt aber schien sie, sooft sie den Mund auftat, dazu verurteilt, einen Fehler zu machen, ihn näher an sich heranzulocken. Selbst ihre harmlose Bemerkung über den

Whisky... Einfältig sagte sie: »Vielleicht ist es der Klima-wechsel.«

»Was für ein Klimawechsel?«

»Zwischen hier und... und...«

»Curaçao? Da ist wohl nicht viel Unterschied. Dort schlafe ich auch nicht gut.«

»Ich habe sehr gute Tabletten...«, sagte sie voreilig.

»Ich dachte, Sie schlafen gut.«

»Ach, es gibt immer Zeiten... Manchmal liegt es nur an der Verdauung.«

»Ja, die Verdauung. Da haben Sie recht. Ein Bourbon wird dafür gut sein. Wenn Sie mit dem Essen fertig sind...«

Sie blickte durch das Café zur Bambus-Bar hinüber, wo der junge Mann *déhanché* dastand und ein Glas Crème-de-menthe wie ein exotisch gefärbtes Monokel zwischen sein Gesicht und das seines Begleiters hielt. Mit Entrüstung in der Stimme sagte Mr. Hickslaughter: »Ihnen liegt doch nichts an einem solchen Typ, oder?«

»Sie sind sehr unterhaltsame Gesellschafter.«

»Ach, Unterhaltung... Wenn Sie die wollen.« Es war so, als ob sie eine unamerikanische Vorliebe für Weinberg-schnecken oder Froschschenkel bekundet hätte.

»Wollen wir unsern Bourbon in der Bar trinken? Heute abend ist es etwas kühler.«

»Und uns das Geschwätz dieser Burschen anhören? Nein, wir gehen nach oben.«

Wieder schaltete er auf seine altmodische Höflichkeit zu-rück und trat hinter sie, um ihren Stuhl zurückzuziehen – nicht einmal Charlie war so aufmerksam. Doch war dies wirklich Höflichkeit oder bloß die Entschlossenheit, ihr den Fluchtweg durch die Bar abzuschneiden?

Miteinander betraten sie den Fahrstuhl. Der schwarze Lift-boy hatte einen Radioapparat eingeschaltet, und aus dem kleinen braunen Kasten kam die Stimme eines Predigers, der vom Blut des Opferlamms sprach. Vielleicht war Sonntag – das würde die zeitweilige Leere um sie herum erklären – zwi-schen einem lustigen Verein und dem nächsten. Nun traten sie in den leeren Flur hinaus wie unerwünschte Passagiere, die an einem einsamen Strand ausgesetzt worden sind. Der Boy folgte ihnen und setzte sich neben der Aufzugstür auf einen Stuhl, um dort auf den nächsten Ruf zu warten. Unterdessen erzählte die Stimme vom Blut des Opferlamms weiter. Wovor fürchtete sie sich nur? Mr. Hickslaughter versuchte seine Zimmertür aufzuschließen. Er war viel älter, als ihr Vater jetzt gewesen wäre, wenn er noch lebte. Er hätte ihr Großvater sein können – die Ausrede: ›Was wird der Liftboy denken?‹ war unzulässig, ja sogar schockierend, denn sein Benehmen war nach wie vor korrekt. Er war alt; welches Recht hatte sie, ihn für ›unflätig‹ zu halten?

»Dieser verdammte Hotelschlüssel!«, brummte er. »Er sperrt nicht.«

Sie drückte die Klinke für ihn nieder: »Die Tür war gar nicht abgeschlossen.«

»Ich brauche dringend einen Bourbon nach diesen warmen Brüdern...«

Jetzt aber hatte sie ihre Ausrede fertig auf der Zunge: »Ich habe leider schon zuviel getrunken und muß meinen Schwips ausschlafen.« Sie legte ihm die Hand auf den Arm. »Vielen Dank... Es war ein herrlicher Abend.« Während sie rasch den Korridor entlangging, war sie sich bewußt, wie beleidigend ihr englischer Tonfall war, wie sie ihn zur Verhöhnung all dessen zurückließ, was ihr an ihm gefiel: sein fragwürdiger Charakter, seine Erinnerung an Longfellow, seine erzwungene Sparsamkeit.

Als sie ihr Zimmer erreichte, blickte sie zurück. Er stand auf dem Flur, als ob er sich nicht dazu aufraffen könnte, in sein Zimmer zurückzukehren. Sie fühlte sich an einen alten Mann erinnert, dem sie einmal in den Parkanlagen der Universität begegnet war; auf seinen Besen gestützt, war er inmitten des Herbstlaubes gestanden, das er noch nicht zusammengefegt hatte.

4

In ihrem Zimmer nahm sie ein Buch zur Hand und versuchte zu lesen. Es war Thomsons Gedicht ›Die Jahreszeiten‹. Sie hatte es mitgebracht, um irgendwelche Anspielungen auf seine Arbeit, die Charlie allenfalls machen würde, verstehen zu können. Jetzt schlug sie das Buch zum erstenmal auf, und sie war nicht gefesselt:

> ›Aufsteigend verjagt die Sonne nun den Nebel:
> Der starre Rauhreif schmilzt in ihrem Strahl;
> An jedem Zweig, an jedem Grashalm hängt
> In tausend Tropfen funkelnd frischer Tau.‹

Wenn sie, so dachte sie, bei einem harmlosen alten Mann schon so feige war, wie hätte sie dann dem eindeutigen Charakter eines echten Abenteuers gegenübertreten können? In ihrem Alter wurde man nicht mehr von der Leidenschaft mitgerissen. Charlies Vertrauen zu ihr hatte sich in ebenso trauriger Weise als berechtigt erwiesen, wie ihr Vertrauen zu Charlie berechtigt gewesen war. Bei dem bestehenden zeitlichen Unterschied verließ er jetzt gerade das Museum, oder wenn es Sonntag war, worauf das Blut des Opferlamms hinzudeuten schien, hatte er eben erst die Schreibarbeiten in seinem Hotelzimmer beendet. Nach erfolgreich erledigter Tagesarbeit glich er stets einer Reklame für eine neue Rasiercreme: einer Art von Glühen... Sie empfand das ärgerlich, so als ob man mit einem Heiligenschein leben müßte. Sogar seine Stimme hatte dann einen anderen Ton; auch pflegte er sie sein ›altes Mädchen‹ zu nennen und ihr herablassend aufs Hinterteil zu klopfen. Es war ihr lieber, wenn er durch irgendeinen Fehlschlag gereizt war, natürlich nur durch einen vorübergehenden, etwa durch die Tatsache, daß ein Gedanke sich als unbrauchbar erwiesen hatte; wenn er gereizt war wie ein Kind, das enttäuscht ist, weil eine Party seine Erwartungen nicht erfüllt hat; nicht durch ein endgültiges Versagen gereizt, so wie der alte Mann – der verrostete Schiffsrumpf, der ein für allemal auf dem Felsenriff festsaß, auf das er aufgelaufen war.

Sie kam sich niedrig vor. Welche Gefahr konnte der alte Mann für sie bedeuten, daß sie sich berechtigt fühlte, ihm eine halbe Stunde Geselligkeit abzuschlagen? Er konnte sie ebensowenig antasten, wie sich das Schiff von seinem Riff frei machen und nach den Inseln der Seligen davondampfen konnte. Sie malte sich aus, wie er vor seiner halbleeren Flasche Bourbon saß und Vergessenheit suchte. Oder schrieb er vielleicht den groben Erpresserbrief an seinen Bruder zu Ende? Was für eine Geschichte würde sie eines Tages daraus machen, überlegte sie mit Abscheu vor sich selbst, die Geschichte ihres Abends mit einem Erpresser und ›Seeräuber‹?

Doch eines konnte sie für ihn tun. Sie konnte ihm die Phiole mit den Schlaftabletten bringen. Also zog sie ihren Schlafrock an und ging wieder den Flur entlang, Zimmertür um Zimmertür, bis sie zur Nummer 63 gelangte. Seine Stimme forderte sie zum Eintreten auf. Als sie die Tür öffnete, sah sie ihn im Schein der Nachttischlampe auf dem Bett sitzen; er trug einen zerknitterten Baumwollpyjama mit breiten lila Streifen. »Ich bringe Ihnen...«, begann sie und bemerkte zu ihrem Erstaunen, daß er geweint hatte. Seine Augen waren gerötet, und die abendlichen Schatten seiner Wangen waren wie von Tautropfen benetzt. Nur einmal hatte sie einen Mann weinen sehen – Charlie, als der Universitätsverlag seinen ersten Band literarischer Essays abgelehnt hatte.

»Ich meinte, Sie wären das Zimmermädchen«, sagte er. »Ich habe nach ihr geklingelt.«

»Was wollten Sie denn?«

»Ich dachte mir, sie würde vielleicht ein Glas Bourbon mit mir trinken«, antwortete er.

»Hatten Sie solches Verlangen...? Gut, ich nehme ein Glas.« Die Flasche stand noch auf dem Frisiertisch, wo sie sie hatten stehen lassen, und auch die Gläser waren da – sie erkannte ihres an dem verschmierten Lippenstift. »Da, nehmen Sie!« forderte sie ihn auf. »Trinken Sie aus, dann werden Sie schlafen können.«

»Ich bin kein Alkoholiker«, entgegnete er.

»Natürlich sind Sie keiner.«

Sie setzte sich neben ihn aufs Bett und ergriff seine linke Hand. Diese fühlte sich rauh und trocken an, und Mary hatte das Verlangen, die Nagelhaut zurückzuschneiden, bis ihr einfiel, daß dies etwas war, was sie für Charlie tat.

»Ich wollte Gesellschaft haben«, sagte er.

»Ich bin ja hier.«

»Bitte schalten Sie die Kontrollampe der Türklingel ab, sonst kommt das Mädchen herein.«

»Sie wird nie erfahren, was ihr mit dem Old Walker entgangen ist.«

Als sie von der Tür zurückkam, lehnte er sich in einer sonderbar verkrümmten Haltung gegen die Kissen zurück, und wieder kam ihr das Bild des Schiffes in den Sinn, das mit gebrochenem Kiel auf den Klippen hing. Sie versuchte, seine Füße aufzuheben und aufs Bett zu legen, diese aber waren so schwer wie Felsbrocken am Grund eines Steinbruchs. »Legen Sie sich nieder«, befahl sie ihm. »So werden Sie nie einschlafen können. Was tun Sie denn in Curaçao, um Gesellschaft zu finden?«

»Ach, irgendwie ist es mir immer gelungen.«

»Den Bourbon haben Sie ausgetrunken. Jetzt drehe ich das Licht aus.«

»Ihnen kann ich nichts vorschwindeln«, sagte er.

»Vorschwindeln?«

»Ja, ich fürchte mich in der Finsternis.«

Sie dachte: Später werde ich lächeln bei dem Gedanken, wovor ich Angst hatte. Laut sagte sie: »Die alten Piraten, mit denen Sie kämpften, verfolgen Sie wohl heute noch im Traum, wie?«

»Ich habe in meinem Leben ein paar üble Dinge getan«, erwiderte er.

»Tun wir das nicht alle?«

»Aber nichts, weswegen ich ausgeliefert werden könnte«. fügte er hinzu, als ob dies eine Milderung bedeutete.

»Wenn Sie eine meiner Tabletten nehmen...«

»Sie gehen doch nicht schon fort?«

»Nein, nein, ich bleibe da, bis Sie schläfrig sind.«

»Schon seit Tagen wollte ich mit Ihnen sprechen.«

»Das freut mich.«

»Aber würden Sie es glauben – ich hatte nicht den Mut dazu.« Hätte sie die Augen geschlossen, so hätte es ein sehr junger Mann sein können, der so redete.

»Aber ich kenne Ihren Typ nicht.«

»Haben Sie meinen Typ in Curaçao denn nicht?«

»Nein.«

»Sie haben Ihre Tablette noch nicht eingenommen.«

»Ich habe Angst, ich könnte nicht aufwachen.«

»Haben Sie denn morgen so viel zu tun?«

»Ich meine, ich könnte nie wieder aufwachen.« Dabei streckte er die Hand aus und berührte sie am Knie, suchend, aber ohne Sinnlichkeit, als ob er von dem festen Knochen Hilfe erheische. »Ich will Ihnen sagen, was mir fehlt. Sie sind ein fremder Mensch, also kann ich es Ihnen sagen. In der Finsternis habe ich Angst, ich könnte sterben, ohne daß jemand bei mir ist.«

»Sind Sie denn krank?«

»Nicht daß ich wüßte. Ich gehe nicht zum Arzt. Ich mag Ärzte nicht.«

»Aber warum sollten Sie dann annehmen...«

»Ich bin über siebzig. Das biblische Alter. Es könnte jeden Tag passieren.«

»Sie werden hundert Jahre alt werden«, sagte sie mit seltsamer Gewißheit.

»Dann werde ich noch verdammt lange in Angst leben müssen.«

»War das der Grund, warum Sie vorhin weinten?«

»Nein. Ich glaubte, Sie würden eine Zeitlang dableiben, und dann sind Sie plötzlich gegangen. Ich war wohl enttäuscht.«

»Und in Curaçao sind Sie nie allein?«

»Ich bezahle dafür, nicht allein zu sein.«

»Wie Sie jetzt das Zimmermädchen bezahlt hätten?«

»Mm – ja, sozusagen.«

Es war ihr so, als entdecke sie zum ersten Male das Innere

des riesigen Kontinents, auf dem zu leben sie sich entschlossen hatte. Amerika war bisher Charlie gewesen; es war Neu-England gewesen; durch Bücher und Filme hatte sie die Naturwunder gleich einem gewaltigen Breitwandfilm gekannt, in dem der Reisereporter Lowell Thomas die Bunte Wüste und den Grand Canyon mit seinen Gemeinplätzen herabwürdigt. Zwischen Miami und den Niagarafällen, vom Kap Cod bis zu den Pazifik-Palisaden hatte es nirgends ein Geheimnis gegeben. Auf jedem Teller wurden Tomaten serviert und in jedem Glas Coca-Cola. Kein Mensch gestand irgendwo ein Versagen oder eine Furcht ein. Solche Dinge waren wie ›vertuschte Sünden‹ – schlimmer vielleicht als Sünden, denn diesen haftet ein gewisser Glanz an; es waren Geschmacklosigkeiten. Aber hier auf dem Bett ausgestreckt und in einen gestreiften Pyjama gehüllt, den die noble Herrenkonfektionsfirma Brooks Brothers als nicht von ihr stammend abgelehnt hätte, sprachen Versagen und Furcht ohne Scham zu ihr – und mit einem amerikanischen Akzent. Es kam ihr so vor, als lebe sie in einer fernen Zukunft, nach weiß Gott was für einer Katastrophe.

»Ich war nicht gegen Bezahlung zu haben! Mich lockte nur der Old Walker.«

Er hob sein Neptunshaupt ein wenig von den Kissen und sagte: »Ich habe keine Angst vor dem Tod, nicht vor dem plötzlichen Tod. Glauben Sie mir, ich habe ihn hier und dort gesucht. Es ist vielmehr diese Unausweichlichkeit, die einen immer mehr bedrängt, wie ein Steuerinspektor...«

»Schlafen Sie jetzt!« sagte sie darauf.

»Ich kann nicht.«

»Doch, Sie können es schon.«

»Wenn Sie eine Weile bei mir bleiben...«

»Ich bleibe bei Ihnen. Entspannen Sie sich ganz.« Sie legte sich zu ihm aufs Bett, blieb aber außerhalb des Bettuchs. Binnen weniger Minuten war er tief eingeschlafen, und sie drehte das Licht ab. Er brummte mehrmals und redete im Schlaf, aber nur einmal. Da sagte er: »Sie haben mich falsch verstanden.« Und danach glich er in seiner Reglosigkeit und Stille eine Zeitlang einem Toten, so daß auch sie einschlief.

Als sie wieder erwachte, erkannte sie an seinem Atmen, daß er wach war. Er lag von ihr entfernt, damit ihre Körper einander nicht berühren sollten. Sie streckte die Hand aus und empfand keinen Widerwillen über seine Erregung. Es war, als ob sie schon viele Nächte neben ihm in diesem einen Bett verbracht hätte, und als er sie dann nahm, wortlos und unvermittelt in der Dunkelheit, stieß sie einen Seufzer der Befriedigung aus. Sie verspürte kein Gefühl der Schuld; in wenigen Tagen würde sie resigniert und zärtlich zu Charlie und seinen Liebeskünsten zurückkehren; und sie weinte ein bißchen, aber nicht ernsthaft, über die Vergänglichkeit dieses Beisammenseins.

»Was fehlt dir?« fragte er.

»Nichts, nichts. Ich wollte nur, ich könnte bleiben.«

»Bleib noch ein bißchen, bleib, bis es hell ist.« Das sollte nicht mehr lange dauern, denn schon konnte sie die grauen Flächen der Möbel ausnehmen, die sie wie karibische Grabsteine umstanden.

»O ja, ich bleibe, bis es hell ist. Das meinte ich aber nicht.«

Sein Körper begann aus dem ihren zu gleiten, und es war ihr, als trüge er ihr unbekanntes Kind davon, davon nach Curaçao, und sie suchte ihn zurückzuhalten, ihn, den dicken, alten, furchtsamen Mann, den sie beinahe geliebt hätte.

»Das hatte ich nicht beabsichtigt«, sagte er.

»Ich weiß. Sag es nicht. Ich verstehe.«

»Wir haben doch vieles gemeinsam, glaube ich«, erklärte er, und um ihn zu beruhigen, pflichtete sie ihm bei. Als es hell wurde, war er fest eingeschlafen. Ohne ihn zu wecken, stieg sie aus dem Bett und ging in ihr Zimmer zurück. Dort sperrte sie die Tür ab und begann mit Entschlossenheit ihren Koffer zu packen. Es war Zeit zur Abreise, Zeit zum Beginn des neuen Semesters. Wenn sie später an ihn zurückdachte, überlegte sie, was sie wohl gemeinsam gehabt haben mochten – außer der Tatsache natürlich, daß für sie beide Jamaika im August billig gewesen war.

August in Paris

Jedermann weiß, daß im August ganz Paris in die Ferien geht. Am 31. Juli lassen die Geschäftsinhaber ihre Rolladen herunter; Elektriker, Spengler und Garagenbesitzer packen ihre Werkzeuge ein; Fabriken, Büros, Ämter, Restaurants und chemische Reinigungsanstalten schließen für einen ganzen Monat.

In früheren Jahren fanden die Pariser, wenn sie im September heimkehrten, die verblichenen Gerippe zahlreicher Ausländer in Stellungen vor, die vermuten ließen, daß sie versucht hatten, in geschlossene Bäckereien, Bars oder Wäschereien einzudringen.

Unter den tragischeren Fällen wurde von einem Manne berichtet, den man vor einem Restaurant fand, seine zur Hälfte abgenagte Diners-Club-Kreditkarte in der Hand. Die Leiche war noch warm, und das zeigte, daß der Mann nur 24 Stunden vor der Wiedereröffnung des Restaurants verstorben war.

Die Leiche einer Frau fand man unter ihrer Zimmerdecke schwimmend. Neben ihr schwamm ein Stück Papier mit der Telefonnummer eines Spenglers. Offensichtlich hatte sie den ganzen Monat lang versucht, den Spengler zu erreichen, und schließlich stand das Wasser so hoch, daß sie den Telefonhörer nicht mehr abnehmen konnte. Die Polizei sagte, es würde ihr aber auch nichts genützt haben, da der Spengler in den Ferien in der Bretagne weilte.

Ein anderer Fall war der des Touristen, dessen Wagen auf der Place de la Concorde eine Panne erlitt. Statt den Wagen zurückzulassen und nach Hilfe zu suchen, blieb er am Steuer und wartete darauf, daß eine Patrouille vom Automobilclub ihn finden und abschleppen würde. Natürlich kam niemand, und da er kein Wasser mit sich führte, verdurstete er — ohne zu wissen, daß er sich nur ein paar Meter von der Seine entfernt befand.

Ein weiterer Tourist geriet so außer sich darüber, daß alle Wäschereien geschlossen waren, daß er in eine einbrach und sein Hemd zu waschen versuchte. Er wurde erwischt und sitzt jetzt für 20 Jahre im Santé-Gefängnis.

Und wer könnte jemals den Tag im August 1955 vergessen, an dem vier Leute getötet und 36 verletzt wurden, als sie sich auf den Champs-Elysées um ein Taxi stritten, das aus Versehen von Deauville gekommen war?

Mit jedem Jahr wird die Lage schlimmer. Dieses Jahr aber hat eine Anzahl von Ausländern, die in Paris bleiben müssen, um sich um ihre auf Besuch kommenden Landsleute zu kümmern, endlich beschlossen, etwas dagegen zu tun.

Der erste Gedanke war, einen Appell ans Internationale Komitee vom Roten Kreuz in Genf zu richten, aber das war erfolglos, da das Internationale Rote Kreuz den Appell ans Französische Rote Kreuz weiterleitete, und beim Französischen Roten Kreuz war natürlich alles auf Urlaub.

Darum entschlossen sich diese Ausländer, eine uneigennützige Organisation zu gründen, die den Namen ›Gesellschaft von Leuten, die im August in Paris bleiben müssen‹ trägt, was abgekürzt GVLDIAIPBM heißt.

GVLDIAIPBM beschloß auf ihrer ersten Mitgliederversammlung, ein Notgepäck zum Selbstkostenpreis abzugeben. Das Männermodell enthält unter anderem ein Dacronhemd, einen ›Wash-and-Dry‹-Anzug, eine Filmrolle, eine Flasche Champagner (brut), einen Pariser Kipfel, drei grüne Bohnen, den Band ›Lady Chatterley's Lover‹ und einen ›Do-it-yourself-Strip-Tease‹.

Das Notgepäck für Frauen enthält eine Schachtel Kleenex, eine andere Schachtel voll des gewissen Etwas, eine Auswahl Postkarten, ein Stück Hefegebäck, eine Dauerwelle zum Selbermachen, eine Portion grünen Salat, noch eine Schachtel Kleenex und ein Einkaufsnetz für das Window Shopping.

An dieser Versammlung wurde auch beschlossen, vor den Geschäftsstellen von Thomas Cook und American Express Kantinen einzurichten.

Kurse für Selbsthilfe werden bei Maxim und in der Tour

d'Argent durchgeführt, und am Seineufer wird ein Platz reserviert, wo die Frauen ihre Wäsche waschen können.

Zahlreiche amerikanische Unternehmen haben GVLDIA-IPBM ihre Mithilfe zugesichert. Pan American Airways veranstaltet einen Wettbewerb, dessen erster Preisträger in Paris im August über ein Wochenende einen amerikanischen Spengler bekommt. TWA veranstaltet ebenfalls einen Wettbewerb. Der Anzug des Gewinners wird nach New York zum Reinigen geflogen.

Das alles macht diesen August zu einem der aufregendsten, die Paris je gesehen hat. Ich würde gerne dabeisein. Leider gehe ich aber im August in die Ferien.

TENNESSEE WILLIAMS

Fröhlichen zehnten August!

Der Tag hatte unerfreulich angefangen mit dem Frühstück, genau genommen war er bereits vor dem Frühstück mit dem entschieden falschen Fuß aufgestanden, als nämlich Horne ihren Kopf in das enge ›Arbeitszimmer‹, das für diesen und den nächsten Monat als Schlafzimmer Elphinstones dienen sollte, gesteckt und als sie, Horne, die Schlafende angekreischt hatte: fröhlichen zehnten August! Dann war sie wieder hinausgehuscht und hatte die Tür hinter sich zugeschlagen, wobei sie Elphinstones Schlaf zerriß, der bestenfalls ein seichter und schwieriger Schlaf war, und zuweilen überhaupt kein Schlaf.

Das Problem lag darin begründet, daß Horne, durch lange Übereinkunft zwischen den beiden Damen, das große Schlafzimmer mit Klimaanlage für die Monate August und September benützte, wohingegen Elphinstone es während der übrigen Monate des Jahres bewohnte. An der Oberfläche mußte diese Übereinkunft mehr als gerecht für Elphinstone scheinen. Als die beiden Damen vor zehn Jahren in das Apartment einzogen, war es eben, auf freundschaftliche Weise, zwischen ihnen so abgemacht worden, aber Angelegenheiten, die vor so langer Zeit freundschaftlich geregelt worden sind, können der einen oder anderen Partei im Lauf der Zeit lästig werden. Wenn Elphinstone nunmehr auf diese Abmachung zurückblickte, hatte sie den Verdacht, Horne, die ja in New York geboren und groß geworden war, müsse von vornherein gewußt haben, daß sie die Klimaanlage während der wirklich heißen, gräßlich heißen Teile des Sommers genießen würde. In der Tat, wenn Elphinstones Gedächtnis sie nicht trog, hatte Horne sogar zugegeben, daß der August für gewöhnlich der heißeste Monat in Manhattan sei und der September kaum jemals Abkühlung zu bringen pflegte. Aber sie, Horne, hatte Elphinstone damals daran erinnert, daß diese ja

Shadow Glade, die kühle Sommerbleibe ihrer Mutter, zur Verfügung habe, einen Platz, den Elphinstone, wann immer sie es wünschte, besuchen konnte, und Horne hatte auch darauf hingewiesen, daß sie, Elphinstone, weder im Sommer noch sonst in einer Jahreszeit besonders früh aufzustehen habe, da sie ja, mehr oder weniger, selbständig sei, und zwar als genealogische Beraterin, die sich auf die traditionsreichsten Familien im Staate Virginia spezialisiert hatte, wohingegen sie, Horne, ja einem eher strengen Bürostundenplan gehorchen müsse.

In derlei beharrlichen Grübeleien war Elphinstone aufgestanden und ins Badezimmer gegangen, und nun wollte sie mit ominöser Würde (so hoffte sie) im Wohnzimmer ihrer gemeinsamen kleinen, im fünften Stockwerk gelegenen Sandstein-Wohnung im Hintergebäude in der East Sixty-first Street erscheinen. Elphinstone wußte, daß sie nicht gut aussah, denn sie hatte einen Blick in den Spiegel geworfen. Das mittlere Alter kam nicht auf verstohlenen Katzenfüßchen in diesem Sommer auf sie zu, sondern es brach ebenso zwingend auf sie nieder, wie Horne sie in diesen zehnten August hineingekreischt hatte.

Was ist denn dieser zehnte August?, fragte sie Horne in täuschend beiläufigem Ton, als sie zum Kaffee ins Wohnzimmer kam.

Horne kicherte und meinte, der zehnte August sei eben der zehnte August.

Dann hattest du also keinen Grund, mich zu dieser frühen Stunde aufzuwecken?

Ich habe dich deswegen früh aufgeweckt, weil du mir am vergangenen Abend aufgetragen hattest, dich zu wecken, sobald ich aufwachen würde, weil Doktor Schreiber seinen Termin mit dir heute auf neun Uhr vorverlegt hat, um deinen geistigen Zustand am Morgen zu beobachten.

Nun, er wird mich nicht an *diesem* Morgen beobachten, nachdem ich schon die dritte Nacht kein Auge zugetan habe.

Du meinst also nicht, er sollte deine schrecklichen Morgendepressionen erleben?

Meine Morgendepressionen haben nur mit meiner anhaltenden Schlaflosigkeit zu tun, und nicht mit irgendwelchen Problemen, derentwegen ich bei Doktor Schreiber in Behandlung bin. Ich werde ihm auch nicht pro Minute einen Dollar bezahlen, um auf der Couch zu liegen, wenn ich zu erschöpft bin, ihm auch nur ein Wort zuzumurmeln.

Du könntest es aber schaffen, ein paar Extraaugenblicke auf der Couch herauszuschlagen, regte Horne leichthin an. Und weißt du, Elphinstone, ich bin mehr und mehr davon überzeugt, daß deine chronische Reizbarkeit, die in diesem Sommer viel schlimmer geworden ist, deine unterbewußte Reaktion auf all den freundlichen Unsinn ist. Du bist ein Widder, meine Liebe, und Widdermenschen, besonders solche mit dem Steinbock im Aszendenten, können nur durch Jung irgendwelche Hilfe erfahren. Ich meine, für Widdermenschen gibt es nur Jung oder gar nichts.

Elphinstone fühlte in ihrer Brust eine Erwiderung von fulminantem Ingrimm kochen, aber sie hielt es in ihrem erschöpften Zustand für besser, sie zu unterdrücken. Deshalb lenkte sie das Gesprächsthema auf den Panama-Papagei, zu Lorita; sie hatte bemerkt, daß Lorita nicht in ihrem Zimmerkäfig war.

Wohin hast du Lorita gesteckt? fragte sie so scharf, als verdächtige sie ihre Freundin, dem Vogel den Hals umgedreht und den Kadaver in den Abfall geworfen zu haben.

Lorita ist auf einer ihrer Reisen, erwiderte Horne feurig.

Ich glaube, Lorita sollte besser nicht auf Reisen gehen, bevor du ins Büro gegangen bist, brummte Elphinstone, denn du bewegst dich am Morgen so hektisch, daß du ihr wahrscheinlich einmal die Krallen zerquetschen wirst.

Ich bewege mich zwar rasch, aber nicht blind, meine Liebe, und außerdem hat sich Lorita nur in ihren Sommerpalast begeben.

Loritas Sommerpalast war ein äußerst geräumiger und üppig verzierter Käfig, der für den Papagei außerhalb der Doppeltür auf dem Balkon aufgestellt worden war.

Lorita saß tatsächlich in diesem Käfig.

Eines Tages, sagte Elphinstone düster, wird dieser Vogel entdecken, daß er fliegen kann, und dann: adieu, Lorita!

Du bist heute morgen ja voll düsterer Voraussagungen, sagte Horne. Ich wette, der gute Doktor Schreiber wird davon eine Menge zu hören bekommen.

Beide schlürften nun ihren Kaffee, Seite an Seite, auf dem mit elfenbeinfarbenen Satin bezogenen *love seat* mit dem Blick zum Fernseher, zum Balkon und zur Rückseite der Sandsteinhäuser an der East Sixtieth Street hin. Es war eine angenehme Aussicht auf viel mehr Laubwerk, als man, außerhalb eines Parks, in Manhattan für gewöhnlich findet. Der Fernseher war angestellt. Ein Vertreter der Gesundheitsbehörde redete eben über die erhöhte Zahl von Kinderlähmungsfällen in diesem Sommer in New York.

Wann gehst du denn zur Polio-Impfung?, fragte Horne. Elphinstone erklärte, sie habe beschlossen, sich in diesem Sommer nicht gegen Polio impfen zu lassen.

Bist du verrückt?, fragte Horne.

Nein, bloß über vierzig, erwiderte Elphinstone.

Was hat das damit zu tun?

Ich bin aus dem gefährlichen Alter heraus, prahlte Elphinstone.

Das ist eine überholte Theorie. Der Sprecher hat soeben gesagt, daß es heutzutage für Kinderlähmung keine Altersgrenze mehr gibt.

Horne, du nimmst allerdings jede Spritze oder Tablette, die es überhaupt gibt, sagte Elphinstone, aber aus einem ganz verschrobenen Grund. Nicht weil du etwa wirkliche Angst vor Krankheit oder dem Tod hättest, schluckst du alles, sondern weil du einen unterbewußten Todeswunsch in dir trägst und weil du dich seinetwegen so schuldig fühlst, daß du dich andauernd selbst zu überzeugen versuchst, alles in deiner Macht Stehende zu tun, um deine Gesundheit zu verbessern und dein Leben zu verlängern.

Sie sprachen zwar ruhig, aber sie blickten einander beim Reden nicht an, was weder für diesen zehnten August noch für die Blüte ihrer Freundschaft ein gutes Zeichen war.

Ja, das ist ein sehr verschrobener Grund, wie du dich ausdrückst, ein tatsächlich sehr verschrobener. Warum sollte ich einen Todeswunsch in mir tragen?

Ihre Stimmen waren leise und zittrig geworden.

Vor ein paar Abenden, Horne, hast du vom Balkon aus auf die Stadt geblickt und gesagt: Mein Gott, was für eine Menge von großen Grabsteinen, ein Friedhof in glänzender Beleuchtung, die größten Grabsteine auf dem größten Friedhof der Welt sind das! Ich habe diese Bemerkungen Doktor Schreiber wiederholt, und ich habe ihm gesagt, daß sie mich schrecklich aufgeregt hätten. Er meinte: »Sie leben, Sie teilen Ihr Leben mit einer sehr kranken Person. Großartige Architektur in einer großartigen Stadt zu sehen und von Grabsteinen auf einem Friedhof zu reden, ist das Zeichen einer tiefen psychischen Störung, tiefer als die Ihre es ist, und obwohl ich weiß, wie sehr Sie diese Gefährtin schätzen, so muß ich Sie doch warnen: dieses Ausmaß an Nihilismus und dieser Todeswunsch sind nicht eben das, dem Sie sich dauernd aussetzen sollten, vor allem nicht gerade, da Sie sich anstrengen, aus dem Schattenbereich herauszukommen. Ich kann zu einer Fortführung dieser Beziehung nur dann raten«, sagte Doktor Schreiber zu mir, »wenn diese kranke Person sich ebenfalls einer Psychotherapie zu unterziehen bereit ist. Aber an dieser Bereitschaft zweifle ich, weil sie ja nicht höhersteigen will. Sie will vielmehr in die Gegenrichtung gehen. Und dies«, so sagte er, »wird mir noch deutlicher durch das, was Sie mir über den gegenwärtigen Umgang Ihrer Freundin gesagt haben.«

Ein kurzes Schweigen trat ein, dann sagte Horne: Du glaubst also, daß ich deiner Analyse ein Hindernis bin? Wenn du das nämlich glaubst, möchte ich dir versichern, daß dieses Hindernis nur zu gerne weichen wird.

Schreiber, meinte Elphinstone, ist hauptsächlich wegen deines neuen Freundeskreises besorgt, denn er fühlt, daß diese Menschen instinktiv zerstörerisch sind.

Nun, sagte Horne, er kennt sie nicht, und ich glaube, es ist unerhört anmaßend, eine Gruppe von unterschiedlichen Persönlichkeiten ohne unmittelbare Kontaktnahme beurteilen zu wollen. Freilich habe ich keine Ahnung davon, welche Geschichten du Doktor Schreiber zugesteckt haben magst.

Keine, keine! – Nahezu keine...

Wie kann er dann über sie Bescheid wissen? Durch eine Art Ahnung vielleicht?

In der Tiefenanalyse, sagte Elphinstone mit unheilverkündender Stimme, darf man nichts zurückhalten.

Aber das bedeutet nicht, daß alles, was du nicht zurückhältst, notwendigerweise auch wahr ist. Oder? Scheiße, offenbar hast du kein Wort davon ehrlich gemeint, als du mir erklärt hattest, du könntest vollkommen verstehen, wie sehr ich meinen eigenen kleinen Freundeskreis brauche, da ich von deinem nicht akzeptiert werde.

Elphinstone erwiderte bekümmert: Ich habe keinen Freundeskreis, es sei denn, du meinst meine Gruppe von alten Schulkumpanen aus dem Sarah Lawrence College, mit denen ich mich einmal im Monat zum Lunch treffe, und die ich nur sehr, sehr gelegentlich zu einem kalten Abendessen und einer Bridge-Partie hierher einlade; Gelegenheiten, zu denen du immer eingeladen wirst, ja geradezu zu kommen genötigt wirst, obwohl du bisher immer abgelehnt hast, – mit einer einzigen Ausnahme.

O ja, sagte Horne, vor ein paar Tagen hast du freilich gemeint, daß du nichts Unrichtiges darin sehen könntest, wenn wir unseren getrennten Freundeskreis unterhielten, sondern du sagtest sogar, daß du diese Tatsache als psychologisch gesund für uns beide ansiehst. Du sagtest, wenn du dich zu erinnern suchst, daß es die Spannungen zwischen uns beiden lockern würde, wenn wir unseren separaten Kreis hätten, und was die Unterstellung angeht, daß meine Freunde dir gegenüber feindselig gesinnt sind, so kann ich dir nur sagen –

Was kannst du mir sagen?

Daß du *sie* nicht akzeptiert hast. Bei dieser einzigen Gelegenheit, bei der du uns mit deiner Anwesenheit beehrt hattest, dieses einzige Mal, als du dich herabgelassen hattest, mit ihnen zusammenzukommen, anstatt zu solch einem öden Treffen mit Sarah-Lawrence-Absolventen zu laufen, hast du dich ja auch wie ein Igel gesträubt.

Eine weitere Pause unterbrach das Gespräch. Beide Damen erzeugten leise Geräusche in ihren Kehlen, und während sie kleine Schlucke Kaffee nippten, blickten sie einander keinen Augenblick an: die heiße Luft zitterte zwischen ihnen. Sogar der Papagei Lorita schien die häusliche Krise zu spüren, der Vogel gab nämlich, aus seinem Sommerpalast, ruhige Glucktöne und leise musikalische Pfiffe von sich, als wollte er die unglücklichen Damen damit befrieden.

Du sagst also, ich hätte einen Todeswunsch, sagte Horne, indem sie das Gespräch wieder aufnahm. Ich glaube, meine Liebe, du steckst den Schuh an den falschen Fuß. Meine Richtung geht nämlich nach außenhin, sie ist auf ein Sichöffnen und auf Bereicherung meiner Kontakte mit dem Leben gerichtet. Du aber bist vom langsamen Sterben deiner Mutter besessen, als wenn du sie darum beneiden würdest. Du haßt meine Freunde, die du meinen ›Kreis von Village-Hippies‹ nennst, weil sie nämlich geistig lebhaft, intensiv lebendig, kurz: dem Leben hingegeben sind, und das *hier* und *hier* und *hier!*

(Sie berührte bei diesem dreifachen ›hier‹ ihre Stirn, ihre Brust und ihren Unterleib.)

Oh, und alle diese bemerkenswert verschiedenartige Vitalität soll heute abend hier wieder zum Ausbruch kommen, nicht wahr, Horne?

Das gesellschaftliche Klima, sagte Horne, wird dann wahrscheinlich etwas belebter sein, als du die Zustände in Shadow Glade finden würdest. Aber andererseits gibt es freilich nur noch eins, was weniger lebhaft als das Haus deiner Mutter ist, und das ist das Geschwätz bei deinen Sarah-Lawrence-Treffen. Elphinstone, warum verzichtest du nicht auf dieses kommende Wochenende bei deiner Mutter und kommst dafür heute abend zu meiner kleinen Zusammenkunft, und zwar mit einer anderen Einstellung als zuvor. Ich meine, sei einfach nett, natürlich, freundlich, anstatt die Stimmung mit deiner Feindseligkeit und deinem Verdacht zu beladen. Ich bin mir sicher, daß man dich dann ein wenig besser verstehen würde, und daß vor allem *du selbst* die Erregung begreifen würdest, die ich im Umgang mit einer Gruppe fühle, die eine gewisse Art intellektueller Lebhaftigkeit in sich trägt, und –

Damit willst du doch nur sagen, daß Sarah-Lawrence-Absolventen ausschließlich und unvermeidlich schwachsinnig seien!?

Ich dachte gar nicht an die Sarah-Lawrence-Absolventen; ich bin ihnen nichts, und sie bedeuten mir nichts. Allerdings, fuhr sie fort, und ihre Stimme wurde heftiger, finde ich es einigermaßen spaßhaft, eine Religion, eine Scheiß-Besonderheit daraus zu machen, irgendwann einmal diese snobistische Schule der Blasiertheit besucht zu haben!

Nun, Horne, wenn du durchaus die Wahrheit wissen mußt, sagte Elphinstone, so waren einige der Damen von deiner *Lallokropia* ein wenig aus der Fassung gebracht.

Von meiner *was*?

Lallokropia ist das psychiatrische Fachwort für den inneren Zwang, selbst bei den unpassendsten Gelegenheiten schokkierende Ausdrücke zu benützen.

Scheiße noch einmal, sollte ich die Damen also schockiert haben –

In diesem Augenblick erhob sich Horne, ohne den angefangenen Satz zu beenden, ihre Bewegung war so ruckhaft, daß sie sogar ein wenig Kaffee auf den elfenbeinfarbenen Satinbezug des *love seat* spritzte.

Horne stieß darüber einen wilden Schrei aus, mit dem sie ein Arsenal von Spannungen entlud, die sich während dieses schwarzen Beginns des zehnten August in ihr angesammelt hatten. Als wäre sie von der Gewalt dieses Schreies losgeschleudert worden, rannte sie mit der Geschwindigkeit einer Kanonenkugel zur Küche und ergriff dort ein Reinigungstuch, das sie unter dem Wasserhahn naß machte; dann raste sie zurück ins Wohnzimmer, um mit dem nassen Lappen den Kaffeefleck auf dem eleganten *love seat* abzureiben.

O weh, meinte Elphinstone mit einer eher sorgenvollen als boshaften Stimme, ich sehe jetzt, warum dieses Möbelstück zerstört worden ist. Du reibst diesen elfenbeinfarbenen Satinbezug, der aus dem Hochzeitskleid meiner Großmutter gemacht worden ist, jedesmal, wenn du etwas daraufschüttest, mit einem nassen Abwaschlappen, und du schüttest mit sonderbarer Regelmäßigkeit etwas darauf, eben wegen deiner Feindseligkeit gegen –

Zuerst nur, natürlich!, sagte Horne, die nur den Anfangsteil von Elphinstones kläglicher Beschuldigung gehört hatte. Dann behandle ich den Fleck selbstverständlich mit dem Wunderreiniger.

Was ist ein Wunderreiniger?

Wunderreiniger, stieß Horne mit atemlosem Keuchen hervor, da ihre Atmung durch die vorhergehende Anspannung und den endlichen Ausbruch noch immer gestört war, Wunderreiniger ist ein großartiges Produkt, das von Johnny Carson* in seiner ›Tonight Show‹ empfohlen wird.

Ich sehe, du bist verrückt, sagte Elphinstone. Ich werde also das Sofa außer Haus geben und mit kaffeefarbener Leinwand beziehen lassen. Natürlich kann ich nicht viel zum Schutz meines Porzellans und meiner Gläser vor der Verwüstung unternehmen, die, wie ich weiß, *ce soir* bevorsteht. Der Verlust meines Wedgewood- und Havilland-Porzellans ist eben der kleine Preis, den ich für deine kulturelle Degeneration während dieser vergangenen paar Monate werde zahlen müssen, falls man sechs Monate noch ›ein paar‹ nennen kann. Ich kann natürlich nicht in die Zukunft blicken, aber wenn dieser Platz nicht in kürzester Zeit ein Trümmerhaufen sein –

Warum versteckst du dein verdammtes Wedgewood und Havilland nicht in einem Lagerhaus, wer will oder braucht denn dein gottverdammtes –

Horne, sagte Elphinstone mit warnendem Vibrieren in ihrer Stimme.

Horne erwiderte mit demselben skatologischen Wort, das sie in jüngster Zeit in Gesprächen so oft verwendete, und Elphinstone wiederholte den Familiennamen ihrer Freundin mit noch größerer Emphase.

Jesus Christus, Elphinstone, aber es ist doch wirklich wahr! Wir teilen hier ein kleines Apartment, in dem fast der gesamte Raum schon im voraus durch Familienreliquien wie

* *Johnny Carson ist ein bekannter amerikanischer Show-Business-Star*

dein Wedgewood und dein Kristall und dein Silberzeug und sogar noch die Haarlocken deiner Mutter verstellt ist. Alles hier ist von Mutter oder von der Mutter deiner Mutter, ich fühle mich wie ein rechtloser Siedler inmitten deiner Familienverschwörung auf dem Totenanger, und, o mein Gott, wenn ich erst einen Blick auf die Bücherborde werfe! Stell dir meine Verlegenheit vor, wenn Doktoren der Literaturwissenschaft und der Philosophie zur Wand treten, um die Büchertitel auf diesen Regalen zu lesen, und wenn sie nichts anderes als diesen genealogischen Scheißdreck entdecken, und dann glauben, das sei mein Lesestoff...: *Bedeutende Familien der Südstaaten Band I*, *Bedeutende Familien der Südstaaten Band II*, *Bedeutende Familien Scheiße* bis hinauf zur Zimmerdecke und bis hinunter zu deinem Aubusson-Teppich, nur Regale und Regale und –

Horne, ich nehme an, du weißt, daß ich ein professioneller Fachmann in Genealogie bin und daß ich meine Nachschlagewerke haben muß. Außerdem weißt du, daß ich gezwungen bin, in diesem Zimmer hier zu arbeiten!

Scheiße, ich dachte du hättest mittlerweile alles endlich in deinem Kopf! Wer trieb mit Governor Dinwiddie Unzucht im Preiselbeergebüsch beim Potomac-Fluß, welcher Stamm skalpierte Mistreß Elphinstone: die Cherokees oder die Choctaws, und zwar am –

Es gibt nichts, dessentwegen man sich seiner Siedlervergangenheit schämen müßte, Horne!

Trotzdem haben deine Siedlervergangenheit und deine Familienreliquien, liebe Elphinstone, diesen Platz hier für mich unbewohnbar gemacht! Ich werde, übers Wochenende, im Hotel Chelsea ein Zimmer nehmen, und du wirst später von mir hören, wo du mich wegen der Rückerstattung der halben Monatsmiete für das Elphinstone-Heiligtum erreichen kannst!

Sie hörte, wie Horne die Tür zum großen Schlafzimmer hinter sich zuschlug, und mit gespitzten Ohren konnte sie auch hören, wie ihre fehlerstrotzende Gefährtin da drinnen sehr beschäftigt war. Zehn Minuten oder auch länger vernahm man Knallen und Schlagen, bis Horne endlich aus dem

Hause zu ihrem Büro ging. Erst dann erhob sich Elphinstone aus ihrem *love seat*, den man als ruiniert bezeichnen konnte, und ging hinüber in das große Schlafzimmer zu einer kleinen Erkundung.

Elphinstone entdeckte, daß Horne holterdepolter einige Sachen in ihre Stoffreisetasche gepackt hatte, daß ihr dabei der Reißverschluß entzweigegangen war, und daß sie ihre Toiletten-Artikel, sogar die Zahnbürste, dann doch liegen gelassen hatte. Diese Feststellung bestärkte Elphinstone in der Überzeugung, daß diese halb gepackte Reisetasche nur eine der kleinen kindischen Handlungen Hornes bedeutete.

Zur Mittagszeit jenes zehnten August rief Elphinstone die Forschungsabteilung des *National Journal of Social Commentary* an, wo Horne angestellt war, und verlangte Horne am Telefon.

Ihre Stimmen klangen traurig und gedämpft, so gedämpft klangen sie, daß jede die andere bitten mußte, gewisse Worte zu wiederholen, die in dieser langen und zögernden telefonischen Unterhaltung ausgesprochen wurden. Das Gespräch war milde und nahezu elegisch im Ton. Nur ein einziges widersprüchliches Thema kam darin auf, nämlich die Sache mit den Polio-Impfungen. Elphinstone sagte: Meine Liebe, wenn es dir soviel bedeutet, dann lasse ich mich eben impfen.

Daraufhin kam es zu einem geringfügigen Versagen in Hornes Stimme, als sie auf dieses Angebot erwidern mußte.

Meine Liebe, sagte sie, du weißt, welche Angst ich vor Kinderlähmung habe, seit die Krankheit meinen Vetter Alfie getroffen hat, der noch immer in der eisernen Lunge liegen muß. Nur sein Kopf schaut heraus, er scheint unnütz verschwendet wie ein Totenkopf, meine Liebe, und erst seine verlorenen blauen Augen, o mein Gott, ihr Blick, wenn er versucht, mich anzulächeln, o Gott, dieser Blick!

Als sie in ihrem Gespräch so weit gekommen waren, fingen beide zu weinen an und waren kaum noch in der Lage, hörbare good-byes zu stammeln...

Aber um vier Uhr gab es an jenem heißen Augustnachmittag in den Gefühlen Elphinstones einen plötzlichen Umschwung. Da sie mit ihrem Psychoanalytiker eine Nachmittagssitzung vereinbart hatte, wiederholte sie ihm mit bewundersswerter Genauigkeit das gesamte Morgengespräch mit Horne.

Wann werden Sie endlich lernen, fragte er traurig, wenn eine Sache für immer erledigt ist?

Er erhob sich von seinem Sessel hinter der Couch, auf der Elphinstone ausgestreckt lag und ein Bündel von Kleenex-Tüchern gegen ihre Nasenlöcher hielt; er beendete die Sitzung nach nur fünfundzwanzig Minuten, betrog also Elphinstone um die Hälfte dessen, was sie für eine Sitzung bezahlte.

Feierlich hielt er dann für Elphinstone die Tür geöffnet, damit sie hinausschreiten solle. Sie trat schluchzend in den heißen Nachmittag. Es war bedeckt, aber doch flammend hell da draußen.

Nichts, nichts, dachte sie. Sie meinte damit, daß sie nichts zu tun hatte. Aber als sie zu Hause eintraf, nahm ein aggressiver Impuls von ihr Besitz. Sie ging in das große Schlafzimmer und beendete Hornes Packerei. Sie tat dies sehr gründlich, sehr schnell und sehr sauber, und zuletzt stellte sie alle vier Gepäckstücke neben die Tür zum Schlafraum. Dann ging sie in ihr eigenes Zimmer, füllte eine Reißverschlußtasche mit dem Nötigsten für das Wochenende und eilte davon zu Grand Central Station, wo sie einen Zug nach Shadow Glade bestieg. Sie hatte vor, dort zu bleiben, bis Horne den deutlichen Fingerzeig verstanden und die Wohnung in der East Sixty-first Street für immer verlassen hätte.

Als sie bei Mama ankam, fand Elphinstone sie wieder einmal an ihrem Herzasthma leidend vor. Sie hatte gerade einen neuen Anfall, und eine Krankenschwester stand ihr bei. Elphinstone konnte bei diesem Anblick nichts empfinden, nur die übliche beschämende Spekulation anstellen über Mamas letzten Willen und Testament. Würde das Vermögen zum größten Teil an die verheiratete Schwester mit den drei Kindern gehen, oder war die Mutter gerecht gewesen und hatte sie verstanden, daß Elphinstone in Wahrheit diejenige war, die finanziellen Schutz brauchte für die kommenden Jahre? Oder sollte gar alles (o Gott!) an die Knowledgist Church und ihre missionarischen Unternehmungen in Neuseeland gehen, Mamas Lieblingsinteresse in den jüngsten Jahren? Bei solchen grundsätzlichen Überlegungen hatte Elphinstone selbst Herzbeklemmungen, und als Mamas Herzasthma-Attacke nachließ, als Mama aus dem Bett stieg und erneut über die Glaubensideen dieser Knowledgist Church zu reden begann, fühlte Elphinstone sich erleichtert. Plötzlich sagte sie zu Mama, daß sie, Elphinstone, es für besser halte, nach New York zurückzukehren, weil sie nämlich Horne von ihrer Abreise hierher nicht in Kenntnis gesetzt hatte, was man gerade einer so nervösen Person wie Horne nicht antun sollte.

Ich verstehe nicht dieses immerwährende Gerede über Horne: immer Horne, klagte Mama. Wer zum Teufel ist diese Horne? Ich habe seit nunmehr zehn Jahren nichts anderes als den Namen Horne aus deinem Munde gehört! Hat diese Horne keinen Vornamen, bei dem du sie nennen kannst? Meine Güte, es muß damit doch eine recht sonderbare Bewandtnis haben, das habe ich ja schon immmer vermutet. Was soll das alles *bedeuten*? Ich weiß nicht, was ich mir darunter vorstellen soll!

O Mama, da gibt es nichts, was du dir vorstellen sollst, sagte Elphinstone. Wir sind zwei unverheiratete berufstätige Frauen, und unverheiratete berufstätige Frauen nennen einander beim Familiennamen. So ist das unter berufstätigen Frauen in Manhattan eben der Brauch: das ist alles, was ich dir darüber sagen kann, Mama.

Na ja, sagte Mama, hmmmm, ich weiß nicht, na ja...

Sie warf Elphinstone einen kurzen stachligen Blick zu, ließ dann aber das Thema Horne fallen und bat die Krankenschwester, ihr auf das Töpfchen zu helfen.

Nun, die alte Dame hatte sich durch einen neuerlichen sehr schweren Anfall von Herzasthma geschleppt und bedurfte jetzt der Stärkung durch kleine Handreichungen und auch durch das gelungene Käse-Soufflé, das Elphinstone für ihr Abendessen beim Bett zubereitet hatte.

Weiterhin wurde Mama dadurch bestärkt und ermutigt, daß der Doktor die Schwester nach Hause schickte.

Der Doktor muß denken, es geht mir jetzt besser, bemerkte die Kranke zu ihrer Tochter.

Elphinstone antwortete: Ja, Mama, als ich hier ankam, war dein Gesicht ganz blau, aber jetzt hat es fast wieder normale Farbe angenommen.

Blau? fragte Mama.

Ja, Mama, fast purpurn. Es handelte sich dabei um einen Zustand, der zyanotisch genannt wird.

O mein Gott, seufzte Mama, zyna –...: wie hast du das genannt?

Da Elphinstone bemerkte, daß der Gebrauch solch klinischer Terminologie die Mama wieder erregt hatte, machte sie eine Reihe von passenderen Bemerkungen, wie zum Beispiel, daß Mamas rosa Bettjacke jetzt, da ihr Gesicht wieder normale Farbe habe, ihr ausgezeichnet stehe, und sie erinnerte Mama daran, daß sie, Elphinstone, ihr diese Bettjacke, zusammen mit einem Paar gestrickter Hauspantoffeln und einer spitzenverzierten Schutzkappe für die Thermosflasche, zum fünfundachtzigsten Geburtstag geschenkt hatte.

Nach einem kurzen Schweigen konnte Elphinstone sich nicht die Bemerkung verkneifen, daß Mamas andere Tochter Violetta, die Verheiratete, Mamas Geburtstag vollkommen ignoriert hatte, ebenso wie die Enkelkinder Charlie, Clem und Eunice.

Aber Mama war nicht länger aufmerksam. Ihr Beruhigungsmittel begann jetzt zu wirken, und das langsame und vergleichsweise sanfte Heben und Senken ihres alten, riesigen Busens erinnerte Elphinstone an das Anschwellen und Abflauen des Ozeans, der nach der Heftigkeit eines Taifuns wieder zur Ruhe zurückkehrte.

Es ist wunderbar, wie sie immerfort Mr. Black abzuwehren versteht, sagte Elphinstone zu sich selbst. (Mr. Black war ihr privater Name für den Sensenmann.) Lacey, sagte Elphinstone schließlich zu Mamas Haushälterin, hat Mama in jüngster Zeit irgendwelche Besuche von ihrem Anwalt empfangen?

Die alte Haushälterin hatte für Elphinstone einen heißen Grog zubereitet und ihr auch den Morgenfahrplan der Züge nach Manhattan gegeben.

Während sie an ihrem Grog nippte, fühlte sich Elphinstone wieder einmal über Mamas Haushälterin beruhigt. Manchmal hatte sie nämlich Lacey der schlauen Absicht verdächtigt gehabt, Mama überleben zu wollen und so einen Anteil an Mamas Vermögen zu erhalten, aber jetzt, zu dieser Mitternachtsstunde, war es ganz offenbar, daß die alte Haushälterin es höchstwahrscheinlich nicht so lange machen würde wie Mama. Auch Lacey hatte Asthma und dazu rheumatische Gelenkentzündung mit Kalziumablagerungen in der Wirbelsäule, weshalb sie gekrümmt wie ein Bogen einherging! In der Tat schien Elphinstone Laceys Zustand schlimmer als Mamas, obwohl sie, Lacey, weiterhin arbeitete und auf den Beinen war; sie hielt an der Gewohnheit ihrer Existenz mit jener Art von tierhafter Zähigkeit fest, von der Elphinstone nicht recht wußte, ob sie sie bei Mama oder bei der alten Haushälterin überhaupt respektieren könne.

Sie kann's ja nicht ewig treiben, murmelte Elphinstone.

Was gibt's, Miß?, fragte die Haushälterin.

Ich sagte, daß Mama noch immer von der Knowledgist Church besessen ist, obwohl diese Sekte niemals über die Grenzen Neuseelands herauskam, wo sie, ein Jahr vor Mamas Bekehrung, gegründet worden ist. Das war damals, als Mama mit Papa, der sich von der Prostataoperation im Jahre 1912 nicht mehr erholen konnte, Auckland besucht hatte...

Was?

Nichts, erwiderte Elphinstone sanft auf die Frage der Haushälterin. Dann erhob sie ihre Stimme und rief: *Willst du mir jetzt bitte ein Taxi rufen?*

Was?

Taxi! Anrufen! Jetzt!

Oh...

Ja, ich habe beschlossen, nicht auf den Morgenzug nach Manhattan zu warten, sondern in einem Taxi zurückzufahren. Es wird zwar teuer sein, aber –

Hätte sie den Satz zu Ende gesprochen, wäre er darauf hinausgelaufen, daß sie vorhatte, Horne inmitten ihres babylonischen Gelages mit dem Gesindel von der New York University zu überraschen, und besonders daß sie sich gerade überlegte, mit welcher Bemerkung sie sich an den rotbärtigen Philosophieprofessor wenden wollte.

Sind Sie Anhänger der Women's Lib? Sind Sie es aus persönlichen Gründen?, würde sie ihn fragen.

Ein langsames Lächeln wuchs auf ihrem Gesicht, als sie die Stufen zur Eingangshalle von Mamas Sommerhafen hinabstieg.

Hmmm, überlegte sie.

Ihre Laune hatte sich durch diese ihre meisterhafte Kriegslist so gebessert, daß sie an der Tür eine Dollarnote in Laceys eidechsenkalte Finger schob.

Das Taxi war da.

Als sie erfuhr, daß der Preis für die Fahrt nach Manhattan um die achtzig Dollar liegen würde, schickte sie den Fahrer verärgert weg, doch bevor er vom Privatweg auf die Straße hinausbog, rief sie ihn mit einer Stimme wie ein Donnerschlag wieder zurück.

Es war Elphinstone nämlich eingefallen, daß achtzig Dollar weniger als die Hälfte waren, was zwei Sitzungen bei Doktor Schreiber kosteten, und ihr Verdacht war fast schon eine Gewißheit, daß am frühen Morgen des elften August die Dämonologie und anders mit jenem New-York-University-Gesindel verbundenes Unheil für immer aus ihrem kleinen Heim ausgetrieben sein würde ebenso wie –

Freilich, Horne wird versuchen, sich wie eine Klette an mich zu hängen, aber wir werden ja sehen!

Als Elphinstone sich mit dem Hausschlüssel Einlaß in das Apartment in der East Sixty-first Street verschafft hatte, fand sie sich einer Szene gegenüber, die von jener, die sie während der langen und kostspieligen Taxifahrt erwartet, ja vorausgesetzt hatte, grundverschieden war.

Kein Gelage war hier im Gange, kein Zeichen von Unordnung war in der Horne-Elphinstoneschen Unterkunft zu sehen.

Horne? *Wo ist sie?* Oh, dort!

Horne war in dem verheerend befleckten *love seat* eingeschlafen. Sie saß mit dem Gesicht zum Glotzkasten. Der Apparat war noch eingeschaltet, obwohl es schon lange Zeit nach der ›Tonight Show‹ und auch nach dem ›Late Late Movie‹ war. Der Bildschirm war jetzt nur ein blöder weißer Lichtfleck mit kleinen tanzenden schwarzen Punkten darin. Es sah aus wie das Filmnegativ eines Blizzards in irgendeiner verlassenen Landschaft, von einem gedämpften statischen Brausen akustisch begleitet. Mein Gott, es war ganz so, als wäre Elphinstones bewußter und unterbewußter Denkprozeß während der verschwenderischen Geste ihrer Taxifahrt nach Hause heimlich aufgenommen worden und als würde dieses Tonband jetzt, Herr Jesus Christus, laut abgespielt. Elphinstone studierte das kleine, welkende Gesicht Hornes, die da auf dem *love seat* schlief, während ihr leises Schnarchen mit unverständlichem Murmeln wechselte. Vor ihr, auf dem kleinen Cocktailtisch, standen eine halbgefüllte Flasche von Jack Daniel's Label Whisky und ein einzelner Becher.

Offenbar hatte sich Horne vor dem Idiotenkino ganz, ganz allein in den Schlaf getrunken.

Elphinstone stand vor einem Geheimnis.

Sie überprüfte das telefonische Antwortsystem, fragte nach allen Anrufen für sich selbst wie auch für Horne.

Der einzige für sie selbst bestimmte Anruf war von einer Sarah-Lawrence-Kollegin gekommen, die ihre gemeinsame Verabredung zum Lunch wegen einer leichten Grippe absagte. Die einzige Nachricht für Horne war interessanter. Mit einer Kürze, die Elphinstone beleidigend schien, sagte da jemand: Bedaure, die Vorstellung fällt aus, Sandy Cutsoe.

(Das war der Name des rotbärtigen Philosophieprofessors von dieser Dreck-Eliteschule.)

Wie eine warme und friedfertige Weintrunkenheit kehrte Mitleid für die kleine und verlassene Person auf dem *love seat* in Elphinstones Herz ein. Sie schaltete den Fernseher aus, dieses Filmnegativ eines nächtlichen Schneesturms in einer entlegenen Landschaft, und dann war es sehr dunkel im Zimmer, und still war es auch, Hornes leises Schnarchen und Murmeln und ein gelegentliches schläfriges Glucken des Papageis ausgenommen, der noch immer in seinem Sommerpalast auf dem Balkon verweilte, wo er gut für den Rest der Nacht bleiben konnte.

O je, sagte Elphinstone, den zehnten August haben wir überstanden, soviel ist sicher...

Dann tat sie etwas Seltsames, etwas, dessen sie sich mit Verlegenheit erinnern und das sie am Montag Doktor Schreiber berichten würde, in der Hoffnung, Einsicht in die tiefere Bedeutung zu gewinnen, die diesem Verhalten gewiß innewohnen mußte.

Sie schmiegte sich an den *love seat* und preßte eine Wange zärtlich an Hornes knochige Kniescheiben, wobei sie ihre dünnen Waden mit einem Arm umfaßt hielt. In dieser Haltung, die nicht bequem, aber trostreich war, beobachtete sie, wie das Profil der Stadt mit verständlichem Widerwillen in den Morgen kroch, weil, du mein Gott, Hornes Bemerkung auf diese monolithischen Gebilde im Stadtzentrum ja wirklich zutraf: sie sahen tatsächlich aus wie eine Masse erleuchteter Grabsteine auf einem Friedhof.

Das Licht des Morgens schien sich nicht um die Stadt zu kümmern, es schien sich in und um diese Stadt mit verständlicher Abneigung hinein- und herumzuschleichen. Stadt und Morgen umarmten einander, als wären sie dafür bezahlt worden, einen intimen Akt öffentlich auszuführen, der beiden Teilen gleichermaßen abstoßend war.

Im Beileidston flüsterte Elphinstone Hornes Kniescheibe zu: fröhlichen elften August!, und übermorgen, oder nein: schon morgen, Montag, würde sie mit ihren Polio-Impfungen anfangen, trotz ihrer kindischen Angst vor dem Stich einer Nadel.

Capriccio-Ouvertüre zu
»Ein Sommernachtstraum«

»Nennt mich die Goldene Herme.

Meine Mutter hat mich in der südlichen Wildnis geboren, doch ›sie, ein sterblich Weib, starb an dem Kinde‹, wie Tante Titania sagt, wenn es auch etwas übertrieben ist, in diesem Zusammenhang von ›meinem kleinen Junker‹ zu reden, da zensiert sie mich, da nimmt sie mir meine Mehrdeutigkeit, damit der Regisseur sich bei der Besetzung der Rolle den Kopf nicht zu sehr zerbrechen muß. Denn ›Kind‹, Junker, Junge, das ist zwar alles auch durchaus nicht wild, liebe Zeit, das liebliche Land, wo die Zitronen blühen, weit über den äußersten Bereich eurer beschränkten, nur auf Europa starrenden Fantasie hinaus sich üppig vermehrend. Ein Kind der Sonne bin ich, ein Kind der leichten Winde, die saftigfeucht wie Mangofrüchte mit mythenerzeugendem Hauch die Küste von Koromandel liebkosen, weit weg an den porphyr- und lapislazulifarbenen indischen Gestaden, wo alles leuchtend und scharfumrissen ist wie eine Lackarbeit.

Tante Titania. Nicht, sollte ich hier betonen, meine Tante im eigentlichen, verwandtschaftlichen Sinn, keine Blutsbande, kein Nabelschnurknoten zwischen uns, sondern die beste Freundin meiner Mutter, welche ihr, ehe sie schied, mich anvertraute, so daß ich sie dann immer Tantchen nannte.

Titania, sie, das große, dicke, spektakulär rosig-blonde Ding, die Memsahib, wie ich sie auch nenne, Tantchen Titttitt-titania (denn ihre Titten sind das erste, was einem ins Auge sticht, richtige Fesselballone), Titt-titt-tittomania hat mich in einen großen Koffer gesteckt, den sie in den Army and Navy Stores gekauft hat, draufgeschrieben: REISEGEPÄCK (Tatsache!), und mich hierher expedieren lassen.

Hierher! Damit ich mir hier – Hatschi! – den Tod in der

Kälte dieses elenden regentriefenden Waldes hole. Regen, Regen, Regen!

›Toller Sommer‹, murmeln die Elfen sarkastisch und schauen mürrisch drein, was man ihnen, arme kleine Dinger, auch kaum verdenken kann – die kleinen Flügel sind völlig durchweicht und kleben an ihren Rücken, so klamm, daß sie kaum abheben können, und kaum sind sie in der Luft, verwirrt sich ihr Flügelschlag in dem peitschenden Regen, sie stürzen ins nasse, krause Farnkraut, unter mitleiderregendem Gequiek. »Habt ihr schon so ein Wetter gesehen?« schimpfen die Elfen in den Rosendickichten, deren Blüten – man muß es zugeben – trotz dem ungnädigen Wetter ein tapferes, wenn auch ziemlich pastellfarbenes Schauspiel zeigen, und die flachen Blütenteller der blassen wilden Rosen fließen über, soviel Regentropfen haben sich in ihnen gesammelt, fließen über, wenn die Sträucher von Dutzenden und Aberdutzenden kleiner schriller Niesanfälle erzittern, denn sie haben ja kein Plätzchen an ihren winzigen Körpern, wo man ein Taschentuch bewahren könnte, und doch haben die Elfen alle genauso monströse Erkältungen wie ich.

Nichts von meinem fürstlichen, exquisit-eleganten, pfauenfedernglitzernden Herkunftserbe hat mich auf den klammen grauen englischen Sommer vorbereitet. Ein Sommernachtsalptraum, müßte man meiner Ansicht nach sagen. Die Wirbelwinde haben selbst den höchsten Eichen die Äste von den mächtigen Stämmen gezerrt und die schwankenderen, weniger fest verwurzelten Ulmen ganz umgeworfen, daß sie wie zusammengesackte Betrunkene um verwischte Elfenringe herumfahren. Blitz und Donner, und nachts sausen fallende Sterne heran und bombardieren den Wald... sehr maßvoll ist dein gemäßigtes Klima ja gerade nicht, meine Liebe, sage ich böse zu Tante Titania, aber sie macht für alles Onkel Oberon verantwortlich, dessen patziger Zorn sich im Donner äußert und der es regnen läßt, wenn er sich einen runterholt, was er anscheinend mehr oder weniger ständig macht, wobei er zweifellos an mich denkt. An MICH!

Weil Oberon vor wildem Grimme schnaubt,
Daß sie ein indisch Fürstenkind geraubt,
Als Edelknabe künftig ihr zu dienen:
Kein schöners Bübchen hat der Tag beschienen,
Und eifersüchtig fordert Ob'ron ihn...

›Bübchen‹, da haben wir's wieder. Eine Halbwahrheit; patriarchale Fehlinformation. Kein Fürst hatte im übrigen etwas damit zu tun, es ging doch alles nur zwischen meiner Mutter und meinem Tantchen.

Außerdem – wie kann man ein Kind rauben? Oder schenken? Oder nehmen? Oder in die Sklaverei verkaufen, verdammt noch mal? Sind diese blonden englischen Elfen die Agenten des Protokolonialismus?

All diesem, meine komplizierte Integrität zu bewahren, setze ich die reglose Fassade des passiven Widerstandes entgegen. Ich bin hier. Ich bin.

Ich bin ein Hermaphrodit, *hermaphroditus verus*, ein Hoden, ein Eierstock, alles zur Hälfte, doch alles ganz, und das Ganze mehr, viel mehr, als die Summe meiner Teile. Dieses Anhängsel hier, das sich so elegant zurückziehen läßt, ist *nicht* die gut entwickelte Klitoris der Tribade, sondern tatsächlich das erektile Instrument der Zeugung... und die samtlippige, herrlich zu schließende Öffnung darunter ist – ich kann es Ihnen versichern – ein gangbarer Weg des anderen Geschlechts. Na also!

Sehen Sie es sich an. Ich bin nicht schüchtern. Beeindruckend, nicht wahr?

Und ich heiße die Goldene Herme, denn ich bin über und über golden. Als ich geboren wurde, bliesen kleine Putti spielerisch die Backen auf, füllten sich die Lungen und bliesen, bliesen die papierdünnen Blättchen Gold über meinen Kindeskörper, daß das Blattgold überall haftete und sitzenblieb. Seht, wie ich glänze!

Und hier stehe ich, unter den triefenden Bäumen, im langen, wildwuchernden, nassen Gras zwischen regenstruppigen Margeriten und den dünnen grünen Kandelabern der

Butterblumen, denen Wind und Nässe alle Blütenblätter weggeschlagen haben, daß ihre Warzenköpfchen kahl dastehen. Und der Scheißstorchschnabel. Und die stechenden Nesseln, diese Quallen des Waldes, die mich so oft gebrannt haben, als ich sie zuerst kennenlernte. Und Erbsenblüten und Senfsamen und unzählige mir unbekannte Sorten Unkraut, mit ihrem langweiligen verwaschenen Rosa und Gelb und Cambridgeblau. Deprimierend. Im Unterholz zwischen den großen Bäumen, das sich naß und blumig erstreckt wie eine William-Morris-Tapete in einem verfallenen Haus, meditiere ich, mein seelisches Gleichgewicht wiederzuerlangen, in der Yogahaltung, welche als Der Baum bekannt ist, das heißt auf einem Bein.

Träger von Pfeil und Ziel zugleich, von Wunde und Bogen, Löffel und Napf, halte ich in meiner Linken eine Lotusblüte, inzwischen schon etwas mitgenommen. Meine Schlange windet sich um den anderen Arm.

Ich bin golden, völlig nackt und zwiegeteilt.

Auf meinem goldenen Gesicht ruht ein regloses archaisches Lächeln. Außer wenn –

HATSCHI!

Scheißschnupfen hier im Okzident.

Hatschi.«

Die Goldene Herme stand im Waldesgrün.

Dieser Wald liegt natürlich keineswegs in der Nähe von Athen – die ganzen Regieanweisungen sind ein einziges Labyrinth falscher Spuren. Tatsächlich befindet sich der Wald irgendwo in den englischen Midlands, möglicherweise bei Bletchley, wo im Krieg die berühmte Spionagezentrale war, in welcher die Codes des Feindes entschlüsselt wurden … Verzeihung, der Wald *befand* sich irgendwo in den englischen Midlands, bis vor ein paar Jahren die ehrwürdig-englischen Eichen, Eschen und Dornsträucher abgeholzt wurden, damit's Platz gab für eine Schnellstraße. Da aber der Wald ja ohnehin nur als Ort der Fantasie existiert hat, von Anfang an, wird er auch bis zum Ende überdauern, als grünes, dekoratives Rankenwerk am Rand der Ewigkeit, die sich der Dichter selbst zugesichert hat. Der große englische Dichter – sein Wald ist dem Wesen nach ein englischer Wald. *Der* englische Wald.

Der englische Wald ist nicht wie der düstere, vom finsterem Zauber durchwehte nördliche Forst, in dem die Fantasie Nordeuropas beginnt und endet, wo ihre Toten und Hexen wohnen, wo die Baba-Yaga in ihrem Haus auf Hühnerbeinen umherstelzt und nach Kindern sucht, um sie zu fressen. Nein. Es gibt einen qualitativen, nicht nur quantitativen Unterschied zwischen Wald und Forst. Nicht nur, weil jener Wald weniger Bäume hat und eine geringere Fläche bedeckt als der Forst. Das ist nur eine der Ursachen für den Unterschied und reicht nicht aus, seine Wirkungen zu erklären.

So kann ein englischer Wald – wie zauberhaft, wie wandelbar auch immer – grundsätzlich nicht weglos sein, wenn auch vielleicht beeindruckend labyrinthisch. Doch aus dem Labyrinth gibt es immer einen Weg ins Freie; auch wenn man ihn eine Zeitlang nicht findet, weiß man doch: Er ist da. Ein Labyrinth ist eine Schöpfung des menschlichen Hirns und ist diesem nicht unähnlich – im Walde verwirrt, mag man an dieser Analogie stets Trost finden. Doch im Forst verirrt, ist man für *diese* Welt verloren, vom Licht verlassen, kennt sich selbst nicht mehr und weiß nicht, ob man sich je wiederfinden wird oder ob man gegen seinen Willen (oder schlimmer noch, aus eigenem Begehren!) einer dauernden Geschiedenheit von den Menschen überantwortet sein wird, einer existenziellen Katastrophe, denn der Forst ist so endlos ohne Grenzen wie das Menschenherz.

Der Wald jedoch ist begrenzt, umschlossen; man kann absichtlich seinen Weg im Wald verlieren, um zum Vergnügen umherzustreifen, und die momentane Verwirrung der Himmelsrichtungen ist wie ein Ferientag, von dem man erfrischt zurückkehren wird, die Taschen voll Nüsse, die Hände voll Blumen und die abgeworfene Feder eines Vogels an der Mütze. Der große Forst ist verhext, dort geht es um; der Wald ist verwunschen.

Selbst die Gefahren des Waldes – allesamt audiovisuelle

Hilfestellungen, um einen genüßlichen Schauder leiser Angst zu erzeugen: das rasche Flattern eines auffliegenden Fasans, samtweicher Flügelschlag der Eule, rotes Fuchshuschen – sie alle versetzen dir einen kleinen Schrecken, doch keine alten Schreckgestalten werden es dir wirklich grauen lassen, weil die englischen Fabelkobolde im Grunde nur einen behaglichen, jungen Glauben an die Harmlosigkeit der Natur abbilden, Teil der wohltätigen Wirkung eines gemäßigten Klimas. (Hörst du's, Herme? Kein Tiger glüht hier in der dunklen Waldnacht – keine schuppigen Pythons, keine gepanzerten Skorpione.) Seit der letzte englische Wolf getötet wurde, lebt nichts Wildes mehr zwischen den Bäumen, dich zu ängstigen. Alles liegt mild im dämmernden Licht, wo Robin Wood, Herr der Fruchtbarkeit, im grünen Schatten wartet. Dieser Wald will den Liebenden wohl.

Man könnte den Wald geradezu den gemeinsamen Hausgarten des Dorfes nennen, einen Garten, der fast absichtlich wild ist wie Bacons Plan von der ›sorglich angelegten Wildnis‹, wo jede Kröte einen Edelstein im Kopfe trägt und all die Blumen ihre Namen haben, nichts unbekannt ist – diese Wildnis birgt kein anderes.

Und immer etwas zu essen! Mutter Naturs Grünzeugladen: Sauerampfer zur Suppe, Pilze, Löwenzahn, Vogelmiere – daraus wird ein Salat; Minze und Thymian zur Würze, wilde Erdbeeren und Brombeeren und im Herbst Nüsse. Der König Nebukadnezar hätte sich im englischen Wald nicht damit zu begnügen brauchen, Gras zu fressen.

Der englische Wald bietet uns wie von fern einen Blick auf eine grüne Welt vor dem Sündenfall, ein wenig näher dem Paradies als wir.

So ist der englische Wald beschaffen, in dem uns die vertrauten Elfen begegnen, die linkischen Verliebten, die einhertölpelnden Handwerksleute. Dies ist der wahre shakespearische Wald – doch ist es nicht der Wald aus Shakespeares Zeiten, der keine Ahnung davon hatte, daß er echt shakespearisch war, und sich insofern nicht um ein besonders stimmiges Aussehen bemühte. Nein – der Wald, wie wir ihn eben beschrieben haben, ist der des nostalgischen neunzehnten Jahrhunderts, welches ihn desinfiziert und gesäubert hat von den ernsten, entsetzlichen, elementaren Wesen, mit denen ihn der Aberglauben einer früheren Zeit gefüllt hatte. Oder besser, es hat diese Wesen verdünnt, kastriert, bis sie schließlich genauso aussahen wie auf den spiritistischen Fotografien von Elfenwesen, die Conan Doyle in solche Verzückung versetzten. Es ist der Wald Mendelssohns.

»Komm in diesen Zauberwald...« – wer könnte der magischen Einladung widerstehen?

Es stellt sich jedoch heraus, daß die Viktorianer den Wald nicht unbedingt in dem Zustand verlassen haben, in welchem sie ihn vorzufinden gewünscht haben mochten.

Puck war von dem exotischen Besuch geradezu zwanghaft fasziniert. In gewisser Hinsicht zogen sich hier Gegensätze an, denn während die Goldene Herme glatt war, glatt!, war Puck behaart. In diesen kühlen Juninächten war Puck in seinem Haarkleid der einzige, dem es noch warm war. Haarig. Zottelig. Vor allem um die Schenkel. (Und – hm! – an den Handflächen.)

Zottelig wie ein Shetlandpony, und manchmal, wenn er nackt auf allen vieren geht, wiehert er. Sonst bellt er.

Er ist der Kobold, der Waldkauz, und manchmal verstellt er sich zum Spiel als das nußbraune Heinzelmännchen, für welches man ein Schälchen Milch vor die Tür stellen muß. Doch wenn man ihn loswerden will, muß man ihm ein Paar Hosen hinlegen, denn diese Gabe nimmt er als Beleidigung seines Geschlechts, auf das er überaus stolz ist. Seht in seinem üppigen Schamhaar wie in einem Nest glänzendschimmernder Sägespäne seine Hoden, runzlig-reif wie Mispeln!

Puck liebt Streiche, erschreckt die Leute, schreit: Kuckuck! Überall hat er Verwandte – die *puki* in Island, die *Pixies* in Devonshire, die *Spukwichte* in Holland und Flandern zählen alle dazu, und alle haben sie nichts Gutes im Sinn. Dieser Puck!

Die zarten, dürftigen Elfchen, die sich als Troß um die Elfenkönigin drängen, spielen nicht gerne mit Puck, weil er so grob ist, ihnen beim Fangen die bemalten Flügel zerreißt und den grauen Mückchen, die Titanias winzige Kutsche durch die Lüfte ziehen, die phantomfeinen Beine abbricht. Er küßt die Mädchen und bringt sie zum Weinen und schleicht sich in die braungelben, phallisch aufragenden Blütenstände des Fingerhuts über Titanias Bett, wo er so lange sich schaukelt, bis die Regentropfen klatschend hinabstürzen und sie durchnässen, und sie erwacht. Die reine Bosheit!

Die vielfältige Perversität ist bei Puck zwar auch nicht stärker ausgeprägt als bei den anderen inframikroskopischen Winzlingen, die zum Hofstaat der Elfen gehören, und doch liegt etwas besonders Dubios-Abstoßendes in seinen Umtrieben als Frotteur und Voyeur, seinem analen und undinistischen Unwesen, seinem – oh, das Papier würde mir vor Scham erröten, würde rosa wie gewisse behördliche Formulare, schriebe ich das eine oder andere von dem nieder, was Puck im Röhricht am Fluß treibt, denn er ist entfernt auch mit dem schlimmen Großen Pan verwandt, und wenn er in Stimmung ist, führt er sich auf eine Art und Weise auf, die für einen englischen Wald höchst ungebührlich ist, wenn auch durchaus üblich an vornehmeren englischen Schulen.

An der phallischen Orientierung von Pucks Wesen kann man erkennen, daß er ein Diener König Oberons ist.

Der haarige Puck verliebte sich in die Goldene Herme und kam oft herbei, um im Mondeslicht auf der Waldlichtung die liebliche lebende Statue zu umhüpfen, wenn er auch – zum Glück für die Herme – nicht nahe genug vordringen konnte, sie zu berühren, da Titania in weiser Voraussicht einen magischen *cordon sanitaire* um ihr schönes Adoptivkind gezogen hatte, so daß sie/er nun wie in einem unsichtbaren Glaskasten stand, wie er ihn/sie Jahrhunderte später im Victoria and Albert Museum beherbergen mochte. Gegen diese durchsichtige, wesenlose Schranke drückte Puck oft seine ohnehin schon ziemlich platte Nase.

Die Herme zog ihren/seinen linken Fuß aus der Ruhestellung zwischen ihren/seinen Lenden und setzte ihn auf den Boden. Mit einer einzigen, fließend-anmutigen Bewegung des Übergangs wechselte sie, wechselte er auf den anderen

Fuß. Lotus und Schlange an den Armen blieben, wo sie waren.

Puck preßte sich gegen Titanias Zauberwall und tat dann, schwer aufseufzend, ein paar Schritte rückwärts, wo er energisch an sich selbst herumzuspielen begann.

Hat der Leser schon einmal Elfensperma gesehen? Wir Sterblichen nennen es Kuckucksspeichel.

Und kein des Weges kommender, aus schwerer Erde geformter Sterblicher, auf großen, schweren Füßen den Wald durchstampfend, daß die Elfen ängstlich mit fledermausgleichem Geschrill auseinanderstieben, könnte – ebensowenig wie er die Rufe der Elfen hörte – die furchtlose Herme entdecken, stocksteif dastehend wie in Trance.

Und *wenn* du, Leser, ihn/sie doch erspähtest, dann würdest du glauben, das kleine gelbe Statuettchen sei ein Talisman, aus der Tasche eines Zigeuners gerutscht, ein Anhänger, vom Armband eines Mädchens abgefallen, oder das Geschenk aus einem besonders teuren Knallbonbon.

Doch höbest du den schönen Gegenstand auf und hieltest ihn in der Hand, dann würdest du spüren, wie warm er ist, als hätte ihn schon jemand in der Hand gehalten, ehe du kamst, und hätte ihn eben erst hingestellt.

Und wenn du lange genug aufmerksam hinschauen würdest, dann könntest du sehen, wie die goldenen Lider, wie kleine Halbmonde aus Flitter, sich regen.

Und vor Seltsamkeit würde sich ein starker Wind erheben und den Wald davonblasen und alles darin.

So wie dein Schatten großwerden und dann wieder beinahe zum Nichts zusammenschrumpfen kann, nur um wieder anzuschwellen, so können auch diese Schatten, diese substanzlosen Seifenblasen sich verändern, diese Lebewesen, denen das Prädikat ›Leben‹ eigentlich nicht zukommt, denn sie leben nicht in unserem Sinne. Sie *können* es nicht, sie können nicht eigene Schatten werfen, denn wer hat je den Schatten eines Schattens gesehen? Ihre Existenz ist zwangsläufig umstritten – glaubst *du* an Elfen? Sie existieren irritierenderweise wie zum Spott gerade dort, wo man sie nur mit Anstrengung aus den Augenwinkeln heraus sehen kann, so daß es auch nur eine Täuschung, ein Trug der Beleuchtung sein mag... eine solche halbe Existenz ohne öffentliche Anerkennung führt nicht zu optischer Stetigkeit. So können sie je nach Laune jegliche Gestalt annehmen.

Puck kann sich in das verwandeln, was ihm beliebt: in einen Schemel, um dann seine berühmte Nummer abzuziehen (»Ich gleit' ihr weg, sie setzt zur Erde sich/Auf ihren Steiß und schreit ›Perdauz‹ und hustet«), die in den unteren Schulklassen so beliebt ist, wo man das Stück mit verteilten Rollen lesen läßt, weil es ja so gut für Kinder paßt, ist doch von Elfen die Rede; in einen Fiat 500; in einen Bechsteinflügel. In was immer.

Nur nicht in den Liebhaber der Goldenen Herme.

In seiner Freizeit, wenn ihn nicht die verschiedenen Aufträge seines Herrn beschäftigen, lungerte Puck sehnsüchtig um den Zauberkreis der Herme herum wie ein kleiner Straßenjunge vor einem Süßwarenladen, und er kam dabei zu dem Schluß, daß zum vollen Genuß der sexuellen Möglichkeiten, welche die Herme bot, sollte die Schranke zwischen ihnen je fallen (und so unwahrscheinlich dies auch sein mochte, Pucks Motto war »Bereitsein ist alles«), daß, sollte es zum Verkehr zwischen ihm und der Goldenen Herme kommen, der Partner der Herme eine vergleichbare Ausstattung benötigen würde, um eine maximal befriedigende Vereinigung herbeizuführen.

Ferner, überlegte Puck, müßte die Ausstattung des hypothetischen Partners der Herme in umgekehrter, spiegelverkehrter Weise angeordnet sein, damit alles richtig paßte und es kein unsicheres Hin und Her gab – Puck, ein ständig interessierter Belauscher sterblicher Paare, die kamen, um an einem, wie sie fälschlicherweise meinten, unbeobachteten Ort das Tier mit den zwei Rücken zu machen, hatte bemerkt, daß es bei der Liebkosung zu unangenehmen Problemen kommen kann, weil alle rechtshändigen Liebenden eigentlich linkshändige Geliebte während des Vorspiels zum Geschlechtsakt bräuchten, und Mutter Natur bei der Fertigung der Menschengestalt diese Präliminarien nicht berücksichtigt hat, die uns allein vom Tier unterscheiden, wenn uns der tierische Trieb überfällt.

Wie er es auch versuchte, wieder und wieder, es gelang Puck nicht, die Sache richtig hinzukriegen, wenn er es auch nach großen Anstrengungen schaffte, aus sich ein Ebenbild der Herme zu machen, und von Zeit zu Zeit ihre Haltung annahm, um als lebender Spiegel der lebenden Statue ihm im Walde gegenüberzustehen, nur durch die wilde Erektion unterschieden, die der satyromanische Puck in Gegenwart seiner Liebe nicht unterdrücken konnte.

Die Herme fuhr fort, unergründlich zu lächeln, die Augenblicke des Niesens ausgenommen.

Doch sie können alle groß, GROSS! werden, um dann wieder zu schrumpfen, zu..., zum Umfang von Punkten, von weniger als Punkten. Alle Elfen sind von so elastischem – weil unkörperlichem – Wesen. Nehmen wir die Elfenkönigin.

Allein ihr Name, Titania, bezeugt ihre Herkunft aus dem Riesengeschlecht der Titanen, doch tritt sie auch unter dem zwergenhaft verkürzten Namen Mab auf: – Queen Mab, in Wales: Mabh. So regiert die Elfenkönigin das restliche Zwergenvolk, selbst von der Größe eines Solitärs an einem Verlobungsring, unendlich klein, wie ihre Ahnen unendlich groß waren.

Nun denn, ich ruf dich an, meinen Meister mit dem Horn zwischen den Lenden, dem Horn der Fülle begann Puck in seinem unnachahmlich schleppenden Worcestershire-Dialekt. »Aber was die Meisterin angeht, die –«

Wie eine japanische Wunderblume, die man in eine Schale voll Wasser geworfen hat, wächst Titania...

Im taufeuchten Wald, überflittert von verwirrendem Mondlicht, stolpern die tapsigen, tapernden Kindlein des Elfengeschlechts über den Saum ihres Kleides, der nicht mehr ist und nicht weniger als der Waldrand selbst; sie wackeln schwankend durch das in sich verfangene Gras und spielen mit den Karnickeln, den raschen braunen Jungfüchsen, den rötlichen Feldmäusen und den winziggrauen Wühlmäusen. Der Maulwurf, samten-blind, der Dachs, streifig, mit witternder Schnauze – all die Bewohner des Waldlandes sind der Schmuck ihres Kleides, und die Vögel flattern um ihr Haupt, lassen sich auf ihre Schultern nieder und nisten im Überfluß ihres aufgelösten Haars, in das Mohn und Weizenähren geflochten sind.

Die Ankunft der Königin wird nicht mit Trompetenfanfaren verkündigt, sondern vom Wiegenlied der Wildtauben, weich wie Asche, und von den fließenden Koloraturen der Amsel. Mondschein fällt wie Milch auf ihre nackten Brüste.

Sie ist wie ein Doppelbett; wie ein Tisch, für ein Hochzeitsfrühstück gedeckt; wie eine Gebärklinik.

In ihren Augen wimmeln Säuglinge. Wenn sie dich ansieht, vermehrst du dich hilflos. Ihre Augen fordern Zeugung.

Nein, es stimmt nicht: forderten sie.

Nicht aber in diesem Jahr. Fröste haben die Obstblüte vernichtet, Regen hat das Korn verfaulen lassen, daß der Kranz in ihrem Haar nicht golden ist, sondern grünlich-verrottet schimmert. Die Roggenfelder hat der Brand befallen, und wer in diesem Jahr vom Brot ißt, den macht das Mutterkorn wahnsinnig. Die Flutwasser haben die Brücke von Ware eingerissen. Die Tiere wollen sich nicht paaren, die Kuh weist den Stier ab, und der Stier hält sich zurück. Selbst die Ziegen, sonst das Emblem der Geilheit, lesen jetzt lieber ein gutes Buch. Selbst die Würmer im Erdreich bewegen den Humus nicht länger mit ihren kompliziert sich windenden Umarmungen. Im Wald herrscht überall eine keusche, klösterliche Ruhe, als hätten am schlechten Wetter alle die Lust verloren.

Die wundervolle Riesin erschien mit einer Eule auf der Schulter und einer Schürze voller Rosen und Kinder, kleiner Kinder, so rosig, daß man sie kaum von den Blüten unterscheiden konnte. Sie hob das Kind ihrer verstorbenen Freundin empor, die Herme. Die Herme stand auf einem Bein in Titanias hohler Hand und lächelte das unergründliche, manische Lächeln der erotischen Skulpturen an Hindutempeln.

»Mein Gatte soll dich nicht bekommen!« rief Titania. »Niemals! *Ich* werde dich behalten!«

Da krachte der Donner und die Himmel, die sich für einen kurzen Moment geschlossen hatten, brachen mit nur noch größerer Wut wieder auf, und all die nassen Kinder in Titanias Schürze husteten und niesten. Die Würmer in den Rosenknospen erwachten bei dem Lärm und fingen zu nagen an.

Doch die Königin verstaute die winzige Herme sicher zwischen ihren Brüsten, als sei sie/er ein Medaillon, und dann verringerte sie sich selbst, bis sie gerade so groß war, um ihre Nichte, ihren Neffen – ihre(n) Nechte – Niffe *à choix* – in der privaten Abgeschiedenheit eines Eichelnapfs zu genießen.

»Aber Hörner kann sie ihrem Gatten keine aufsetzen, der hat schon ein Geweih«, bemerkte Puck, verwandelte sich in sich selbst zurück und flitzte über die Lichtung, seinem Herrn bei Fuß. Denn es ist nicht etwa ein Rehbock, der nun sein Haupt hinter dem Stechginster erhebt; Oberon trägt das Geweih eines Zehnenders.

Unter den Requisiten des Globe-Theaters findet sich neben der Donnermaschine und den Bärenfellen ein »Gewand, darin unsichtbar zu gehen« aufgelistet. Durch dieses Kostüm wird dem Publikum zu verstehen gegeben, daß Oberon unsichtbar zu bleiben hat, während er herrscherlich, doch ohnmächtig über dem kaum wahrnehmbaren Zittern brütet, das sich zwischen dem letztjährlichen Eichenlaub auf dem Boden regt, welche sein Weib und den goldenen Zankapfel verbirgt, der die beiden elementarischen Liebenden trennt.

Hoch droben im Dickicht einer regentriefenden Geißblatthecke spielte ein winziges Wesen eine tritonische, numinose, üppig duftende Melodie auf einer Panflöte aus Heckenkirschen. Die Weise brach ab, als ein häßlicher Hustenanfall den Musikanten beutelte. Er spuckte emporgeräusperten Schleim aus, der durch die Luft segelte, bis eine Primel die Flugbahn unterbrach, an deren gelbem Ohr die durchscheinende Pustel haften blieb. Der winzig kleine Spieler nahm sein Geflöte wieder auf.

Die Haut der Herme ist aus dünngehämmertem Gold, doch

das Fleisch darunter ist mariniert in: schwarzem Pfeffer, rotem Chili, gelbem Kurkuma, Nelken, Koriander, Kumin, Ingwer, Macis, Muskat, Jamaikapfeffer, Knoblauch, Tamarinde, Kokos, Zitronengras, Galgant und – hie und da (puh!) – ein Spürchen Asant. Heiße Sache! Würde die Herme auf einer hochherrschaftlichen Silberplatte aufgetragen und mit Fetzchen ihrer eigenen Umhüllung dekoriert, gliche sie dem königlichen Gericht *moglai biriani,* das mit eßbaren Goldspänen bestreut serviert wird, um – heißt es – die Verdauung zu fördern. Nichts so herrlich Aromatisches wie die Herme hat man je zuvor in Englands schönem grünen Reich gerochen, das zu diesem Zeitpunkt noch mit einer unverdaulichen mittelalterlichen Diät aus gekochtem Kohl zu kämpfen hat. Die Herme ist heiß und süß, wie von Sonne und Honig durchtränkt, Oberon aber ist fahl.

Puck, geplagt von der Ferne der Herme, zog eine Alraunenwurzel aus und schlug sein beträchtliches Werkzeug in die Gabelung der widerwilligen Planze, die traurig schrie, doch es half ihr nichts, das alte Struppohr hatte seinen Willen.

Kränkliches Wetter! Es regnet, es gießt; die Erde ist sich selbst entfremdet, die welken Knospen rollen aus der Schürze der Königin und verrotten im Dreck, denn Oberon hat aller Fortpflanzung Halt geboten. Doch immer noch preßt Titania die Herme an ihren sich runzelnden Busen und will ihrem Mann das Dingelchen nicht überlassen, nicht einmal für einen kleinen Augenblick. Hat sie nicht einer Freundin ein heiligernstes Versprechen gegeben?

Was ist bei all dem der Wunsch der Herme?

Die Herme wünschte sich, zu wissen, was denn »wünschen« bedeutet.

»Ich bin mit dem Begriff des Begehrens nicht vertraut. Ich bin der einzigartige, vollkommene, paradigmatische Hermaphrodit, ringsum überall Begehren weckend, selbst aber transzendent, der unbewegte Beweger, das reglose Auge des Orkans, beispielhaft, mir selbst genug, Anfang und Ende.«

Titania, am männlichen Aspekt der Herme verzweifelnd,

schob versuchsweise einen vorsichtigen Zeigefinger in die weibliche Öffnung. Die Herme fühlte sich gelangweilt.

Oberon betrachtete die zitternden Eichenblätter und sagte nichts, denn die ohnmächtige Sehnsucht nach dem goldenen Halb-und-Halb-Ding mit seinem appetitanregenden Duft saß ihm würgend in der Kehle. Er nahm seine Unsichtbarkeits-Verkleidung ab und machte sich zum Riesen: Im Nachthimmel über dem Wald ragte er gigantisch auf, die Arme in die Seite gestemmt, den Mond auslöschend, nackt bis auf seine Schnürstiefel und den großen Schamlatz. Die moosbewachsenen Hirschstangen, die seiner Stirn entwachsen, sind noch gar nichts: Er trägt eine Krone aus den vergilbten Wirbelknochen unnennbarer Säugetiere, unter der hervor sein schwarzes Haar pfeilgerade herabfällt. Da er sich in seiner bösen Erscheinung präsentiert, trägt er des weiteren eine Halskette aus bedeutsam kleinen Schädeln, vielleicht die der Säuglinge, die er aus den Wiegen der Menschen fortgeholt hat – vergessen wir nicht, daß man ihn in Deutschland den Erlkönig nennt.

Gesicht, Brust und Schenkel hat er sich mit Holzkohle bestrichen: Oberon, Herr der Nacht und des Schweigens, des ernsten Schweigens der endlosen Nacht, Herr des plutonischen Dunkels. Sein langes Haar hat nie eine Schere gesehen, doch hat er diese Eigenheit: Kein Haar wächst ihm an Wangen und Kinn (auch nicht an den Waden), und sein Gesicht ist glatt wie ein Ei bis auf die Augenbrauen, die in der Mitte zusammenwachsen.

Wirklich, wer wäre verrückt genug, diesem Mann ein Kind anzuvertrauen?

Wenn Oberon sich ein wenig beruhigen und erheitern wird, läßt er die Sonne wieder scheinen, und dann hängt er kleine Silberglöckchen an seinen Schamlatz, und die klingeln und läuten, wenn er hin und her und auf und ab geht, und die hübschen Klingelings schweben zappelnd in der Luft wie kleine Homunkuli, wo immer er vorübergegangen ist.

Und wenn er nicht eine Gestalt des Traums ist, dann hast du gewiß deine Träume vergessen.

Auch Puck, sehnsüchtig und erfolglos, fand sich, ohne daß er es hätte hindern können, in den Gegenstand seiner Liebe übergehen, und er wurde unter den schwach zuckenden Eichenblättern gelb, metallen, doppelgeschlechtlich und extravagant kostbar. Da stand Puck auf einem Bein, lebendes Ebenbild der Herme, und glänzte.

Oberon beugte sich hinab und hob Puck empor und stellte ihn, wie ein kleines Yoga-Bäumchen, auf seine Handfläche. Ein umflorter Blick trat in Oberons Augen. Puck wußte, daß er keine Wahl mehr hatte.

HATSCHI!

Titania wischte die Nase der Herme zärtlich mit dem Saum ihres Rocks ab, an dem die Blumen alle welken, wie Stickornamente einzeln abfallen, die Früchte faulen und Flecken bekommen und zersetzen, denn wenn Oberon das Horn der Fülle ist, so ist Titania der Kessel der Zeugung, und wenn der nicht mit dem großen Löffel gelegentlich umgerührt wird, kocht er nicht mehr.

»Lieg eng zu mir und schlafe«, sagte Titania zu der Herme. »Meine Feen sollen dich in den Schlaf singen, wenn wir uns auf meinem Lager aus Löwenzahnflaum aneinanderschmiegen.«

Die durchnäßten Elfen begannen gehorsam mit »Bunte Schlangen, zweigezüngt!«, doch sie litten alle so unter ihrem Husten und Niesen, rauhem Hals und triefenden Augen und Atemnot und allen anderen Symptomen einer voll erblühten Grippe, daß die heiseren Stimmchen verstummten, ehe sie noch zu der Zeile über die Molche gekommen waren, und der einzige Laut im ganzen Wald war das Tropfen und Trommeln des Regens im Laub.

Das Orchester hat seine Instrumente weggelegt. Der Vorhang hebt sich. Das Stück fängt an.

Mrs. McWilliams und das Gewitter

»Ja, Sir«, fuhr Mr. McWilliams fort, denn das war nicht der Anfang seiner Rede, »die Furcht vor dem Gewitter ist eine der qualvollsten Schwächen, mit denen ein Mensch behaftet sein kann. Meist werden nur Frauen davon betroffen; doch hier und da findet man sie bei einem kleinen Hund und manchmal bei einem Mann. Es ist eine besonders schmerzliche Schwäche, weil sie einem Menschen das Herz viel tiefer in die Hosen rutschen läßt als jede andere Angst und weil man ihr nicht mit Vernunftgründen beikommen und sie auch niemandem durch Beschämung austreiben kann. Eine Frau, die selbst dem Teufel trotzen könnte – oder einer Maus –, verliert die Fassung und bricht völlig zusammen beim Anblick eines niederfahrenden Blitzes. Es ist jämmerlich, ihre Furcht mit anzusehen.

Also, wie ich Ihnen sagte, ich wachte auf, den halberstickten und nicht zu lokalisierenden Schrei ›Mortimer, Mortimer!‹ in den Ohren. Sobald ich meine fünf Sinne beisammen hatte, langte ich in die Dunkelheit hinüber und sagte: ›Evangeline, bist du das, der ruft? Was ist denn los? Wo steckst du denn?‹

›Eingeschlossen im Stiefelschrank. Du solltest dich was schämen, dazuliegen und zu schlafen bei solch einem fürchterlichen Gewitter.‹

›Wieso, wie kann man sich denn schämen, wenn man schläft? Das ist Unsinn. Man kann sich nicht schämen, wenn man schläft, Evangeline.‹

›Du hast es ja noch nicht versucht, Mortimer – du weißt ganz genau, du versuchst es ja nicht.‹

Ich vernahm unterdrücktes Schluchzen. Dieser Laut erstickte die scharfen Worte, die mir auf der Zunge lagen, und ich sagte statt dessen: ›Es tut mir leid, Liebes, es tut mir wirklich leid. Ich hab' es nicht so gemeint. Komm wieder her und...

›Mortimer!‹

›Allmächtiger, was ist denn los, meine Liebe?‹

›Willst du etwa sagen, daß du noch im Bett liegst?‹

›Wieso, natürlich.‹

›Steh sofort auf. Ich dächte, du solltest *ein bißchen* auf dein Leben achten, mir zuliebe und um der Kinder willen, wenn schon nicht um deinetwillen.‹

›Aber meine Liebe...‹

›Rede mir nicht, Mortimer. Du *weißt*, daß es nirgends so gefährlich ist wie im Bett bei einem solchen Gewitter – das steht in allen Büchern; aber du bleibst da liegen und wirfst dein Leben vorsätzlich weg – der Himmel weiß, warum, wenn nicht um zu streiten und zu streiten und...‹

›Aber zum Teufel, Evangeline, *jetzt* bin ich nicht im Bett. Ich bin...‹

Der Satz wurde von einem plötzlichen Blitzstrahl unterbrochen, dem ein erschreckter kleiner Schrei von Mrs. McWilliams und ein ungeheurer Donnerschlag folgten.

›Da hast du's. O Mortimer, wie kannst du nur so ruchlos sein und in solchem Augenblick fluchen?‹

›Ich habe nicht geflucht. Und jedenfalls kam das nicht davon. Der wäre ganz genauso gekommen, wenn ich kein Wort gesagt hätte; und du weißt sehr wohl, Evangeline, jedenfalls solltest du das wissen, wenn die Atomosphäre mit Elektrizität geladen ist...‹

›O ja, nun streite darüber und streite! Ich verstehe nicht, wie man sich so benehmen kann, wo du *weißt*, daß wir keinen Blitzableiter auf dem Hause haben und deine Frau und deine Kinder vollkommen auf die Gnade der Vorsehung angewiesen sind. Was *machst* du da? Ein Streichholz anzünden in solchem Augenblick! Bist du völlig verrückt?‹

›Zum Henker, Weib, was ist denn dabei? Hier drin ist es finster wie im Bauch eines Heiden, und...‹

›Mach's aus! Mach's sofort aus! Legst du's darauf an, uns alle zu opfern? Du *weißt*, daß nichts den Blitz so anzieht wie Licht.‹

Fzt! – Krach! – Bumm-bolumm-bumbum!

›Oh, hör nur! Jetzt siehst du, was du angerichtet hast!‹

›Nein, ich seh' *nicht*, was ich angerichtet habe. Vielleicht mag ein Streichholz den Blitz anziehen, was weiß ich, aber es *verursacht* keinen Blitz – da geh' ich jede Wette ein. Und diesmal hat es ihn nicht für einen Cent angezogen, denn wenn der Schuß meinem Streichholz gegolten hat, dann wär' er verdammt schlecht gezielt – von solchen Schüssen trifft im Durchschnitt von einer Million nicht einer, würde ich sagen. Na, in Dollymount würde ein solcher Schütze...‹

›Schäm dich, Mortimer! Hier stehen wir im Angesicht des Todes, und du bist in so einem feierlichen Augenblick imstande, solche Reden zu führen. Wenn du nicht willst, daß – Mortimer!‹

›Ja?‹

›Hast du heute abend gebetet?‹

›Ich – ich wollte ja, aber dann fiel mir doch ein zu versuchen, ob ich herausbekomme, wieviel denn zwölf mal dreizehn ist, und...‹

Fzt! – Bummberumbumm! Bumbelumbel peng! Krach!

›Oh, wir sind verloren, rettungslos verloren! Wie *konntest* du so was nur vergessen in solchem Augenblick?‹

›Aber es war nicht ›in solchem Augenblick‹. Kein Wölkchen war am Himmel. Woher sollte *ich* denn wissen, daß wegen dieser kleinen Unterlassung gleich so ein Gerumpel und Spektakel losgehen würde? Und ich glaube auch nicht, daß es richtig von dir ist, so ein Tamtam deshalb zu machen, überhaupt, wo mir das so selten passiert. Ich hatte es nicht wieder vergessen, nachdem ich schließlich schon vor vier Jahren das Erdbeben heraufbeschwor.‹

›Mortimer! Wie du sprichst! Hast du das Gelbfieber vergessen?‹

›Meine Liebe, ständig wirfst du mir das Gelbfieber vor, und ich denke, das ist doch vollkommen unberechtigt. Man kann ohne Zwischenstationen nicht einmal ein Telegramm von hier nach Memphis schicken, wie sollte dann ein kleiner Verstoß gegen die Frömmigkeit so weit tragen? Das Erdbeben will ich noch hinnehmen, weil es hier in der Nähe war,

aber ich lasse mich hängen, wenn ich verantwortlich sein soll
für jedes lumpige...‹

Fzt! – Bummberumbumm! Bum. – Peng!

›Ogottogott, es hat eingeschlagen, ich *weiß* es, Mortimer.
Nie mehr werden wir das Licht eines neuen Tages erblicken;
und es wird dir gut tun, dich zu erinnern, wenn wir nicht
mehr sind, daß dein gottloses Gerede – Mortimer!‹

›Ja, was gibt's denn jetzt wieder?‹

›Deine Stimme klingt, als ob – Mortimer, stehst du wirklich
vor dem offenen Kamin?‹

›Das ist genau das Verbrechen, das ich gerade verübe.‹

›Geh weg dort, auf der Stelle! Du scheinst tatsächlich entschlossen, uns alle zugrunde zu richten. *Weißt* du nicht, daß
es keinen besseren Blitzfang gibt als einen offenen Kamin?
Wo bist du denn *jetzt* hingegangen?‹

›Ich stehe hier am Fenster.‹

›Oh, um Himmels willen! Hast du den Verstand verloren?
Schnurstracks gehst du von dort weg! Jedes Wickelkind
weiß, wie gefährlich es ist, bei Gewitter am Fenster zu stehen. Ogottogott, ich weiß, ich werde nie mehr das Licht eines
neuen Tages erblicken! Mortimer!‹

›Ja.‹

›Was ist das für ein Geraschel?‹

›Das bin ich.‹

›Was machst du?‹

›Suche das obere Ende meiner Unterhose.‹

›Schnell! Wirf das Ding weg! Ich glaube gar, du ziehst dir in
solchem Augenblick absichtlich diese Hose an; dabei weißt
du ganz genau, alle Fachleute sind sich darüber einig, daß
wollene Sachen den Blitz anziehen. Ogottogott, es ist nicht
genug, daß unser Leben von Naturgewalten bedroht ist, da
mußt du auch noch alles anstellen, was dir nur einfällt, um
die Gefahr zu erhöhen. Oh, *singe* nicht! Was denkst du dir
bloß?‹

›Nun, was schadet denn das?‹

›Mortimer, ich hab' dir's gesagt, hab' dir's schon hundert-
mal gesagt, daß Singen die Atmosphäre in Schwingungen
versetzt, die den Fluß des elektrischen Stroms unterbrechen

und… Um alles in der Welt, weshalb machst du die Tür auf?‹

›Guter Gott, Weib, schadet denn *das* etwas?‹

›Schaden? Uns umbringen, meinst du! Jeder, der sich mal irgendwie mit der Frage beschäftigt hat, weiß, wer einen Luftzug verursacht, lädt den Blitz direkt ein. Du hast sie erst halb zugemacht; mach sie richtig zu – und beeil dich damit, oder wir sind alle verloren. Oh, es ist ja entsetzlich, in solchem Augenblick mit einem Wahnsinnigen eingeschlossen zu sein. Mortimer, was *machst* du denn?‹

›Nichts. Drehe nur das Wasser auf. Das Zimmer ist erstikkend heiß und dumpfig. Ich möchte mir Gesicht und Hände kühlen.‹

›Du hast bestimmt das letzte bißchen Verstand verloren. Wenn der Blitz in jeden anderen Stoff einmal einschlägt, schlägt er im Wasser fünfzigmal ein. Dreh's ab. O Liebster, nichts in der Welt kann uns noch retten, davon bin ich überzeugt. Mir scheint, daß – Mortimer, was war denn das?‹

›Es war ein verfl…, es war ein Bild. Heruntergestoßen!‹

›Dann stehst du also dicht an der Wand! Von so einer Unvorsichtigkeit hab' ich auch noch nicht gehört! *Weißt* du denn nicht, daß nichts den Blitz besser leitet als eine Mauer? Komm weg von dort! Und du warst auch ziemlich nahe dran, zu fluchen. Oh, wie kannst du nur so furchtbar gottlos sein, wo deine Familie in solcher Gefahr schwebt! Mortimer, hast du dir ein Federbett bringen lassen, wie ich dich gebeten hatte?‹

›Nein. Vergessen.‹

›Vergessen! Das kann dich das Leben kosten. Wenn du jetzt ein Federbett hättest und könntest es mitten im Zimmer ausbreiten und dich drauflegen, wärst du vollkommen sicher. Komm hier herein, komm schnell, bevor du noch Gelegenheit hast, neue wahnwitzige Dummheiten anzustellen.‹

Ich versuchte es, aber der kleine Schrank wollte uns beide bei geschlossener Tür nicht fassen, wenn wir nicht ersticken wollten. Eine Weile schnappte ich nach Luft, dann brach ich mir Bahn hinaus.

Meine Frau rief: ›Mortimer, etwas muß zu deiner Rettung geschehen. Reiche mir das deutsche Buch her, das am Ende des Kaminsimses steht, und eine Kerze, aber brenne sie nicht an. Gib mir ein Streichholz, ich zünde sie hier drin an. In dem Buch stehen einige Ratschläge.‹

Ich holte das Buch – auf Kosten einer Vase und einiger anderer zerbrechlicher Sachen, und die Gnädige schloß sich mit ihrer Kerze ein. Einen Augenblick hatte ich Ruhe; dann rief sie heraus: ›Mortimer, was war das?‹

›Nichts, nur die Katze.‹

›Die Katze! O Verderben! Fang sie und sperr sie in die Waschtoilette. Mach doch schnell, Liebes; Katzen stecken voller Elektrizität. Ich weiß schon, ich bekomme noch graue Haare von den entsetzlichen Gefahren dieser Nacht.‹

Wieder vernahm ich das unterdrückte Schluchzen. Wenn das nicht gewesen wäre, hätte ich in der Dunkelheit zu solch einem wilden Unterfangen weder Hand noch Fuß gerührt. So aber machte ich mich an die Arbeit – kletterte über Stühle, stieß gegen alle möglichen Hindernisse, die alle hart und meist auch scharfkantig waren, und erwischte endlich das Kätzchen und sperrte es in die Kommode, was insgesamt mehr als vierhundert Dollar an zerbrochenen Möbeln und Schienbeinen kostete.

Dann drangen aus dem Schrank dumpf die Worte: ›Hier steht, das sicherste ist, man stellt sich mitten im Zimmer auf einen Stuhl, Mortimer; und die Stuhlbeine müssen mit Nichtleitern isoliert sein. Das heißt, du mußt die Stuhlbeine in Trinkgläser stellen.‹

Fzt! – Bum! – Peng! – Krach!

›Oh, hör bloß! Beeil dich, Mortimer, eh' du erschlagen wirst.‹

Es gelang mir, Gläser zu finden und sicherzustellen, ich brachte die letzten vier – zerschlug alle übrigen. Ich isolierte die Stuhlbeine und bat um weitere Instruktionen.

›Mortimer, hier steht‹ – sie zitierte deutsch: ››Während eines Gewitters entferne man Metall wie zum Beispiel Ringe, Uhren, Schlüssel etc. von sich und halte sich auch nicht an solchen Stellen auf, wo viel Metall beieinanderliegt oder mit anderen Körpern verbunden ist wie an Herden, Öfen, Eisengittern und dergleichen.' Was heißt das, Mortimer? Heißt das nun, daß man Metall an sich haben oder von sich fernhalten soll?‹

›Ja, ich weiß auch nicht recht. Es scheint ein bißchen durcheinanderzugehen. Alle deutschen Ratschläge gehen mehr oder weniger durcheinander. Allerdings glaube ich, daß der Satz meist im Dativ steht, hier und da ein wenig Genitiv und Akkusativ hineingesiebt, auf gut Glück; deshalb nehme ich an, es bedeutet, daß man etwas Metall an sich haben soll.‹

›Ja, so muß es sein. Jedem vernünftigen Menschen ist das klar. Metall wirkt, weißt du, wie ein Blitzableiter. Setz deinen Feuerwehrhelm auf, Mortimer, der ist größtenteils aus Metall.‹

Ich holte ihn und setzte ihn auf – ein recht schweres, plumpes und unbequemes Ding in einer heißen Nacht in einem stickigen Zimmer. Selbst mein Nachthemd war mir schon zuviel.

›Mortimer, ich glaube, du solltest dich noch um die Mitte herum schützen. Willst du nicht bitte deinen Bürgerwehrsäbel umschnallen?‹

Ich fügte mich.

›Nun Mortimer, du solltest auch auf irgendeine Art deine Füße schützen. Schnall bitte deine Sporen um.‹

Ich tat es schweigend und behielt die Ruhe, so gut ich konnte.

›Mortimer, hier steht‹ – sie zitierte wieder deutsch: »Das Gewitterläuten ist sehr gefährlich, weil die Glocke selbst sowie der durch das Läuten veranlaßte Luftzug und die Höhe des Turmes den Blitz anziehen könnten.« Mortimer, heißt das, es sei gefährlich, während des Gewitters die Kirchenglocken zu läuten?

›Ja, das scheint es zu bedeuten – wenn das das Partizip Perfekt des Nominativ Singularis ist, und das scheint mir der Fall zu sein. Ja, ich denke, es bedeutet, daß es auf Grund der Höhe des Kirchturmes und in Ermangelung eines Luftzuges sehr gefährlich wäre, bei einem Gewitter die Glocken nicht zu läuten; und außerdem, merkst du nicht, allein die Formulierung...‹

352

›Schon gut, Mortimer; verschwende nicht die kostbare Zeit mit Reden. Hol die große Tischglocke! Sie ist draußen in der Diele. Schnell, Mortimer, mein Lieber; wir sind fast in Sicherheit. Ach Gott, nun glaube ich wirklich, daß wir noch einmal davonkommen!‹

Unser kleines Sommerhaus steht hoch auf einer Hügelkette und überschaut das Tal. Mehrere Bauernhäuser befinden sich in der Nachbarschaft, das nächste etwa drei- oder vierhundert Yard entfernt.

Als ich, auf dem Stuhl stehend, die furchtbare Glocke so an die sieben oder acht Minuten geläutet hatte, wurden unsere Läden plötzlich von draußen aufgerissen und eine strahlendhelle Blendlaterne zum Fenster hereingesteckt, gefolgt von der heiseren Frage: ›Was in aller Welt ist hier los?‹

Das Fenster war voller Männerköpfe und die Köpfe voller Augen, die mein Nachthemd und meine kriegerische Aufmachung wild anstierten.

Ich ließ die Glocke sinken, sprang bestürzt vom Stuhl herunter und sagte: ›Hier ist nichts weiter los, Freunde – nur ein bißchen Unbehagen wegen des Gewitters. Ich habe versucht, den Blitz abzulenken.‹

›Gewitter? Blitz? Nanu, Mr. McWilliam, haben Sie den Verstand verloren? Wir haben eine herrliche sternklare Nacht. Es hat kein Gewitter gegeben.‹

Ich schaute hinaus und war so verblüfft, daß ich eine Weile kein Wort hervorbrachte. Dann sagte ich: ›Das verstehe ich nicht. Wir haben doch den Schein der Blitze deutlich durch die Vorhänge und Fensterläden gesehen und den Donner gehört.‹

Die Leute legten sich einer nach dem anderen auf die Erde und lachten – zwei von ihnen lachten sich zu Tode. Einer der Überlebenden bemerkte: ›Ein Jammer, daß Sie nicht daran gedacht haben, Ihre Läden zu öffnen und über den hohen Berg dort drüben zu gucken. Was Sie gehört haben, waren Kanonen, und was Sie gesehen haben, war das Mündungsfeuer. Sehen Sie, gerade um Mitternacht kam über den Telegrafen die Nachricht: Garfield ist ernannt – das ist die ganze Geschichte!‹

Ja, Mr. Twain, wie ich anfangs betonte«, sagte Mr. McWilliams, »die Anweisungen zum Schutz gegen Blitzschlag sind so vortrefflich und so zahlreich, daß es mir schlechterdings unbegreiflich ist, wie es überhaupt jemand fertigbringt, vom Blitz erschlagen zu werden.«

Damit nahm er Büchermappe und Regenschirm und stieg aus, denn der Zug hatte seine Stadt erreicht.

CHRISTOPH MECKEL

Dunkler Sommer und Musikanten-
knochen

ommer lang habe ich mich nun herumgetrieben. Die Hunds-
tage sind vorübergegangen und haben ihr Gold in meinem
Gedächtnis vergraben. Ich bin jetzt etwas älter als vor fünf
Monaten, ich weiß das, der Herbst kommt mit allen Winden
geflogen, ein hühnerfedergeschmückter, pflaumenstürzen-
der Indianersommer zieht morgens Nebel vor die weiße
Sonne; gestern fand ich eine tote Schwalbe auf dem Balkon,
aber das hat nichts mit der Jahreszeit zu tun. Die Mittage sind
fett von alter, betrunkener Bläue, ich bin von Reisen und Vagabondagen zurückgekehrt zu einem Teil meines Besitzes
und meiner Dinge, zu Spätburgunder, Radiermandeln und
ollen Kamellen, ich habe eben zu schreiben begonnen, dies
ist der Anfang von etwas, das noch keinen Namen hat. Der
Wind kommt aus dem Elsaß und schubiakt in den Birken und
Apfelbäumen, die Burgundische Pforte ersäuft in schwarz
dampfenden Gewittern; es ist auch Post gekommen, viel Li-
terarisches mit hochachtungsvollen Grüßen; da braucht ein
Verlag Verse, nicht zu lang, nicht zu kurz, denn er hat ein
ausgeprägtes Kunstverhältnis, das er auch auf Gedichte aus-
zudehnen bemüht ist. Alles ist wie es ist, und es ist so gut wie
betrunken. Siebenhundert großer Bücher Zorn und Weisheit
umgeben mich ruhig, in Winkeln und auf Bretterborden ge-
häuft, gereiht, getürmt, verstaubt und zerlesen. »O Lieblichkeit, blaues Septemberauge...« – Hätte ich zu Höltys Zeiten
gelebt, wäre das möglicherweise von mir; wie die Dinge aber
stehn, ist es von niemandem und nur an den Rand geschrieben. Die Äpfel fallen von den Bäumen und zerschlagen
braun und saftig im kurzen Gras des stoppelköpfigen Hü-
gels. Das ist eine Provinz hier, und es gibt Leute, die in sie zurückkehren, weil sie schön ist und verzaubert. Und es ist
ein Haus voller Möbel und nutzloser Dinge, in dem ich

eingemietet bin; der Herr Vogeler, Hausbesitzer und Junggeselle, klopft eben an, er freut sich, daß ich wieder einmal hier
bin, sagt er, und führt mich in seine Waschküche, dort zeigt
er mir Zuber und Waschtröge, Wannen und krachblecherne
Eimer voll sommerüber gesammelten, waschechten Regen-
wassers, und er bittet mich, ihm seine zehn ererbten, echten
und unechten Perserteppiche vom Dachboden herunterho-
len zu helfen, er will sie, sagt er, im Regenwasser waschen.
Er ist ganz zufrieden im Gedanken, daß er etwas zu tun haben wird, das wichtig und nützlich aussieht, das freut mich,
denn ich kenne ihn, wir steigen auf den Dachboden und
wuchten die langen, in Zeitungspapier gewickelten, elastischen Teppichröhren in die Waschküche. Er hat nämlich, der
Herr Vogeler, ein eigenes System entwickelt, wie er sämtli-
ches Regenwasser, das auf das Dach seines Hauses fällt,
ohne einen Tropfen Verlust in seine Waschküche ableiten
kann. An verschiedenen Stellen seiner Regenrinnen, erklärt
er, hat er Löcher gebohrt und Gummischläuche angebracht,
die das Regenwasser direkt in seine Wannen und Zuber lei-
ten. In den Regennächten rauscht und platscht die Waschküche zum Entzücken ihres Besitzers, der, munter um den
Schlaf gebracht, in der Türe der Waschküche lehnt und dem
sprudelnden Wasser zusieht. Und während ich diese Prosa
verfasse, wird er in alter Militärjacke und kanadischen Stiefeln tagüber, nachtüber und zeitvergessen, ein alter geschla-
gener Odysseus und Ostfrontkämpfer, Teppiche in Regenwasser tunken, uralte Großvaterteppiche kneten und pres-
sen, rollen und winden, und wenn es sein muß, barfuß glatt
und sauber treten, dann in das übersonnte Gras hinter das
Haus legen, warten, bis sie getrocknet sind und mich schließlich bitten, sie auf den Dachboden zurückzutragen zu helfen. So
wird er schließlich zufrieden sein in dem Gedanken, das
Seine getan zu haben, er wird einen Humpen voll eiskalten
Himbeersaftes und ein Fuder Leberwurstbrote linksseits an
das Kopfende seines Bettes stellen und das blaue Ende September mit Kriminalromanen von Upfield und Chandler hinter geschlossenen Läden verbringen und von seinen alten
Weltreisen träumen, die nun seine Märchen sind und seine

Reserve. Und während er, amerikanisch fluchend, denn er hält auf sich, und dankbar beschäftigt, farbenfrohen Teppichen Farbe und Qualität erhält, sitze ich und schreibe diese Prosa, aber warum? O ein ganzer herrlicher Sommer ist mir verlorengegangen, und ich weiß nicht, wo er geblieben ist. Ich habe mich herumgetrieben, und nun ist nichts mehr da, woran ich mich halten könnte außer einem Konfettihaufen wirbelnder Erinnerungen und der Gewißheit gelebter Zeit. Sie bringt mich, wie der Herr Vogeler bemerkte, noch einmal um. Das mag so sein, aber vorher, denke ich, soll sie mir noch eine Weile Ruhe gewähren und mich schreiben lassen, was mir septemberlich, unvorhergesehen, koppheister und sonstwie in den Kopf kommt, vielleicht ein Gedicht, eine Erzählung, vielleicht einen Brief an wen auch immer, und kuchenkrümelnde Notizen, pflaumenblaue Sätze, kuhglockenbimmelnde Frechheiten und Intermezzi, Sorgen, Mitternachtsaphorismen und was ich weiter nicht preisgeben will. »Genug der Weisheiten, genug der Katerpoesie – wir wollen Orangen essen und Gedichte verfassen...« Das soll Goethe gesagt haben, und Goethe, mag mancher denken, hat heuer immer noch das letzte Wort.

Aber ich bin nicht dieser Ansicht. Ich denke, das letzte Wort habe ich, und innerhalb meiner Verfassertätigkeit habe ich es doppelt und jedenfalls, und da ich das erste Wort und das letzte habe, steht mir nichts im Wege zu behaupten, was immer ich behaupten will. Aber ich will gar nichts behaupten; es geht mir vielmehr darum, die Krümel und Brocken meines goldenen, betrunkenen und verlorenen Sommers einzusammeln, um zu sehen, ob sich daraus nicht etwa ein Backwerk ergibt, das Appetit machen könnte und Hunger auf dergleichen mehr und ewig und nie genug. Ich bin in Zürich gewesen, in Rom, Paris, in Kleinholzen, Châlon und Brüssel und in Berlin, ich bin auch in Amsterdam gewesen, das war vor ein paar Wochen, und es würde mir Spaß machen, dies etwa jemandem zu beweisen, der unverschämterweise daran zweifelt. Im stockfleckigen Brouwerhotel am Singel bin ich abgestiegen, in einer kleinen Tapetenstube hoch über Puppentreppen und Hühnerleitern mit schwarzklebrigem Geländergewinde und zertretenen Zigarettenkippen auf der engen, einstmals polierten Treppenspindel. Dort erzählte mir jemand die Geschichte vom Hündchen der Dame van den Bergen, das nur Thunfisch von der Gabel frißt, was, wenn es nicht offensichtlich den Tatsachen entspräche – der empörte Ton der Erzählung bewies mir das – wenigstens ein guter Einfall gewesen wäre. In Amsterdam ging ein Teil meines unwiederbringlichen Sommers dahin. Ich bat eine Dame, die ich liebte, mich zu besuchen, aber vielleicht meinte ich das nicht ganz ernst, denn ich schrieb ihr:

»Schöne Magelone! Ich lade dich ein, diesen Sommer mit mir Ebènda zu verbringen. Wenn du hier ankommst, achte auf die großen Drehorgeln, die Tag und Nacht durch die Stadt ziehn und Musik verbreiten. Es sind fahrende Spieldosen, bunt und breit wie Touristenomnibusse, und wo auch immer du dich aufhältst, wirst du ihre Musik hören, denn sie ist laut und hat keine Scheu vor menschlichen Ohren. Bei der größten und schönsten Orgel wirst du mich finden, ich ziehe hinter ihr her, ich kann von den Musiken nicht lassen, ich bin im Zauber; ein graues abgeschabtes Äffchen taktiert mit einer sopranen Autohupe, sehr eigenwillig, und ein veteranärer, anonymer Mozartmensch in alten Tennisschuhen und unrasiert, dazu im Besitz eines Holzbeins, schlägt den Takt mit dem hölzernen Knöchel gegen einen zerdellten Blechkanister, so daß für den Rhythmus der Musik gesorgt ist, was auch immer sie an Mäusepfiffen, Raubtiergähnen, altjüngferlichem Gefistel und antimelodischen Halalis im widerhallenden Kasten produziert. Dort wirst du mich finden, ich ziehe schon ein paar Tage hinter dem Kasten her, ich bin im Zauber, und gestern oder vorgestern passierte es, denk dir, daß dem Musikchef, der Holzbeinbesitzer, Holländer, Kurbeldreher, Äffchenpfleger, Geldeinsammler, Leierkastenmechaniker – und Transporteur in seiner hochwürdigen Person vereint, die untere Hälfte seines Holzbeins aus dem Hosenbein fiel. Er hielt sich an der Kurbel fest, die wehmütig und grunzend in den Baß rutschte und verklang, bestrumpft und gestiefelt lag das Holzbein vor seinem Besitzer auf dem Trottoir, er schüttelte den Kopf und konnte sich nichts erklären, erklärte aber, die Knieschraube sei ihm herausgefallen. Er zog ein Klappstühlchen aus dem Unterbau seines Vehikels, ließ sich mit gebotener Vorsicht darauf nieder und forderte die Zuhörer im Namen seiner Musik und seiner Liebe zu ihr auf, ihm beim Suchen der Knieschraube zu helfen. Und während sich ein halbes Dutzend von Musikliebhabern halbgebückt zwischen zielgerichteten Passanten hin- und herdrängte, hing das leere Hosenbein des Herrn Mozart Kauderwelsch Anonymus hin und her und schaukelnd über dem am Bordstein stehenden Geldteller. Eine Knieschraube fand sich nicht, vor allem nicht die spezielle, gesuchte, wohl aber eine reiche Anzahl von Nägelchen und Schräubchen, Schräubchen und Nägelchen, Eisenteilen en miniature und kleinmetallenem Abfall und vor allem ein blindschleichenlanges, eckig gebogenes Stück Draht, mit dem der Chef, unterstützt von einem Freundlichen, der ich möglicherweise selber war, in einer Caféstube verschwand, wo er, auf der Toilette vermutlich, die untere Hälfte des Holzbeins mit der oberen wieder verband, denn er erschien nach einer Weile, skeptisch auftretend, aber offensichtlich zufrieden, klappte den Klappstuhl wieder zusammen und begann von neuem zu kurbeln; die Musik kletterte vorsichtig aus dem verraunzten Baß in ihr normales freudig-friedliches Schlepptempo, und es war alles, alles gut. Wenn du also nach Ebènda kommst, findest du mich an der großmächtigen Zentralmusikorgel, und allein deine Küsse mögen es fertig bringen, mich von den Musikern Tandaradei zu befreien...«

Dies schrieb ich einer Dame, die ich liebte, aber wer weiß, ob ich es wirklich geschrieben habe. Es kommt mir eigentlich, für meine Verhältnisse, ein bißchen zu überkandidelt vor. Vielleicht ist alles erfunden – wer will mir etwas beweisen? An so vielen Orten bin ich gewesen in diesem Sommer, in so vielen Hotels habe ich gefrühstückt und Zeitung gelesen und aus dicken Porzellantassen Milchkaffee getrunken zwischen betropften Theken, speckigen Telefonbüchern, echten und falschen Blumen und Spitzendecken, obligatorischen Jahreskalendern der Lebensversicherung und ochsenblutroten Kognakreklamen. Ich bin den Tagen entgegengegangen und habe sie willkommen geheißen und mich des Verses entsonnen, der meines Urgroßvaters Lieblingsausspruch war:

>>O schreckliche Welt

in die ich fröhlich gekommen bin...«

Und nun? Ich habe vor, dies, was ich hier schreibe, allen denen zu widmen, die wissen, daß sie meine Freunde sind. Das ist eine vertrackte Widmung und mir eben recht, denn was meine Freunde und mich betrifft, so sind wir erwachsene Leute und haben unsre Musikantenknochen weniger am Ellenbogen als im Gehirn. Und bei manchem mag solcherlei Widmung anschlagen, ein wenig, denke ich, und den verflixten Knochen zum Klingen bringen und vielleicht zum Schmerzen –. Wie dem auch sei, ich sitze über meinen Papieren, während der Herr Vogeler seine Teppiche wäscht und im spinnwebüberzogenen Gras in der Sonne ausbreitet, und ich überlege mir, ob ich nicht eine Geschichte mitteilen könnte, die mich lebenslang begleitet hat und die auch heute noch, denke ich, zu mir gehört; ich habe sie noch niemals mitgeteilt, und ehe ich sie vielleicht einmal abstreife, verliere, vergesse oder sonstwie fallen und fahren lasse, will ich sie lieber erzählen, aber wem? So mag es genügen, daß ich sie mir selber erzähle und gut genug dem Papier anvertraue, und vielleicht überreiche ich sie dem verehrten Herrn Wolff in Friedenau, und er druckt sie, weil er ein wenig Freude damit hat.

Einst, als ich acht oder neun Jahre alt war und noch nicht überall Lawinen rollen und Zähne klappern hörte, war ich meinem Onkel Mononclegilbert in Ferien gegeben. Es war die Zeit, da ich eben in Büchern zu lesen anfing und mich um Bilder und die Werke der Dichter zu bekümmern begann. Der Arbeitsraum meines Onkels Mononclegilbert (dies war sein Familienrufname) war ein von schweren Vorhängen in ununterbrochenem Halbdunkel gehaltenes Gehäuse voll Staub- und Papiergeruch, Lautlosigkeit und tagfremdem Lampenlicht, das Papiere und aufgeschlagene Bücher, Schreibzeuge, Zirkel, feine Stifte und über drei Tische verteilte Baupläne, Skizzen und Zauberstab-Lineale beleuchtete. An den Wänden standen Bücherborde voll angedunkelter und schief zusammengedrehter Planrollen, verglaste Buchschränke stellten die Zimmerwände weit zurück in ungefähre und unbegrenzte Dunkelheit; ein kupferner Aschenbecher mit drei Löwenfüßen stand zelebral und finster wie ein Memento mori auf einem kniehohen Spezialtischchen, und eines Tages sah ich zu, wie Mononclegilbert den Aschenbecher ausleerte. Er griff mit abgewandtem Kopf durch die Vorhänge, öffnete das Fenster und schüttete, während die Vorhänge dicht verschlossen blieben, die Asche aus dem Fenster in den überwältigenden, fremden, ungeliebten und ein für allemal aus seinem Leben verbannten Tag, und in den Vorgarten, wo die Asche, wie ich später auskundschaftete, zwischen Tulpen und Kürbissen einen schwärzlichen Berg gebildet hatte. Ich erinnere mich nicht, daß mein Onkel je das Haus verließ. Sein Zimmer, Rumpelkammer, Architektenbüro und Bibliothek, war das letzte Bollwerk eines Pensionärs, der sich Träume wie Tarnkappen überzog und in ihrem Schutz lichtscheu, tagfern und menschenlebenungnädig sein altes Leben verbrachte, über Projekte gebeugt, die keines Menschen Auge je erblickt hat, und der, stiefbrüderlich dem Prediger Salomo verbunden, insgeheim sagen mochte: »Es ist alles ganz eitel, außer dem, was ich tue und was niemand zu würdigen imstande ist –.« Vielleicht entstanden hier Entwürfe zu ozeanischen Großstädten und unterweltlichen Regierungspalästen in erstaunlichem Stil und überwältigendem Geschmack, mächtig, himmelergreifend und unbewohnbar. Der Raum meines Onkels erschien mir als die ruhende, von nichts bewegte Mitte der Zeit, und hätte mich einer gefragt, wie ich mir die Zeit vorstellte, so hätte ich geantwortet: Sie ist eine unendliche, unaufgehaltene Linie, die ohne Ziele und Umwege sich fortbewegt und einmal auch in das Haus meines Onkels Mononclegilbert kommt. Sie zieht eine feierliche und respektvolle, langsame, sehr langsame Schleife durch die verdunkelte Bibliothek, entzieht sich durch die geschlossenen Vorhänge und setzt gelassen ihren geraden Weg fort. Wenn ich bei meinem Onkel anklopfte und auf einen undeutlich zustimmenden Laut hin bei ihm eintrat, sah ich seinen über den Schreibtisch gebeugten dunklen Rücken, der den tief zwischen die Schultern versunkenen Kopf halb verdeckte. Das Lampenlicht erzeugte kupferne Reflexe auf der mondrunden Unbeweglichkeit seines hängenden, kahlen Kopfes, und was immer Mononclegilbert dort erarbeiten, hervorbringen und alleingelassen ausbrüten mochte mit verschleierten Augen und bei Zigarren und zimmertemperiertem Sprudelwasser, erschien mir unerheblich und nebensächlich im Vergleich zu dem einen und Einzigartigen, das er für mich verkörperte: Er war der Bibliothekar eines magischen Bezirks voll ungeheuerlicher Bücher und ihrer Geheimnisse. Wenn ich ihn besuchte, so geschah das, um ein wenig von der einsamen, dunkelbraunen, abgestandenen Papierluft einzuatmen, ein wenig Geheimnis zu wittern und mir ein paar seiner unzähligen Bücher zu borgen. Er entstieg seinem Sessel, rieb sich das Kinn, schob Tische und Planrollen beiseite, ging langsam und nachdenklich an den Buchwänden entlang und übergab mir gewöhnlich zwei oder drei langbreitschwere Kunstbücher; ich nahm sie in beide Arme, drückte sie gegen den Bauch, Mononclegilbert begleitete mich zur Türe, lächelte hoch herab aus freundlicher Ferne und schloß die Türe lautlos hinter mir. Im Garten, eine vogelraschelnde Haselnußhecke zwischen mir und der Sonne, schlug ich die hochgeachteten Bücher auf, ein warmes Gewebe von Schattenflecken tanzte über Texten und Bildern am güldenen Hundstag und Feriennachmittag, und während ich hart auf den Holzrippchen des grün gestrichenen Gartenstuhls saß, während aus Nachbargärten hinter Haselnußhecken und Glyzinienmauern unbekanntes Blumenspritzen, Teetrinken und Tennisspielen melodisch und schläfrig in nichts als funkelndem Hochsommerlicht verklang, begann ich für die Dauer eines Nachmittags in magischen Bildern einherzugehen und auszuwandern in eine Großwelt aus Rathäusern und Kathedralentürmen, Barockengeln, Sebastiansmartern und Marienleiden, Palästen und Wasserschlössern. Der Zauber bewirkte, daß ich schließlich ganz in Bücher und Bilder übersiedelte und meine wirkliche Welt, das Haus meines Onkels, meine Ferien und was immer mich gewöhnlich umgab, beschäftigte und herausforderte, abstreifte oder traumwandelnd überging zugunsten der Frage: Wo befinden sich die Kathedralen und Bauwerke? An welcher Stelle der Welt sind Rom, Mykene und Konstantinopel, Quedlinburg, Murbach, Oberried und Delft vorhanden? Waren sie alle auf einem Haufen oder etwa verstreut und über viele Gegenden verteilt, so daß man Eisenbahnen, Flugzeuge und Ozeanriesen brauchte, um sie miteinander zu verbinden? Langsam kam ich dahinter, daß wohl alles mehr oder weniger unregelmäßig über die Welt verteilt sein müsse, denn in den Orten, die ich kannte, gab es die Bauwerke offenbar nicht, von denen ich las, und der Ort beispielsweise, in dem mein Onkel Mononclegilbert wohnte, enthielt zwar Rathaus und Kirche, Omnibushaltestelle und Fußballplatz, aber nicht eine einzige der in Büchern abgebildeten Besonderheiten. Alle diese Dinge waren offenbar weit weg von mir, und ich war weit weg von ihnen, doch befanden wir uns, sowohl ich wie sie, innerhalb einer zugänglichen und erreichbaren Menschenwelt. Fantastische Landkarten entstanden in meinem Kopf, Siebenmeilenräume voll zaubrischer Zusammenhänge, und später, als der Umgang mit Büchern und ihren Inhalten mir zur Gewohnheit geworden war, als ich wußte, welcher Name zu welchem Bauwerk gehörte und begriff, daß man Name und Sache zusammenhalten muß, als sonore Erklärungen meines Onkels Entfernungen festlegten, Städte, Kirchen und Museen für immer und unverrückbar nach Norden und Süden, nach Frankreich, Ägypten und vor oder hinter den Kaukasus in die Welt verteilten, die offenbar nur aus fernen, entlegenen Ausländern bestand, war ich zufrieden, die Welt, wie weitläufig sie auch sein mochte, voller Dinge zu wissen, die man aufsuchen konnte in der Gewißheit, sie jedenfalls dort zu finden, wo ihr Name auf der Landkarte verzeichnet stand.

Aber nach allen Lektüren und Schuljungenstudien blieb ein Name übrig, der nirgendwo in der Welt zu bestehen schien. Auf den meisten Seiten der Bücher meines Onkels erschien unter Namen von Städten und Museen der Name Ebènda, oft mehrmals untereinandergedruckt und jeweils mit einem Bild versehn, das selten etwas Ganzes zeigte (das war seltsam) sondern meist nur Teile und Ausschnitte wie Glockentürme, Engelköpfe, Portale, Springbrunnen, dreiviertel Dome und halbe Paläste. Die Bücher waren überfüllt mit Ebènda und mehr als alle anderen Orte enthielt gerade dieser unauffindbare Ort Bilder und Bauwerke aller Epochen und Stile und überhaupt alles, was es an Kunstbeweisen gab. Wie viele Rathäuser allein mochte Ebènda haben? Ebènda mußte, das war gar keine Frage, von altersher die schönste, größte und unzerstörbarste aller Städte sein. Ich frage mich, warum ich Mononclegilbert niemals nach Ebènda fragte. Ich dachte vielleicht: Wenn das alles so ist, wenn die Welt ein Gelände ist, auf dem man sich die Dinge selber zusammensuchen kann, wenn man einmal weiß, wo welches Bild in welchem Hause hängt, wenn es also Verhältnisse gibt, auf die man sich verlassen kann, die man studiert, im Kopf behält und wiederfindet, dann ist Ebènda jedenfalls ein Ort, den ich auch allein herausfinden werde. Ebènda, das liegt vielleicht im Urwald, es ist von Brasilien oder so etwas umgeben, eine Parade von steinernen Löwen ist vor den Stadttoren aufgestellt, und vielleicht treffe ich mal einen, der gerade aus Ebènda kommt und er erzählt mir mehr davon. Es gibt dort auch Posaunenengel, die auf geheiligten Wildschweinen an großen Flußufern auf- und abreiten, Gottes Ferienhäuschen steht in Ebènda, dort wohnt auf alle Fälle der hundertprozentigste aller Päpste, gegen den der römische nur ein kleiner Klacks ist. Und als Sommerende und Ferienende gekommen waren, als die Haselnußhecke mehr Sonne durchließ als zuvor und die Sonne selbst klein, weiß und dünn in den Himmel und in den Regen hinein verschwand, als meine Tante, die es schließlich im Hause meines Onkels Mononclegilbert auch noch gab in Gestalt einer eilfertigen, dicken und immerfreundlichen Haushalts-Herbstzeitlose, den Ofen in der Bibliothek anfeuerte und mein Onkel gereizt und hustend des Rauches wegen vor seinen Arbeitstischen auf und ab ging, als Tennisspielen, Teetrinken und Rasenspritzen in den Nachbargärten seltener wurde und einmal ganz aufhörte, reiste ich ab, hinterließ ausgelesene Bücher, entlarvte Geheimnisse und nahm die Stadt Ebènda mit im Gedanken, ihren Standort selber herauszufinden.

Dachte ich damals wirklich Gedanken solcher Art? Ich weiß es nicht mehr. Ich habe mir meine Gedanken nachträglich erfunden. Wer soll noch parat haben, was er vor zwanzig Jahren dachte und zumal in einem Alter, wo Gedanken eher Abenteuer sind als Gedanken. Vielleicht stellte er sich besser eine Pistole vor als ein geheiligtes Wildschwein und eher ein Stück Schwarzwälder Kuchen als eine Windrose. Da Erinnerungen ihn trügen und ein falscher Glanz von alten Moden herkommt, ist er auf Erfindungen angewiesen, und das einzige, auf das er sich verlassen kann, sind die Meropsvögel der Fantasie. Heute ist ein anderer Tag als gestern. Natürlich. Und wie einfach sich das feststellen läßt. Da will etwas nicht mehr mitgehn, will nicht mehr hier sein, ist saumselig abwesend und nicht mehr zu haben, und wer dazu neigt, kann es heute schon betrauern. Das macht einen ungewissen und nicht geheuren Umtrieb hinter seinem Rücken und knausert ihm seine Zeit ab, immer hinter ihm her mit der mörderischen, hohl klingenden Sammelbüchse für die arme Ewigkeit. Heute ist schon der dritte Tag, an dem ich dies schreibe, nachdem ich zurückgekehrt bin aus einem in dunkler Vergangenheit verlorenen Sommer. Der Herr Vogeler, scheint mir, hat einen Ruhetag eingelegt, es sieht so aus, er verbringt ihn im Bett und liest australische Kriminalromane, da braucht er sich nicht zu rasieren, das erleichtert ihn, seine auf Schrankinhalte, Teppiche und Regenwasser gerichtete Drangsal hat Schalttag, und die gewaschenen Teppiche dampfen und schmoren in der mittäglichen Sonne hinterm Haus. Gestern abend erhielt ich Besuch von R., und wir tranken Wein in der Dämmerung unter den Kastanienbäumen des Wirtshausgartens in Egerten. Sonst ist, was mich betrifft, nichts vorgefallen, und wenn ich heute daran gehe, in meiner Geschichte fortzufahren, was werde ich schreiben?

Die Stadt Ebènda, Metropole aller Dinge unter der Sonne, Tresor der unverwüstlichen Welt – was werde ich weiter über Ebènda schreiben?

Sie ist in die Brüche gegangen. Ein paar Wochen trug ich

sie mit mir herum und konnte sie nirgendwo finden, und sie war, die Gewaltige, schließlich so überfüllt mit unbeweisbaren Wirklichkeiten und St. Nimmerleinskathedralen, Höllentoren und Palästen der vier heiligen drei Könige, mit Namen wie Dongpuli und Seromene, Alabamba und Soliferno, was Herrschersitze, Armenviertel, Lunaparks, Gebirge, Flüsse und alles und nichts bedeuten konnte, daß sie schließlich, zu schwer geworden, aus allen meinen Gedanken brach, und ich wandte mich an den Herrn Heinrich Nossberg, ehemaliger Wachtmeister aus Ostpreußen, Flüchtling und Untermieter im großelterlichen Haus in der Humboldtstraße, und ich fragte ihn, wo ER Ebènda vermute und was ER darüber wisse. Der Herr Nossberg wußte nichts, obwohl er doch aus einer Gegend kam, die beinahe so etwas wie Ausland war. Er setzte seine Brille auf und ab, doch machte ihn das nicht klüger, und als ich ihm schließlich ein geborgtes Kunstbuch vorlegte, auf dreimal untereinandergedrucktes, dreimal bebildertes Ebènda mit dem Finger wies, ganz im Recht und viel viel beschlagener als er, nahm er die Brille ab und erklärte, wahrscheinlich mit Dialekt: Tja, mein lieber Junge, du bist belesen! Aber das Ebènda ist nichts als ein Fussel in deinem Kopf. Und er fuhr fort:

So etwas gibt es nicht, das ist nun mal so. Und jeder andere, den du fragst, wird dir dasselbe sagen. Das Ganze ist nichts als ein Wörtchen, das du, mein Lieber, falsch betont hast. Wenn du es richtig betonst, dann heißt das eben-da, und du kannst auch sagen: Dortselbst, oder: Am gleichen Ort. Es ist so ähnlich wie mit dem Wort Erblasser. Heißt das nun Erblasser, weil der Tote, um den es sich in jedem Fall handelt, erblaßt ist, oder heißt es Erb-lasser, weil er den, die ihn überleben, möglicherweise ein Erbe hinterläßt? Du weißt es nicht, und ich weiß es auch nicht, obwohl ich es wissen sollte und wenn ich ein Lexikon hätte, gewiß auch wüßte. Und dein Ebènda, das ist schon so, das liegt auch nicht in Brasilien, und es heißt nichts weiter, als daß ein Bild, bei dem eben-da gedruckt steht, zu dem Bild vorher gehört, wo vielleicht Münster in Westfalen oder Siena daruntersteht —. Dies ungefähr erklärte mir der Herr Nossberg, mit Dialekt, mit

Pausen und vielem Brillen Auf- und Absetzen, und es war das Ende meiner Stadt Ebènda. Bin ich, wie sie, ausgelöscht und vernichtet? Was macht einer mit einer Stadt, die vorhanden war und die es plötzlich nicht mehr gibt, weil einer das beweisen kann. Was macht einer, wer auch immer er sei, mit einem Besitz, den ein anderer in den Wind schlug?

Legt sich der eine vielleicht hin und sagt: Ich steh' nicht mehr auf, ich habe keine Lebensfreude mehr, denn dies war es, worauf es mir ankam...

Sagt der andere: Ich geh' erstmal fort von hier, und schließlich und endlich, was schert mich die Abhandenengekommene...

Sagt der dritte: Mir lag sowieso nicht soviel daran, hin ist hin, das ist philosophisch, und daran will ich mich halten...

Und was sagte ich selber? War zu klein um etwas zu sagen, wurde älter und immer älter, doch sagte niemals ein Wort darüber. Erst jetzt, während ledernes, altes oder neues Laub wie Drachenschuppen und getrocknete Putzlumpen hart und raschelnd auf die Balkondiele schlägt, während der Herr Vogeler schläft und die Postfrau eben am Briefkasten klappert, am leuchtenden Septemberende dieses Jahres, welches auch immer es sei, sage ich: Immer noch auf der Suche nach Ebènda...

...und unterwegs ein Leben lang, zusammensuchend das von jenem Tag an in alle Winde und alle Welt Verstreute, Vorhandenes, Gedachtes, Vergängliches, Unsterbliches, Nicht mehr – und Niemals Vorhandenes, und auch: T' Allerfijnste Backet Blechkästen im Brouwerhotel und Eierkoeken Potugeesjes ebenda! Küsse und Flohstiche, dunkler Sommer, Gedichte und olle Kamellen, Chimären und Tode, Posaunenengel, Teppiche und Bierlokale à la Mittelstädt an der S-Bahn Wilmersdorf, Schöne Magelonen, Engelleitern und weithin Unsichtbares – das alles rauscht und rumpelt gegen meinen uralten Musikantenknochen und bringt ihn zum Klingen und Schmerzen, anhaltend, mächtig und ohne Ende. Das alles erhält seinen Platz in der Stadt Ebènda, die ich in meinem Kopf gegründet habe, Große, Unsichtbare, Herrliche, in die ich einziehe als ihr König, die ich aus vielerlei Wirklichkeiten zu einer einzigen zusammenbaue, die mich gewähren läßt und einmal zugrunde richtet, mich, Herrscher meiner Vergänglichkeit, Demiurg meiner Träume, Berauschter von eigenen Gnaden und Jagdhund und Bettler –.

Dies ist die Geschichte; wie es scheint, hat sie hier ein Ende, und wir wollen mal hoffen, daß sie stimmt. Vielleicht aber ist alles erfunden und hat keinen Grund, keinen Anfang und kein Ende? Vielleicht ist mein Onkel Mononclegilbert ein ganz anderer, hat vielleicht ein Parteiabzeichen getragen, ist ins Gefängnis gesteckt worden oder ist in Wirklichkeit Gemischtwarenhändler in Zerbst an der Nute oder sonst irgendein Despot oder Trottel; und ich selber sitze vielleicht gar nicht, wo ich zu sitzen und zu schreiben vorgebe, sondern befinde mich, beispielsweise, in der Rue Pot de Fer zu Paris und habe Mühe, den Besitzer des Grand Hotel Cahors zu einem Aufschub der Miete zu bewegen? Wie dem auch sei, ich bezahle nichts, ich lasse alles anschreiben, Mieten und Küsse, Flohstiche und Gedichte, weil ich etwas weiß, das alles dies und mehr noch ein für allemal bezahlen, ausgleichen und ins reine bringen wird? Was sollte das sein? Vielleicht aber bezahle ich alles in bar, sofort und pünktlich, aber womit? O dunkler Sommer, meine verlorene Zeit! Ich bin zurückgekommen von Reisen und Vagabondagen, Kopf und Koffer voll von Scherben, Aschen und funkelnden Fetzen meines Königreichs Ebènda, mit klingendem Musikantenknochen und fröhlich. Hinter mir schlägt die Zeit zusammen, und der Sommer verdunkelt sich in der Erinnerung, ein schwarzer Azur, und ist schon vergangen. Der Herr Vogeler, höre ich, ist auch wieder unterwegs, er hat sich aufgerappelt und radelt nach Basel ins Kino. In der vergangenen Nacht hatte er, wie häufig, eine Auseinandersetzung mit dem Hund des gegenüberliegenden Gehöftes. Das Gebell des Hundes, ausgehungert, haßerfüllt und von stechender Schärfe, von Mondlicht, fremden Passanten und dem korrespondierenden Gebell benachbarter Hunde zu unermeßlicher, bestialisch hinwimmernder Klage gesteigert, trieb den Herrn Vogeler aus seinem Siebenwolldeckenbett, im Bademantel ging er über die Straße, blieb vor dem Hund stehn, lockte und beruhigte ihn mit Geflüster und warf ihm ein Stück Wurst vor, das der Hund im Fluge schnappte und verschlang. In das zweite größere Wurststück hatte er zwei Schlaftabletten hineingedrückt – das hatte er schon mehrmals gemacht, und es war die Erfindung seiner Schlaflosigkeit – er prüfte, ob das Fettgewebe der Wurst die Tabletten hielt, warf sie dem Hund ins Maul und kehrte in sein Bett zurück, um zu schlafen. Nach einer Stunde war der Hund still geworden, und er wird nun zwei Tage und zwei Nächte ruhig, müde und ohne den Wunsch zu bellen in seiner Hundehütte verbringen. Das ist so, und es scheint, daß es so weitergehn kann und wird. Wie dem auch sei, ich habe dies hier geschrieben, wer weiß, warum und für wen! Der Altweibersommer zieht Fäden über den Hügel, hier werde ich eine Weile bleiben, und wenn eine Geschichte zu Ende ist, soll man keine Worte mehr machen.

DJUNA BARNES

Der schreckliche Pfau

Es war während der Sommerflaute, wo ein U-Bahn-Unglück
die bedrohlichen Ausmaße einer Schießerei im Hotel an-
nimmt, da flatterte auf einmal eine ausgefallene Meldung
herein.

Kein Mensch schien zu wissen, wo sie herkommen war. Sie
handelte von einer Frau, die größer und gefährlicher war als
Kleopatra, neununddreißigmal so verlockend wie das Sonnenlicht auf einem Golddollar und ähnlich schwer zu erhaschen.

Sie sei ein Pfau, besagte die Meldung, die nicht übel geschrieben war – ein aufreizendes weibliches Exemplar mit
elektrisierenden grünen Augen, rotem Haar und schmiegsa-
mem grün-blauen Seidenkleid, und sie bleibe durchaus nicht
unbemerkt, wenn sie sich mit verführerischer Trägheit durch
die Straßen von Brooklyn bewege. Das war schon jemand –
doch wer?

Der Lokalredakteur kratzte sich am Kopf und gab die Meldung an Karl weiter.

»Schürf doch mal ein bißchen«, schlug er vor.

»Da setzt man wohl besser jemand Unverbrauchten drauf
an«, sagte Karl, »einen, der frisch an die Sache herangeht. Ich
mußte mich heute schon um diese Kinney-Geschichte kümmern. Wie wär's mit Garvey?«

»Meinetwegen«, sagte der Lokalredakteur und entschied
sich für einen neuen Streifen Kaugummi.

Garvey war gebührend beeindruckt, als Karl an seinem
Schreibtisch längsseits ging und schwungvoll der Meldung
das Bein auf den Tisch folgen ließ, denn Karl war der Star.

In gewisser Hinsicht ein ziemlich mysteriöser Mensch, dieser Karl. Seine Adresse war ein unantastbares Geheimnis. Es
war bekannt, daß er, ungeachtet seiner Tätigkeit bei der Zeitung, einiges Geld angehäuft hatte. Ebenfalls bekannt war,
daß er geheiratet hatte.

Ansonsten war er ein Mann für alle Fälle – ein erstklassiger Reporter. Wenn jemand befunden hatte, es sei am besten, Selbstmord zu machen und seiner Frau eine boshafte kleine Notiz zu hinterlassen, woraufhin die die drei Schritt zwischen Badezimmer und Küche hin- und herstürmte und bei jedem Schritt »Oh, mein Gott!« hickste, dann landete das in Karls Schreibmaschine – und eine Titelgeschichte war geboren.

»Du wirst sie also auftreiben«, sagte Karl, »sie ist verflixt schön, hat Katzenaugen und Leslie-Carter-Haar – eine geschmeidige Kugellager-Clytie und dazu mit einem Teint ausgestattet wie eine Tasse Kaffee mit Sahne, die über Nacht gestanden hat. Angeblich krallt sie sich mehr Männer in die Haare als irgendeine lebende oder tote Sirene.«

»Du hast sie gesehen?« hauchte Garvey und machte große Augen.

Karl nickte flüchtig.

»Warum schnappst *du* sie dir denn nicht?«

»Zwei Sachen gibt es«, sagte Karl in richterlichem Ton, »auf die verstehe ich mich nicht. Das eine ist Subtraktion und das andere Attraktion. Also nur zu, mein Sohn. Der Auftrag gehört dir.«

Er schlenderte davon, doch spät genug, um noch zu sehen, wie Garvey ob des indirekten Kompliments sichtlich anschwoll und seinen schönen lyrischen Schlips liebkoste.

Desungeachtet schmeckte der Auftrag Garvey ganz und gar nicht. Lilac Jane war schließlich auch noch da. Gerade an diesem Abend hatte er ein Rendezvous mit ihr, und Lilac Jane war über die Maßen begehrenswert.

Er war in dem Alter, wo die glühende Hingabe an ein weibliches Wesen nicht zuläßt, daß man mit einem anderen herumtändelt, ohne sich wie ein richtiger Verräter vorzukommen.

Allerdings – man hatte ihm diese Arbeit aufgrund der Anziehung zugeteilt, die er auf aufreizende grüne Sirenen ausübte! Erneut befingerte Garvey den Schlips und zückte lässig sein lavendelduftendes Taschentuch wie der Meßknabe sein Rauchfaß schwenkt.

An der Tür wandte er sich unter der Deckenlampe um und schob die Manschette hoch, und seine Kollegen stöhnten auf. Auf seiner Armbanduhr war es sieben.

Draußen verharrte er an der Ecke bei der Grillstube. Er ließ den Blick die düstere Straße mit ihrem Sammelsurium grauer Fassaden und den Schaufenstern, in denen alles aussah wie der welke Inhalt eines Blumenladens, auf- und abwandern und hätte zu gern jemanden bei sich gehabt, dem er hätte mitteilen können, wie tüchtig er sich in dieser Welt voller tüchtiger Männer vorkam.

Den Blick aufs Trottoir gesenkt, in ungeheuer inbrünstige Träume von Lilac Jane versunken, setzte er seinen Weg fort. Weder der tosende Verkehr auf der Brücke noch die Rufe der Männer auf den Lastkähnen, die durch die Dämmerung drangen, vermochten ihn zu stören.

Schließlich drängte sich in die rosigen Visionen bedrohlich etwas Grünes.

Schuhe! Winzige Schuhchen, makellos adrett; darüber das Aufblitzen dünner, grüner Strümpfe über noch adretteren Fesseln.

Ein perlendes Lachen erklang, und Garvey kam wieder zu sich; rot und transpirierend, hob er den Blick entlang dem schlanken, grüngekleideten Körper zu den Augen des Pfaus.

Denn der war es ohne Zweifel. Ihr Haar war furchtbar rot, selbst in der Dunkelheit, und es schimmerte volle acht Zoll über ihre Stirn hinaus, höhergetürmt als jedwedes Haar, das Garvey bislang gesehen hatte. Der Mond schien buttrig hindurch wie durch Moskitonetz.

Ihr Hals war lang und weiß, ihre Lippen waren röter als ihr Haar, ihre grünen Augen mitsamt dem schmiegsamen Seidenkleid, das wogte wie aufgestörtes Wasser überm Seegras, wenn sie sich bewegte, vervollständigten die gewagte Kreation. Die zuständigen Stellen hatten sich aufs Plakative verlegt, als sie den Pfau schufen.

Sie war unglaublich ansehnlich, und sie amüsierte sich über Garvey. Wieder perlte das silbrige Lachen, als er sie anstarrte, einen Puls von hundert im Stand.

Er versuchte, sich einzureden, daß dieser psychologische

Effekt seinem Reporterinstinkt zuzuschreiben sei, doch steht zu vermuten, daß Lilac Jane sich ihre eigene Meinung über den Pfau gebildet hätte, wäre sie zugegen gewesen.

»Nun junger Mann?« verlangte sie Auskunft, und die wundervollen Augen begannen ihr todbringendes Werk.

»Ich... entschuldigen Sie, ich wollte nicht...« Garvey zappelte hoffnungslos, unternahm jedoch keinerlei Fluchtversuch.

»Sie machen mir Komplimente, indem Sie mich so anstarren? Das wollten Sie doch wohl sagen, hm?«

Wieder lachte sie, glitt neben ihn und nahm seinen Arm. »Ich mag Sie, junger Mann«, sagte sie.

»Man kennt mich als Garvey, und ich bin beim – *Argus*.«

Woraufhin sie herumfuhr und ihn scharf musterte. »Ein Reporter!«

Doch wieder erklang das silberhelle Lachen, und sie setzten ihren Weg fort. »Ja, warum auch nicht?« sagte sie heiter.

Als nächstes, gänzlich unerwartet: »Tanzen Sie Tango?«

Garvey fand die Sprache nicht so rasch wieder und nickte stumm.

»Ich liebend gern!« verkündete der Pfau und machte ein, zwei Tangoschritte neben ihm. »Wollen Sie mich nicht irgendwohin führen, so daß wir ein, zwei Runden drehen können?«

Mit zugeschnürter Kehle erwähnte Garvey ein guteingeführtes Etablissement.

»Bewahre!« rief die grünäugige Sirene, und der Blick, den sie ihm aus weitaufgerissenen Augen zuwandte, war schockiert. »Ich trinke nicht! Gehen wir lieber in einen Teesalon – zu Poiret's.« Sie nannte ihn »Poyrett's«.

Garvey ließ sich willig zur Schlachtbank führen, und während sie dorthin liefen, plauderte sie unbeschwert. Er zog sein Taschentuch heraus und tupfte sich sacht die Schläfen.

»Meine Güte«, sagte sie gedehnt, »das duftet ja wie kurz vor einer Ohnmachtsepidemie!«

Garvey war gekränkt, entschied jedoch in seinem tiefsten Innern plötzlich, daß Duft an einem maskulinen Schnupfenbekämpfungsmittel unangebracht sei.

Sie lenkten ihre Schritte in ein hellerleuchtetes Lokal, in dem sich bereits einige wenige Mädchen und noch weniger Männer aufhielten.

Sie suchten sich einen Tisch, und sie bestellte Tee und Kuchen und drängte ihren Begleiter, er möge sich nun ja keine Zurückhaltung auferlegen. Gehorsam bestellte Garvey reichlich.

Alsbald setzte die Musik ein, und er schwenkte sie hinaus auf den Tanzboden und hinein in den faszinierenden Tanz.

Nun war Garvey selbst wahrlich kein schlechter Tänzer. Aber erst der Pfau!

Sie war leicht und wendig wie eine grüne Nebelschwade, und dabei hielt er doch solide Knochen und Muskeln in seinen Armen.

Sie war die Poesie der Bewegung, der Geist des Tanzes, der Inbegriff von Anmut und Schönheit.

Und als die Musik aufhörte, hätte Garvey weinen können vor Ärger, obwohl er doch recht außer Atem war.

Der Pfau hingegen war keineswegs bekümmert. Allerdings hatte sie auch den ganzen Tanz hindurch geredet.

Garvey hatte schon längst kapituliert. Lilac Jane? Pah! Was waren schon tausend Lilac Janes gemessen an diesem herrlichen Geschöpf, dieser Venus Anadyomene – schaumgeborener Aphrodite?

Im hellen Licht des Teesalons waren ihre grünen Augen grüner, ihr rotes Haar röter, ihre weiße Kehle weißer. Er hätte eine Texas-Ranch für sie gegeben und das Vieh noch obendrein.

Er versuchte, ihr das andeutungsweise mitzuteilen, und sie lachte entzückt.

»Was habe ich bloß an mir, daß die Männer dermaßen verrückt nach mir sind?« wollte sie wissen und nippte träumerisch an ihrem Tee.

Er zuckte zusammen. »Sind die das?«

»Oh, schamlos. Sie lassen alles fallen, Kinnladen, Hab und Gut und jedwedes Bündel, an dem sie gerade zu tragen haben. Weshalb bloß?«

»Das ist doch das Einleuchtendste von der Welt. Sie haben

Haare und Augen wie nur wenige Frauen, und ein Mann verlangt nun mal nach Ausgefallenem.« Er wurde beredt.

»Aber – ich bin doch überhaupt nicht hübsch, Magerkeit ist schließlich nicht attraktiv, hm?«

»Doch, bei Ihnen schon«, sagte er schlicht. Die Tatsache, daß er das schlicht ausdrücken konnte, war allerdings äußerst ungünstig für Lilac Jane.

Sie bot ihre Grübchen für ihn auf und erhob sich abrupt. »Jetzt muß ich machen, daß ich wegkomme. Ah, Lily!«

Ein Mädchen, unleugbar hübsch, aber eben nur ein gewöhnliches Mädchen, kam quer durch den Raum auf sie zu.

»Das ist Mr. – ähm – Garvey, und das ist Miß Jones. Sorgen Sie dafür, daß er sich nicht langweilt, ja? Er tanzt sehr gut.« Und als er sich mühsam hochkämpfte und protestieren wollte, sagte sie: »Ach, ich komme doch wieder!«, und weg war sie.

Garvey suchte nach irgendeiner Ausrede, um der Partnerin zu entrinnen, die man ihm derart umstandslos aufgehalst hatte, doch das Mädchen erstickte seine Bemühungen im Keim, indem es sich erwartungsvoll erhob, als die Klänge von »Too much Mustard« das atmosphärische Ambiente überfluteten.

Jetzt blieb ihm nur noch, sich mit Anstand aus der Affäre zu ziehen. Und schließlich tanzte es sich gut mit ihr. Schon hörte er sich fragen, ob er sie, wenn der Tanz zu Ende wäre, zu irgend etwas einladen dürfe.

In jedem Fall, so überlegte er, mußte er ja immer noch seinen Auftrag erledigen. Der Pfau war nach wie vor ein großes Rätsel – mittlerweile sogar noch ein größeres. Aber sie hatte gesagt, daß sie wiederkommen würde. Also wartete er und tanzte und aß und spendierte.

Eine halbe Stunde später kam der Pfau in der Tat zurück – mit einem anderen Mann.

Für Garvey färbte sich schlagartig alles hellviolett. Das rührte daher, daß er gleichzeitig grün war vor Eifersucht und rot sah.

Das neueste Opfer ihrer Lockmittel (denn daß er das war, gestand selbst Garvey ihm zu) war ein älterer Geschäftsmann, der zur Korpulenz neigte und ungeniert ein Auge riskierte. Gavrey haßte ihn mit einem erbitterten Haß.

Der Pfau tanzte einmal mit ihm und überließ ihn, der wie ein Fisch nach Luft schnappte, der zärtlichen Fürsorge eines anderen Mädchens.

Sie blieb kurz an Garveys Tisch stehen, bedachte ihn mit einem Lächeln und einem gewisperten »Morgen abend wieder hier!« und verschwand in einem Wirbel grüner Seide – wahrscheinlich, um weitere Opfer einzufangen.

Garvey verbrachte eine schlimme Nacht und einen noch schlimmeren nächsten Tag. Wer war sie? Was für Spielchen machte sie da? Was würde am nächsten Abend passieren?

Es war ihm gleich. Lilac Jane war endgültig entthront zugunsten einer grünen Göttin, deren Verlockung aller Wahrscheinlichkeit nach Zerstörung bedeutete.

Doch es war ihm gleich.

Er teilte dem Lokalredakteur mit, die Pfauengeschichte stehe am nächsten Tag zur Verfügung, und machte im Geiste die Einschränkung, »falls ich dann noch nicht gekündigt habe«. Und er träumte sich in einer Trance durch sein Werk, die zu gewaltigen Schnitzern führte.

Dabei machte er sich gar keine Illusionen über sein »Material«, wenn man einmal absieht von einem ebenso unbestimmten wie noblen Impuls, »den Pfau aus seiner entwürdigenden Umgebung zu erlösen.«

Irgendwie war diese Ausdrucksweise jedoch nicht ganz zutreffend.

Einmal dachte er an Lilac Jane, die ihm ihre warmen, normalen fraulichen Arme entgegenstreckte. Er nahm ihr Bild aus seiner Brusttasche und verglich es mit dem Bild des Pfaus, das er in sich trug, dann steckte er das Foto wieder weg, mit der Vorderseite nach außen.

Damit war Lilac Janes Flagge gestrichen.

Unmittelbar danach teilte der impertinente Bürobote ihm in schrillem Ton mit, eine »Schürze« verlange ihn am Telefon.

Eine Sekunde lang dachte er an den Pfau, doch nein, Lilac

Jane war um diese Zeit fällig. Woraufhin er schändlicherweise flüchtete.

Daraus läßt sich folgern, daß er Lilac Jane letztlich noch nicht vergessen hatte, er hatte sie bloß verkehrtherum weggesteckt.

Garvey fiel in den Fahrstuhl, denn der kosmische Schweif des Pfaus erfüllte seine ganze Existenz. Er spielte das Wurfringspiel mit dem Gott einer höheren Weisheit und tauchte aus Träumerei und Fahrstuhl mitsamt einem Paar Jettohrringe auf, die ihm vor den Augen tanzten. Es waren die Ohrringe von Lilac Jane.

Darunter jedoch, wie die Punkte in einem zweifachen Ausrufezeichen, schwebten ein paar grüne Stiefel.

Verdrossen aß er, verdrossen kehrte er in sein Zimmer – seine Wohnung, er wird mir doch verzeihen? zurück. Und um sechs war er fertig für acht.

Er nahm sich seine Uhr vor und zog sie auf, bis ihm die Hände zitterten und sie im Innern Geräusche von sich gab, als quäle sie etwas.

Er stand vor dem Spiegel und schob an seinem Adamsapfel herum, stupste den lyrischen Schlips zurecht und reckte derweil den Hals, bis der ganz so aussah, als würde er demnächst wegschnellen und zwischen Kinn und Kragenknopf einen leeren Zwischenraum lassen.

Ein liebender Mann hört geistig zu existieren auf. Seine ganze Energie ist seiner äußeren Erscheinung gewidmet.

Wäre Napoleon auf dem Schlachtfeld von Austerlitz gerade verliebt gewesen, dann hätte das sein Herz zwar nicht mit Jubel erfüllt, wohl aber sich in seinem Übermantel und den Kniehosen niedergeschlagen.

Wäre Wellington während der Schlacht von Waterloo von so etwas heimgesucht gewesen, dann hätte deren Ergebnis vielleicht anders ausgesehen.

Folglich war Garvey, als er endlich angekleidet war, den Lilien auf dem Felde zu vergleichen, die bekanntlich nicht ackern noch spinnen. Als endlich alles perfekt war, warf er einen Blick auf die Uhr und hätte sich beinahe hingesetzt. Es war Mitternacht!

Dann erkannte er, daß die arme Armbanduhr mit einer Meile pro Minute voraneilte, um das letzte Aufziehen auszugleichen. Der Wecker sagte halb acht.

Woraufhin Garvey das einigermaßen schwierige Kunststück vollbrachte, mit durchgedrückten Knien die Treppe hinabzusteigen. Die Bügelfalte ruinieren? Ausgeschlossen!

Und kurz darauf war er im Tango-Teesalon und schaute sich begierig nach dem Pfau um, während sein Herz härter pochte als seine Uhr.

Das Lokal war überfüllt, und die Tänzer waren zu den schwungvollen Klängen von »Stop at Chattanooga« bereits tüchtig unterwegs.

Eine Weile hielt er vergebens Ausschau. Dann setzte seine Herzmaschine einen Schlag lang aus.

Da war sie – an einem Tisch in der Ecke auf der anderen Seite.

So rasch, wie er das vernünftigerweise tun konnte, ohne seine Makellosigkeit zu gefährden, strebte Garvey pfauenwärts.

Ja, es war zweifelsohne der Pfau. Sie hatte die Ellenbogen auf den Tisch gestützt und sprach mit ernsthafter Miene – sprach mit – Karl!

Garvey befand sich mittlerweile auf gleicher Höhe mit dem Tisch. Er mußte irgendein Geräusch gemacht haben, denn die beiden blickten auf.

Der Pfau lächelte lieblich, doch mit einer Spur von Trotz. Karl grinste liebenswürdig, doch mit einer Spur von Verlegenheit. Und beide sagten: »Hallo!« Dann sagte Karl: »Alter Junge, du gestattest doch, daß ich dir meine Frau vorstelle?«

Garvey rang nach Atem und setzte sich wortlos.

»Eine kleine Beichte ist wohl fällig«, sagte Karl, »nur bitte ich zu bedenken, daß das ausschließlich meine Idee war.«

»War es *nicht!*«, sagte der Pfau scharf, »du wolltest nichts davon *hören*, als ich das angeregt habe!«

»Na ja, jedenfalls, ich habe mein ganzes Geld in diesen Teesalon gesteckt. Doch das Geschäft war mächtig flau, es sah nach Bankrott aus.

Dann hat unsere Mrs. Karl hier – sie war La Dancerita, ehe

sie sich in mich verliebt hat, verstehst du – ja, also sie hat angefangen, Kundschaft zusammenzutrommeln.«

»Es war lustig!« verkündete die vormalige La Dancerita,
»allerdings hat mich einmal einer fast gekniffen.«

»Ich habe diese Knallschote, die dir den Auftrag eingetra-
gen hat, selbst im Büro geschrieben, weil ich dachte, das
brächte ein bißchen Schwung in die Sache.« Er lächelte ein
abgründiges Lachfältchenlächeln, das entwaffnete, sowie es
im Blau seiner Augen angelangte. »Und nun weißt du alles
über den Pfau.«

Garvey schluckte zweimal und seufzte einmal. Dann nahm
er etwas aus der Brusttasche und steckte es gleich wieder an
seinen Platz zurück.

»Ich – ähm, ich kenne jemanden, der gern Tango tanzt«,
sagte er, obwohl das gar nicht zur Sache gehörte.

La grosse Fifi

»Das Meer«, sagte Mark Olsen, »hat heute morgen genau die Farbe von Recketts Blau.«

»Ich mag es so«, stellte sie fest, »und ich wünschte, Sie gingen nicht so schnell. Ich kann diese Rennerei nicht leiden, und der Weg hier ist bestimmt nicht zum Rennen da.«

»Entschuldigung«, sagte Mark, »nur eine schlechte Angewohnheit.«

Sie gingen schweigend weiter, und Mark dachte, das Mädchen sei zwar komisch, aber ein bißchen besser kennenlernen würde er es doch ganz gern. Schade, daß Peggy sie anscheinend nicht mochte – Frauen waren schon ein ziemliches Kreuz mit ihren Sympathien und Antipathien.

»Hier ist mein Hotel«, sagte das komische Mädchen. »Sieht es nicht gräßlich aus?«

»Wissen Sie«, sagte Mark ernst zu ihr, »Sie sollten hier wirklich nicht bleiben. Es ist ein schreckliches Haus. Unsere *patronne* sagt, es habe einen üblen Ruf – jemand ist erstochen worden oder so etwas, und der *patron* ist ins Gefängnis gekommen.«

»Was Sie nicht sagen!« spottete Roseau.

»Ich meine es ernst. In der Pension wird ein Zimmer frei.«

»Hasse Pensionen.«

»Na, dann ziehen Sie doch woanders hin, ins St. Paul oder Juan le Pins – Peggy sagte gestern...«

»Lieber Himmel!« sagte Roseau ziemlich ungeduldig, »mein Hotel ist in Ordnung. Ich ziehe aus, wenn ich fertig bin, wenn ich eine Arbeit beendet habe, über der ich gerade sitze. Ich denke, ich fahre nach Paris zurück – die Riviera wird mir allmählich langweilig, sie ist zu ordentlich. Kommen Sie auf einen Apéritif mit herein?«

Ihre Frage klang so gleichgültig, daß Mark, obwohl pikiert, die Einladung annahm, obschon das Restaurant dieses Hotels ihn regelrecht bedrückte. Es war so dunkel, so düster, so voller merkwürdig, sehr merkwürdig aussehender Franzosen, die selbst für Franzosen ungewöhnlich laut redeten. Ein schwacher Knoblauchgeruch hing in der Luft.

»Nehmen Sie einen Deloso«, sagte Roseau. »Er schmeckt nach Anis«, fügte sie erklärend hinzu, als sie seinen verständnislosen Blick sah. »Er hat's in sich.«

»Danke«, sagte Mark. Er legte seine Skizzen vorsichtig auf den Tisch, und während er über Roseaus Kopf hinwegblickte, wurden seine Augen groß und starr. Er sagte: »Ach du lieber Gott! Was ist das denn?«

»Das ist Fifi«, antwortete Roseau mit leiser Stimme, und ihre Züge entspannten sich zum erstenmal zu einem Lächeln.

»Fifi! Natürlich – was denn sonst – lieber Himmel! – Fifi!« Seine Stimme klang ehrfurchtsvoll. »Sie ist – sie ist ungeheuerlich, wie?«

»Sie ist reizend«, sagte Roseau unvermutet.

Fifi war nicht ungeheuerlich, es sei denn im übertragenen Sinn, aber sie war korpulent, fest geschnürt – ihr Bauch sorgfältig so hergerichtet, daß er wie eine Fortsetzung der Brust wirkte. Ihr großer Hut saß verwegen auf der Seite, ihr Rouge war grell, und die Lider ihrer vorstehenden Augen waren leuchtend blau geschminkt. Sie trug sehr lange silberne Ohrringe; trotzdem wirkte ihr Gesicht riesig – weiträumig, und ihre Stimme klang heiser, obwohl sie nur Vichywasser in ihrem Glas hatte.

Ihre kleinen molligen Hände waren mit Ringen bedeckt, ihre kleinen fleischigen Füße steckten in Lackschuhen mit sehr hohen Absätzen.

Fifi gab wirklich keine Rätsel auf – ihre Lebensaufgabe war nicht zu verkennen. Bei ihr saß ein junger Mann von etwa vierundzwanzig. Es wäre ein hübscher junger Mann gewesen, wenn er sein Gesicht nicht dick mit weißem Puder bedeckt und sein Haar in einer großen Tolle über der Stirn getragen hätte.

»Sie erinnert mich«, sagte Mark flüsternd, »an Max Beerbohms Bildnis jener Halbweltdame, die den Kopf Edwards VII. auf einer Münze betrachtet – Sie kennen doch das: ›Ah! Na, für mich bleibt er immer Tam-Tam.‹«

»Ja«, sagte Roseau, »sie ist wirklich edwardianisch, nicht wahr?« Aus irgendeinem unerklärlichen Grund mißfielen ihr diese Spötteleien über Fifi, sie ärgerte sich mehr darüber, als sie sich sonst über die meisten Spottreden ärgerte. Schließlich sah doch diese Frau so gutmütig aus, ein richtig guter Kerl, und sie lachte so lustig.

Sie sagte: »Haben Sie noch nicht bemerkt, wie viele hier unten sind? Damen aus der Zeit Edwards, meine ich – ganze Schwärme in Nizza, Unmengen in Monte Carlo! ... Neulich im Casino sah ich...«

»Wer ist der Herr?« fragte Mark, der sich nicht ablenken ließ. »Ihr Sohn?«

»Ihr Sohn?« sagte Roseau. »Lieber Himmel, nein! Das ist ihr Gigolo.«

»Ihr – was sagten Sie?«

»Ihr Gigolo«, erklärte Roseau ungerührt. »Wissen Sie nicht, was ein Gigolo ist? Die gibt es auch in London, das kann ich Ihnen sagen. Sie hält ihn aus – er ist ihr Geliebter, ich weiß das alles, weil ihr Zimmer neben meinem liegt.«

»Oh!« murmelte Mark. Er schlürfte hastig seinen Apéritif.

»Jedenfalls mag ich Ihren Namen«, sagte er, indem er abrupt das Thema wechselte – »er paßt zu Ihnen.«

»Ja, er paßt zu mir – er bedeutet Schilfrohr«, sagte Roseau. Sie lächelte seltsam – ein kleines schiefes Lächeln. Mark war sich nicht ganz sicher, ob es ihm gefiel. »Ein vom Winde geschütteltes Rohr. Das ist mein Sinnspruch, es ist – gehen Sie schon? Ja, ich komme bald einmal zum Tee, auf Wiedersehen.«

›Er läuft weg, um seiner Frau zu erzählen, wie recht sie hatte mit ihrem Urteil über mich‹, dachte Roseau, während sie ihm nachschaute. ›Wie komisch manche Engländer doch sind! Sie fordern dazu heraus, schockiert zu werden, sie sehnen sich danach und hoffen darauf, aber wenn man sie wirklich schockiert – wie schockiert sie da sind!‹

Trüber Stimmung trank sie ihren Apéritif aus. Sie wartete auf eine amerikanische Bekannte, die sie zum Essen abholen wollte. Inzwischen wurden die Stimmen Fifis und des Gigolos lauter.

»Ich sage dir«, erklärte der Gigolo, »ich muß heute nachmittag nach Nizza. Es ist notwendig – ich muß unbedingt hin.«

Er sagte das im Ton einer Entschuldigung, aber mürrisch und mit einer Spur Grobheit. Das Männchen, das an seinen Fesseln zerrt.

»Aber, mon chéri«, bettelte Fifi, »kann ich nicht mitkommen? Wir trinken hinterher Tee im Negresco.«

Der Gigolo schwieg verdrossen. Offensichtlich lockte ihn das Negresco mit Fifi nicht.

Sie gab sofort nach.

»Marie!« rief sie, »bedienen Sie Monsieur sofort. Monsieur muß den Ein-Uhr-Dreißig nach Nizza erreichen ... Zum Abendessen bist du doch wieder hier, mon Pierrot?« bat sie mit heiserer Stimme.

»Ich denke – ich werd's versuchen«, antwortete der Gigolo hochmütig, indem er seinen Sieg ausnützte, wie jeder General das sollte – und im gleichen Augenblick betrat Roseaus amerikanische Bekannte das Restaurant.

Sie aßen zu Mittag auf der Terrasse einer Villa, die auf das ruhig lächelnde Meer hinunterblickte.

»Dieses Blau, dieses Blau«, seufzte Miß Ward, denn so hieß die Amerikanerin, »ich sage immer, dieses Blau ist wunderbar. Es dringt einem bis tief in die Seele – finden Sie nicht auch, Mr. Wheeler?«

Mr. Wheeler richtete seine Hornbrille ernst auf das Blau.

»Sehr schön«, sagte er knapp.

›Ich bin überzeugt‹, dachte Roseau, ›er fragt sich gerade, zu welchem Preis man es verkaufen könnte – auf Flaschen gezogen.‹

Sie ertappte sich dabei, wie sie sich eine zugkräftige Reklame ausdachte: ›Versuchen Sie unser Flaschenblau gegen Seelenschmerz.‹

Dann nahm sie sich zusammen und wandte sich an Mr. Leroy, den vierten in der Runde, dessen Laune sich zusehends verschlechterte.

Monsieur Leroy war der Typ, den die Franzosen *un joli garçon* nennen – man konnte ihn tatsächlich einen sehr hübschen Jungen nennen –, hochgewachsen, breitschultrig, braungebrannt, und so sauber wie nur ein Angelsachse. Doch ganze drei Viertelstunden von vieren hatten zwei Wesen weiblichen Geschlechts nicht die leiseste Notiz von ihm genommen. Monsieur Leroy war verblüfft, er konnte das nicht glauben. Jetzt wurde er allmählich ärgerlich.

Dennoch reagierte er sofort auf Roseaus Versuch, ihn an der Unterhaltung zu beteiligen.

»Oh, Madame«, sagte er, »ich finde, heftige Gemütsbewegung entschuldigt alles – man ist für den Moment wahnsinnig.«

»Na also«, sagte Roseau triumphierend, denn der Streit war darum gegangen, ob irgend etwas die Verletzung bestimmter Regeln entschuldigen könne.

»Das ist alles Unsinn«, sagte Mr. Wheeler.

»Aber gerissene Geschäfte entschuldigen Sie?« fragte Roseau hartnäckig.

»Geschäfte«, sagte Mr. Wheeler, als spräche er zu einem leicht schwachsinnigen Kind, »sind etwas ganz anderes, Miß... äh...«

»Das denken Sie«, widersprach Roseau, »weil das Ihre Art von Gefühl ist.«

Mr. Wheeler gab sie auf.

»Maurice«, sagte Miß Ward, die friedliebend war, zu dem jungen Franzosen, »holen Sie doch das Grammophon, seien Sie so nett!«

Das Grammophon wurde geholt, und die Klänge von *Lady be good* fluteten ins Blau hinaus.

Das Hotel kam Roseau an diesem Abend scheußlich vor, voller Herren mit Mützen und laut lachender Frauen. Im Essen waren große Stücke Knoblauch, der Wein war sauer... Sie fühlte sich sehr müde, zerschlagen, alles tat ihr weh, und dabei war ihr so flau, als sei sie in einem zähen Kampf besiegt worden.

›O Gott, ich fange an zu denken, laß mich nicht denken‹, betete sie.

Zwei Wochen lang hatte sie verzweifelt alles Denken von sich ferngehalten. Sie trank noch ein Glas Wein, sah zu Fifi hinüber, die allein an ihrem mit einem Mimosenstrauß geschmückten Tisch saß und die vorstehenden Augen nicht von der Tür wandte; dann sah Roseau wieder weg, als jage der Anblick ihr Angst ein. Nachdem sie ihre Mahlzeit beendet hatte, ging sie sofort hinauf in ihr Schlafzimmer, nahm drei Kachets Veronal, zog sich aus, legte sich hin und zog sich das Laken über den Kopf.

Plötzlich stand sie auf, stolperte gegen den Tisch, sagte ›Verdammt‹, machte das Licht an und begann sich wieder anzuziehen, aber leise, leise. Hinaus durch die Hintertür. Und warum zog sie sich eigentlich an? Egal, jetzt war es geschehen. Und wer zum Teufel klopfte da?

Es war Fifi. Großartig, in ein durchsichtiges leuchtend rosenfarbenes Nachthemd gehüllt, das mit gelber Spitze besetzt war. Darüber hatte sie hastig einen schmutzigen Morgenrock geworfen, dessen Ärmel sie sich um den Hals geknotet hatte.

Sie starrte Roseau an, ein drolliges Staunen in den Augen.

»Ich hoffe, ich störe Sie nicht, Madame«, sagte sie höflich. »Aber ich hörte Sie – *enfin* ich fürchtete, Ihnen sei nicht gut. Mein Zimmer ist gleich nebenan.«

»Ach?« sagte Roseau mit schwacher Stimme. Ihr war schwindelig, und sie hielt sich an der Tischkante fest.

»Sie haben doch gewiß nicht vor, jetzt auszugehen«, bemerkte Fifi. »Ich glaube, es ist fast Mitternacht, und Sie sehen nicht wohl aus, Madame.«

Sie sprach sanft, in überredendem Ton, und legte ihre Hand auf Roseaus Arm. Roseau brach tränenüberströmt auf dem Bett zusammen.

»*Ma petite*«, sagte Fifi entschlossen. »Sie sind im Bett besser aufgehoben, glauben Sie mir. Wo ist Ihre *chemise de nuit*? Ah!«

Sie nahm das Nachthemd vom Stuhl am Bett, warf rasch einen abschätzenden Blick auf die Spitze daran und faßte dann mit fester Hand nach Roseaus Rock, um ihr beim Ausziehen zu helfen.

»*Là*«, sagte sie und klopfte das Kissen zurecht, »und hier ist Ihr Taschentuch.«

Sie war nicht entsetzt, geringschätzig oder neugierig. Sie war ermutigend.

»Weinen tut gut«, bemerkte sie nach einer Pause. »Aber nicht zuviel. Kann ich Ihnen irgend etwas bringen, meine Kleine? Ein bißchen heiße Milch mit Rum?«

»Nein, nein«, sagte Roseau und klammerte sich an den Flanellärmel, »gehen Sie nicht fort – lassen Sie mich nicht – allein –«

Sie sprach Englisch, aber Fifi ging sofort auf ihre Bitte ein und antwortete:

»*Pauvre chou – va*«, beugte sich herab und küßte sie.

Roseau schien das der gütigste, der verständnisvollste Kuß zu sein, den sie je bekommen hatte, und getröstet sah sie zu, wie Fifi sich ans Fußende des Bettes setzte und ihren Flanellmorgenrock enger um sich zog. Verschwommen stellte sie sich vor, sie sei wieder ein Kind, und dies sei eine große, schutzgewährende Person, die dort sitzenbleiben würde, bis sie eingeschlafen sei.

Das Bett knarrte laut unter Fifis Gewicht.

»Verfluchtes Bett«, murmelte sie. »Alles in diesem Haus ist kaputt, und dabei verlangen die Preise! Es ist eine Schande...«

»Ich bin sehr unglücklich«, sagte Roseau auf französisch mit schwacher, müder Stimme. Ihre geschwollenen Augenlider waren halb geschlossen.

»Und denken Sie denn, ich hätte das nicht gemerkt?« sagte Fifi ernst und legte ihre mollige Hand auf Roseaus Knie. »Denken Sie, ich wüßte nicht, wann eine Frau unglücklich ist? – Ich – Außerdem ist es bei Ihnen leicht zu erkennen. Sie blicken *avec les yeux d'une biche* – Es ist natürlich ein Mann, der Sie unglücklich macht?«

»Ja«, sagte Roseau. Fifi konnte sie alles sagen – Fifi war so gütig wie Gott.

»Ah, *le salaud!* Ah, *le monstre!*« Das sagte sie ganz mechanisch, ohne echten Zorn. »Männer taugen nichts. Aber warum hat er Sie unglücklich gemacht? Ist er vielleicht eifersüchtig?«

»O nein!« sagte Roseau.

»Dann ist er vielleicht *méchant* – es gibt solche Männer – oder vielleicht will er Sie loswerden.«

»Ja«, sagte Roseau. »Er will – mich loswerden.«

»Ah!« sagte Fifi weise. Sie rückte näher. »*Mon enfant*«, sagte sie heiser, »tun Sie's zuerst. Setzen Sie ihn vor die Tür mit einem *coup de pied quelque part*.«

»Aber ich habe keine Tür«, sagte Roseau auf englisch und begann hysterisch zu lachen. »Ich habe keine Spur von einer Tür – keine Tür, kein Haus, keine Freunde, kein Geld, kein gar nichts.«

»*Comment?*« sagte Fifi mißtrauisch. Sie mochte es nicht, wenn jemand in ihrer Gegenwart fremdländisch redete.

»Und wenn ich's tu – was dann?« fragte Roseau.

»Was dann?« kreischte Fifi. »Sie fragen noch, was dann – wo Sie doch hübsch sind. Wenn ich an Ihrer Stelle wäre, würde ich nicht fragen: ›Was dann‹, das kann ich Ihnen sagen – ich würde mir einen netteren Kerl suchen – und zwar schnell.«

»Oh!« sagte Roseau. Sie begann schläfrig zu werden.

»*Un clou chasse l'autre*«, bemerkte Fifi ziemlich düster. »Ja, so ist das Leben – ein Nagel treibt den anderen heraus.«

Sie stand auf.

»Das sagt man so.« Ihre Augen blickten traurig. »Aber wenn es einen erwischt hat, ist es gar nicht so leicht. Nein, ich bete meinen Pierrot an. Ich bete dieses Kind an – ich würde ihm meinen letzten Sou geben – und wie kann er mich lieben? Ich bin alt, ich bin häßlich. Oh, ich weiß. *Regarde-moi ces yeux là!*« Sie deutete auf die dunklen Ringe unter ihren Augen – »*Et ça!*« Sie berührte ihren ungeheuren Busen. »Pierrot, der nur schlanke Frauen liebt. *Que voulez-vous?*«

Fifis Achselzucken war herrlich!

»Ich liebe ihn – ich ertrage alles. Aber was für ein Leben! Was für ein Leben!... Und Sie, meine Kleine, ein bißchen

Courage – wir werden einen netten Kerl für Sie finden, einen...«

Sie hielt inne, als sie sah, daß Roseau fest eingeschlafen war. »*Alors* – ich gehe jetzt – schlafen Sie wohl.«

Am nächsten Morgen erwachte Roseau mit trockenem Mund und schwerem Kopf vom Geräusch lauter Stimmen im Nebenzimmer.

Fifi stritt, schalt, weinte zuletzt – der Gigolo, der offenbar eben erst zurückgekommen war, protestierte, wurde grob.

»*Menteur, menteur*, du bist bei einer Frau gewesen!«

»Ich sage dir, nein. Du setzt dir alles mögliche in den Kopf.«

Schluchzen, Küsse, eine Versöhnung.

»O Gott, o Gott!« sagte Roseau. Sie zog sich das schützende Laken über den Kopf und dachte: ›Ich muß weg von hier.‹

Doch als eine Stunde später die dicke Dame klopfte und eintrat, war sie gepudert, heiter und frisch – fast ein wenig förmlich.

»Ich hoffe, Sie haben die Nacht gut geschlafen, Madame; Sie fühlen sich doch hoffentlich heute morgen besser? Kann ich irgend etwas für Sie tun?«

»Ja, sich hinsetzen und mit mir reden«, sagte Roseau. »Ich stehe heute morgen nicht auf.«

»Da tun Sie recht«, antwortete Fifi. »Das hilft einem wieder auf, ein Tag im Bett.« Sie ließ sich schwerfällig nieder und strahlte. »Und dann müssen Sie sich ein bißchen amüsieren«, riet sie. »Sich zerstreuen. Wenn Sie wollen, zeige ich Ihnen alle Lokale, in denen man sich in Nizza amüsieren kann.«

Doch Roseau, die den »netten Kerl« in Fifis Augen lauern sah, wechselte das Thema. Sie sagte, sie hätte gern etwas zum Lesen.

»Ich leihe Ihnen ein Buch«, sagte Fifi sofort. »Ich habe viele Bücher.«

Sie ging in ihr Zimmer und kam mit einem dünnen Bändchen wieder.

»O Gedichte!« sagte Roseau, die sich einen guten Krimi-

nalroman erhofft hatte. Sie fühlte sich nicht in der Stimmung
für französische Gedichte.

»Ich liebe Gedichte leidenschaftlich«, sagte Fifi gefühlvoll.
»Außerdem ist das hier sehr schön. Französisch macht Ihnen
doch keine Schwierigkeiten? Dann hören Sie zu.«

Sie begann zu lesen:

> *Dans le chemin libre de mes années*
> *Je marchais fière et je me suis arrêtée...*
> *Du hast meine Fesseln mit seidenen Schnüren gebunden.*
> *Que j'oublie les mots qui ne disent pas mon amour,*
> *Les gestes qui ne doivent pas t'enclacer,*
> *Que l'horizon se ferme à ton sourire...*
> *Mais je t'en conjure, ô Sylvius, comme la plus*
> *humble des choses qui ont une place dans ta maison – garde-*
> *moi.*

Mit anderen Worten: du wirst doch kein Lump sein – jetzt.
Oder? Oder doch? Ich tu alles, was du willst, nur sei gut zu
mir, ja? Ja?

Französisch klang das freilich besser.

»Nun«, las Fifi,

> *Wandere ich ohne Mühen, denn ich habe mein Leben in die*
> *Hände meines Geliebten gelegt...*
>
> *Chante, chante ma vie, aux mains de mon amant!*

Und so weiter, und so weiter.

Roseau fand es schrecklich, dieses Wrack von einem Weib
alles, was sie selbst empfand und dachte, laut aussprechen
zu hören. Schrecklich.

> *Sylvius, que feras-tu à travers les jours de cet être que t'aban-*
> *donne sa faiblesse?*
> *Il peut vivre d'un sourire, mourir d'une parole.*
> *Sylvius, qu'en feras-tu?*

»Haben Sie denn keine Kriminalromane?« unterbrach Roseau sie plötzlich. Sie hatte das Gefühl, es nicht länger ertragen zu können.

Fifi war überrascht, aber entgegenkommend. Ja – sie hatte Arsène Lupin, einiges von Gaston Leroux; sie hatte auch »Sherlock Olmes«.

Roseau wählte *Le Fantôme de l'Opéra* und starrte, als Fifi das Zimmer verlassen hatte, lange immer auf dieselbe Seite:

> *Sylvius, qu'en feras tu?*

Plötzlich begann sie zu lachen, und sie lachte lange und sehr laut für ihre Verhältnisse, die sie eine zarte Stimme und kaum je ein Lächeln hatte.

Am gleichen Nachmittag traf Roseau Sylvius, alias Gigolo, im Garten des Hotels.

Sie hatte beschlossen, ihn zu verachten. Gab es eine Entschuldigung für den Gigolo? Nein – überhaupt keine.

Da hatte er nun seine Mätresse in Cannes und seine Mätresse in Nizza. Und Fifi auf der Folterbank. Fifi, die stöhnend einen Tausender hervorholte, wenn der Gigolo die Schraube anzog. Abscheulicher Gigolo!

Sie warf ihm einen finsteren Blick zu, während sie sich angestrengt ein abfälliges Wort für die Farbe seines Gesichtspuders zurechtlegte. Doch an diesem Nachmittag war sein Gesicht ungepudert, und widerstrebend mußte sie erkennen, daß der Kerl schön war. Nichts von blonder Bestie war an dem Gigolo – er war dunkel, schlank, schön wie ein antiker Gott. Und wie sanft seine Augen waren, wie süß sein Mund...

Abscheulicher, abscheulicher Gigolo!

Er drängte sich nicht auf, doch ziemlich erstaunt über ihre kühle Abfertigung ging er weg und murmelte höflich: *Alors, Madame.*

Eine Woche darauf verschwand er.

In zehn Tagen alterte Fifi um zehn Jahre, und sie kam nun

nicht mehr zu Roseau ins Zimmer, um ihr Rum und heiße Milch anstelle von Veronal anzuraten. Doch mit erhobenem Kopf stellte sie sich einer feindseligen und hohnlächelnden Welt.

»Haben Sie irgendeine Nachricht von Monsieur Rivière?« fragte die *patronne* des Hotels mit einem kleinen grausamen Frauenlächeln.

»O ja, es geht ihm sehr gut«, antwortete Fifi dann hochmütig, obwohl sie ganz genau wußte, daß die *patronne* ihre Briefe bereits sorgfältig durchgesehen hatte. »Seiner Großmutter geht es leider viel schlechter, der armen Frau.«

Denn der Gigolo hatte die Krankheit seiner Großmutter zum Vorwand für seine überstürzte Abreise genommen.

Eines Tages schickte Fifi mit der Post einen riesigen Blumenkranz ab – anscheinend hatte die Großmutter des Gigolos das Zeitliche gesegnet.

Dann Schweigen. Kein Dank für die Blumen.

Fifis Lachen wurde lauter und rauher, und statt Vichy trank sie Champagner.

Sie saß nicht mehr allein am Tisch – irgendwie gelang es ihr, Männer um sich zu sammeln –, und wenn sie wie ein großes Schiff mit vollen Segeln in den Raum rauschte, folgten ihr drei, vier oder fünf im Kielwasser, und die ganze Gesellschaft machte schrecklichen Lärm.

»Diese gräßliche Person!« sagte Peggy Olsen eines Abends. »Wie kommt sie denn bloß zu all diesen Männern?«

Mark lachte und sagte: »Nimm dich in acht, sie ist 'ne Freundin von Roseau.«

»Oh! Wirklich?« sagte Mrs. Olsen. Sie mochte Roseau nicht und fand, daß dieses Hotel mit seiner Kundschaft aus Chauffeuren – und Schlimmeren – weit unter dem lag, womit eine englische Dame sich abgeben sollte.

Diesen Abend war sie hier, weil ihr Mann darauf bestanden hatte.

»Das Mädchen ist einsam – komm doch, Peggy, sei kein solcher Spielverderber.«

Also war Peggy mitgegangen, die Zunge wohlgeschärft und bereit, Streit anzufangen.

»Die gute Dame muß sehr reich sein«, bemerkte sie. »Bestimmt ist sie sehr spendabel.«

»Oh, sie ist nicht die Gastgeberin«, sagte Roseau mit einem absurden Drang, den ›Triumph‹ ihrer Freundin allen ganz deutlich zu machen. »Der Mann mit dem Bart zahlt alles, da bin ich sicher. Er verehrt Fifi.«

»Erstaunlich!« sagte Mrs. Olsen eisig.

Roseau dachte: ›Du höhnisches Biest, du kleines höhnisches Biest. Fifi ist fünfzigmal soviel wert wie du!‹ – aber sie sagte nichts und begnügte sich mit jenem schiefen Lächeln, bei dem die Leute dachten: ›Die ist aber komisch.‹

Das elektrische Licht ging aus.

Das magere, umsichtige, müde aussehende Dienstmädchen brachte Kerzen. Der lange, farblose Raum sah in dem flackernden Licht gespenstisch aus – man hatte den seltsam deutlichen Eindruck von etwas Unheimlichem und Gefährlichem –, all die schweren Kinnbacken und die dunklen, dicht beieinanderstehenden Augen, die groben Hände, die lauten, streitsüchtigen Stimmen. Auch Fifi erschien unheimlich mit ihrem kraftvollen Haar und der ruinierten Kehle.

»Wissen Sie«, sagte Roseau plötzlich, »Sie haben recht, mein Hotel ist ein seltsames Haus.«

»Seltsam trifft es genau«, sagte Mark Olsen. »Sie sollten wirklich nicht hierbleiben.«

»Nein, ich werde abreisen. Ich war einfach nur zu faul zum Umziehen, und mein Zimmer ist ganz reizend. Genau vor dem Fenster steht ein großer Mimosenbaum. Aber ich reise ab.«

Als das elektrische Licht wieder anging, unterhielten sie sich über die Preise verschiedener Hotels.

Doch als Roseau am nächsten Morgen im Bett lag und den Blick auf dem Mimosenbaum ruhen ließ, dachte sie darüber nach, wie sehr ihr Fifi fehlen werde.

Es war lächerlich, absurd, aber so war es. Allein der Klang dieser heiseren Stimme brachte ihr jedesmal Trost, gab ihr das Gefühl, behütet und gestärkt zu sein.

›Ich muß übergeschnappt sein‹, überlegte Roseau. ›Das

sieht mir wieder ähnlich – mich für so eine zu begeistern – ich muß übergeschnappt sein. Nein, ich bin ein solcher Feigling, habe eine so tödliche Angst vor dem Leben, daß ich mich an irgend jemanden klammern muß – und sei's Fifi...‹

Tödliche Angst vor dem Leben hatte Roseau, weil sie über einem dunklen, schrecklichen Abgrund hing – dem Abgrund des Verlustes jeder Selbstbeherrschung.

›Fifi‹, sagte sich Roseau, ›ist ein guter Kamerad. Sie heitert mich auf. Andererseits ist sie eine abstoßende alte Hure, und ich dürfte nicht mit ihr herumlaufen. Wenn ich das tue, rutsche ich wieder nur eine Stufe weiter nach unten.‹

Fifi klopfte. Sie strahlte, sie platzte geradezu vor irgendwelchen frohen Nachrichten.

»Pierrot kommt wieder«, verkündete sie.

»Oh!« sagte Roseau interessiert.

»Ja, ich hole ihn heute nachmittag in Nizza ab.«

»Das freut mich aber!« sagte Roseau.

Es war unmöglich, sich neben dieser strahlenden Masse nicht zu freuen. Fifi trug ein neues schwarzes Kleid mit Spitze an Hals und Handgelenken und einen neuen Hut – einen kleinen.

»Mein Hut?« fragte sie ängstlich. »Sehe ich lächerlich darin aus? Ist er zu klein? Macht er mich alt?«

»Nein«, sagte Rosenau, die sie prüfend ansah, »er gefällt mir, aber ziehen Sie den kleinen Schleier herunter.«

Fifi gehorchte. »Ach ja«, seufzte sie, »ich war schon immer häßlich. Als ich noch klein war, nannte mich meine Schwester immer Teufelspuppe. Ja – das sind so die Komplimente, die ich stets zu hören bekomme. Jetzt – o je! Sind Sie sicher, daß ich mich mit dem Hut nicht lächerlich mache?«

»Nein, nein«, sagte Roseau. »Sie sehen sehr nett aus.«

Das Essen am Abend war ein Triumph für Fifi – der Champagner floß reichlich –, drei Flaschen wurden geleert. Ein riesiger Strauß Mimosen und Nelken versteckte beinahe den Tisch vor fremden Blicken. Die *patronne* sah verstohlen hinüber, nicht ohne Neid; der *patron* schmunzelte, und der Gigolo schien zufrieden und umgänglich.

Roseau trank ihren Kaffee und rauchte eine Zigarette an dem festlichen Tisch, lehnte es aber ab, die beiden nach Nizza zu begleiten. Sie wollten in eine *boîte de nuit*, »alles aufs eleganteste.«

»Ah ba!« sagte Fifi mit gutmütigem Spott, »sie ist drollig, die Kleine. Sie möchte sich immer wie ein Mäuschen in eine Ecke verkriechen.«

›Niemand‹, dachte Roseau, als sie um vier Uhr morgens wach wurde, ›könnte Fifi vorwerfen, ein Mäuschen zu sein.‹ Fifi war alles andere als ein Mäuschen.

»Ich mache mit ihm einen Ausflug nach Monte Carlo«, verkündete die Dame am nächsten Morgen. Sie sprach es Monte Carl' aus.

»Monte Carlo – warum?«

»Er möchte gern hin. Ah! La la – das wird mich allerhand kosten!« Sie ließ ein leises bedauerndes Schnalzen hören. »Und Pierrot, der den Kellnern immer so große Trinkgelder gibt – wenn er so genau wie ich wüßte, was für *salauds* diese *garçons de café* sind –«

»Na, ich wünsche viel Spaß, sagte Roseau lachend. »Amüsieren Sie sich gut.«

Am nächsten Morgen ging sie schon früh aus dem Hotel und kehrte erst zum Abendessen wieder zurück – spät und in Gedanken versunken.

Als sie zu essen begann, bemerkte sie, daß ein paar Männer im Restaurant laut Italienisch schnatterten – aber die schnatterten ja immer.

Der *patron* war nicht da – die *patronne* machte ein unnahbares Gesicht und redete rasch auf ihr Zimmermädchen ein.

Doch das Dienstmädchen sah merkwürdig aus, dachte Roseau, erschrocken und zugleich so, als platze sie vor wichtigen Neuigkeiten. Als sie in die Küche trat, rief sie der Köchin mit schriller Stimme zu: »Es steht im *Eclaireur*. Haben Sie es gesehen?« Roseau schälte ihren Apfel fertig. Dann rief sie die *patronne* herbei – sie fühlte sich geradezu gedrängt, sie zu rufen.

»Was ist los, Madame? Ist etwas passiert?«

Die *patronne* zögerte.

»Madame Carly – Madame Fifi – hatte einen Unfall«, antwortete sie kurz.

»Einen Unfall? Einen Autounfall? Oh, doch hoffentlich nichts Ernstes?«

»Es ist ernst genug – *assez grave*«, gab die *patronne* ausweichend zur Antwort.

Roseau stellte weiter keine Fragen. Sie griff zum *Eclaireur de Nice*, der auf dem Tisch lag, und blätterte ihn durch. Sie suchte nach dem »Tödlichen Autounfall«. Da fand sie die Schlagzeile:

SCHON WIEDER EIN EIFERSUCHTSDRAMA

»Madame Francine Carly, 48 Jahre alt, wohnhaft 7 rue Notre-Dame des Pleurs, Marseille, wurde in der vergangenen Nacht im Hotel – in Monte Carlo von ihrem Geliebten Pierre Rivière, 24 Jahre alt, wohnhaft rue Madame Tours, erstochen. Auf Befragen der Polizei erklärte Rivière, er habe in Notwehr gehandelt; seine Geliebte, die sehr eifersüchtig gewesen sei, habe ihn mit einem Messer angegriffen und gedroht, ihm die Augen auszustechen, als er sie von seiner bevorstehenden Verheiratung in Kenntnis setzte. Als der Hotelbesitzer, der von den Schreien der Frau herbeigerufen worden war, in Begleitung zweier Polizisten das Zimmer betrat, fand er Madame Carly bewußtlos und infolge ihrer Wunden an der Kehle blutüberströmt vor. Sie wurde ins Krankenhaus gebracht, wo sie starb, ohne das Bewußtsein wiedererlangt zu haben.

Der Täter wurde verhaftet und in Polizeigewahrsam genommen.«

Roseau starrte lange auf die Zeitung.

›Ich muß weg aus diesem Hotel‹, war ihr einziger Gedanke, und in dieser Nacht schlief sie fest und fürchtete sich nicht vor Gespenstern.

Eine schreckliche, schmutzige Geschichte. Arme Fifi! Fast haßte sie sich, weil sie so wenig Bedauern verspürte.

Doch am nächsten Morgen schlug sie während des Packens das dünne Gedichtbändchen auf, das noch immer auf dem Tisch lag, und suchte die Verse, die Fifi vorgelesen hatte:

> *Maintenant je puis marcher légère,*
> *J'ai mis toute ma vie aux mains de mon amant.*
> *Chante, chante ma vie aux mains de mon amant.*

Plötzlich begann Roseau zu weinen.

»Arme Fifi! Arme Fifi!«

In dem unordentlichen Zimmer, mitten beim Kofferpacken, weinte sie bitterlich, herzzerreißend.

Bis es ihr schien, als sähe sie in dem gelben, ins Zimmer flutenden Sonnenlicht die heitere und kindliche Seele ihrer Freundin, befreit von ihrem fetten Leib, voll gutmütigen Spotts über diese sentimentalen Tränen.

»Na, schön!« sagte Roseau.

Sie trocknete sich die Augen und packte weiter.

GABRIELE WOHMANN

In einem dürren Sommer

Heut ist die Schwüle so, daß ein Feuer sich von selbst entzünden kann. Im vergangenen Jahr hat der Windwurf alles vernichtet. Die Leute, die von der Kiefer leben, erinnern sich gut daran: es war die Zeit, in der gerade die Zäpfchen an den Triebspitzen erschienen waren, und der Sand so trocken wie in diesem Jahr. Aber in diesem Jahr gibt es keinen Wind. Feuer könnte es geben.

Er spürt den kühlen Stein an den Waden; er sitzt oben auf den grauen breiten Spülbecken, sieht zu, wie die Wäsche im Zuber steigt überm seitlich einströmenden Wasser.

Es hat in diesem Jahr keinen Sinn, mit dem Wind zu rechnen. Er steht auf und dreht den Hahn zu und zieht aus dem Auslaufrohr den Korkstöpsel – Kiefernkork: man kann hingehn wo man will, der Kiefer weicht man nicht aus. Schaumblasen bauschen sich in blauglitzernden Nestern um den Abflußrost. Er setzt sich wieder auf die Steinwand zwischen dem mittleren und dem letzten Becken.

Mit der Kiefer würde er nie zu tun haben, das hatte er als Kind schon beschlossen. Die zweite Möglichkeit und zugleich die letzte: das Wasser. Arbeit in der Waschanstalt. Im Kellerdämmer der Wäscherei, naß und warm aus den schimmelnden Mauern atmend, war die holzige Kiefernwelt kaum wirklich. Und außerdem fand hier unten Gallus Schek mittags und abends sich ein, um vorm Steinbecken sich zu waschen, immer wählte er das letzte, das unterm Fenster. Als er zum ersten Mal im Versteck hinter der Wringtrommel kauerte, hatte er nicht damit gerechnet, daß Gallus sich so gründlich wüsche. Er kam vom Kiefernkorkschälen oder vom Graben oder vom Zapfenpflücken, aber immer zog er den Rock aus und das Hemd und wusch sich, prustend, wie ein Schwimmer, seine Brust wirkte dann schwarz von den im Wasser glatt heruntergesträhnten Haaren.

Im letzten Jahr, als der Windwurf alles kaputtgemacht hatte, war Gallus mit den andern jungen Männern zum Schwimmen an den Kanal gegangen, und er hatte sich dazugeschlichen; die Mädchen lagen auf dem andern Ufer in der Sonne. Es hatte auch weniger Arbeit in der Wäscherei gegeben, an manchen Tagen fast nichts.

Nicht auf den Wind verlassen in diesem atemanhaltenden Sommer, der so stumm ist, als verberge er was, als sei der Wind zurückgehalten von irgendwas, das sich verbergen will. Einer der Sommer, in denen alle auf ein Unheil warten. Feuer. Niemand würde sich wundern. In solchen Sommern fängt es von selbst an zu brennen, ohne Flamme am Anfang.

Das Spülwasser ergießt sich über den Zuberrand. Er starrt auf die schwarzen Hähne an der pilzigen Wand: Wasser läßt sich abstellen, Feuer läßt sich legen.

In dem Sommer mit dem Windwurf kamen nach dem Schwimmen die jungen Männer ans Mädchenufer gekrochen, und er hinterher, kamen wie Seelöwenmänner zu den Mädchen ans Land gekrochen. Gallus Schek rutschte dicht an die Büsche, warf Steine auf den milchigen Kanalspiegel, flach, so daß sie hüpften, dreimal, viermal. Sein Haar auf der Brust kräuselte sich langsam im Warmwerden. Hinterm Buschversteck konnte man lauern und hinsehn, ohne Angst, ohne Eile, konnte Gallus betrachten. Der Windwurf hatte sie alle arbeitslos gemacht, Gallus und die anderen, und es gab wenig Wäsche. Sie lagen an den kahlgeschrubbten Ufern, die rotgelben Stammschäfte der Kiefern schimmerten im Sand, überall flachgemäht vom Windwurf die Schäfte. Sie spalteten sich aus der rissigen Borke dicke saftige Schuppen und versuchten, sie auf den Kanal zu werfen, gegen den Wind: nur Gallus' Schuppen erreichten ihr Ziel, und die schwarz-gelbmarmorierten Samen pflückten sie aus den Zapfen und streuten sie in die Luft, damit sie die braunen Flügel öffnen sollten: aber nur die von Gallus flogen ein Stück weit. Den Sommer mit dem Windwurf hatte die Kiefer völlig verloren.

Er steht auf, geht an die Wand mit den Wasserhähnen. Er dreht die Griffräder nach rechts. Aus. Trockener Sommer. Ohne Wasser wird es nichts schaden, daß es keinen Wind gibt, dann brennt das weiche harzige Holz, der gelbe Splint gibt eine rußende Flamme: er kennt die Flamme, im Dorf arbeiten sie mit ihr, Pech-Abel zum Beispiel und die Teer- und Terpentinfabrik. Ein tiefangelegtes Feuer wird endgültiger als der Windwurf die Pflanzungen vernichten. Der letzte Hahn läßt sich nicht ganz fest zudrehen. Die paar Tropfen werden dem Feuer nichts anhaben. Er läuft über den Steinflur und dann die Treppe hinauf ins Tageslicht zwischen den glänzenden Kiefernstämmen; er erkennt unter den Männern, die den Kork schälen, das blaue Hemd von Gallus Schek. Er krampft die rechte Hand um die Streichholzschachtel, die er unten auf dem Grund seiner Kitteltasche hat. Den Geestweg entlang. Von der dichtesten Pflanzung aus muß das Feuer um sich greifen: von da wird es rot über die Nadelschirme fliegen. Am Schnittpunkt mit dem Weg, der vom Kanal heraufführt, kauert er sich in den Sand neben die einzige Kiefer, die einen Namen hat: Gallus-Schek-Kiefer – nach dem Großvater von Gallus Schek. Allen Windwürfen zum Trotz blieb sie stehen; ohne sie ist mit dem Feuer nichts Endgültiges zu erreichen. Sie muß zuerst fallen. Sie muß fallen, um viele kommende fettäugige Sommer der Arbeitslosigkeit zu sichern, Sommer wie Suppen. Er streicht sein heißes, vom Waschen gedunsenes Gesicht über die zerklüftete Schuppenhaut des Schafts, riecht das Harz. Rot und gelb werden die kleinen Zungen der Vernichtung über die Schirmkuppel schnellen und Platz schaffen für viele langsame ölige Sommer. Er preßt das Streichholz gegen die Schachtelwand und reibt die rote Kuppe ab, auf und ab, ab, ab; er fängt an zu schreien und dann singt er: jetzt sieht er das Feuer, er kann es erkennen, rot, fette lange gellende Finger, er sieht, wie sie um die Schäfte greifen, sich klammern, gegen die Kronen gekrallt; er singt, legt den Kopf an die warme Rinde.

– Der macht wieder mal Feuer bei der Gallus-Schek-Kiefer, sagt Emera Wald zu Ketta Keber.

Ketta Keber schenkt neu ein aus dem Blechkanister mit Kiefernschnaps.

– Für manches ist die Kiefer gut, sagt sie, für guten Schnaps und für die Beschäftigung von Irrsinnigen.

– Ich begreifs nicht, wieso man ihn nicht in ne Anstalt tut, sagt Emera.

– Der ist harmlos, sagt Ketta. Laßt ihn Feuerchen machen mit seiner Schachtel voll Zahnstochern. Den einzigen Schaden hat Gerald Mespel, dem er sie vom Schanktisch klaut.

Wenn sie die Nase dicht über dem braunen Zeug in ihrem Glas schweifen läßt, riecht sie den Geruch der dichtesten Pflanzung, oben am Kanal, hinter der Gallus-Schek-Kiefer; die Pflanzung riecht nach Feuer.

– Das ist die Vergangenheit, sagt sie, ihr Ton ist dick von künstlichem Pathos. Die Vergangenheit der Väter. Sie lacht. Kiefern, Kiefern. Die können dann schon mal einen um den Verstand bringen.

– Ich verstehs nicht, sagt Emera, sie schiebt ihr Glas in engen Kreisen über die Wachstuchdecke und starrt hin dazu. Man sollte ihn einsperren. Richtig mit Pflege. Man kann nicht wissen, obs sonst nicht plötzlich mal ernst wird. Ein Feuer ist immerhin ein Feuer, ich weiß nicht.

Sie stecken beide die Köpfe aus dem Fenster und schnuppern in die harzträge Luft. Heut ist die Schwüle so, daß ein Feuer sich von selbst entzünden kann.

Wetterumschwung

»Schön«, sagte der Mann, »na und?«

»Nein«, sagte das Mädchen. »Ich kann nicht.«

»Du meinst, du willst nicht.«

»Ich kann nicht«, sagte das Mädchen. »Ich meine *das* und sonst nichts.«

»Du meinst, du willst nicht.«

»Schön«, sagte das Mädchen. »Ganz wie du willst.«

»Gar nicht wie ich will. Himmelherrgott, ich wünschte, es wäre so.«

»Es war lange Zeit so«, sagte das Mädchen.

Es war früh, und es war niemand im Café außer dem Mann an der Bar und den beiden, die zusammen an einem Tisch saßen. Es war Ende des Sommers, und sie waren gebräunt, so daß sie eigentlich gar nicht nach Paris paßten. Das Mädchen trug ein Tweedkostüm; ihre Haut war von einem glatten Goldbraun; ihr blondes Haar war kurz geschnitten und wuchs wunderschön aus der Stirn weg. Der Mann sah sie an.

»Ich werde sie umbringen«, sagte er.

»Bitte nicht«, sagte das Mädchen. Sie hatte sehr schöne Hände, und der Mann betrachtete sie. Sie waren schlank und braun und sehr schön.

»Doch. Ich schwöre bei Gott, das werde ich tun.«

»Es wird dich nicht glücklich machen.«

»Mußte es ausgerechnet das sein? Konntest du nicht in irgend etwas anderes hineinschlittern?«

»Anscheinend nicht«, sagte das Mädchen, »und wie wirst du dich dazu stellen?«

»Ich habe es dir ja gesagt.«

»Nein, ich meine wirklich.«

»Ich weiß nicht«, sagte er. Sie blickte ihn an und streckte ihm die Hand hin. »Armer, lieber Phil«, sagte sie. Er sah ihre Hände an, aber er berührte ihre Hand nicht mit seiner.

»Nein, danke«, sagte er.

»Und es hilft nichts, wenn ich sage, daß es mir leid tut?«

»Nein.«

»Auch nicht, wenn ich dir sage, wie es ist?«

»Ich möchte es lieber nicht hören.«

»Ich habe dich sehr lieb.«

»Ja, dies ist der Beweis.«

»Es tut mir leid, wenn du es nicht verstehst«, sagte sie.

»Ich verstehe es. Das ist das Schlimme. Ich verstehe es.«

»Du verstehst es«, sagte sie. »Ja, das macht es schlimmer, natürlich.«

»Gewiß«, sagte er und sah sie an. »Ich werde es die ganze Zeit über verstehen. Den ganzen Tag und die ganze Nacht. Besonders nachts. Verstehen werde ich es; darüber brauchst du dir keine Sorgen zu machen.«

»Es tut mir leid«, sagte sie.

»Wenn es ein Mann wäre...«

»Sag das nicht. Es könnte kein Mann sein. Das weißt du. Hast du denn kein Vertrauen zu mir?«

»Das ist zum Lachen«, sagte er. »Vertrauen zu dir! Das ist wirklich zum Lachen.«

»Es tut mir leid«, sagte sie. »Anscheinend ist das alles, was ich sagen kann. Aber da wir einander doch verstehen, ist es zwecklos, wenn wir uns vormachen, daß wir es nicht tun.«

»Ja«, sagte er. »Wahrscheinlich.«

»Ich komme wieder, wenn du willst.«

»Nein, ich will dich nicht.«

Dann sagten sie beide eine ganze Weile nichts.

»Du glaubst nicht, daß ich dich liebhabe, nicht wahr?« fragte das Mädchen.

»Wir wollen doch keinen Unsinn reden«, sagte der Mann.

»Glaubst du wirklich nicht, daß ich dich liebhabe?«

»Warum beweist du's mir nicht?«

»Früher warst du nicht so. Du hast nie von mir verlangt, daß ich etwas beweise. Das ist nicht nett.«

»Du bist ein komisches Mädchen.«

»Du bist gar nicht komisch. Du bist ein feiner Kerl, und es

macht mich kreuzunglücklich, loszuziehen und dich zu verlassen.«

»Du mußt aber natürlich.«

»Ja«, sagte sie. »Ich muß, und du weißt es.«

Er sagte nichts, und sie sah ihn an und streckte ihm wieder ihre Hand hin. Der Barkellner stand am anderen Ende der Theke. Sein Gesicht war weiß und seine Jacke auch. Er kannte die beiden und fand, daß sie ein gutaussehendes junges Paar waren. Er hatte viele gutaussehende junge Paare auseinandergehen und neue Paare sich finden sehen, die aber lange nicht so gut aussahen. Er dachte nicht daran, sondern an ein Pferd. In einer halben Stunde konnte er über die Straße schicken, um zu hören, ob das Pferd gewonnen hatte.

»Könntest du nicht einfach gut zu mir sein und mich gehen lassen?« fragte das Mädchen.

»Was denkst du denn, daß ich tun werde?«

Zwei Leute kamen zur Tür herein und gingen an die Theke.

»Sie wünschen?« Der Barkellner nahm die Bestellung entgegen.

»Du kannst mir nicht verzeihen, wo du doch darum weißt?« fragte das Mädchen.

»Nein.«

»Du meinst nicht, daß manches, was wir miteinander gehabt und getan haben, einen Unterschied im Verstehen machen sollte?«

»›Das Laster hat so grauenhaft Gesicht‹«, sagte der junge Mann bitter, »›daß ums ta-ta man braucht's zu sehen nicht! Dann erst ta-ta-ta zum Schluß bejahen.‹« Er konnte sich nicht an die Worte erinnern. »Ich kann nicht zitieren«, sagte er.

»Wir wollen es nicht ›Laster‹ nennen. Das ist nicht sehr nett.«

»Perversion«, sagte er.

»James«, sagte einer der Kunden zum Barkellner. »Sie sehen sehr wohl aus.«

»Sie sehen selbst auch sehr wohl aus«, sagte der Barkellner.

»Alter James«, sagte der andere Kunde. »James, Sie sind dicker geworden.«

»Es ist schrecklich, wie ich zunehme«, sagte der Barkellner.

»Verabsäumen Sie nicht, den Cognac beizumengen, James«, sagte der erste Kunde.

»Nein, mein Herr«, sagte der Barkellner. »Sie können mir vertrauen.«

Die zwei an der Theke sahen zu den beiden am Tisch hinüber und sahen dann wieder den Barkellner an. Es war die bequemere Blickrichtung.

»Mir wär's lieber, du würdest nicht solche Worte benutzen«, sagte das Mädchen. »Es besteht keine Notwendigkeit dafür, solch ein Wort zu benutzen.«

»Wie soll ich's denn sonst nennen?«

»Du brauchst es gar nicht zu nennen. Du brauchst ihm gar keinen Namen zu geben.«

»Das ist aber der Name dafür.«

»Nein«, sagte sie. »Wir sind aus allen möglichen Dingen zusammengesetzt. Du wußtest das und hast reichlich oft Gebrauch davon gemacht.«

»Das brauchst du nicht noch einmal zu sagen.«

»Das erklärt es dir nämlich.«

»Gut«, sagte er, »also gut.«

»Du meinst schlecht. Ich weiß. Es ist ganz schlecht und verkehrt. Aber ich komm' zurück. Ich hab' dir gesagt, daß ich zurückkomme. Ich komme sofort wieder zurück.«

»Nein, das wirst du nicht.«

»Ich komme zurück.«

»Nein, das wirst du nicht. Nicht zu mir.«

»Du wirst es sehen.«

»Ja«, sagte er. »Das ist das Verteufelte daran. Wahrscheinlich wirst du.«

»Natürlich werde ich.«

»Also dann geh.«

»Wirklich?« Sie konnte es kaum glauben, aber ihre Stimme klang glücklich.

»Geh nur.« Seine Stimme klang ihm fremd. Er betrachtete sie, den Schwung ihres Mundes, die Wölbung ihrer Backenknochen, ihre Augen und die Art, wie ihr Haar an der Stirn und am Rand ihres Ohres und am Nacken anwuchs.

»Wahrhaftig? Ach, du bist zu geliebt«, sagte sie. »Du bist so gut zu mir.«

»Und wenn du zurückkommst, erzählst du mir alles.« Seine Stimme klang sehr fremd. Er erkannte sich nicht. Sie sah ihn eine Sekunde an. Er hatte sich zu irgend etwas durchgerungen.

»Du willst also, daß ich gehe?« fragte sie ernsthaft.

»Ja«, sagte er ernsthaft. »Sofort.« Seine Stimme war nicht dieselbe wie vorher, und sein Mund war sehr trocken. »Jetzt«, sagte er.

Sie stand auf und ging schnell hinaus. Sie sah sich nicht nach ihm um. Er blickte ihr nach, als sie fortging. Er sah anders aus, nachdem er ihr gesagt hatte, daß sie gehen sollte. Er stand vom Tisch auf, nahm die zwei Kassenzettel und ging damit hinüber zur Theke.

»Ich bin ein anderer Mensch, James«, sagte er zu dem Barkellner. »Sie sehen in mir einen ganz neuen Menschen.«

»Wie bitte?« sagte James.

»Das Laster ist eine seltsame Sache, James«, sagte der gebräunte junge Mann. Er blickte zur Tür hinaus. Er sah sie die Straße entlanggehen. Als er in den Spiegel blickte, sah er, daß er wirklich ganz verändert aussah. Die beiden anderen an der Bar rückten, um ihm Platz zu machen.

»Da haben Sie recht, mein Herr«, sagte James.

Die beiden anderen rückten noch ein bißchen, damit er bequem sitzen konnte. Der junge Mann sah sich in dem Spiegel hinter der Theke. »James«, sagte er, »ich sagte vorhin, daß ich ein anderer Mensch bin.« Als er in den Spiegel blickte, sah er, daß es stimmte.

»Sie sehen sehr wohl aus, mein Herr«, sagte James. »Sie haben sicher einen sehr schönen Sommer gehabt.«

Quellenverzeichnis

IVO ANDRIČ *Ferien im Süden* aus *Sämtliche Erzählungen*. Bd. III. München, Wien 1964. Übers. Elemer Schag. Mit freundlicher Genehmigung des Carl Hanser Verlags, München, Wien.

INGEBORG BACHMANN *Die Fähre* aus *Werke Bd. 2. Erzählungen*. München 1978. Mit freundlicher Genehmigung des R. Piper Verlags, München.

PETER BAMM *Glück im Sommer* aus *Am Rande der Schöpfung*. Stuttgart 1974. Mit freundlicher Genehmigung von Dr. phil. Walter Stehli, Zürich.

DJUNA BARNES *Der schreckliche Pfau* aus *Die Nacht in den Wäldern. Short Stories*. Berlin 1984. Übers. Karin Kersten. Mit freundlicher Genehmigung des Klaus Wagenbach Verlags, Berlin.

CHRISTINE BRÜCKNER *Mittsommer in Dalarna* aus *Mein schwarzes Sofa*. Berlin 1981. Mit freundlicher Genehmigung des Ullstein Verlags, Berlin.

ART BUCHWALD *August in Paris* aus *... und bitte schreib auch mal*. Bern, Stuttgart 1962. Übers. Hans U. Christen. Mit freundlicher Genehmigung von Cosmopress, Genf.

ANGELA CARTER *Capriccio-Ouvertüre zu ›Ein Sommertraum‹*. Übers. Joachim Kalka. Mit freundlicher Genehmigung der Autorin.

ALFRED DÖBLIN *Sommerliebe* aus *Erzählungen aus fünf Jahrzehnten*. Olten 1979. Mit freundlicher Genehmigung des Walter Verlags, Olten.

HEIMITO VON DODERER *Ein Sommermorgen* aus *Der erste Sommertag. Die Erzählungen*. München 1972. Mit freundlicher Genehmigung des Biederstein Verlags, München.

DAPHNE DU MAURIER *Der Weiher* aus *Nächstes Jahr um diese Zeit. Meisternovellen.* Bern, München 1980. Übers. N. O. Scarpi. Mit freundlicher Genehmigung des Scherz Verlags, Bern, München.

HANS FALLADA *Lieschens Sieg* aus *Gesammelte Erzählungen.* Reinbek 1967. Mit freundlicher Genehmigung des Rowohlt Verlags, Reinbek.

GRAHAM GREENE *Billig im August* aus *Erzählungen.* Wien, Hamburg 1977. Übers. Walther Puchwein © Graham Greene 1954. Mit freundlicher Genehmigung des Paul Zsolnay Verlags, Wien Hamburg.

RUDOLF HAGELSTANGE *Ein Abend auf Delos* aus *Ägäischer Sommer.* München 1973. Mit freundlicher Genehmigung des Paul List Verlags, München.

KNUT HAMSUN *Sommerwonne* aus *Kämpfende Kräfte.* Übers. Hermann Kry und J. Sandmeier. Mit freundlicher Genehmigung des Albert Langen Georg Müller Verlags in der F. A. Herbig Verlagsbuchhandlung, München.

HUGO HARTUNG *Die erste Weinprobe* aus *Die glitzernde Marietta. Bd. 7 der Gesamtausgabe.* München. Mit freundlicher Genehmigung des Schneekluth Verlags, München.

OLIVER HASSENKAMP *Bilderbuchsommer* aus *Der Sieg nach dem Krieg. Erinnerungen an die gute schlechte Zeit.* München 1984. Mit freundlicher Genehmigung des Albert Langen Georg Müller Verlags in der F. A. Herbig Verlagsbuchhandlung, München.

ERNEST HEMINGWAY *Wetterumschwung* aus *49 Stories.* Reinbek 1950. Übers. Annemarie Horschitz-Horst. Mit freundlicher Genehmigung des Rowohlt Verlags, Reinbek.

O. HENRY *Eine Mittsommermaskerade* aus *Handel am Blackjack und andere Stories*. Olten 1974. Übers. Annemarie und Heinrich Böll. Mit freundlicher Genehmigung des Walter Verlags, Olten.

HANS HELLMUT KIRST *Das Fest aller Feste. Oder: Ehe die Welt finster wird, strahlt die Sonne besonders hell* aus *Die seltsamen Menschen von Maulen*. München 1984. Mit freundlicher Genehmigung des Blanvalet Verlags, München.

EPHRAIM KISHON *Der Schnappschütze* aus *Das große Kishon Karussell*. München. Übers. Friedrich Torberg. Mit freundlicher Genehmigung des Albert Langen Georg Müller Verlags in der F. A. Herbig Verlagsbuchhandlung, München.

KURT KUSENBERG *Picknick am Strand* aus *Mal was andres. Phantastische Erzählungen*. Reinbek 1969. Mit freundlicher Genehmigung des Rowohlt Verlags, Reinbek.

DETLEV VON LILIENCRON *Sommermittagsspuk* aus *Gesammelte Werke*, 8. Bd.: Miscelten. Berlin 1912.

BERNARD MALAMUD *Die Lektüre eines Sommers* aus *Das Zauberfaß und andere Geschichten*. Köln 1962. Übers. Annemarie Böll. Mit freundlicher Genehmigung des Verlags Kiepenheuer & Witsch, Köln.

CARLO MANZONI *Signor Veneranda im Urlaub* aus *100mal Signor Veneranda*. München. Übers. Maria Kern, Herbert und Marlys Hereitschka und Johannes Piron. Mit freundlicher Genehmigung des Albert Langen Georg Müller Verlags in der F. A. Herbig Verlagsbuchhandlung, München.

CHRISTOPH MECKEL *Dunkler Sommer und Musikantenknochen* aus *Werkauswahl*. München 1971. Mit freundlicher Genehmigung der Nymphenburger Verlagsbuchhandlung in der F. A. Herbig Verlagsbuchhandlung, München.

GUY DE MAUPASSANT *Vorbei* aus *Geschichten aus Tag und Nacht*. München 1924. Anonyme Übersetzung.

CESARE PAVESE *Der Sommer* aus *Nacktheit. Sämtliche Erzählungen*. Düsseldorf 1966. Übers. Charlotte Birnbaum. Mit freundlicher Genehmigung des Claassen Verlags, Düsseldorf.

JEAN RHYS *La grosse Fifi* aus *Adieu marcus, adieu Rose. Erzählungen*. München 1985. Übers. Grete Felten.

GUSTAV SACK *Im Heu* aus *Prosa - Briefe – Verse*. München, Wien 1962.

WILLIAM SAROYAN *Der erste Sommertag* aus *Der erste Sommertag. Erzählungen aus den Jahren 1933–1938*. Zürich 1984. Übers. Lutz W. Wolff. Mit freundlicher Genehmigung des Diana Verlags, Zürich.

BRUNO SCHULZ *August* aus *Die Zimtläden. Gesammelte Werke in 2 Bd. Bd. 1*. München Wien 1992. Übers. Josef Hahn. Mit freundlicher Genehmigung des Carl Hanser Verlags, München Wien.

HERMANN HARRY SCHMITZ *Wie es kompliziert war, bis ich in die Sommerfrische kam* aus *Buch der Katastrophe*. 1914.

LUDWIG THOMA *In den Ferien* aus *Die schönsten Romane und Erzählungen*. 1. Bd. München 1978. Hrsg. Richard Lemp. Mit freundlicher Genehmigung des R. Piper Verlags, München.

ANTON TSCHECHOW *Rendezvous in der Sommerfrische* aus *Gesammelte Romane und Novellen*. 5 Bde. München 1920.

MARK TWAIN *Mrs. Williams und das Gewitter* aus *Gesammelte Werke in 5 Bänden*. München Wien 1965. Hrsg. Klaus Jürgen Popp. Bd. III, Übers. Otto Wilck. Mit freundlicher Genehmigung des Aufbau Verlags, Berlin.

JOHN UPDIKE *Der Bademeister* aus *Glücklicher war ich nie. Erzählungen*. Reinbek 1972. Übers. Maria Carlsson. Copyright © 1959, 1960, 1961, 1962 by John Updike. Mit freundlicher Genehmigung des Rowohlt Verlags, Reinbek.

JOHANNES URZIDIL *Flammende Ferien* aus *Die verlorene Geliebte*. München 1965. Mit freundlicher Genehmigung des Albert Langen Georg Müller Verlags in der F. A. Herbig Verlagsbuchhandlung, München.

TENNESSEE WILLIAMS *Fröhlichen zehnten August!* aus *Acht Damen, besessen und sterblich*. Frankfurt 1977. Übers. Erich Wolfgang Skwara. Mit freundlicher Genehmigung des S. Fischer Verlags, Frankfurt.

GABRIELE WOHMANN *In einem dürren Sommer* aus *Sieg über die Dämmerung. Erzählungen*. © Gabriele Wohmann 1986. Mit freundlicher Genehmigung der Autorin.

STEFAN ZWEIG *Sommernovellette* aus *Phantastische Nacht. Erzählungen*. Frankfurt 1982. Mit freundlicher Genehmigung des S. Fischer Verlags, Frankfurt.

Leonie Ossowski

Lebendig, unterhaltsam, wirklichkeitsgetreu - die Werke einer großen Erzählerin der deutschen Gegenwartsliteratur. Für ihr Gesamtwerk erhielt Leonie Ossowski den Schillerpreis der Stadt Mannheim.

Wilhelm Heyne Verlag
München

Erzähler der Weltliteratur

Literarische Entdeckungsreisen durch Länder und Kontinente

50/52

Außerdem erschienen:

Lateinamerikanische Erzähler des 20. Jahrhunderts
50/73

Österreichische Erzähler des 20. Jahrhunderts
50/82

Deutsche Erzähler des 20. Jahrhunderts
01/8707

Europäische Erzähler des 20. Jahrhunderts
01/8708

Russische Erzähler des 20. Jahrhunderts
01/8711

Italienische Erzähler des 20. Jahrhunderts
01/8713

Wilhelm Heyne Verlag
München

Tania Blixen

Tania Blixen, die große dänische Erzählerin, hat eines der
lebendigsten und poetischsten Bücher verfaßt, das je über
Afrika geschrieben wurde. »... ein sehr konzentriertes Buch,
wie ein Mythos.« Doris Lessing

01/8390

Wilhelm Heyne Verlag
München

Daphne Du Maurier

Die Meisterin der subtilen Spannung und
psychologischen Raffinesse

01/8893

Außerdem erschienen:

Das goldene Schloß
01/7884

**Wenn die Gondeln Trauer
tragen**
01/7986

Das Geheimnis des Falken
01/8090

Der Mann mit meinem Gesicht
01/8225

Die Frauen von Plyn
01/8633

Wilhelm Heyne Verlag
München

HEYNE BÜCHER

Doris Lessing

Sprachliche Präzision, leiser Humor und ein unbestechlicher Blick auf die Wirklichkeit kennzeichnen ihre Romane und Erzählungen. Doris Lessing ist eine der bedeutendsten Schriftstellerinnen der Gegenwart.

Foto: Anita Schiffer-Fuchs

Bericht über die bedrohte Stadt
Vier Erzählungen
01/8326

Katzenbuch
01/8602

Jane Somers
»Das Tagebuch« und »Die Liebesgeschichte der Jane Somers« in einem Band
01/8677

Der Preis der Wahrheit
Stadtgeschichten
01/8751

Liebesgeschichten
01/8883

Das fünfte Kind
01/9115

Die Liebesgeschichte der Jane Somers
01/8125

Das Tagebuch der Jane Somers
01/8212

**Wilhelm Heyne Verlag
München**